Internationales Privatrecht

nach dem

Einführungsgesetze zum Bürgerlichen Gesetzbuche

von

† Dr. Hermann Habicht,

Geheimen Oberjustizrat und vortragendem Rat im Justizministerium.

Aus dem Nachlasse herausgegeben

von

Max Greiff,

Geheimen Oberjustizrat und vortragendem Rat im Justizministerium.

Berlin 1907.

J. Guttentag, Verlagsbuchhandlung,

G. m. b. H.

Vorwort des Herausgebers.

Als am 28. Dezember 1905 der Verfasser des Werkes über „die Einwirkung des Bürgerlichen Gesetzbuchs auf zuvor entstandene Rechtsverhältnisse", Geheimer Oberjustizrat und vortragender Rat im Justizministerium Dr. Hermann Habicht unerwartet einer reichen Wirksamkeit durch den Tod entrissen wurde, fand sich in seinem Nachlasse der Anfang einer größeren kommentatorischen Arbeit über das Einführungsgesetz zum Bürgerlichen Gesetzbuche. Vollendet und nach des Verfassers Urteile druckreif lagen die Erläuterungen der Vorschriften über das internationale Privatrecht vor.

Nachdem das Manuskript dieser Arbeit etwa vor Jahresfrist durch das Vertrauen der Witwe des Heimgegangenen an mich zur Durchsicht gelangt war, gewann ich alsbald die Überzeugung, daß die Arbeit alle Vorzüge aufweise, durch die sich das oben genannte Werk des Verfassers einmütige Anerkennung in Wissenschaft und Praxis erworben hat, und daß sie daher der Öffentlichkeit nicht vorenthalten bleiben dürfe. Was hinzuzufügen war, um die Schrift auf den Stand der Gegenwart zu bringen, beschränkte sich auf Zusätze über die Haager Abkommen vom 12. Juni 1902 sowie auf Nachträge aus der neuesten Literatur und Rechtsprechung. Mit Zustimmung der Witwe des Verfassers übernahm ich es gern, die hinterlassene Schrift des verstorbenen verehrten und lieben Kollegen herauszugeben. Leider haben, trotz der Geringfügigkeit der beigefügten Ergänzungen, zu denen auch die Register gehören, sonstige Pflichten des Herausgebers ein früheres Erscheinen der Schrift verhindert.

Möge das vorliegende Buch, das, abgesehen von den hervorgehobenen Zusätzen, ausschließlich die Arbeit des Verfassers ist, eine ebenso günstige Aufnahme finden wie dessen älteres großes Werk! Möge es mit dazu beitragen, die Erinnerung an ihn bei den Berufsgenossen lebendig zu erhalten!

Berlin, im Mai 1907.

Inhaltsübersicht.

Vorbemerkungen.

Einführungsgesetz zum Bürgerlichen Gesetzbuche.

Vom 18. August 1896 (RGBl. S. 604).

Abkürzungen.

Sie entsprechen den Vorschlägen des Deutschen Juristentags.
Wegen der Bezeichnung der Entwürfe s. S. 49 unter XI.

Vorbemerkungen.

I. **Stellung der Vorschriften über das sog. internationale Privatrecht im Gesetze.** Die Artikel 7—31 des EG. zum BGB., welche die bezeichneten Vorschriften enthalten, bilden im EG. die zweite Abteilung des ersten Abschnitts. Sie sind vom Bundesrat an dieser Stelle eingeschaltet worden, während die zweite Kommission die von ihr beschlossenen Vorschriften über die gleiche Materie in das BGB. selbst einstellen wollte (siehe unter III.). Nach der Beschränkung, die der Bundesrat an den Vorschlägen der Kommission vorgenommen hatte, paßten allerdings die Vorschriften nicht mehr in das Hauptgesetz, sondern gehörten ebenso, wie die Vorschriften über den Anwendungsbereich des BGB. in zeitlicher und potentieller Beziehung, in das EG.

Zu Unrecht ist ihnen aber eine Stellung im ersten Abschnitt unter den „Allgemeinen Vorschriften" angewiesen worden. Diese Bezeichnung verdienen die Art. 7—31 nicht mehr als die in den Abschnitten 2—4 enthaltenen Vorschriften. Auch sie behandeln eine *besondere* Beziehung des neuen Rechtes, nämlich „das Verhältnis des BGB. zu ausländischen Gesetzen", und wären deshalb richtiger in einem eigenen Abschnitt unter einem dementsprechenden Titel untergebracht worden.

II. **Literatur.**

Aus der reichhaltigen Literatur des internationalen Privatrechts sind hier zu erwähnen:

A. *Deutsche Bearbeitungen*

1. aus der Zeit vor dem BGB. (1896):

v. *Savigny*, System des römischen Rechts (1840—1849) 8 S. 1—367;

Wächter im ArchZivPrax. 24 S. 230 ff.; 25 S. 1 ff., 161 ff., 361 ff.;

R. Schmid, Die Herrschaft der Gesetze nach ihren räumlichen und zeitlichen Grenzen 1863 S. 1—100, 149—185;

v. Bar, Theorie und Praxis des internationalen Privatrechts 2 Bände, 2. Aufl., 1889;

—, Lehrbuch des internationalen Privat- und Strafrechts, 1892;

Böhm, Die räumliche Herrschaft der Rechtsnormen (Örtliche Statutenkollision), 1890;

—, Handbuch der internationalen Nachlaßbehandlung, 2. Aufl., 1895;

Meili, Geschichte und System des internationalen Zivil- und Handelsrechts im Grundriß, 1892;

—, Die Kodifikation des internation. Zivil- und Handelsrechts, 1891;

Neumann, Internationales Privatrecht in Form eines Gesetzentwurfes, 1896;

Niemeyer, Positives internationales Privatrecht, I. Teil: Das in Deutschland geltende internation. Privatrecht, 1894 (der 2. Teil ist noch nicht erschienen);

—, Zur Methodik des internation. Privatrechts, 1894;

—, Vorschläge und Materialien zur Kodifikation des internat. Privatrechts, 1895;

—, Das internation. Privatrecht nach dem Entwurf des BGB. (Reichstagsvorlage), 1896;

Kahn, Gesetzeskollisionen, ein Beitrag zur Lehre des internat. Privatrechts, in Iherings Jahrb. 30 (1891) S. 1ff.;

Gierke, Deutsches Privatrecht 1 (1895) S. 209—251;

Regelsberger, Pandekten 1 (1893) §§ 39—46;

2. aus der Zeit seit Erlaß des BGB:

Zitelmann, Internationales Privatrecht Bd. 1 1897, Bd. 2 erstes Stück 1898, zweites Stück 1903;

Barazetti, Das internation. Privatrecht im BGB. für das Deutsche Reich, 1897;

Neumann, Prinzipielle Gesichtspunkte für das Verständnis der privatinternationalen Vorschriften des EG. z. BGB., Gruchots Beitr. 46 S. 67—98;

Niemeyer, Das internationale Privatrecht des BGB., 1901;

Meili, Das internationale Zivil- und Handelsrecht, 2 Bände, 1902;

Kahn, Die Lehre vom ordre public in Iherings Jahrb. 39 S. 1ff.;

—, Über Inhalt, Natur und Methode des internat. Privatrechts, das. 40 S. 1—87 (auch in Sonderausgabe erschienen Jena, Fischer, 1899);

v. Bar, Neue Prinzipien und Methoden des internationalen Privatrechts im ArchÖffR. 15 (1900) S. 1ff.;

—, Internationales Privatrecht in Holtzendorff-Kohlers Enzyklopädie der Rechtswissenschaft, der Neubearbeitung 1. Aufl., 2 S. 1ff.;

Ferner die Lehrbücher des Bürgerl. Rechts: Endemann 1[8] S. 80—103; Cosack 1[4] S. 38—44; Crome 1 S. 126—160; Enneccerus 1[3] S. 168—187.

3. Sammlung der Staatsverträge:

v. Staudinger, Staatsverträge des Deutschen Reichs, 2 Bde., 2. Aufl., 1895;

Poschinger, Die wirtschaftlichen Verträge Deutschlands, 3 Bde., 1892—1893;

B. Ausländische Bearbeitungen:

Asser, Das internationale Privatrecht, aus dem Holländ. bearbeitet von Cohn, Berlin 1880;

Fiore, Diritto internazion. privato, 3. Aufl., Turin 1887 bis 1891;

Jettel, Handbuch des internat. Privat- und Strafrechts mit Rücksicht auf Österreich, Wien-Leipzig 1893;

Laurent, Le droit international privé, 8 Bde., Brüssel (1880 bis 1882);

Story, Commentaries on the conflict of laws, foreign and domestic, 8. Aufl. von M. M. Bigelow, Boston 1883;

Weiss, Traité élémentaire de droit internat. privé, 2. Aufl., Paris 1898;

Westlake, A treatise on private internat. law (mit besonderer Rücksicht auf englisches Recht), 3. Aufl., London 1890. Deutsche Bearbeitung: Westlake, Lehrbuch des internat. Privatrechts von F. v. Holtzendorff, 1884;

Wharton, Fr., A treatise on the conflict of laws or private international law, 2. Aufl., Philadelphia 1881;

C. Zeitschriften:

Zeitschrift für internationales Privat- und Strafrecht, herausgegeben von Böhm (Erlangen und Leipzig seit 1891), von Bd. 11 (1902) an herausgegeben von Niemeyer, von Bd. 12 (1903) an unter dem Titel: Zeitschrift für internationales Privat- und öffentliches Recht;

Journal du droit international privé et de la jurisprudence comparée (Paris seit 1874);

Revue de droit international et de législation comparée (Gent seit 1869);

D. Literaturübersichten:

ausführliche Übersichten über die ältere Literatur bei v. Bar, Theorie 1 S. XXIXff.; Lehrbuch S. XIIff.; Meili, Geschichte S. 13ff.; Gierke, 1 S. 209 Anm. 1;

über die neuere Literatur vgl.:

Störk, Die Literatur des internation. Rechts, 1884—1894;

Neumann in Gruchots Beitr. 42 S. 189—192; 44 S. 497 bis 500;

Maas, Bibliographie des Bürgerl. Rechts, 1899ff.

Über die Einwirkung des internationalen Privatrechts auf das internationale Strafrecht vgl. Neumeyer, Die verbotene Handlung im internationalen Strafrecht, ZStW. 23 S. 436—458, bes. S. 450.

III. Entstehungsgeschichte der Art. 7—31.

Literatur: Niemeyer, Internat. Privatr. des BGB. S. 1—7; Planck, Vorbem. Nr. 1, S. 22; Maas, Bibliogr. der amtl. Materialien.

Der in der ersten Kommission zum Redaktor des allgemeinen Teiles des BGB. bestellte Großherz. badische Geheimrat Dr. Gebhard hatte in seinem Teilentwurfe des Allgemeinen Teiles, den er im Jahre 1881 der Kommission vorlegte, auch das internat. Privatrecht umfassend berücksichtigt (§§ 5—40 des Entw.). Damit stimmte im wesentlichen der im Jahre 1887 vom Referenten ausgearbeitete Entwurf (§§ 5—39) überein (Maas, a. a. O. Nr. 96, 101, 102; beide Entwürfe sind abgedruckt bei Meili, Geschichte und System des internat. Privatr. S. 198ff. und bei

Niemeyer, Vorschläge S. 4—25). Die Kommission entschied sich dafür, daß die Aufnahme von Vorschriften über das internat. Privatrecht in das Gesetzbuch empfehlenswert sei, und beriet den Entwurf in den Sitzungen vom 9.—28. Sept. 1887 durch, wobei er in einer Reihe von Punkten eine andere Gestalt erhielt. In zwei späteren Sitzungen vom 7. Okt. und 16. Dez. kam man aber „auf Grund erneuter Beratung" zu dem Beschlusse, von der Aufnahme der früher beschlossenen Vorschriften in den Entwurf des Gesetzbuchs abzusehen und jene Vorschriften in Form eines besonderen Gesetzentwurfs dem Reichskanzler miteinzureichen, weil die Entscheidung, ob sie sich zur Aufnahme in das BGB. eigneten, „in nicht geringem Maße von politischen Erwägungen abhänge". Dieser Entwurf, der die Überschrift erhielt „Räumliche Herrschaft der Rechtsnormen" und 26 Paragraphen umfaßte, ist damals mit den Entwürfen des BGB. und des EG. nicht veröffentlicht worden, er findet sich aber jetzt abgedruckt in den Protokollen der Kommission für die zweite Lesung Bd. VI S. 8—12 (Berlin 1899).

Diese Kommission hatte gleich zu Beginn ihrer Beratungen durch Beschluß festgestellt, daß es notwendig sei, das internationale Privatrecht im BGB. zu regeln, und den Referenten des Allgemeinen Teiles um Vorbereitung der erforderlichen Vorschläge ersucht (Prot. Bd. I S. 1ff.). Im März 1895 trat man in die Beratung des internation. Privatrechts ein, wobei der Schlußentwurf der ersten Kommission zugrunde gelegt wurde (Prot. Bd. VI S. 1—89). Die Beratung führte zu mannigfachen Abänderungen dieses Entwurfes. Am Schluß der Beratungen entschied man sich dafür, die so beschlossenen Vorschriften dem BGB. selbst als 6. Buch unter dem Titel „Anwendung ausländischer Gesetze" einzuverleiben. Mit dem BGB. sind auch diese Vorschriften in zwei Fassungen veröffentlicht. In dem „Entwurf nach den Beschlüssen der Redaktionskommission" (V. und VI. Buch, Berlin, Guttentag, 1895) begreift das 6. Buch die §§ 2236—2265, in dem „Entwurf in der Fassung der Bundesratsvorlagen" (Berlin, Guttentag, 1898) begreift es die §§ 2361—2390. Doch weichen beide Fassungen nur in der Reihenfolge einiger Vorschriften und in einzelnen redaktionellen Punkten voneinander ab. Sachliche Abweichungen sind nicht vorhanden.

Im Bundesrate wurden die vorgelegten Entwürfe des BGB. und des EG. dem Ausschuß für Justizwesen überwiesen und die von diesem beantragten Änderungen vom Plenum genehmigt (vgl. Maas, Bibliogr. der amtl. Material. Nr. 234—237). Das Ergebnis sind die dem Reichstage vorgelegten Entwürfe beider Gesetze. Hier zeigt das internationale Privatrecht eine wesentlich andere Gestalt, als ihm die zweite Kommission gegeben hatte: die Vorschriften sind aus dem BGB. an ihre jetzige Stelle im EG. gerückt; mehrere wichtige Bestimmungen sind ohne Ersatz beseitigt, eine noch größere Anzahl anderer ist in ihrem Inhalt und ihrer Tragweite erheblich eingeschränkt; aus dem geschlossenen System des internationalen Privatrechts, das der Kommissionsentwurf bot, ist eine Reihe einzelner Vorschriften geworden, die erhebliche Lücken aufweist. — In dieser Gestalt ist der Entwurf Gesetz geworden, da im Reichstag nur an einzelnen Artikeln von der Kommission Änderungen vorgenommen wurden.

Die Gründe, die den Bundesrat zu den einschneidenden Änderungen bewogen haben, sind im einzelnen nicht festzustellen, weil die Verhandlungen des Bundesrats und seines Ausschusses nicht veröffentlicht sind. In erster Linie sind jedenfalls politische Rücksichten maßgebend gewesen, auf die schon in den Beratungen der beiden Kommissionen hingewiesen war. Daneben mögen auch noch juristische Bedenken gegen die Richtigkeit der im Entwurfe vorgeschlagenen Regelung mitgewirkt haben und die Rücksicht, bei der im Flusse befindlichen Entwickelung dieses Rechtsgebiets der Wissenschaft und Praxis einen freieren Spielraum zu belassen (s. Planck, Vorbem. Nr. 1, S. 23).

IV. Die Grundzüge des internationalen Privatrechts.

Vgl. Barazetti, Die technischen Ausdrücke für die verschiedenen Kollisionsarten räumlicher Gesetzesnormen und für die damit verwandten Begriffe, wie sie in der Theorie des internation. Privatrechts vorkommen, in Böhms Z. 8 S. 273—292.

1. **Das internationale Privatrecht** oder die Lehre von der örtlichen (räumlichen) Statutenkollision — Ausdrücke, die heute im wesentlichen als gleichbedeutend wahlweise nebeneinander gebraucht werden — **gibt an**, nach welcher in- oder ausländischer Rechtsordnung ein Rechtsverhältnis zu beurteilen ist, für dessen Gestaltung Beziehungen in Betracht kommen, die nicht dem Inland allein angehören (gegen diese Auffassung des internationalen Privatrechts s. Zitta im ArchÖffR. 14 S. 301ff., 15 S. 564ff.). Die Normen des internationalen Privatrechts entscheiden also über die Anwendung des in-

oder ausländischen materiellen Privatrechts. Man bezeichnet sie darum als Anwendungsnormen oder auch als Kollisionsnormen, indem man, wie bei dem Ausdrucke Statutenkollision, einen Widerstreit unter den verschiedenen Rechtsordnungen unterstellt, als wollte jede von ihnen das Verhältnis zu sich herüberziehen oder jede es der anderen wider deren Willen zuweisen. Im Gegensatze dazu bezeichnet man diejenigen Vorschriften, die den Inhalt der Privatrechtsordnung ausmachen, über deren Anwendbarkeit also die Normen des internationalen Privatrechts bestimmen, als Sachnormen (Kahn in Iherings J. 39 S. 1). Streitig ist der Charakter der Anwendungs- oder Kollisionsnormen. Die einen legen ihnen einen öffentlich-rechtlichen Charakter bei (so Pfaff-Hofmann, Exkurse über österreich. Recht I, S. 123, Göppert in Iherings J. 22 S. 38ff., v. Bar, Zitelmann 1 S. 198ff., Niedner). Dagegen sieht die herrschende Meinung sie auch jetzt noch (was früher unbestritten war) als einen Bestandteil der Privatrechtsordnung, als „Ingredienzien der durch sie in ihrer örtlichen und persönlichen Tragweite bestimmten Privatrechtssätze" an (Niemeyer, internat. Privatr. des BGB. S. 179, Neumann, BGB. 3[4] S. 6, Anm. I, 1, 6). Der letzteren Ansicht ist im Ergebnisse beizustimmen. Die Anwendungsnormen sind zwar Rechtssätze von eigentümlicher Beschaffenheit, ein Recht sui generis (Affolter, intertemporales Recht, 1 S. 1ff.); der Gesetzgeber zieht mit ihnen die Grenzen, innerhalb deren seine Ordnung des Privatrechts Platz greifen soll, es sind Grenznormen, die allerdings ihren Ausgangspunkt im öffentlichen Rechte haben. Das unterscheidet sie einesteils von den materiellen Privatrechtssätzen, die nun innerhalb jener Grenzen zur Anwendung kommen, es verbindet sie aber auch anderseits unlöslich mit diesen. Jene Normen bestimmen den Umfang, die materiellen Privatrechtssätze selbst geben den Inhalt: beide zusammen bilden die Privatrechtsordnung (übereinstimmend Kahn in Iherings J. 40 S. 52ff.).

In einem weiteren Sinne begreift man unter dem internationalen Privatrecht auch das sogen. Fremdenrecht, das sind Normen, die regelmäßig nicht den Anwendungsbereiche der inländischen und der ausländischen materiellrechtlichen Normen gegeneinander abgrenzen, sondern die innerhalb des Staatsgebiets die besondere materiellrechtliche Stellung der Ausländer bestimmen; dahin gehören z. B. die Vorschriften, die den Erwerb von Grundeigentum durch Ausländer beschränken (vgl. EG. Art. 88). Zitelmann (1 S. 256f.) bezeichnet solche Normen als materielle Teilrechtssätze. Zuweilen enthalten Vorschriften zugleich eine Kollisionsnorm und materielles Fremdenrecht, so z. B. EG. Art. 10 Satz 1: insofern diese Vorschrift ausspricht, daß die Rechtsfähigkeit eines ausländischen Vereins sich für das Inland — wenigstens für die Gerichte — nicht nach den ausländischen Gesetzen bestimmt, bildet sie eine Kollisionsnorm; insofern sie vorschreibt, daß ein solcher Verein durch Beschluß des Bundesrats die Rechtsfähigkeit für das Inland erlangen kann, bildet sie eine materiellrechtliche Norm, ebenso wie der § 23 BGB., der die gleiche Vorschrift für deutsche Vereine aufstellt, die im Ausland ihren Sitz haben.

2. Die Beziehungen eines Tatbestandes zum Auslande, die seine Prüfung nach internationalen Grundsätzen nötig machen, können liegen in den am Rechtsverhältnisse beteiligten Personen (Wohnsitz, Aufenthalt, Staatsangehörigkeit im Ausland), in den Sachen oder Rechten, die den Gegenstand des Verhältnisses bilden (Belegenheit im Ausland, ausländische Urheberrechte u. dgl.), in den Handlungen, die auf die Entstehung, Veränderung oder Beendigung des Verhältnisses eingewirkt haben (Ort der Vornahme des Geschäfts, der Begehung der Handlung), in der Zweckbestimmung des Verhältnisses (Erfüllungs- oder Wirkungsort im Ausland), unter Umständen auch in dem bloßen Willen der Beteiligten (Unterwerfung des Verhältnisses unter ein ausländisches Recht). Beziehungen dieser Art, die das Gesetz benutzt, um danach die für die Beurteilung des Verhältnisses maßgebende in- oder ausländische Rechtsordnung zu bestimmen, nennt man Anknüpfungsbegriffe oder Anknüpfungsbeziehungen (Anknüpfungsumstände). Dieser Gedanke lag schon der mittelalterlichen „Statutentheorie" zugrunde, die allerdings darin fehlte, daß sie schematisch die Personen der lex domicilii, die Sachen der lex rei sitae, die Handlungen der lex actus unterwarf, indem sie statuta personalia, realia und mixta unterschied. Doch spricht man auch heutzutage noch von Personal- und Sachstatut, um kurz zu bezeichnen, daß die für die Unterwerfung des Rechtsverhältnisses unter eine bestimmte Rechtsordnung maßgebenden Anknüpfungsmomente in Beziehungen der Personen oder der Sachen bestehen. (Daneben stellt Zitelmann 1 S. 135f., noch den Begriff des Gebietsstatuts auf.) Savigny faßte die Anknüpfungsmomente in einem Bilde zusammen, indem er von einem „Sitze des Rechtsverhältnisses" sprach, eine bildliche Ausdrucksweise, die auch heute noch gebräuchlich ist (siehe Gierke 1 S. 218).

3. Die Normen des internationalen Privatrechts sind positives Recht des einzelnen Staates, ebenso gut wie das materielle Privatrecht, dessen Anwendung dadurch bestimmt wird. Der einzelne Staat ist es, der durch die Aufstellung der Anwendungsnormen für seinen Herrschaftsbereich den Umfang der Geltung seiner und der ausländischen Gesetze bestimmt, indem er diese Rechtsverhältnisse den einheimischen, jene den ausländischen Gesetzen zuweist. — Allerdings bildet die Grundlage unseres heutigen internationalen Privatrechts die Anerkennung der Gleichberechtigung anderer Staaten und ihrer Rechtsordnungen neben der unsrigen. „Fremdes Recht ist Recht, so gut wie das einheimische" (Gierke 1 S. 212). Aber wenn man auch diesem Satze und den aus ihm herzuleitenden Folgerungen die Kraft völkerrechtlich verbindlicher Rechtssätze beilegt, so richten sie sich doch immer nur an den Staat als völkerrechtliches Subjekt, als Gesetzgeber. In welcher Gestalt der Staat jene Sätze in seine Rechtsordnung aufnehmen, welche Folgen er daraus für die Abgrenzung des Geltungsbereichs der in- und ausländischen Gesetze ableiten will, steht in seinem souveränen Ermessen.

Die Frage, welche Rechtsordnung für die Beurteilung eines Rechtsverhältnisses maßgebend ist, ist deshalb im Herrschaftsbereiche des einzelnen Staates von dessen Organen, besonders vom Richter, immer aus seinem einheimischen Rechte heraus zu beantworten. Die Antwort braucht hier nicht ausdrücklich gegeben zu sein; auch wenn sie als Folgerung aus anderen Sätzen oder zur Ergänzung von Lücken des Gesetzes im Wege der Analogie aus dem Zusammenhang und Geist der ganzen Rechtsordnung oder aus der Natur der Sache abgeleitet werden müßte, immer ist die Norm, kraft deren der Richter fremdes Recht anwendet, ein einheimisches Rechtsgebot. Auch der Anlaß, vermöge dessen er gerade dieses fremde Recht anwendet, beruht mittelbar stets auf einem einheimischen Rechtsgebote, der unmittelbare Grund kann aber hier auch eine ausländische Norm sein. Das ist wichtig wegen der Revision, s. unten S. 46 Vorbem. VIII, 3. Auch wenn die Kollisionsnormen in einem völkerrechtlichen Vertrag enthalten sind, schöpft der Richter, indem er diese Normen anwendet, nicht aus dem Völkerrechte, sondern aus seinem einheimischen positiven Rechte, denn auch ein solcher Vertrag ist für den Richter nicht in seiner völkerrechtlichen Eigenschaft als Vertrag, sondern nur als ein vom einheimischen Gesetzgeber gesetztes Recht — als innerstaatliche Norm — Rechtsquelle.

4. Die Aufgabe, die das internationale Privatrecht dem Gesetzgeber stellt, ist überall dieselbe: es gilt, Normen aufzustellen, mit denen sich für ein jedes Rechtsverhältnis diejenige Rechtsordnung finden läßt, nach deren sachlichen Vorschriften es zu beurteilen ist. Aber bei der Lösung dieser Aufgabe kann der Gesetzgeber verschieden verfahren.

a) Er kann es unternehmen, die internationalrechtliche Frage umfassend zu lösen, indem er sich nicht darauf beschränkt, die Voraussetzungen zu bestimmen, unter denen er ein Rechtsverhältnis nach seinen eigenen, inländischen Sachnormen beurteilt sehen will, sondern indem er ganz allgemein die Anknüpfungsmomente feststellt, die für die Unterordnung eines Verhältnisses unter die verschiedenen Rechtsordnungen und für seine Zuweisung an eine von diesen, auch unter mehreren ausländischen, maßgebend sein sollen. Ohne daß eine andere Beziehung des Verhältnisses zum Inlande vorzuliegen braucht, als daß es hier Gegenstand der Beurteilung durch den Richter oder ein anderes Staatsorgan wird, gibt der Gesetzgeber die Norm zur Auffindung der Rechtsordnung, die darauf angewandt werden soll. Er schafft auf diese Weise vollkommene (auch generelle oder allgemeine) Kollisionsnormen, d. h. solche, deren Anwendbarkeit unabhängig ist von einer besonderen Inlandsbeziehung des Tatbestands (Niemeyer, Internat. Privatrecht S. 14; Zitelmann 1 S. 214; Niedner, Vorbem. III, 2). Indessen kann auch das Verhältnis solcher vollkommenen Kollisionsnormen zu denen eines anderen Staates verschiedenfach abgestuft sein.

α) Der einheimische Gesetzgeber kann seinen Kollisionsnormen ausschließliche Kraft beilegen. Er erkennt an, daß die materiellen Privatrechtssätze, die Sachnormen, des Auslandes bei der Beurteilung eines Rechtsverhältnisses Anspruch auf Berücksichtigung haben, den ausländischen Kollisionsnormen aber verweigert er diese Anerkennung. Er unterwirft zwar das Rechtsverhältnis, weil die von ihm hierfür verlangten Anknüpfungsbeziehungen fehlen, nicht seiner materiellen Privatrechtsordnung, wohl aber beansprucht er für sich ausschließlich die Bestimmung, welche fremde Rechtsordnung angewandt werden soll. Er zwingt dem Rechtsverhältnis die von ihm auserkorene Rechtsordnung auf, selbst wenn diese ihre Geltung für den Fall ausdrücklich ablehnt. Die durch eine solche Anweisung des einheimischen Gesetzgebers bestimmte fremde Rechtsordnung wird auf das Verhältnis angewandt kraft des einheimischen Rechtsgebots, nicht darum weil, sondern ohne Rücksicht darauf, ob sie angewandt sein will.

Diese Behandlung der internationalprivatrechtlichen Aufgabe durch den Gesetzgeber — man kann sie die positivistische oder nationalistische nennen — wird auch wissenschaftlich lebhaft verteidigt; besonders von Niemeyer, Vorschläge S. 5, Internat. Privatr. S. 50ff., Kahn, Iherings Jahrb. 30 S. 1ff., Barazetti S. 11.

β) Der Gesetzgeber kann indessen seine Kollisionsnormen auch in einer schwächeren Bedeutung aufstellen. Zwar beschränkt er sich nicht darauf, nur den Anwendungsbereich der eigenen Sachnormen zu regeln, sondern er gibt vollkommene Kollisionsnormen, also Normen, die auch unter den verschiedenen ausländischen Rechtsordnungen diejenige bestimmen, welcher das Verhältnis kraft der von ihm für richtiger erachteten Anknüpfungsbeziehung unterworfen sein soll. Aber — und das ist der Unterschied von dem unter α dargestellten Standpunkt — er legt dieser Anknüpfungsbeziehung keine ausschließliche Kraft bei, sondern läßt auch die Kollisionsnormen der fremden Rechtsordnung mit ihren abweichenden Anknüpfungsbeziehungen zur Geltung kommen. Wenn die in seiner Kollisionsnorm für das Rechtsverhältnis als maßgebend bezeichnete fremde Rechtsordnung durch ihre Kollisionsnormen das Verhältnis von den eigenen Sachnormen abweist und entweder unter die Sachnormen des inländischen Staates zurück- oder unter die eines dritten Staates weiterverweist, so läßt der Gesetzgeber diese Verweisung gelten. Er nimmt im ersteren Falle das Rechtsverhältnis zurück und wendet die eigenen Sachnormen darauf an; im letzteren Falle folgt er der Verweisung der fremden Rechtsordnung auf die Sachnormen des dritten Staates, um dessen Rechtsordnung zu befragen und anzuwenden. Damit sind die Probleme der Rückverweisung und der Weiterverweisung gegeben, über die sich in neuerer Zeit ein lebhafter Streit entsponnen hat. Wenn z. B. der Staat A für die Beerbung eines Ausländers, der in seinem Gebiete den Wohnsitz hat, die Gesetze des Heimatstaats (des Staates, dessen Untertan der Ausländer ist), dieser Heimatstaat B aber für die Beerbung seiner im Auslande lebenden Angehörigen die Gesetze des Wohnsitzstaats maßgebend sein läßt, so liegt vom Standpunkte des Staates A aus Rückverweisung vor. Schreibt der Staat A vor, daß sich das eheliche Güterrecht der in seinem Gebiete wohnhaften Ausländer nach dem Gesetze des Heimatstaats des Mannes bestimmen soll, erklärt aber der Heimatstaat B das Gesetz des ersten ehelichen Wohnsitzes für maßgebend und befand sich der erste eheliche Wohnsitz der jetzt im Gebiete von A wohnhaften, dem Staate B angehörigen Eheleute im Staate C, so liegt, vom Standpunkt des Staates A aus betrachtet, Weiterverweisung auf das Recht des Staates C vor. — Daß der Gesetzgeber die Rückverweisung wie die Weiterverweisung ausdrücklich anordnen kann und daß seine dahingehenden Gebote alsdann zu befolgen sind, darüber herrscht natürlich kein Zweifel. Wohl aber gehen die Meinungen darüber auseinander, ob ein solches Verfahren für den Gesetzgeber (de lege ferenda) empfehlenswert und ob — de lege lata — beim Fehlen einer ausdrücklichen Anordnung des Gesetzgebers seine Kollisionsnorm im Zweifel im Sinne der Rück- und der Weiterverweisung auszulegen sei. (Ausführliche Literaturübersichten über die Frage s. bei Kahn in Iherings Jahrb. 36 S. 401, Niemeyer, Internat. Privatr. S. 74 und unten bei Art. 27.)

b) Der Gesetzgeber kann jedoch einen grundsätzlich verschiedenen Standpunkt einnehmen. Er kann sich darauf beschränken, lediglich den Anwendungsbereich der eigenen Rechtsordnung zu bestimmen, also nur diejenigen Anknüpfungsmomente zu bezeichnen, bei deren Vorhandensein er ein Rechtsverhältnis nach den eigenen Sachnormen beurteilt sehen will. Er regelt von den verschiedenen internationalrechtlich möglichen Tatbeständen nur diejenigen, bei denen diese Anknüpfungsbeziehung zum Inlande vorliegt und deshalb Unterwerfung unter die inländischen Sachnormen eintritt. Darüber hinaus gibt er keine Kollisionsnormen. Tatbestände, bei denen jene Anknüpfungsbeziehung zum Inlande fehlt, überläßt er nicht nur den ausländischen Sachnormen, sondern er schließt sie überhaupt von seiner internationalrechtlichen Regelung aus und überläßt die Aufgabe, bei ihnen die zuständige ausländische Rechtsordnung zu bestimmen, seinen Gerichten. Kollisionsnormen dieser Art bezeichnet man als einseitige (individuelle, unvollkommene; Zitelmann 1 S. 214; Niemeyer, Intern. Privatr. S. 14; Niedner, Vorbem. III, 2).

Eine vermittelnde Richtung schlägt der Gesetzgeber ein, wenn er neben der Bestimmung des Anwendungsbereichs der eigenen Sachnormen auch die Zuständigkeit unter den verschiedenen ausländischen Rechtsordnungen für solche Fälle positiv regelt, in welchen der Tatbestand zugleich gewisse sachliche (d. h. nicht erst durch die Befassung des inländischen Richters mit dem Falle entstehende) Beziehungen zum Inland aufweist, um derentwillen es ihm geboten erscheint, die Regelung ihrer gegenseitigen Zuständigkeit untereinander nicht den ausländischen Rechtsordnungen zu überlassen, sondern vom einheimischen Standpunkt aus vorzunehmen. Dies Verfahren führt zu den sogenannten unvollständig zweiseitigen Kollisionsnormen (Niemeyer, Internat. Privatr. S. 16, Niedner, Vorbem. III, 2 zu Art. 7; Zitelmann 1 S. 226 nennt sie „generelle Kollisionsnormen mit Fallbeschränkung"). Unvollständig sind diese Normen insofern, als sie für diejenigen Fälle versagen, wo die besonderen Beziehungen zum Inlande, die in jenen Normen vorausgesetzt werden, nicht vorliegen, sondern entweder bloß solche zum Ausland oder doch nur andere zum Inlande.

Diese grundsätzliche Selbstbeschränkung des Gesetzgebers auf einseitige Kollisionsnormen wird unter bedingter Zulassung auch unvollständig zweiseitiger Normen auch in der Rechtslehre verteidigt, weil zur Bestimmung der positiven Zuständigkeit der fremden Rechtsordnung nur diese befugt sei, so von Schnell, Böhms Z. 5, S. 337, v. Bar, das. 8, S. 178, Keidel, das. 8 S. 228. Seine systematische Rechtfertigung hat der Standpunkt erfahren in der von Neumann aufgestellten Theorie der „Kompetenzerwägung" oder „Kompetenzerörterung" (Verhandl. des 24. deutschen Juristentags 1 S. 172, 498, 4 S. 104, DJZ. 1898 S. 372, Handausgabe BGB. 3[4] S. 8, Vorbem. III, 4 zu Art. 7), dem auch Niedner (Vorbem. IV, 3 zu Art. 7) im wesentlichen zustimmt. Neumann nimmt an, der Gesetzgeber habe nicht für alle Tatbestände, die möglicherweise im Inlande zur gerichtlichen Beurteilung gelangen, die Kollisionsnorm zu geben, sondern nur für diejenigen, welche vom Standpunkt einer idealen Ordnung des Völkerrechts aus der Kompetenz seiner internationalrechtlichen Gesetzgebung unterfallen. Den Umfang dieser Kompetenz habe er zu prüfen, demgemäß den Kompetenzkonflikt zu regeln und für die dabei seiner Kompetenz unterfallenden Tatbestände zu unterscheiden, ob sein eigenes oder ausländisches materielles Recht anzuwenden sei. Für die übrigen Tatbestände, für die er danach die Kompetenz einer anderen Rechtsordnung annehme, sei zunächst an der Hand seiner Kollisionsnormen die ausländische für die Kollisionsfrage zuständige Rechtsordnung und nach deren Kollisionsnormen sodann weiter die für die materiellrechtliche Beurteilung maßgebende Rechtsordnung zu bestimmen. Daß diese Theorie wissenschaftlich wohl zu begründen und der von ihr empfohlene Weg praktisch durchaus gangbar ist, ja daß man mit Hilfe dieses Verfahrens zahlreiche Unzuträglichkeiten vermeidet, die das System der vollkommenen Kollisionsnormen mit ausschließlicher Geltung herbeiführt, ist nicht zu leugnen. Auch hat die Auffassung, die dieser Theorie zugrunde liegt und zuerst in dem anangegebenen Aufsatze von Schnell entwickelt ist, gerade auf die Fassung der internationalrechtlichen Vorschriften des EG. unzweifelhaft erheblichen Einfluß gehabt. Allerdings wird von dieser Theorie in die vom Gesetzgeber erlassenen einseitigen Kollisionsnormen etwas hineingelegt, was unmittelbar nicht aus ihnen zu entnehmen ist. Den Anknüpfungsmomenten, die der Gesetzgeber in seinen einseitigen Normen lediglich benutzt, um daraufhin die Unterwerfung der Verhältnisse unter die inländischen Sachnormen auszusprechen, wird die generelle Bedeutung allgemeingültiger Anknüpfungsbeziehungen beigemessen, um auch zur Auffindung derjenigen ausländischen Rechtsordnung zu dienen, welche ihrerseits die Kollisionsfrage zu lösen zuständig sein soll. Wenn z. B. Art. 18 EG. bestimmt: die eheliche Abstammung eines Kindes wird nach den deutschen Gesetzen beurteilt, wenn der Ehemann der Mutter zur Zeit der Geburt des Kindes Deutscher ist . ., so entnimmt Neumann daraus den allgemeinen Satz: Die Entscheidung darüber, nach den Gesetzen welches Staates die eheliche Abstammung eines Kindes zu beurteilen ist, hat der deutsche Richter aus der Rechtsordnung, d. h. aus den Kollisionsnormen desjenigen Staates zu entnehmen, dem der Ehemann der Mutter zur Zeit der Geburt angehört. Die einseitigen Kollisionsnormen werden damit zwar nicht zu vollkommenen Kollisionsnormen erweitert (das würde im Falle des Art. 18 zu dem Satze führen: Die eheliche Abstammung eines Kindes hat der deutsche Richter nach den Sachnormen desjenigen Staates zu beurteilen, dem der Ehemann der Mutter zur Zeit der Geburt des Kindes angehört), wohl aber wird die in ihnen zugrunde gelegte internationalrechtliche Anknüpfungsbeziehung ohne äußeren Anhalt verallgemeinert. Tatsächlich wird damit den einseitigen Kollisionsnormen im Wege der Ausdehnung des Grundsatzes, den man in ihnen ausgesprochen findet, dieselbe Tragweite gegeben wie vollkommenen Kollisionsnormen, die man durch Zulassung der Rück- und Weiterverweisung einschränkt.

Praktisch führt deshalb das System der Kompetenzerwägung im wesentlichen zu denselben Ergebnissen wie die Zulassung der Rück- und Weiterverweisung (Niemeyer, Internat. Privatr. S. 44 Anm. 1), während allerdings nicht zu verkennen ist, daß beide Auffassungen geradezu entgegengesetzte Ausgangspunkte und auch eine verschiedene theoretische Begründung haben.

c) Welches von diesen verschiedenen Verfahren der Gesetzgeber bei Regelung des internationalen Privatrechts wählen soll, hängt ab von seiner Auffassung über seine völkerrechtlichen Befugnisse auf diesem Gebiet und von politischen Rücksichten, die er dabei walten lassen muß. Je nach der Richtung und Stärke dieser Einflüsse kann der Gesetzgeber auch veranlaßt sein, in demselben Gesetze die mehreren Arten von Kollisionsnormen nebeneinander anzuwenden, wie denn gerade im EG. zum BGB. alle drei Arten dieser Normen (vollkommene, rein einseitige und unvollkommen zweiseitige) nebeneinander vorkommen.

d) Nicht zu den einseitigen, sondern zu den vollkommenen Kollisionsnormen gehören die ausschließlichen (rein absolutistischen) Normen, d. h. diejenigen, durch welche der Gesetzgeber die ausschließliche oder unbedingte Anwendung bestimmter einheimischer Sachnormen anbefiehlt, mag auch das Rechtsverhältnis nicht die sonst maßgebende oder überhaupt keine andere Beziehung zu dem Inlande haben, als daß es hier abgeurteilt wird. Denn auch durch eine solche Norm, wodurch die lex fori zur unbedingt maßgebenden Sachnorm erklärt wird, wird für das Inland die internationalrechtliche Frage in betreff aller einschlägigen Rechtsverhältnisse durchweg erledigt (a. A. Niemeyer, Internat. Privatr. S. 12). Hierher gehört namentlich der Grundsatz, daß die Anwendung eines ausländischen Gesetzes ausgeschlossen ist, wenn die Anwendung gegen die guten Sitten, die öffentliche Ordnung oder gegen den Zweck eines einheimischen Gesetzes verstieße (vgl. dazu Kahn, die Lehre vom ordre public in Jherings J. 39 S. 1ff. und unten Bemerkungen zu Art. 28).

V. Die Kollisionsnormen des Einführungsgesetzes.

A. Die Vorentwürfe des Redaktors wie die Entwürfe der beiden Kommissionen gingen auf eine umfassende Regelung des internationalen Privatrechts; sie gaben fast durchweg vollkommene Kollisionsnormen (im Entw. III enthalten nur die §§ 2362, 2363,

2373, 2376, 2384 und 2385 einseitige oder unvollständig zweiseitige Normen). Im Gesetz ist das Verhältnis umgekehrt geworden. Nur wenige Vorschriften sind vollkommene Kollisionsnormen geblieben, die Mehrzahl ist zu einseitigen geworden, für umfangreiche Gebiete fehlt jede Norm.

B. Im einzelnen ist der Inhalt der Vorschriften folgender:

1. Den Allgemeinen Teil betreffen die Art. 7—11, nämlich
   a) das Personenrecht die Art. 7—10:
      Art. 7: die Geschäftsfähigkeit im allgemeinen,
      — 8: die Entmündigung von Ausländern im Inland,
      — 9: die Todeserklärung,
      — 10: die Rechtsfähigkeit ausländischer Vereine,
   b) die Form der Rechtsgeschäfte Art. 11;
2. das Recht der Schuldverhältnisse
      Art. 12: die Ansprüche aus unerlaubten Handlungen;
3. das Familienrecht die Art. 13—23, nämlich
   a) das Eherecht die Art. 13—17:
      Art. 13: die Eingehung der Ehe,
      — 14: die persönlichen Rechtsbeziehungen unter Ehegatten,
      — 15, 16: das eheliche Güterrecht,
      — 17: die Ehescheidung;
   b) das Elternrecht die Art. 18—23:
      Art. 18: die eheliche Abstammung,
      — 19: das Rechtsverhältnis zwischen Eltern und ehelichen Kindern,
      — 20, 21: das Rechtsverhältnis des unehelichen Kindes zu seiner Mutter und seinem Erzeuger,
      — 22: die Legitimation und Annahme an Kindesstatt,
      — 23: die Vormundschaft und Pflegschaft über Ausländer;
4. das Erbrecht die Art. 24—26, nämlich
      Art. 24: die Beerbung von Deutschen,
      — 25: die Beerbung von Ausländern mit inländischem Wohnsitz,
      — 26: die Behandlung ausländischer Nachlässe, die ins Inland gelangen.

5. Allgemeine Vorschriften geben schließlich die Art. 27—31. Es behandeln

Art. 27: die Rückverweisung,
— 28: eine Beschränkung des Personalstatuts durch das Sachstatut,
— 29: das Personalstatut bei fehlender Staatsangehörigkeit,
— 30: die Fälle der Ausschließung ausländischer Gesetze,
— 31: das Vergeltungsrecht.

Von diesen Vorschriften sind vollkommene Kollisionsnormen der Art. 7 Abs. 1, Art. 11, 17 u. 21, einseitige Kollisionsnormen geben die Art. 7 Abs. 3, Art. 8, 9, 10, 12, Art. 13 Abs. 3, Art. 14, 15 Abs. 1, Art. 16, 18, 19, 20, 22, 24 Abs. 1, unvollständig zweiseitige die Art. 7 Abs. 2, Art. 13 Abs. 1, Art. 15 Abs. 2, Art. 24 Abs. 3, Art. 25.

C. Außer diesen Vorschriften enthielt der Entwurf der zweiten Kommission (E. III) noch folgende Bestimmungen, die durch den Bundesrat ohne Ersatz beseitigt sind:

§ 2366.

Das Schuldverhältnis aus einem Rechtsgeschäft unter Lebenden wird nach den Gesetzen des Ortes beurteilt, an dem das Rechtsgeschäft zum Abschlusse gelangt.

Ist den Umständen nach anzunehmen, daß von den Beteiligten die Anwendung der Gesetze eines anderen Ortes vorausgesetzt sein muß, so sind die Gesetze dieses Ortes maßgebend.

§ 2367.

Das Schuldverhältnis aus einer unerlaubten Handlung wird nach den Gesetzen des Ortes beurteilt, an dem die unerlaubte Handlung begangen wird.

Soweit sich ein deutsches Gesetz auf eine im Auslande begangene unerlaubte Handlung erstreckt, findet das deutsche Gesetz Anwendung.

§ 2368.

Ein Schuldverhältnis, das auf einem anderen Grunde als auf einem Rechtsgeschäft unter Lebenden oder einer unerlaubten Handlung beruht, wird nach den Gesetzen des Ortes beurteilt, an welchem sich der für die Entstehung des Schuldverhältnisses in Betracht kommende Tatbestand verwirklicht, sofern sich nicht aus den deutschen Gesetzen ein anderes ergibt.

§ 2369.

Die Rechte an einer Sache sowie der Besitz werden nach den Gesetzen des Ortes beurteilt, an dem sich die Sache befindet. Der Erwerb und der Verlust eines Rechtes an einer beweglichen Sache sowie des Besitzes einer solchen Sache werden nach den Gesetzen des Ortes beurteilt, an dem sich die Sache zur Zeit der Verwirklichung des für die Erwerbung oder den Verlust in Betracht kommenden Tatbestandes befindet.

Die Vorschrift des § 2365 Satz 2 findet keine Anwendung auf ein Rechtsgeschäft, durch das ein Recht an einer Sache begründet oder über ein solches Recht verfügt wird.

[Der hier angezogene § 2365 Satz 2 der Entw. ist der jetzige Satz 2 im Abs. 1 des Art. 11 EG.]

Im übrigen werden die Abweichungen des Gesetzes von den Entwürfen, namentlich von dem Entwurf III, soweit es erforderlich ist, bei den einzelnen Artikeln erörtert werden.

D. Inland und Ausland. Deutsche und Ausländer (Schutzgenossen).

Literatur: Zorn, Staatsrecht des Deutschen Reichs, 1² S. 581; Laband, Staatsrecht des Deutschen Reichs 2⁴ S. 277, § 70 Nr. IV; Stengel, Die Rechtsverhältnisse der Deutschen Schutzgebiete 1901, S. 35f., 173, 178, 183.

1. Wie dem internationalen Privatrecht überhaupt, so liegt auch den Vorschriften der Art. 7—31 der Gegensatz von Inland und Ausland zugrunde. Das EG. spricht vom Inland in den Art. 7—10, 13, 15—17, 23—25, vom Ausland in den Art. 12, 14, 24, 26 (31), von Ausländern in den Art. 7—9, 13, 15, 16, 23—25, 88, von Personen, die einem fremden Staate angehören, in den Art. 9 Abs. 2, Art. 10 und im Gegensatze dazu von Deutschen (Art. 9, 12—15, 17, 18, 24, 25) oder von Personen, die die Reichsangehörigkeit besitzen (Art. 19, 22, 24). Auch das BGB. spricht vom Inland im § 795, vom Ausland im § 1944 Abs. 2, während es im § 23 von einem Vereine spricht, der seinen Sitz nicht in einem Bundesstaate hat.

2. Der positive Begriff ist dabei der des Inlandes. Ausland ist alles, was nicht Inland ist. Inland ist das Gebiet des Deutschen Reichs, also die Bundesstaaten (Reichsverfassung Art. 1; einschließlich Helgolands: Reichsgesetz vom 15. Dez. 1890, RGBl. S. 207) mit Einschluß des nach Völkerrecht dazu gehörigen Küstensaums und des Reichslandes Elsaß-Lothringen. Nicht zum Inlande gehören die deutschen Konsulargerichtsbezirke; sie gehören vielmehr als territoriale Bezirke fremden Staaten an, nur gewisse darin befindliche Personen sind der deutschen Gerichtshoheit unterworfen. Auch die deutschen Schutzgebiete sind im Sinne des BGB. und der Reichsgesetze regelmäßig nicht als Inland anzusehen. Für die Zivilprozeßordnung wird dies allgemein anerkannt (vgl. zu § 199 ZPO. die Kommentare von Seuffert, Anm. 1; Gaupp-Stein 1[8], [9] S. 457; Petersen 1[5] S. 410), und es folgt aus dem Schutzgebietsgesetze vom 10. Sept. 1900 § 7 Abs. 2, § 9 Abs. 3. Indessen sind im EG. einige Vorschriften, in denen man den Begriff des Inlandes wohl auf die Schutzgebiete ausdehnen muß, so namentlich im Art. 9 Abs. 2, 3, Art. 17 Abs. 4, Art. 23, 25, 26. Jedenfalls sind die Behörden in den Schutzgebieten nicht ausländische, sondern deutsche (vgl. z. B. Art. 23 Abs. 2, Art. 26), wie dies auch für die Zivilprozeßordnung angenommen wird; vgl. die Kommentare von Seuffert und Petersen, Anm. 1 zu § 722 ZPO. (Übereinstimmend Stengel, a. a. O. S. 35 f., 173, 178, 183, der zwar die Schutzgebiete grundsätzlich als Inland gelten lassen will, aber zugibt, daß bei den verschiedenen Gesetzen immer zuzusehen ist, welche Bedeutung die einzelnen Vorschriften haben, in denen ein Unterschied zwischen Inland und Ausland gemacht ist.) Vgl. ferner Planck, BGB. 1 S. 72 (§ 9 Anm. 3); 5 S. 40 (§ 1944 Anm. 3). A. A. Zorn a. a. O. 1 S. 587.

Ausdrücklich bestimmt ist in der Seemannsordnung vom 2. Juni 1902 (RGBl. S. 175), daß im Sinne dieses Gesetzes auch die Schutzgebiete als Inland gelten.

3. Ebenso verhält es sich mit den Personen. Auch hier ist der positive Begriff der des Deutschen. Ob jemand Deutscher ist oder, was dasselbe bedeutet, die Reichsangehörigkeit besitzt, bestimmt sich nach dem Reichsgesetz über den Erwerb und den Verlust der Staatsangehörigkeit vom 1. Juni 1870 oder, soweit über den Geltungsbeginn dieses Gesetzes zurückgegriffen werden muß, nach den

Landesgesetzen, die vor jenem Reichsgesetze galten (s. unten E. 1, d). Im Gegensatze dazu ist der Begriff des Ausländers negativ, er begreift alle, die nicht Deutsche sind.

Die Ausländer zerfallen in solche, die einem fremden, nicht deutschen Staate angehören (z. B. Art. 9 Abs. 2, Art. 10, 13, 15 Abs. 2, 17 usw.), und in solche, die keinem Staate angehören, wobei die letzteren wieder entweder Personen sein können, die früher einem (sei es deutschen, sei es fremden) Staate angehört haben, oder Personen, die überhaupt niemals einem Staate angehört haben (Eingeborene unkultivierter Länder, die völkerrechtlich nicht als Staaten gelten, oder Abkömmlinge solcher Personen, welche ihre Staatsangehörigkeit verloren hatten). Das Nähere hierüber s. bei Art. 29.

Zu den Ausländern im Sinne des EG. gehören auch die Eingeborenen der deutschen Schutzgebiete, da sie nicht kraft dieser Eigenschaft die Reichsangehörigkeit besitzen, sondern sie erst durch Naturalisation erwerben (Schutzgebietsgesetz vom 10. Sept. 1900, § 9).

Eine besondere Gruppe unter den Ausländern bilden die deutschen Schutzgenossen in den Konsulargerichtsbezirken, d. h. Personen, die für ihre Rechtsverhältnisse durch Anordnung des Reichskanzlers oder auf Grund einer solchen dem deutschen Schutze unterstellt sind (Ges. über die Konf.-Gerichtsb. § 2 Nr. 2). Ihre Rechtsverhältnisse, soweit dafür die Staatsangehörigkeit in Betracht kommt, werden, wenn sie keinem Staate angehören, nach den Vorschriften beurteilt, die für die keinem Bundesstaate angehörenden Deutschen gelten, dagegen, wenn sie einem fremden Staate angehören, nach den für Ausländer geltenden Vorschriften (daselbst § 25).

Ist jemand zugleich Deutscher und Angehöriger eines fremden Staates, so ist er für die deutschen Richter bei Anwendung der Art. 7—31 in erster Linie Deutscher. Wo also die Anwendung deutscher oder ausländischer Gesetze von der Staatsangehörigkeit abhängt, sind auf ihn und seine Rechtsverhältnisse nur die deutschen Gesetze anzuwenden. Das Nähere hierüber und über die Behandlung bei mehrfacher ausländischer Staatsangehörigkeit s. bei Art. 29.

E. Die einzelnen Anknüpfungsbegriffe der Art. 7—31, besonders die Staatsangehörigkeit.

1. Wie aus der Übersicht unter B zu ersehen ist, gehört die Mehrzahl der Rechtsverhältnisse, für die das EG. Kollisionsnormen

gibt, dem Personenrecht, dem Familien- und Erbrecht an, also Gebieten, in denen ihrer Natur nach das Personalstatut vorherrschen muß.

Als Anknüpfungsmoment für das Personalstatut dient im bisherigen deutschen Rechte überwiegend der Wohnsitz, so im gemeinen und im Preußischen Rechte. Dagegen betonten das Französische Recht (c. c. Art. 3 Satz 3) und das Österreichische Recht (ABG. §§ 4, 34—37) schon stark die Staatsangehörigkeit. Das Sächs. BGB. befolgte ein gemischtes System, es ließ bei Rechts- und Handlungsfähigkeit, Eingehung und Auflösung der Ehe, bei der väterlichen Gewalt und Vormundschaft die Staatsangehörigkeit, beim ehelichen Güterrecht und beim Erbrechte den Wohnsitz entscheiden. Das Reichsrecht hatte in der Wechselordnung § 84 zum Ausgangspunkte für die Wechselfähigkeit ebenfalls die Staatsangehörigkeit gemacht, ebenso war dies in zahlreichen völkerrechtlichen Verträgen des Reichs für das Erbrecht und für die Ehefähigkeit geschehen, z. B. in dem deutsch-griechischen Konsularvertrage vom 26. Nov. 1881 Art. 23, dem deutsch-serbischen Konsularvertrage vom 6. Jan. 1883 Art. 19, dem Handelsvertrage mit der südafrikanischen Republik vom 22. Jan. 1885 Art. 25, dem deutsch-japanischen Konsularvertrage vom 4. April 1896 Art. 14, in dem Übereinkommen mit Salvador vom 13. Juni 1870 Art. 8 Nr. 2 (RGBl. 1882 S. 101, 1883 S. 62, 1886 S. 209, 1896 S. 732, 1872 S. 377 ff.). Auch in der ausländischen Gesetzgebung kommt neuerdings dieser Anknüpfungspunkt mehr und mehr zur Geltung (Cod. civ. Italiano Art. 6, Belgisches und Niederländisches Recht bei Asser-Cohn S. 29, zum Teil in der Schweiz, s. Gierke 1 S. 221 Note 8). Dagegen gilt das Wohnsitzprinzip noch in England, Dänemark, Norwegen, den russischen Ostseeprovinzen, den Vereinigten Staaten von Nordamerika, Argentinien, zum Teil in der Schweiz.

Auch das EG. hat für die von ihm aufgestellten Kollisionsnormen mit wenigen Ausnahmen die Staatsangehörigkeit zum Anknüpfungspunkte für das Personalstatut gewählt. Man hat die Wahl dieses Anknüpfungspunkts, anstatt des Wohnsitzes, getadelt, weil sie im Verkehre zu Schwierigkeiten führen müsse (so Endemann 1, § 20 Nr. 3, besond. Note 9); doch entspricht sie, wie gezeigt, einmal der Richtung, in der sich die Entwickelung des internationalen Privatrechts bewegt, und kann mit den Beschränkungen, die das EG.

der Geltung des Nationalitätsprinzips gezogen hat (und deren schließlich jedes Prinzip auf diesem Gebiete bedarf), doch als eine geeignete Grundlage für das internationale Rechtsleben gelten. (Für die Wahl dieses Anknüpfungspunkts sprechen sich aus: Zitelmann 1 S. 83; Gierke 1 S. 220; Niemeyer.)

Im einzelnen ist folgendes zu bemerken:

a) Die internationalrechtliche Stellung der Deutschen wird in den Kollisionsnormen, mögen es einseitige oder unvollständig zweiseitige oder vollkommene sein, durchweg nur aus dem Gesichtspunkt ihrer Staatsangehörigkeit geregelt, ohne daß einer Einschränkung dieses Grundsatzes, etwa durch das Gesetz des Wohnsitzes, überhaupt gedacht wird; im Gegenteil mehrere Artikel schreiben ausdrücklich die Geltung der einheimischen Gesetze gerade auch für solche Fälle vor, wo der Deutsche seinen Wohnsitz im Auslande hat (Art. 14 Abs. 1, Art. 24 Abs. 1), ebenso, wenn auch nicht ausdrücklich, so doch in erkennbarer Beziehung auf einen ausländischen Wohnsitz die Art. 9 Abs. 1 und Art. 15 Abs. 1. Nur im Art. 24 Abs. 2 wird dem ausländischen Wohnsitz eines Deutschen Bedeutung für die Behandlung seines Nachlasses beigelegt.

b) Auch in den Kollisionsnormen, die die rechtliche Stellung der Ausländer ordnen, steht als Anknüpfungsmoment ihre Staatsangehörigkeit im Vordergrund und bildet den Ausgangspunkt, von dem aus die für sie maßgebende materielle Rechtsordnung bestimmt wird (Art. 7 Abs. 1, 2, Art. 13 Abs. 1, Art. 15 Abs. 2, Art. 17 Abs. 1, 2, Art. 21, Art. 24 Abs. 3, Art. 25 Satz 1, Art. 26). In einigen Fällen führt allerdings die deutsche Staatsangehörigkeit einer anderen bei dem Rechtsverhältnisse beteiligten Person dazu, dem deutschen Rechte auch Anwendung gegen den Ausländer beizulegen (so Art. 14 Abs. 2, Art. 17 Abs. 2, Art. 19 Satz 2, Art. 20 Satz 2, Art. 22 Abs. 2); doch bedeutet dies nur einen Sieg der stärkeren deutschen Staatsangehörigkeit über die fremdländische, nicht eine Abschwächung des Staatsangehörigkeitsprinzips an sich. Mitunter wird allerdings — doch keineswegs immer — die Geltung der im Gesetze für die Ausländer aufgestellten Kollisionsnormen davon abhängig gemacht, daß der Ausländer seinen Wohnsitz im Inlande hat (Art. 8, Art. 9 Abs. 3, Art. 13 Abs. 2, Art. 15 Abs. 2, Art. 16, 25). Soweit in diesen Vorschriften der inländische Wohnsitz des Ausländers die Grundlage abgibt, um auf ihn, statt des Rechtes seines Heimatstaats, das deutsche materielle

Recht anzuwenden, wird damit der lex domicilii zum Siege über die lex originis verholfen (so Art. 8, Art. 9 Abs. 3, Art. 16, 25 Satz 2). Doch ist dies keineswegs immer der Fall, vielmehr wird in anderen Vorschriften gerade umgekehrt trotz des Wohnsitzes im Inlande die Geltung der Gesetze des Heimatstaats, wenn auch mitunter mit Einschränkungen, ausgesprochen (so in Art. 15 Abs. 2, Art. 23).

c) Neben dem Personalstatute des Heimatstaats kommen jedoch mitunter auch noch andere Beziehungen des Rechtsverhältnisses zur Geltung, und die dadurch gewonnenen Anknüpfungspunkte drängen dann das sonst maßgebende Personalstatut zurück: so das Gesetz des Ortes des Vertragabschlusses (Art. 7 Abs. 3), das Wirkungsstatut (Art. 9 Abs. 2), die lex fori (Art. 21 Halbsatz 2), die Anerkennung der Rückverweisung (Art. 27), die lex rei sitae (Art. 28). Doch wird anderseits auch wieder gegenüber anderen Anknüpfungsmomenten, die an sich bestimmend sind, die (deutsche) Staatsangehörigkeit zur Geltung gebracht (so in Art. 12 bei Schuldverhältnissen aus unerlaubten Handlungen gegenüber der lex loci actus).

d) Für die deutsche Staatsangehörigkeit ist maßgebend das Reichsgesetz über die Erwerbung und den Verlust der Bundes- und Staatsangehörigkeit vom 1. Juni 1870 (BGBl. S. 355) mit den in Art. 41 des EG. z. BGB. getroffenen Abänderungen. Danach wird die deutsche Staatsangehörigkeit erworben (§ 2) durch Abstammung, Legitimation, Verheiratung, Naturalisation (dazu vgl. Schutzgebietsgesetz vom 10. Sept. 1900 § 9), Gebietsabtretung, verloren (§ 13) durch zehnjährigen Aufenthalt im Auslande, Legitimation, Verheiratung, Entlassung, Ausspruch der Behörde (wegen der deutschen Schutzgenossen in den Konsulargerichtsbezirken vgl. oben S. 20 unter D 3).

Die ausländischen Staaten weichen in den Voraussetzungen des Erwerbes und Verlustes der Staatsangehörigkeit von den deutschen Gesetzen zum Teil ab; namentlich lassen verschiedene Staaten anstatt durch Abstammung oder neben dieser auch durch Geburt im Inland ihre Staatsangehörigkeit eintreten, während umgekehrt manche sie wieder durch Erwerb einer anderen Staatsangehörigkeit untergehen lassen (vgl. die einschlägigen Gesetze der fremden Staaten bei Cahn, Das Reichsgesetz über die Erwerbung und den Verlust der Bundes- und Staatsangehörigkeit vom 1. Juni 1870, 2. Aufl. 1896, S. 451—470, ferner über das Verhältnis der Personalhoheit zur Gebietshoheit Zitelmann 1 S. 82—122).

Zum Teil durch diese Abweichungen der Gesetze untereinander, aber nicht minder durch die Schwierigkeit der Feststellung, ob die Voraussetzungen der Staatsangehörigkeit zu dem einen oder anderen Staate vorliegen, kann dieser Anknüpfungspunkt selbst wieder zweifelhaft und damit der Richter genötigt werden, vor der Entscheidung der materiellrechtlichen Hauptfrage nicht nur die internationalrechtliche Vorfrage nach der maßgebenden Rechtsordnung, sondern vor dieser erst noch die wieder für sie grundlegende Vorfrage nach der Staatsangehörigkeit der Beteiligten zu beantworten.

Kommt dabei die deutsche Staatsangehörigkeit in Betracht, so ist ohne Frage für den deutschen Richter das Gesetz vom 1. Juni 1870 über die Erwerbung und den Verlust der Bundes- und Staatsangehörigkeit entscheidend. Steht danach die deutsche Staatsangehörigkeit des Beteiligten fest, so ist dieser auch im Sinne der Kollisionsnormen der Art. 7—31 Deutscher und nur solcher; eine etwaige daneben bestehende ausländische Staatsangehörigkeit kommt nicht in Betracht. Handelt es sich dagegen um die Angehörigkeit zu verschiedenen fremden Staaten, so läßt sich eine gleich einfache Lösung nicht geben. (Vgl. dazu unten Erläuterungen zu Art. 29, Zitelmann S. 175f., Niedner zu Art. 29 Anm. 3, Planck zu Art. 29 Anm. 2.)

Über den Mangel einer Staatsangehörigkeit vgl. ebenfalls Art. 29 und die Erläuterungen dazu.

2. Neben der Staatsangehörigkeit wird allerdings in den Art. 7ff. auch der Wohnsitz wiederholt erwähnt: Art. 8, 9 Abs. 3, Art. 14 Abs. 1, Art. 15 Abs. 2, Art. 16 Abs. 1, Art. 24 Abs. 1, 2, Art. 25 und 29. In den Art. 14 Abs. 1 und Art. 24 Abs. 1 hat diese Erwähnung nur eine negative Bedeutung: die hier geordneten Rechtsverhältnisse (persönliche Beziehungen unter Eheleuten, Beerbung) sollen bei Deutschen auch dann nach deutschen Gesetzen beurteilt werden, wenn ihr Wohnsitz im Ausland ist, also ohne Rücksicht auf den Wohnsitz. Dagegen bildet in den übrigen Vorschriften der Wohnsitz eine positive Anknüpfungsbeziehung, jedoch in verschiedener Richtung. In einigen Vorschriften dient er tatsächlich an Stelle der Staatsangehörigkeit als unmittelbare Anknüpfungsbeziehung für das Personalstatut, so daß sich nach ihm die maßgebende Sachnorm bestimmt: so im Art. 29, wo er allgemein zur Grundlage des Personalstatuts erklärt wird, wenn die Staatsangehörigkeit fehlt und auch früher gefehlt hat, sodann in den Art. 8, 9 Abs. 3, 16 Abs. 1, wo der inländische Wohnsitz eines Aus-

länders entgegen der Regel zur Anwendung der deutschen Gesetze führt. Dagegen verrückt in den Art. 15 Abs. 2 und 25 der inländische Wohnsitz des Ausländers nicht die Anwendung der deutschen Sachnormen, sondern dient nur als Unterlage für eine Erweiterung der Kollisionsnormen, um an Stelle der sonst üblichen einseitigen Kollisionsnormen über die Anwendung der deutschen Gesetze durch eine (unvollkommen) zweiseitige Kollisionsnorm die Anwendung eines bestimmten Auslandrechts, nämlich des Heimatrechts des in Deutschland domizilierten Ausländers, vorzuschreiben.

Über die Fälle des mehrfachen Wohnsitzes vgl. die Anm. V zu Art. 29.

3. Neben dem Personalstatut werden in den Art. 7—31 erwähnt:

a) das Gesetz des Ortes, wo ein Rechtsgeschäft vorgenommen ist (lex loci actus): für die Geschäftsfähigkeit des Ausländers, der im Inland ein Geschäft vornimmt, (Art. 7 Abs. 3) und für die Form der Rechtsgeschäfte (Art. 11 Abs. 1 Satz 2, Art. 13 Abs. 3, Art. 24 Abs. 3 Satz 2), beidemale mit erheblichen Einschränkungen, im ersten Falle zugunsten des Personalstatuts (Art. 7 Abs. 3 Satz 2), im zweiten Falle zugunsten des Wirkungsstatuts oder der lex rei sitae (Art. 11 Abs. 2);

b) das Wirkungsstatut: für die Todeserklärung von Ausländern (Art. 9 Abs. 2: mit Wirkung für Rechtsverhältnisse, die sich nach deutschen Gesetzen bestimmen, und für das im Inlande befindliche Vermögen) und für die Form der Rechtsgeschäfte (Art. 11 Abs. 1 Satz 1);

c) die lex loci delicti commissi: Art. 12 (auch diese mit einer Einschränkung zugunsten des deutschen Personalstatuts);

d) die lex rei sitae (Art. 28: Ausnahmevorschrift für Gegenstände — nicht bloß Sachen, sondern auch Rechte —, die sich in einem ausländischen Staate befinden); in gewissem Sinne auch Art. 11 Abs. 2 (Form der Rechtsgeschäfte, wodurch ein Recht an einer Sache begründet oder über ein solches Recht verfügt wird, insofern, als hier — wenigstens bei unbeweglichen Sachen — für das den Gegenstand des Rechtsgeschäfts bildende Rechtsverhältnis regelmäßig die lex rei sitae maßgebend sein wird);

e) endlich die lex fori: Art. 17 Abs. 4 (Ehescheidung), Art. 30 (Ausschließlichkeit deutscher Gesetze).

F. Auslegung und Sprachgebrauch.

Da die Verhandlungen des Bundesrats, die zu der jetzigen Fassung der Vorschriften geführt haben, nicht bekannt gegeben sind, so ist, auch abgesehen von der Ausfüllung der Lücken, die durch jene Änderungen entstanden sind, — darüber siehe unter Nr. VI — die Auslegung der durch den Bundesrat beschlossenen Abweichungen und Zusätze mitunter sehr erschwert, zumal da die Fassung nicht immer bedenkenfrei ist und sogar zu Zweifeln Anlaß gibt, ob nicht ein Versehen obwaltet (vgl. z. B. Art. 21 Halbsatz 2 mit Art. 12 und Anm. 4 zu Art. 21). Selbstverständlich sind jedoch auch zur Auslegung der im Bundesrat umgestalteten Vorschriften die früheren Entwürfe und die Verhandlungen der beiden Kommissionen (von denen allerdings die der ersten im Buchhandel leider nicht veröffentlicht sind) stets von größtem Werte.

Bei der Auslegung der internationalrechtlichen Kollisionsnormen ist auch deren Verwandtschaft mit den Vorschriften über die zeitliche Statutenkollision zu beachten. Diese Verwandtschaft darf zwar nicht dazu verführen, eine Vorschrift, die für das eine Gebiet gegeben oder durch Auslegung gewonnen ist, ohne Prüfung auf das andere Gebiet zu übertragen, z. B. bezüglich der Frage, ob bei Art. 14 und 190 unter die persönlichen Rechtsbeziehungen der Ehegatten auch die Vermutung des § 1362 (praesumtio Muciana) zu rechnen ist. In vielen Fällen besteht jedoch Gleichartigkeit; wo das nicht der Fall ist, wird die Vergleichung der voneinander abweichenden Normen auch zur Erkenntnis des Grundes dieser Abweichung führen und dadurch der einzelne Satz, um den es sich handelt, und die aus ihm herzuleitenden Folgerungen in um so schärferer Beleuchtung erscheinen (a. A. Scherer, EG. z. BGB., 1899, S. 14).

Über den Sprachgebrauch in den Art. 7 ff. ist hier noch folgendes zu bemerken: Besondere Ausdrücke für die internationalrechtlichen Grundbegriffe der Kollisions- und der Sachnormen haben diese Vorschriften nicht. Regelmäßig wird in den Art. 7 ff. die Wendung gebraucht: das Rechtsverhältnis sei „nach den deutschen Gesetzen" oder „nach den Gesetzen des oder jenes Staates (Ortes)" zu beurteilen (oder es bestimme sich nach diesen „Gesetzen", diese Gesetze finden Anwendung, seien maßgebend u. dgl.). Nach Art. 2 bezeichnet der Ausdruck „Gesetze" im EG. eine jede Rechtsnorm; das bedeutet aber nur: eine jede Rechtsnorm ohne Rücksicht auf ihre Herkunft, nicht: eine jede Rechtsnorm ohne Rücksicht auf ihren Inhalt. In den Art. 7 ff. begreift nun der Ausdruck „Gesetze" regelmäßig nur die „Sachnormen" der für maßgebend erklärten Rechtsordnung, nicht auch deren Kollisionsnormen (a. A. Edelmann in Böhms Z. 8 S. 322). Wo also in jenen Artikeln die Gesetze eines fremden Staates für maßgebend erklärt werden, da wird der deutsche Richter angewiesen, das Rechtsverhältnis nach den darauf bezüglichen materiellrechtlichen Vorschriften des fremden Staates zu beurteilen, nicht wird er angewiesen, auf Grund der Kollisionsnormen dieses fremden Staates zu prüfen, ob auch nach ihnen für das Rechtsverhältnis die materiellrechtlichen Vorschriften dieser oder einer fremden Rechtsordnung maßgebend sein sollen. An zwei Stellen, wo der Gesetzgeber auch von den ausländischen Kollisionsnormen redet, gebraucht er dafür in deutlichem Gegensatze zu dem Ausdruck „Gesetze" den allerdings noch weniger bestimmten Ausdruck „Recht". So im Art. 25 Satz 2 und im Art. 27: Sind nach dem Rechte des (fremden) Staates die deutschen Gesetze anzuwenden. Angedeutet findet sich eine solche Unterscheidung zur Bezeichnung der beiden Begriffe Sachnormen und Kollisionsnormen schon in dem Gebhardschen Vorentwurf A, in dem (dem jetzigen Art. 27 entsprechenden) § 31: Die Vorschriften kommen nicht zur Anwendung, wenn nach den Rechtsgrundsätzen des Staates, dem der Ausländer angehört, nicht das Recht dieses Staates, sondern das deutsche Recht Anwendung zu finden hat. Hier werden also die Kollisionsnormen mit dem Ausdrucke „Rechtsgrundsätze", die Sachnormen mit dem Ausdrucke „Recht" bezeichnet. In dem Gegenentwurf des Referenten (Vorentw. B) ist der Unterschied verwischt, indem sowohl für „Rechtsgrundsätze", wie für „Recht" der Ausdruck „Gesetze" eingestellt ist. Dagegen tritt die Unterscheidung wieder auf in dem Entw. II a § 2245 Abs. 1 Satz 2 und § 2247 Abs. 4 = E. II b § 2370 Abs. 1 Satz 2, § 2374 Satz 2, und zwar in der jetzigen Form (gestattet das Recht dieses Staates, dem der Verlobte angehört, daß der Verlobte die Ehe nach den Gesetzen seines Wohnsitzes oder nach den Gesetzen des Ortes eingeht, an welchem die Ehe geschlossen wird, so genügt für ihn die Beobachtung dieser Gesetze; — sind nach dem Rechte des Staates, dessen Gesetze nach diesen Vorschriften Anwendung finden würden, die am Wohnsitze des

Mannes geltenden Gesetze anzuwenden, so sind diese Gesetze maßgebend).

Nach diesen Vorgängen und bei dem doppelten Vorkommen der Unterscheidung im Gesetz ist nicht zu zweifeln, daß man die Ausdrücke „Recht" und „Gesetz" an diesen Stellen zur Unterscheidung der beiden Gruppen von Normen hat verwenden wollen, während die Ausdrücke sonst fast als identisch gebraucht werden und jedenfalls für eine solche Unterscheidung wenig geeignet sind, zumal der zwischen ihnen bestehende Unterschied, wonach Gesetz einen Teilbegriff von Recht bildet, für die Sprache des BGB. und des EG. durch Art. 2 gerade aufgehoben ist. Streng durchgeführt ist übrigens auch die Verwendung des Wortes „Gesetz" im Sinne von Sachnormen nicht; wenigstens umfaßt im Art. 28 der Ausdruck Gesetze (in der Wendung: „nach den Gesetzen des Staates, in dessen Gebiete sie sich befinden") auch die Kollisionsnormen dieses Staates (vgl. Anm. III zu Art. 28).

VI. Die Lücken im internationalen Privatrechte des Einführungsgesetzes und ihre Ausfüllung.

Literatur: Niemeyer, Internat. Privatr. des BGB. S. 33 bis 54; Niedner, Vorbem. IV; Planck, Vorbem. 3; Wagner, Vorbem. E.; Neumann, Vorbem. II; Kuhlenbeck, Vorbem. S. 18, 29; Edelmann, Der grundsätzl. Standpunkt des BGB. im internationalen Privatrecht, Böhms Z. 8 S. 295—316; Barazetti, Zur Lehre von der Auslegung im Gebiet des internat. Privatrechts, das. S. 32—39; ders., Erörterungen aus dem Gebiet des internat. Privatrechts im BGB. für das deutsche Reich, das. S. 118—133; Neumann, Prinzipielle Gesichtspunkte für das Verständnis der privatinternationalen Vorschriften des EG. z. BGB., Gruchots Beitr. 46 S. 67—98.

Die Lücken im internationalen Privatrechte des EG. sind, wie schon unter Nr. V hervorgehoben wurde, doppelter Art. Für manche Gebiete (z. B. für das Recht der Schuldverhältnisse und das Sachenrecht) und auch für einzelne Rechtsverhältnisse aus anderen Gebieten (z. B. für das Verlöbnis, für die Unterhaltspflicht unter Verwandten) gibt das EG. überhaupt keine internationalrechtliche Anwendungsnorm. Hier liegen also vollständige Lücken vor. Für andere Rechtsverhältnisse sind zwar Normen gegeben, aber nur unter der

Voraussetzung, daß bei dem Verhältnis gewisse Beziehungen zum Inlande vorliegen. Hier, also bei den einseitigen und den unvollkommen zweiseitigen Kollisionsnormen, liegen mithin Lücken vor, sobald es sich um die Beurteilung solcher Verhältnisse handelt, bei denen jene Inlandsbeziehungen fehlen: teilweise Lücken.

Es fragt sich nun: wie soll der Richter verfahren, wenn er einen Tatbestand zu beurteilen hat, für den es an einer Kollisionsnorm fehlt, aus welchen Rechtsquellen soll er die Normen entnehmen, um jene Lücken zu ergänzen? Die Fragen sind schwierig und lebhaft umstritten. Für ihre Beantwortung bieten sich verschiedene Möglichkeiten dar.

1. Wenn man (mit Zitelmann, Niedner u. a.) annimmt, die Kollisionsnormen seien öffentliches Recht, dann käme zunächst in Frage, ob nicht die Ergänzung aus dem bisherigen Landesrechte zu geschehen habe. Denn sind die Kollisionsnormen öffentliches Recht, so fallen die internationalrechtlichen Vorschriften der Landesgesetze und die aus ihnen in Wissenschaft und Rechtsprechung abgeleiteten Sätze nicht unter den Art. 55 EG.; sie sind dann nicht in complexu außer Kraft getreten, sondern nur insoweit, als in den Art. 7—31 neue Kollisionsnormen aufgestellt sind, die als das jüngere Gesetz dem älteren vorgehen. Im internationalen Privatrechte wäre denn auch außerhalb der landesrechtlichen Vorbehaltsgebiete keine Rechtseinheit für das Reich geschaffen, sondern in den verschiedenen deutschen Staaten, ja in deren einzelnen Gebietsteilen kämen die bisherigen, voneinander abweichenden landesrechtlichen Kollisionsnormen zur Anwendung. Die Unhaltbarkeit eines solchen Rechtszustandes liegt auf der Hand. — Der zugrunde liegenden Annahme ist jedoch, wie schon früher (s. S. 7 IV, 1) ausgeführt wurde, nicht beizustimmen. Vielmehr bleibt für die wissenschaftliche Systematik die Einreihung der Kollisionsnormen in die Privatrechtsordnung geboten. Jedenfalls haben die früheren Kodifikationen diese Sätze in ihre Privatrechtsordnung aufgenommen (so das Preußische ALR., der Code civil, das Sächsische BGB.), ihnen also die Eigenschaft privatrechtlicher Vorschriften beigelegt. Auch bei der Ausarbeitung des BGB. hat man noch diesen Standpunkt geteilt, namentlich in der zweiten Kommission, die ja die von ihr beschlossenen Kollisionsnormen in das BGB. selbst aufnehmen wollte (vgl. auch Prot. Bd. 1 S. 2: Die Rechtssätze des internationalen Privatrechts seien ein integrierender Bestandteil

des bürgerlichen Rechts, worin das internationale Privatrecht seine Grundlage habe und aus dessen Wesen und Natur es sich ergebe). Daß der Bundesrat eine andere Auffassung von dem rechtlichen Charakter jener Normen gehabt habe und diese durch ihre Umstellung in das EG. habe zum Ausdrucke bringen wollen, ist nirgends ersichtlich gemacht und wenig wahrscheinlich. Danach müssen unter die privatrechtlichen Vorschriften der Landesgesetze, die durch Art. 55 EG. außer Kraft gesetzt werden, auch die bisherigen landesrechtlichen Kollisionsnormen begriffen werden. Auf diesem Standpunkte steht auch die Begründung zu dem Entwurfe des Preußischen AG. z. BGB. Art. 87 Nr. 1. Hier wird es als „unzweifelhaft" bezeichnet, daß die Vorschriften des Preußischen ALR. Einleitung §§ 22—45 über die Kollision der privatrechtlichen Gesetze für die nicht dem Landesrechte vorbehaltenen Gebiete durch die Art. 7—31 EG. ersetzt würden, und mit Rücksicht hierauf ist in dem Ausführungsgesetze die vollständige Aufhebung jener Vorschriften auch für die Vorbehaltsgebiete ausgesprochen. Ebenso ist in sämtlichen deutschen Staaten, in denen französisches Recht galt, der Code civil durch die Ausführungsgesetze außer Kraft gesetzt worden (Preußen AG. z. BGB. Art. 89 Nr. 2; Bayern Art. 175 Abs. 2; Hessen Art. 286 Nr. 12; Baden Art. 39 Nr. 1; Birkenfeld § 90 Nr. 1; Elsaß-Lothringen, Ges., betr. die Aufhebung von Landesgesetzen vom 29. Nov. 1899, § 1 Ziffer 1). Damit ist in den Gebieten des französischen Rechtes auch das bisherige internationale Privatrecht, das ja im Code civil seine Grundlage hatte und aus ihm heraus entwickelt war, außer Kraft gesetzt worden, ohne daß neue landesrechtliche Kollisionsnormen gegeben sind. Hier würden also die Lücken des EG. durch landesrechtliche Normen zur Zeit überhaupt nicht auszufüllen sein, sondern sich erst wieder ein partikuläres Gewohnheitsrecht bilden müssen. Auch das zeigt, daß man eine Fortgeltung der landesrechtlichen Kollisionsnormen auf dem Gebiete des allgemeinen bürgerlichen Rechts zur Ausfüllung der Lücken des EG. für ausgeschlossen erachtet hat.

2. Die früher verbreitete und noch von Wächter verteidigte Ansicht, daß beim Fehlen einer gesetzlichen Kollisionsnorm der Richter das einheimische materielle Recht anzuwenden habe, darf heutzutage als aufgegeben gelten. Sie widerspricht den Anforderungen des heutigen Verkehrs und unserer Rechtsanschauung, findet auch in den Vorschriften des EG. keinen Anhalt (Niemeyer,

Internat. Privatr. d. BGB. S. 51; Planck, Vorbem. Nr. 3 S. 24).

3. Nach der Ansicht Zitelmanns (Bd. 1 S. 36ff.) steht hinter dem positiven internationalen Privatrechte der einzelnen Staaten (dem „innerstaatlichen internat. Privatr.") ein „überstaatliches internationales Privatrecht", das einen Bestandteil des Völkerrechts ausmacht. Dieses überstaatliche internationale Privatrecht weist ein jedes Rechtsverhältnis der Rechtsordnung desjenigen Staates zu, welcher die völkerrechtlich anerkannte Macht hat, die Wirkungen des Rechtsverhältnisses zu regeln. Es wendet sich in erster Linie an den Gesetzgeber, von dem es fordert, daß er seine Kollisionsnormen mit diesem Grundsatz in Einklang bringe. Wo aber das innerstaatliche internationale Privatrecht Lücken aufweist, die nicht aus ihm selbst ergänzt werden können, da soll nach Zitelmann das überstaatliche als subsidiäre Rechtsquelle eintreten und dem Richter die zur Ergänzung maßgebende Norm geben. Die herrschende Meinung spricht indessen wohl mit Recht diesen überstaatlichen Normen, soweit sie nicht durch völkerrechtliche Verträge in das Recht der Einzelstaaten eingegangen, d. h. eben innerstaatliches Recht geworden sind, den Charakter einer Rechtsquelle für den Richter ab (Niemeyer S. 50f., Niedner Vorbem. IV S. 13, Planck Vorbem. 3, S. 24, Marcusen Böhms Z. 10 S. 257ff.). Dürfte man auch den von Zitelmann an die Spitze gestellten Satz: „Ein Rechtsverhältnis ist nach der Rechtsordnung desjenigen Staates zu beurteilen, der die völkerrechtlich anerkannte Rechtsmacht hatte, das streitige Recht zu verleihen und darum auch zu nehmen", als einen Satz des Völkerrechts anerkennen, so ist doch zu bezweifeln, ob auch den von Zitelmann daraus abgeleiteten Folgesätzen wirklich völkerrechtliche Anerkennung und Geltung beigemessen werden darf. Gerade darauf kommt es aber an, denn erst dadurch erhält das allgemeine Prinzip seinen Inhalt, der es für den Richter zur Verwertung im einzelnen Falle geeignet macht. In Wahrheit herrscht jedoch über die Abgrenzung der Herrschaftsbereiche der Staaten auf internationalprivatrechtlichem Gebiete sowohl in der Gesetzgebung der einzelnen Staaten, wie in der Wissenschaft und Rechtsprechung eine solche Verschiedenheit, daß man Bedenken tragen muß, die von Zitelmann gewonnenen Ergebnisse als anerkannte Sätze des Völkerrechts gelten zu lassen. Damit wird übrigens den Ausführungen Zitelmanns ihr Wert gerade auch für die Ausfüllung der Lücken im EG. nicht ge-

nommen: sie geben zwar nicht schon geltende Rechtssätze, wohl aber zeigen sie einen Weg an, auf dem wir solche gewinnen können. (Im wesentlichen übereinstimmend: Niemeyer S. 50f., Planck Vorbem. Nr. 3 S. 24.)

4. Die Lösung muß also auf einem anderen Wege gesucht werden. Dabei muß man die Fälle auseinander halten, wo vollständige Lücken vorliegen, und diejenigen, wo unvollkommene Kollisionsnormen gegeben und dadurch teilweise Lücken geblieben sind.

a) In dem letzteren Falle handelt es sich durchweg um Rechtsverhältnisse, die nach dem Personalstatut zu beurteilen sind und wobei das EG. als maßgebenden Anknüpfungspunkt die Staatsangehörigkeit verwendet. Es fragt sich deshalb: soll dieses Anknüpfungsmoment auch bei gleichartigen Rechtsverhältnissen verwandt werden, bei denen anstatt der im EG. vorausgesetzten inländischen Staatsangehörigkeit eine ausländische vorliegt?

Es stehen sich hier im wesentlichen drei Ansichten gegenüber: Die Vertreter der ersten bejahen die Frage unbedingt. Sie sehen auch in den unvollkommenen Kollisionsnormen den Ausdruck eines Prinzips, daß das EG., wo es auf das Personalstatut ankommt, allgemein die Staatsangehörigkeit für die richtige Grundlage erachte. Deshalb sei kraft der Analogie die Ausdehnung dieses Anknüpfungsmoments auf alle Fälle der Personalstatuts geboten. Rück- oder Weiterverweisung der auf diese Weise bestimmten ausländischen Rechtsordnung sei (abgesehen von der positiven Vorschrift des Art. 27) nicht zu beachten (so vor allen Niemeyer und Kahn). Zu demselben Ergebnisse führt die Auffassung Zitelmanns. Da er vom allgemeinen internationalrechtlichen Standpunkt aus beim Personalstatut das Staatsangehörigkeitsprinzip für richtig ansieht und die Rück- und Weiterverweisung grundsätzlich verwirft, so muß nach ihm, sobald eine Lücke im innerstaatlichen internationalen Privatrecht hervortritt, jenes Prinzip, wenn nicht kraft der Analogie, dann jedenfalls kraft des überstaatlichen internationalen Privatrechts, angewendet werden und Rück- und Weiterverweisung unbeachtet bleiben.

Im Gegensatze dazu wird von anderer Seite aus der Entstehungsgeschichte der Art. 7—31 gefolgert, daß der Bundesrat durch seine Abänderungen die ausschließliche Geltung des Staatsangehörigkeitsprinzips verworfen habe; darum sei eine analoge Anwendung der gegebenen Normen unstatthaft, die Anwendung bestimmter theoretischer

Prinzipien verstoße gegen das Gesetz, der Richter müsse nach freiem Ermessen in einer der Billigkeit und gleichzeitig den deutschen Interessen möglichst Rechnung tragenden Weise das Recht finden (Edelmann a. a. O., bes. S. 315).

Eine vermittelnde Meinung endlich vertreten die Anhänger der Rück- und Weiterverweisung (besonders v. Bar) und die der „Zuständigkeitserörterung" (Schnell, Neumann und Niedner). Auf die Abweichungen in der Begründung der verschiedenen Standpunkte kann hier nicht eingegangen werden. Wenn die Vertreter der Zuständigkeitserörterung behaupten, ihre Auffassung sei von der Rück- und Weiterverweisung wesentlich verschieden, so ist zwar richtig, daß sie bei der Suche nach der zuständigen Rechtsordnung von anderen Gesichtspunkten ausgehen; sobald aber unter den verschiedenen in Betracht kommenden ausländischen Rechtsordnungen ein Gegensatz hervortritt, bestimmen auch sie mit Hilfe der in den Art. 7—31 EG. zugrunde gelegten Anknüpfungsbeziehung, d. h. mit Hilfe der Staatsangehörigkeit, die für die weitere Behandlung des Kollisionsfalles zuständige Rechtsordnung, so daß im praktischen Ergebnisse beide Richtungen regelmäßig zusammentreffen (übereinst. Niemeyer S. 44 Anm. 1). Am besten zeigt dies der von Neumann (BGB. 3[4] S. 8) aufgestellte allgemeine Satz: „Wenn bei einem Tatbestand diejenige Beziehung zum Inland nicht vorliegt, von welcher die Anwendbarkeit der deutschen internationalen Privatrechtssätze abhängt, so ist für die Bestimmung des maßgebenden Rechts das internationale Privatrecht desjenigen Gebiets zuständig, für welches diese Beziehung vorliegt". Das heißt: Zur Ausfüllung der Lücken, die durch die unvollkommenen Kollisionsnormen des EG. herbeigeführt sind, wird zunächst mittelst des in diesen verwandten Anknüpfungsbegriffs, nämlich mittelst der Staatsangehörigkeit, diejenige ausländische Rechtsordnung bestimmt, welcher das Rechtsverhältnis internationalrechtlich unterzuordnen ist. Bestimmt die so gefundene Rechtsordnung das Personalstatut nun ebenfalls nach der Staatsangehörigkeit, so findet diese Rechtsordnung auch materiellrechtlich Anwendung auf das Verhältnis. Bestimmt dagegen diese Rechtsordnung das Personalstatut nach dem Wohnsitze, so weist sie damit das Rechtsverhältnis von sich ab und derjenigen Rechtsordnung zu, in deren Gebiet der Wohnsitz sich befindet oder befunden hat. Dasselbe gilt, wenn etwa die erste ausländische Rechtsordnung das Verhältnis nicht nach dem Personalstatut, sondern z. B. nach dem

Realstatut beurteilt sehen will, und als das Realstatut das Recht eines dritten Staates in Betracht kommt.

Diese mittlere Meinung dürfte die richtige sein. Daß das EG. die Staatsangehörigkeit als die geeignetste und allgemein zutreffende Grundlage ansieht, kann nach dem Zusammenhange seiner Vorschriften kaum zweifelhaft sein; sie darf deshalb auch außerhalb des eigentlichen Anwendungsbereichs der Art. 7—31 als der vom EG. gewollte Ausgangspunkt für die Bestimmung der zuständigen Rechtsordnung genommen werden. Aber eben auch nur zum Ausgangspunkte. Denn auf der anderen Seite weist die Umgestaltung, die der Bundesrat an dem Entwurf der zweiten Lesung vorgenommen hat, darauf hin, daß man Bedenken getragen hat, dieses für richtig erachtete und für die eigenen Staatsangehörigen durchgeführte Prinzip als allgemeingültig festzulegen. Daß man hiermit nur die gesetzliche Festlegung jenes Prinzips habe vermeiden, gleichzeitig aber die Rechtsanwendung kraft der Analogie dennoch an dieses Prinzip habe binden und zu dessen konsequenter Durchführung nötigen wollen, ist eine wenig wahrscheinliche Annahme Niemeyers. Näher liegt vielmehr die Auffassung, daß der Wissenschaft und Praxis durch die Umgestaltung freie Hand gelassen werden sollte, die Schranken jenes Prinzips festzustellen und bei Rechtsverhältnissen, für deren Beurteilung nur ausländische Rechtsordnungen in Frage kommen, auch deren Kollisionsnormen zur Geltung gelangen zu lassen. Auf einen solchen Gedankengang weist auch der erst vom Bundesrat eingeschaltete Art. 27 hin, der der Rückverweisung Raum gibt. Vor allem aber nötigt dazu die Achtung vor festbegründeten Verhältnissen, die durch eine starre Durchführung des Nationalitätsprinzips, wie sie Niemeyer und Zitelmann vertreten, Schaden leiden müßte. Daß die hier vertretene Auffassung das neuerdings von vielen Seiten heftig angefeindete Prinzip der Rück- und Weiterverweisung aufrecht erhält, ist nicht zu verkennen, aber kein Grund, sie zu verwerfen. Gewiß ist die Rück- und Weiterverweisung vom Standpunkt einer idealen Ordnung des internationalen Privatrechts aus nicht zu begünstigen. Sie bildet eine Beugung des für richtig befundenen und in der einzelnen Rechtsordnung zur Anwendung gebrachten Prinzips. Die Entwickelung muß deshalb dahin streben, die Rück- und Weiterverweisung allmählich zurückzudrängen und schließlich aus der internationalen Privatrechtsordnung auszuscheiden. Solange aber die Mehrzahl der Kulturvölker noch nicht zur übereinstimmenden Anerkennung einer und derselben Anknüpfungsbeziehung gelangt ist, sondern, wie jetzt noch der Fall, gerade auf dem Gebiete des Personalstatuts in zwei etwa gleich starke Lager — des Staatsangehörigkeits- und des Wohnungsprinzips — gespalten ist, solange ist die Zulassung der Rück- und der Weiterverweisung ein leidiges Gebot der Notwendigkeit, will man nicht um des diesseits angenommenen Prinzips willen den Verhältnissen Zwang antun und Folgen herbeiführen, die jedem Rechtsgefühl widersprechen.

Zur Erläuterung will ich nur ein Beispiel anführen. Das EG. läßt über die Beerbung das Gesetz des Staates entscheiden, dem der Erblasser bei seinem Tode angehörte, also das durch die Staatsangehörigkeit bestimmte Personalstatut des Erblassers, während nach den Kollisionsnormen anderer Rechtsordnungen das Gesetz des letzten Wohnsitzes entscheidet. Gesetzt nun, der H, der dem Staat A angehörte, aber im Staate B seinen Wohnsitz hatte, ist, weil die Staaten A und B übereinstimmend die Beerbung nach dem Rechte des Wohnsitzes vor sich gehen lassen, von dem nach dem Rechte des Staates B berufenen Y beerbt worden, während ihm nach dem Rechte von A der Z beerbt hätte. Nach dem Rechte von A tritt Erwerb der Erbschaft ipso jure und Haftung des Erben mit seinem eigenen Vermögen ein. Z ist später aus dem Staate A nach Deutschland verzogen. Hier wird er von einem Gläubiger des H als dessen Erbe auf Zahlung belangt. Nach den Entwürfen der zweiten Kommission und nach der Auffassung Niemeyers hätte der deutsche Richter den Z, obgleich er niemals Erbe des H geworden ist, doch zur Zahlung zu verurteilen, weil die erbrechtlichen Verhältnisse, also auch die Frage, wer den H beerbt hat, nach den Gesetzen des Staates A zu beurteilen wären. Ein solches Ergebnis kann gewiß niemand billigen, es wird vermieden, wenn man auch den Kollisionsnormen der Staaten A und B Beachtung einräumt, was schon darum geboten ist, weil sie allein das erbrechtliche Verhältnis beherrscht und gestaltet haben, als es zur Entstehung kam.

Eine andere Frage, die sich hier anschließt, ist die, in welcher Weise bei der Ausfüllung der Lücken auch die Einschränkungen und Modifikationen des Staatsangehörigkeitsprinzips zu berücksichtigen sind, die in den Art. 7—31 vorkommen. (Z. B.: Sind für die Beurteilung des Rechtsverhältnisses zwischen den Eltern und einem ehelichen Kinde oder zwischen einem unehelichen Kind und dessen Mutter immer nur die Gesetze des ausländischen Staates maßgebend, dem die Eltern angehören, oder sind, wenn bei den Eltern ein Wechsel der Staatsangehörigkeit eingetreten, dagegen bei dem Kind die frühere Staatsangehörigkeit bestehen geblieben ist, in analoger Anwendung der Art. 19 Satz 2, Art. 20 Satz 2 die Gesetze desjenigen ausländischen Staates maßgebend, dem die Eltern früher angehört haben und das Kind jetzt noch angehört?) Diese Frage kann aber nur bei den Erläuterungen zu den einzelnen Vorschriften erledigt werden, wo überhaupt die Anwendung der hier nur im allgemeinen aufgestellten Grundsätze näher dargelegt werden muß.

b) Für die Ausfüllung der vollständigen Lücken versagt auch das Hilfsmittel der Analogie. Da die zweite Kommission auch für diese Verhältnisse Normen vorgeschlagen hatte und der Bundesrat diese mit Vorbedacht beseitigt hat, so hat man diese Lücken bewußt und absichtlich herbeigeführt. Auf der anderen Seite konnte nirgends ein Zweifel darüber bestehen, daß die Frage nach der Ausfüllung dieser Lücken in der Rechtsprechung hervortreten und von dem Richter, der sich seiner Pflicht, das Recht zu finden, nicht entziehen könne, gelöst werden müsse. Wenn man sich trotzdem enthielt, einen Rechtssatz aufzustellen, so kann das nur bedeuten, daß man dem Richter freie Hand geben wollte, seinerseits die für die Ordnung dieser Verhältnisse zutreffende Kollisionsnorm aufzustellen, m. a. W. daß man die Aufgabe, die an sich in den Bereich des Gesetzgebers fällt, die Rechtsetzung, den Organen der Rechtsanwendung, vor allem der Rechtsprechung, übertragen wollte. (Übereinst. Niemeyer S. 49ff., Planck Vorbem. 3 S. 24, Niedner S. 18 Nr. IV 3, Edelmann in Böhms Z. 8 S. 315, Barazetti das. S. 37.) Damit ist der Richter vor eine hohe und außerordentlich schwierige Aufgabe gestellt. Denn wenn auch für die Lösung dieser Aufgabe in der Mehrzahl der Fälle die in der bisherigen Wissenschaft und Praxis des internationalen Privatrechts zur Geltung gelangten Grundsätze eine geeignete Handhabe bieten, so haben doch immerhin diese Grundsätze für ihn nicht mehr die Kraft positiver Rechtssätze, sondern gelten nur kraft ihrer inneren Richtigkeit, ersparen ihm also nicht eine Nachprüfung daraufhin, ob sie auch noch den veränderten Verkehrsverhältnissen und Rechtsanschauungen der heutigen Zeit entsprechen oder danach einer Berichtigung zu unterziehen sind. Das gilt selbst für solche Grundsätze, die bisher in den verschiedenen Rechtsgebieten Deutschlands übereinstimmende Anerkennung genossen (wie die Beurteilung der

Obligationen nach dem Gesetz des Erfüllungsorts, die Entstehung und der Inhalt dinglicher Rechte nach der lex rei sitae, die Behandlung der Verjährung als einer materiellrechtlichen Eigenschaft der Ansprüche usw.). Wenn auch ein Bruch mit solchen schon bisher in Deutschland allgemeingültigen Grundsätzen gewiß nach Möglichkeit zu vermeiden ist, so kann er doch unter Umständen durch den Gang der Verkehrsentwickelung geboten sein. Besonders gilt dies von der Frage, ob für Vertragsobligationen das Gesetz des Erfüllungsorts maßgebend sein soll. Die Entwürfe der zweiten Kommission wollten statt dessen die Gesetze des Ortes entscheiden lassen, an dem das Rechtsgeschäft zum Abschlusse gelangt. Dagegen hat sich der 24. Deutsche Juristentag (1898) für die Beibehaltung des Rechtes des Erfüllungsorts ausgesprochen. (Vgl. über die Frage Verhandl. des 24. Deutschen Juristentags 1 S. 169ff., 2 S. 33ff., 4 S. 76ff., Niemeyer S. 53, DJZ. 1898 S. 372, Neumann 3 S. 23f., Zitelmann 2 S. 136ff., 366ff.; RG. VI 21. April 1902, II 16. Juni 1903, VI 12. Okt. 1905, 12. Febr. 1906, in RG. 51 S. 218, 55 S. 105, 61 S. 343, 62 S. 379; OLG. Königsberg 14. Febr. 1902 in Seuff. A. 57 S. 345, Hamburg 14. April 1905 in OLG. 12 S. 58.)

VII. Der Anwendungsbereich der Kollisionsnormen des EG. und seine Grenzen.

Wie die materiellen Rechtssätze des BGB., deren Anwendungsbereich sie bestimmen, so haben auch die Kollisionsnormen der Art. 7 bis 31 wieder Schranken ihrer Geltung nach verschiedenen Richtungen hin.

1. In räumlicher Beziehung haben die Kollisionsnormen dasselbe Geltungsgebiet wie die materiellrechtlichen Sätze. Vor allem, aber nicht ausschließlich richten sie sich an die im Herrschaftsgebiete des EG. zur Anwendung und Ausführung der Gesetze berufenen Organe des Reichs und der Bundesstaaten (Gerichte und Verwaltungsbehörden, Konsuln und Konsulargerichte). Den staatlichen Gerichten schließen sich hierbei die durch Schiedsvertrag berufenen Schiedsrichter an. Auch noch darüber hinaus haben, wie die materiellen Rechtssätze, so die Kollisionsnormen Bedeutung, jedoch in einem beschränkteren Umfange wie jene. Denn während die materiellen Rechtssätze des BGB. im Ausland in allen Fällen anzuwenden sind, wo die ausländische Kollisionsnorm auf das deutsche Recht verweist,

haben die deutschen Kollisionsnormen nur für solche ausländische Rechtsgebiete Bedeutung, deren Kollisionsnormen die Rück- und Weiterverweisung zulassen. Dabei wird für den ausländischen Richter die Unterscheidung zwischen unseren deutschen Kollisionsnormen und materiellen Teilrechtssätzen wichtig (vgl. Zitelmann 1 S. 251 bis 257, ferner oben Nr. IV S. 7 sowie Bem. II A 2a zu Art. 7 Abs. 2 und Bem. II B 5 zu Art. 13 Abs. 3).

2. Auch in zeitlicher Beziehung bestehen für die Kollisionsnormen dieselben Grenzen wie für die materiellrechtlichen Sätze des BGB., deren Anwendbarkeit sie bestimmen sollen. Daß die Vorschriften der Art. 7--31 EG. erst mit dem 1. Jan. 1900 in Kraft getreten sind, wird auch von den Schriftstellern nicht bestritten, die für das EG. als Ganzes die sogen. formale Geltung schon vom 4. Sept. 1896 an behaupten. Aber auch seitdem greifen die neuen Kollisionsnormen nur bei der Beurteilung solcher Rechtsverhältnisse Platz, bei denen auch das neue materielle Recht anzuwenden ist, also bei Rechtsverhältnissen, die noch vor 1900 entstanden sind, nur dann, wenn für sie nach den Übergangsvorschriften des 4. Abschnitts des EG. das neue Recht maßgebend ist. Andernfalls bleiben für solche ältere Rechtsverhälnisse auch die Kollisionsnormen des früheren Rechtes in Kraft, dem sie bis 1900 unterstanden.

Eine Ausnahme hiervon gilt nur dann, wenn das Rechtsverhältnis überhaupt erst nach dem 1. Jan. 1900 in den Herrschaftsbereich der deutschen Kollisionsnormen eingetreten ist, wenn also nicht schon vorher eine Inlandsbeziehung vorlag, kraft deren das Rechtsverhältnis durch die damals geltenden inländischen Kollisionsnormen einem bestimmten — sei es deutschen, sei es ausländischen — Rechte zugewiesen wurde. Nur einigen Vorschriften — wie dem Art. 12, Art. 21 Halbs. 2 — wird allerdings kraft ihrer ausschließlichen Anwendbarkeit auch Geltung für ältere Rechtsverhältnisse beizulegen sein.

(Vgl. über diese Frage: Habicht, Einwirkung S. 39ff.; Planck S. 284 Nr. 5; Staudinger-Wagner, Vorbem. E XIV Nr. 6 zu Art. 7; Kuhlenbeck S. 20 Nr. III; Neumann 3 S. 10 Nr. VI; Niemeyer S. 179; Endemann 1[8] § 20 Nr. 4 (S. 85); Kipp-Windscheid S. 35 Schlußbem.; Aron, Elsaß-Lothring. Ausf.-Ges. S. XIII; Diena in Böhms Z. 10 S. 353—365, bes. S. 359; Barazetti das. 8 S. 34; Silberschmidt daselbst S. 117; Zitelmann in Iherings Jahrb. 42 S. 189—204; ders., Zum Grenzstreit zwischen Reichs- und Landesrecht S. 67ff.; Neumeyer in Böhms Z. 12 S. 39—51; Kahn, Das zeitliche Anwendungsgebiet der örtlichen Kollisionsnormen in Iherings Jahrb. 43 S. 299—434; Affolter, Das intertemporale und internationale Recht der zeitl. u. örtl. Kollisionsnormen des bürgerl. Rechtes in Grünhuts Z. 30 S. 125ff.; ders., System des deutschen bürg. Übergangsrechtes S. 60ff. § 15; RG. VI, I, II 29. April, 13. Nov. 1901, 8. April 1902 in JW. 1901 S. 452, 1902 S. 67, Beil. S. 178, 227.)

Die entgegengesetzte Auffassung vertritt allein Niedner im „Recht" 1900 S. 250 (dazu meine Entgegnung daselbst S. 405), Einführungsgesetz 2 S. 295 Nr. IX, Böhms Z. 11 S. 373—381.

3. In potentieller Beziehung finden die Kollisionsnormen des EG. ihre Schranken an anderem Reichsrecht und an Landesrecht, das bestehen bleibt.

a) Nach Art. 32 EG. bleiben die internationalrechtlichen Vorschriften der älteren Reichsgesetze und der vom Reiche abgeschlossenen Staatsverträge neben den Art. 7—31 in Kraft, soweit sich nicht aus diesen Vorschriften die Aufhebung ergibt. Für Staatsverträge darf ohne weiteres angenommen werden, daß sie auch durch ausdrückliche abweichende Bestimmungen der Art. 7—31 nicht haben aufgehoben werden sollen. So weicht z. B. der Art. 13 Abs. 3 EG. („die Form einer Ehe, die im Inland geschlossen wird, bestimmt sich ausschließlich nach den deutschen Gesetzen") der entgegengesetzten Vorschrift auch eines älteren Staatsvertrags. Streng genommen liegt übrigens in dem Art. 13 Abs. 3 EG. (wie in den meisten anderen internationalrechtlichen Vorschriften des EG.) keine Abweichung von den älteren Staatsverträgen und sonstigen Reichsgesetzen. Denn Art. 13 Abs. 3 schreibt allgemein die Anwendbarkeit der „deutschen Gesetze", nicht bloß des BGB. vor. Da nun zu den deutschen Gesetzen nach Art. 2 EG. jede deutsche Rechtsnorm gehört, so fällt auch ein vom Deutschen Reiche abgeschlossener, nach innen hin als Reichsgesetz geltender Staatsvertrag unter die deutschen Gesetze des Art. 13 Abs. 3. Diese Vorschrift sagt also schon ihrerseits, ohne daß man den Art. 32 heranzuziehen braucht, aus: Die Form einer Ehe, die im Inlande geschlossen wird, bestimmt sich ausschließlich nach denjenigen deutschen Rechtsnormen, die Vorschriften über die Eheschließung im Inland enthalten, also auch nach den Staatsverträgen, die etwa eine andere Form als die Eheschließung vor dem Standesbeamten zulassen.

Zu sonstigen älteren Reichsgesetzen werden die Art. 7—31 kaum einen ausdrücklichen Gegensatz enthalten, so daß hier die in Art. 32 Satz 2 getroffene Einschränkung schwerlich je zur Anwendung kommen wird.

Internationalprivatrechtliche Kollisionsnormen im eigentlichen Sinne finden sich in älteren Reichsgesetzen überhaupt nur spärlich, so in der WO. Art. 84—86.

Ihre Ergänzung und zum Teil eine Erläuterung finden die internationalprivatrechtlichen Kollisionsnormen des EG. in den internationalrechtlichen Vorschriften der Prozeßordnungen, vgl. ZPO. § 55 (Prozeßfähigkeit der Ausländer), § 293 (Beweis ausländischen Rechtes), § 328 (Anerkennung ausländischer Urteile), §§ 722, 723 (Zwangsvollstreckung aus ausländischen Urteilen), außerdem die Zuständigkeitsbestimmungen in den §§ 15f., 606, 648 Abs. 2, 961; KO. §§ 237, 238; FGG. § 3, § 36 Abs. 2, § 37 Abs. 2, § 73 Abs. 2, § 97 Abs. 2 (Zuständigkeit in Vormundschafts- und Nachlaßsachen), § 16 Abs. 2 (Zustellungen im Ausland), § 47 (Einleitung von Vormundschaften im Inland über Deutsche, wenn eine solche im Ausland angeordnet ist, und Abgabe von Vormundschaften an das Ausland); ZVG. § 171 (Zwangsversteigerung ausländischer Schiffe). Ein besonderes Fremdenrecht enthält das Gesetz betr. das Flaggenrecht der Kauffahrteischiffe vom 22. Juni 1899 (RGBl. S. 319) §§ 2, 3, 9, 12, 13.

b) Dem Landesrechte gegenüber gelten die Vorschriften der Art. 7—31 nicht, soweit ihnen landesgesetzliche Normen aus den Vorbehaltsgebieten der Art. 56ff. entgegenstehen (Prot. Bd. VI S. 5). Zunächst werden also die reichsrechtlichen Kollisionsnormen eingeschränkt durch die von Bundesstaaten vor 1900 geschlossenen Staatsverträge (Art. 56). Außerdem greifen sie aber auch nicht Platz auf den persönlichen und sachlichen Vorbehaltsgebieten der folgenden Artikel, soweit für diese besondere landesrechtliche Kollisionsnormen bestehen, die ausschließlich den Vorbehaltsmaterien angehören. Da die Art. 7—31 sich größtenteils auf Materien beziehen, die durch das BGB. geregelt sind und nicht in Vorbehaltsgebiete eingreifen (Entmündigung, Todeserklärung, Eherecht, Eltern- u. Kindesrecht, Erbrecht), so werden sich zwischen den ausdrücklichen Vorschriften der Art. 7—31 und dem Vorbehaltsrechte kaum Reibungen ergeben, abgesehen vielleicht von den Art. 7 und 11. Etwas anderes ist es mit den Rechtssätzen, die sich zur Ergänzung der Lücken heranbilden werden, z. B. auf dem Gebiete des Rechtes der Schuldverhältnisse oder des Sachenrechts. Doch würde voraussichtlich ein hier entstehendes Reichsgewohnheitsrecht auch die entgegenstehenden partikulären internationalrechtlichen Normen der Vorbehaltsgebiete beseitigen, — wenn auch nicht als Reichsgewohnheitsrecht, so doch als darin begriffenes Landesgewohnheitsrecht.

Dagegen sind die internationalrechtlichen Vorschriften der Landesgesetze, die nicht besonders für die Vorbehaltsgebiete getroffen sind, sondern für das bürgerliche Recht im allgemeinen und nur kraft dessen auch durch ausdrückliche oder stillschweigende Verweisung für die Vorbehaltsgebiete gelten, durch Art. 55 EG. beseitigt, und nach Art. 4 sind an ihre Stelle die neuen reichsrechtlichen Normen getreten. (Übereinstimmend Planck S. 25 Vorbem. 4; Niedner Vorbem. I 4 S. 11; Scherer Nr. 18; Niemeyer Internat. Privatr. S. 184f.; Endemann 1 § 22 Nr. 9 S. 102; Cosack 1 § 12 Nr. 9; Aron, Elsaß-Lothr. Ausf.-Ges., Vorbem. XIII u. Böhms Z. 8 S. 372; Kahn in Jherings Jahrb. f. Dogmatik 43 S. 319; a. A. Mayer, DJZ. 3 S. 266.) In einigen Staaten ist dies noch besonders zum Ausdrucke gebracht, indem durch die Ausführungsgesetze die landesrechtlichen Kollisionsnormen des allgemeinen Privatrechts aufgehoben sind, so in Preußen die §§ 23—45 der Einleitung z. ALR. (die, wie die Begründung zu Art. 87 des Entw. des AG. unter Nr. 1 Abs. 3 anerkennt, als allgemeine Vorschriften des Landrechts ohnehin nicht für die vorbehaltenen Gebiete in Kraft geblieben, sondern auch für diese Gebiete ohne weiteres durch die reichsgesetzlichen Vorschriften ersetzt wären) und der Code civil (Preuß. AG. z. BGB. Art. 89 Nr. 1 u. 2), letzteres ebenso in Bayern (AG. z. BGB. Art. 175 Abs. 2), Hessen (AG. z. BGB. Art. 286 Nr. 12), Birkenfeld (AG. z. BGB. § 90 Nr. 1), Elsaß-Lothringen (Ges. betr. die Aufhebung von Landesgesetzen vom 29. Nov. 1899 § 1 Ziffer 1). In Baden sind durch das AG. z. BGB. Art. 2 die Vorschriften der Art. 7—31 auch auf das Landesprivatrecht ausgedehnt worden.

Jedoch können die Landesgesetze auf den Vorbehaltsgebieten auch noch künftig jederzeit von den Art. 7—31 EG. abweichende Bestimmungen des internationalen Privatrechts treffen, so z. B. über die religiöse Erziehung der Kinder statt der Staatsangehörigkeit, wie Art. 19, den Wohnsitz des Vaters entscheiden lassen (Niedner Vorbem. I, 4; Planck Vorbem. 5).

Ein besonderes partikuläres Fremdenrecht läßt der Art. 88 EG. für die Beschränkung der Ausländer im Erwerbe von Grundstücken zu. Indessen ist von dieser Vorschrift, abgesehen von ausländischen juristischen Personen, bisher wenig Gebrauch gemacht worden (Hamburg. AG. z. BGB. § 28, Hessen AG. z. BGB. Art. 15). Dagegen führten mehrere Ausführungsgesetze ein solches partikuläres Fremdenrecht im Bereiche des Art. 77 EG. ein, indem sie die Haftung des Staates und der ihm angehörigen Kommunalverbände für den von ihren Beamten in Ausübung der diesen anvertrauten öffentlichen Gewalt zugefügten Schaden gegenüber Ausländern ausschließen, wenn nicht die Gegenseitigkeit verbürgt ist (so Bayern, Baden, Hessen, Reuß j. L., Gotha).

Anderseits haben auf den Vorbehaltsgebieten die Landesgesetze nicht nur die Befugnis, gegenüber dem Reichsausland und den Ausländern besondere Kollisionsnormen und besonderes Fremdenrecht zu schaffen, sondern sie dürfen dies auch tun im Verhältnisse zu anderen Bundesstaaten und deren Angehörigen, soweit nicht die Reichsverfassung (Art. 3) und die übrigen Reichsgesetze (außer dem BGB. und dem EG.) entgegenstehen. So können in Preußen (AG. z. BGB. Art. 7 § 1) juristische Personen, die in Preußen ihren Sitz haben und deren Rechtsfähigkeit auf einem neben dem BGB. bestehenden Reichsgesetze beruht, z. B. Aktiengesellschaften oder Genossenschaften, ohne Beschränkung Grundbesitz erwerben, dagegen bedürfen juristische Personen gleicher Art, die in einem anderen Bundesstaat ihren Sitz haben, nach § 2 zum Erwerbe von Grundstücken im Werte von über 5000 M. der königlichen Genehmigung (vgl. EG. Art. 86). S. Koburg- u. Gotha (AG. z. BGB. Art. 18 § 3) schließt die Haftung des Staates und der Gemeinden aus Pflichtverletzung ihrer Beamten (nach §§ 839, 1674, 1848 BGB.) gegenüber Nicht-Staatsangehörigen aus, wenn nicht in deren Heimatstaat eine gleiche Haftung des Staates usw. anerkannt wird.

VIII. Die Handhabung des internationalen Privatrechts im Prozesse.

Literatur: Zitelmann 1 S. 281—316; Niedner Vorbem. V; Planck Vorbem. 7; Neumann Vorbem. V; Gierke 1 § 25 Nr. 6; Barazetti in Böhms Z. 7 S. 481 ff.; Klein das. 5 S. 42; Walker, Streitfragen aus dem internationalen Zivilprozeßrecht S. 42 ff., RG. 23 Nr. 6 S. 34; die Kommentare zur ZPO. §§ 55 und 293.

Die Behandlung der internationalprivatrechtlichen Fragen im Prozesse gehört vorwiegend dem Prozeßrecht an. Doch sei hier folgendes bemerkt:

1. Der Richter hat die Frage, welche Rechtssätze auf das ihm unterbreitete Rechtsverhältnis anzuwenden sind, von Amts wegen unabhängig von dem Vorbringen der Parteien zu prüfen und zu entscheiden. Darin liegt inbegriffen, daß er auch die Vorfrage, aus welcher Rechtsordnung er diese Rechtssätze entnehmen soll, von Amts wegen zu untersuchen hat, ohne an Anträge oder Behauptungen der Parteien gebunden zu sein. Allerdings überwiegen tatsächlich in den Rechtsstreitigkeiten die Verhältnisse mit bloß inländischen Beziehungen derart, daß sie als die Regel, die Verhältnisse mit Auslandbeziehungen als eine Ausnahme erscheinen, die von vornherein nicht zu vermuten ist, so daß das Gericht vom Gegenteil ausgehen darf. Sobald sich aber dem Richter ein Anhalt dafür bietet, daß bei dem Rechtsverhältnisse Beziehungen zum Ausland obwalten, sei es, daß dies aus dem Vorbringen der Parteien erhellt oder daß dem Gericht Umstände dieser Art von anders her, z. B. aus anderen Prozessen, bekannt sind, hat das Gericht auch von Amts wegen, nötigenfalls durch Ausübung des Fragerechts (ZPO. § 139), zunächst die erforderliche tatsächliche Aufklärung herbeizuführen und zutreffendenfalls die internationalrechtliche Frage zu prüfen. Unbedingt gilt dies für diejenigen Arten des Prozeßverfahrens, wo dem Gericht auch sonst eine Offizialtätigkeit zugewiesen ist, wie Ehesachen, Feststellung des Rechtsverhältnisses zwischen Eltern und Kindern, Entmündigungssachen. Aber auch bei anderen Prozessen ist das Gericht zu dieser Feststellung verpflichtet, und der Richter verletzt das Gesetz, wenn er die Erörterung der internationalrechtlichen Frage unterläßt, obwohl ihm Anhaltspunkte vorlagen, die ihm die Möglichkeit des Eingreifens von Kollisionsnormen nahelegten. Dagegen kann von einer Verletzung des Gesetzes nicht die Rede sein, wenn der Richter in einem Prozesse, dessen Gegenstand der Verfügung der Parteien unterliegt, die internationalrechtliche Prüfung unterlassen und das Verhältnis nach inländischem Rechte beurteilt hat, weil *keinerlei* Anhaltspunkte für ausländische Beziehungen des Rechtsverhältnisses gegeben waren. Hier kann die Partei nicht noch in der Revisionsinstanz mit der Behauptung hervortreten, es walte diese oder jene ausländische Beziehung ob, darum sei ausländisches Recht anzuwenden gewesen und durch dessen Nichtanwendung das Gesetz verletzt. Denn mit der erst jetzt aufgestellten bloßen Behauptung einer Auslandsbeziehung ist in solchen Prozessen eine Verletzung des Gesetzes durch den Vorderrichter noch nicht dargelegt.

sondern dazu bedürfte es noch des Beweises der Tatsache, daß diese Beziehung vorliege, und eine solche Beweisführung ist in der Revisionsinstanz ausgeschlossen.

Ebenso enthebt natürlich ein Anerkenntnis des Anspruchs durch den Beklagten, wo dieses wirksam ist, den Richter der Prüfung nach der internationalrechtlichen Seite des Streitverhältnisses.

2. Die inländischen Kollisionsnormen, mögen sie in den Art. 7—31 enthalten oder daraus abgeleitet oder mögen sie auf andere Weise zur Ausfüllung der Lücken jener Vorschriften gewonnen sein, muß der Richter selbst kennen oder nötigenfalls erforschen, ohne daß er dabei die Hilfe der Parteien in Anspruch nehmen darf. Dagegen greift für das ausländische materielle Recht und für die ausländischen Kollisionsnormen, wo diese von Bedeutung werden, wie bei der Rück- und Weiterverweisung (also z. B. ob die Voraussetzung des Art. 27 EG. vorliegt) der § 293 ZPO. ein: Das Gericht darf, soweit die ihm selbst zu Gebote stehenden oder ohne allzu große Mühe erreichbaren Erkenntnisquellen nicht zum Ziele führen, die Parteien anhalten, den Nachweis der von ihnen zur Begründung ihrer Klage, Einrede usw. geltend gemachten Rechtssätze zu erbringen. Das gilt bezüglich des Daseins und des Inhalts dieser Rechtssätze. Immerhin ist auch für das ausländische Recht Grundsatz, daß der Richter sich seinerseits nach Kräften zu bemühen hat, den Inhalt der fremden Rechtsordnung zu erkennen, den für das Verhältnis maßgebenden Rechtssatz herauszufinden, die Voraussetzungen seiner Gültigkeit und Anwendbarkeit zu prüfen (z. B. die gehörige Publikation eines Gesetzes, Zulässigkeit und Bildung eines Gewohnheitsrechts, Bedeutung von Präjudizien nach ausländischem Rechte, bei gleichzeitiger zeitlicher Statutenkollision in dem ausländischen Rechte dessen Normen darüber usw.). Kurz, der inländische Richter hat bei der Anwendung des fremden Rechtssatzes so zu verfahren, als sei er Richter in dessen Geltungsgebiete, woraus sich z. B. ergibt, daß er dabei auch an die ausländischen Auslegungsregeln gebunden ist.

Lebhaft umstritten ist die Frage, wie zu verfahren ist, wenn der ausländische Rechtssatz, auf den sich die Partei beruft, nicht zu erweisen ist. Man muß unterscheiden:

a) Ist das Vorhandensein einer ausländischen Kollisionsnorm nicht nachzuweisen, so ist eben dasjenige materielle Recht anzuwenden, welches ohne das Vorhandensein dieser Kollisionsnorm maßgebend ist.

Handelt es sich z. B. um die Beerbung eines Ausländers, der zur Zeit seines Todes seinen Wohnsitz in Deutschland hatte, und eine Partei macht für ihr Erbrecht das Gesetz des Heimatstaats des Ausländers, die Gegenpartei das deutsche Gesetz geltend, weil nach dem Rechte des Heimatstaats das Gesetz des letzten Wohnsitzes über die Beerbung entscheide, so ist offenbar das Erbrecht des Heimatstaats anzuwenden, wenn die behauptete ausländische Kollisionsnorm, die auf die lex domicilii verweist, nicht festzustellen ist.

Auch für die freiwillige Gerichtsbarkeit gilt die Vorschrift des § 293 ZPO. Der Richter hat auch hier zwar das ausländische Recht von Amts wegen zu erforschen, doch kann er, wenn ihm ein ausländischer Rechtssatz nicht bekannt ist, den Antragsteller zum Nachweise des Rechtssatzes anhalten, z. B. wenn ein Erbschein von ihm nach Art. 25 EG. oder nach § 2369 Abs. 2 BGB. begehrt wird, sonst den Antrag zurückweisen (a. A. Kammergericht im KGJ. 22 S. 6).

b) Anders bei ausländischen materiellrechtlichen Sätzen. Hier behauptet man, wenn der Nachweis des geltend gemachten ausländischen Rechtssatzes nicht gelänge, sei Übereinstimmung des ausländischen Rechtes mit dem einheimischen anzunehmen und demgemäß der einschlägige Rechtssatz des Inlandes anzuwenden (so Niemeyer, Vorschläge und Mater. S. 77; Neumann, Internat. Privatrecht, Entwurf § 7; Niedner, Vorbem. V; Barazetti in Böhms Z. 7 S. 486, die Vorentwürfe A und B § 38). Allein darin liegt lediglich eine Nachwirkung des früher aufgestellten fehlerhaften Satzes: in dubio lex fori. (Das lassen deutlich die beiden Vorentwürfe erkennen, indem sie im Eingang des § 38 von den Parteien den Nachweis verlangen, „daß das maßgebende ausländische Gesetz von dem einheimischen abweiche".) Vielmehr muß, wenn der Nachweis des ausländischen Satzes nicht gelingt, das auf diesen Satz gestützte Angriffs- oder Verteidigungsmittel (die Klage, Einrede usw.) als im Rechte nicht begründet angesehen werden, ganz ebenso, wie wenn positiv festgestellt wird, daß der angerufene Rechtssatz nicht besteht. (So Zitelmann I S. 289; Planck S. 27 Vorbem. 8; Petersen-Anger, Komm. z. ZPO. § 293 S. 621, ROHG. 28. Nov. 1879, Bd. 25 S. 56.) Wenn auch die erstere Ansicht den Anschein der Billigkeit für sich hat, so führt sie doch zu unhaltbaren Folgerungen, wie Zitelmann z. B. am § 62 des Urhebergesetzes v. 11. Juni 1870 nachweist (Bd. 1 S. 293 f.).

3. Hat der deutsche Richter die einheimische Kollisionsnorm nicht befolgt, die ihn anwies, ein bestimmtes Recht anzuwenden, hat er statt des deutschen materiellen Rechtes ausländisches oder statt des ausländischen deutsches Recht bei der Beurteilung zugrunde gelegt, so hat er eine inländische Rechtsnorm, und zwar des Reichsrechts, verletzt; es liegt also ein Revisionsgrund nach ZPO. § 549 vor. Wie aber, wenn er statt des richtigen ausländischen Rechtes des Staates B das des Staates C oder aber, wenn er das Recht des Staates B nicht richtig angewandt hat?

Man muß unterscheiden:

a) Verwies den Richter die inländische Kollisionsnorm auf das Recht des Staates B, z. B. als das des Heimatstaats (Art. 25 EG.), hat der Richter aber fälschlich das Recht des Wohnsitzstaats C angewandt oder das des Staates D, weil er den Staat D irrigerweise für den Heimatstaat ansah, so hat er die inländische Rechtsnorm nicht richtig angewandt, es liegt ein Revisionsgrund nach § 549 ZPO. vor.

b) Verwies dagegen die inländische Kollisionsnorm auf das Recht des Staates B, jedoch mit dem Zusatze, daß im Falle der Rückverweisung das inländische materielle Recht oder im Falle der Weiterverweisung das Recht des Staates C angewandt werden solle und der Richter hat die Rück- oder die Weiterverweisung durch die Kollisionsnorm des Staates B nicht befolgt, so hat er ein ausländisches Gesetz, nämlich das des Staates B verletzt, die Revision ist dann nach § 549 ZPO. nicht zulässig. Zweifelhaft ist dies allerdings dann, wenn der Richter überhaupt bloß die Hauptverweisung auf das ausländische Recht berücksichtigt, dagegen die inländische Norm, die ihm auch Berücksichtigung der Rück- oder Weiterverweisung gebot, ganz übersehen, also das fremde Recht gar nicht darauf geprüft hat, ob es auf die deutschen Gesetze zurück- oder auf ein anderes Gesetz weiterverweise. Durch die Unterlassung dieser Prüfung hat der Richter doch wohl die inländische Norm, die ihm diese Prüfung zur Pflicht machte, (z. B. den Art. 27 EG.) verletzt, die Revision wäre also zulässig, während bei irriger Auffassung der fremden Kollisionsnorm das Gegenteil gelten würde.

c) Hat der Richter das materielle Recht des ausländischen Staates unrichtig angewandt, so liegt immer bloß Verletzung eines ausländischen Gesetzes vor, die Revision ist deshalb nicht zulässig (anders Klein „Recht" 1903 S. 100).

IX. Bestimmung des maßgebenden Statuts durch die Parteien.

Literatur: v. Savigny 8 S. 110; Zitelmann 1 S. 270—281, 2 S. 373—383; v. Bar, Theorie 1 S. 95, 2 S. 3—6; Niemeyer, Vorschläge S. 71—76; Neumann S. 144; Gierke 1 S. 216; Regelsberger, Pandekten § 40 III; Hölder, Pandekten 1 S. 66; Niedner, Vorbem. VI; Matthiaß, BR. 1³ § 15 S. 37; Crome 1 § 27 S. 140f.

Man hat den Satz aufgestellt: Für Rechtsverhältnisse, die durch die Willkür der Beteiligten bestimmt werden können, sei den Beteiligten auch gestattet, festzusetzen, daß statt des an sich maßgebenden Rechtes ein anderes zur Anwendung kommen solle (so v. Savigny, Gierke, Niedner, RG. 23 Nr. 6 S. 34, Sächs. BGB. § 18, Vorentwurf A § 34). Wenn damit gesagt sein soll, daß in derartigen Fällen die Beteiligten den Inhalt des ihrer Bestimmung unterliegenden Rechtsverhältnisses auch durch Bezugnahme auf Gesetze bestimmen dürfen, die an sich darauf nicht anwendbar wären, so ist das selbstverständlich und bedarf keiner besonderen Zulassung. Diese Gestattung ist keine besondere Kollisionsnorm, sondern ein materiellrechtlicher Satz. Als Kollisionsnorm bleibt hier die allgemeine gesetzliche Vorschrift in Kraft. Sie (und nicht der Wille der Parteien) bestimmt die Rechtsordnung, der das Verhältnis unterworfen sein soll. Unterliegt dann nach den materiellen Sätzen dieser Rechtsordnung ein Rechtsverhältnis dieser Art der freien Ausgestaltung nach Willkür der Beteiligten, so kann (das sagt jener Satz auch) diese Willkür auch in der Weise ausgeübt werden, daß die Beteiligten den Inhalt des Verhältnisses durch Bezugnahme auf das fremde Gesetz bestimmen, es müßte denn ausnahmsweise gerade diese Art der Parteibestimmung ausdrücklich untersagt sein, wie im BGB. § 1433 für Eheverträge. (In dieser Weise wollte der Vorentwurf B § 34 den Vorentwurf A abändern, doch wurde auch diese selbstverständliche Vorschrift mit Recht noch in der 1. Kommission beseitigt.) Soll dagegen jener Satz bedeuten, daß bei Rechtsverhältnissen, die unter gesetzlichen Dispositivvorschriften stehen, die Bestimmung der maßgebenden Rechtsordnung durch die Beteiligten erfolgen dürfe und daß diese Bestimmung dann die gleiche Bedeutung haben solle wie die Bestimmung durch die gesetzliche Kollisionsnorm, daß sie selbst als eine von den Parteien gesetzte Kollisionsnorm anzusehen sei, so muß dem widersprochen werden; sie führt zu einem Widerspruche, weil nicht festzustellen ist, welches Gesetz denn darüber entscheiden soll, ob das Rechtsverhältnis der Willkür der Parteien unterliegt, ob die lex fori oder die Rechtsordnung, der das Verhältnis nach der gesetzlichen Kollisionsnorm unterstände, oder diejenige, der sich die Parteien unterworfen haben. (So auch Zitelmann, bes. S. 276, v. Bar, Regelsberger, Matthiaß, Crome, Unger, Österreich. Privatr. § 23 Anm. 79.) Allerdings könnte durch eine ausdrückliche Anordnung des Gesetzes der Parteibestimmung eine solche Bedeutung beigelegt werden; wo aber das Gesetz darüber schweigt (wie das EG.), da darf sie nicht unterstellt werden.

X. Unter den **völkerrechtlichen Verträgen**, die wenigstens auf einzelnen Gebieten des Privatrechts eine internationale Rechtseinheit hergestellt haben, sind die Berner Übereinkunft vom 9. Sept. 1886 betreffend das geistige Urheberrecht (RGBl. 1887 S. 493ff.) nebst Pariser Zusatzakte vom 4. Mai 1896 (RGBl. 1897 S. 759), die Pariser Übereinkunft über das gewerbliche Urheberrecht vom 20. März 1883 nebst Brüsseler Zusatzakte vom 14. Dez. 1900 (RGBl. 1903 S. 148, 167), der Weltpostvertrag vom 1. Juli 1878 (RGBl. 1879 S. 83) und vom 21. März 1885 (RGBl. 1886 S. 82) sowie das Übereinkommen vom 14. Okt. 1890 über den Eisenbahnfrachtverkehr (RGBl. 1892 S. 793) zu nennen.

Ferner sind durch das Haager Abkommen vom 14. Nov. 1896 mehrere auf den Zivilprozeß bezügliche Fragen des internationalen Privatrechtes (über Zustellung gerichtlicher und außergerichtlicher Urkunden, Rechtshilfe, Sicherheitsleistung für die Prozeßkosten, Armenrecht, Personalhaft) unter der Mehrzahl der europäischen Staaten (mit Ausnahme von Großbritannien, der Türkei, Bulgarien, Serbien) geordnet werden (RGBl. 1899 S. 285).

Endlich haben einzelne Fragen des internationalen Privatrechts, die das EG. selbst behandelt, eine vertragsmäßige Regelung gefunden durch die drei Haager Abkommen über das internationale Privatrecht vom 12. Juni 1902:

1. zur Regelung des Geltungsbereichs der Gesetze auf dem Gebiete der Eheschließung,
2. zur Regelung des Geltungsbereichs der Gesetze und der Gerichtsbarkeit auf dem Gebiete der Ehescheidung und der Trennung von Tisch und Bett,
3. zur Regelung der Vormundschaft über Minderjährige.

Hervorgegangen aus den Beschlüssen der im Mai und Juni 1900 im Haag abgehaltenen dritten diplomatischen Konferenz über internationales Privatrecht, auf der das Deutsche Reich, Österreich, Ungarn, Belgien, Dänemark, Spanien, Frankreich, Italien, Luxemburg, die Niederlande, Portugal, Rumänien, Rußland, Schweden, Norwegen und die Schweiz vertreten waren, sind diese Abkommen von allen Konferenzstaaten außer Rußland, Dänemark und Norwegen am 12. Juni 1902 im Haag unterzeichnet worden. Im April 1904 wurden sie mit einer erläuternden Denkschrift dem Reichstage zur Beschlußfassung vorgelegt (Drucks. des Reichstags 1903/1904 Nr. 347), von diesem am 26. April genehmigt (Stenogr. Berichte S. 2372f., 2415f.) und nach erfolgter Ratifikation im Reichs-Gesetzblatt 1904 S. 221ff. verkündet. In Kraft getreten sind sie mit dem 60. Tage nach der Hinterlegung der Ratifikationsurkunden im Haag, die bezüglich aller drei Abkommen für Deutschland, Belgien, Frankreich, Luxemburg, die Niederlande, Rumänien und Schweden am 1. Juni 1904, für Italien und die Schweiz am 17. Juli 1905, bezüglich des dritten Abkommens für Spanien am 30. Juni 1904, stattgefunden hat (Bekanntmachungen des Reichskanzlers v. 24. Juni, 17. Juli 1904 und 9. August 1905, RGBl. 1904 S. 249, 307; 1905 S. 716). Alle drei Abkommen finden nur auf die europäischen Gebiete der Vertragsstaaten Anwendung. Ihrem Inhalte nach entsprechen die Abkommen im wesentlichen den Grundsätzen des EG. zum BGB. und ändern diese nur in verhältnismäßig unbedeutenden Punkten den Vertragsstaaten gegenüber ab. Einen wertvollen Fortschritt stellen sie insofern dar, als durch sie dem Reiche in allen Vertragsstaaten die Gegenseitigkeit gesichert wird (vgl. **Kahn**, Die einheitliche Kodifikation des internationalen Privatrechts durch Staatsverträge 1904). Auf die einzelnen Abkommen ist in den Erläuterungen zu Art. 13, 17, 23 näher einzugehen (vgl. zu Art. 13 Nr. VII, Art. 17 Nr. XI, Art. 23 Nr. VII).

XI. Bezeichnung der Entwürfe.

Die Entwürfe, aus denen die jetzigen Art. 7--31 hervorgegangen sind (siehe oben S. 4ff. unter III), sind in den Erläuterungen, wie folgt, bezeichnet:

Vorentw. A = Entwurf des Redaktors Gebhard,

Vorentw. B = Entwurf des Referenten,

E. I = der aus den Beratungen der ersten Kommission hervorgegangene und den Beratungen der zweiten Kommission zugrunde gelegte Entwurf,

E. IIa = der von der zweiten Kommission in erster Lesung beschlossene Entwurf,

E. IIb = der von der zweiten Kommission in zweiter Lesung beschlossene Entwurf, Bundesratsvorlage,

E. III = der vom Bundesrate dem Reichstage vorgelegte Entwurf.

Das Nähere siehe a. a. O. unter III.

Einführungsgesetz zum Bürgerlichen Gesetzbuche.

Vom 18. August 1896. RGBl. S. 604.

Artikel 7.

Die Geschäftsfähigkeit einer Person wird nach den Gesetzen des Staates beurteilt, dem die Person angehört.

Erwirbt ein Ausländer, der volljährig ist oder die rechtliche Stellung eines Volljährigen hat, die Reichsangehörigkeit, so behält er die rechtliche Stellung eines Volljährigen, auch wenn er nach den deutschen Gesetzen nicht volljährig ist.

Nimmt ein Ausländer im Inland ein Rechtsgeschäft vor, für das er geschäftsunfähig oder in der Geschäftsfähigkeit beschränkt ist, so gilt er für dieses Rechtsgeschäft insoweit als geschäftsfähig, als er nach den deutschen Gesetzen geschäftsfähig sein würde. Auf familienrechtliche und erbrechtliche Rechtsgeschäfte sowie auf Rechtsgeschäfte, durch die über ein ausländisches Grundstück verfügt wird, findet diese Vorschrift keine Anwendung.

Vorentw. A und B § 7; E. I § 2; E. IIa: BGB. § 2238; E. IIb: BGB. § 2361; E. III: Art. 6. Prot. VI S. 28f., 37f.

I. Rechtsfähigkeit der natürlichen Personen.

Literatur: v. Savigny 8 S. 140ff.; v. Bar, Theorie 1 S. 379ff., Lehrbuch S. 50—53; Böhm S. 21—23; Zitelmann 2 S. 80—87; Niemeyer S. 117—119; Planck, Bem. 5 zu Art. 7; Niedner, Bem. 1 zu Art. 7; Neumann 3 S. 12; Kuhlenbeck S. 21.

1. Über die Rechtsfähigkeit der natürlichen Personen gibt das Gesetz keine Kollisionsnorm, während die Vorentwürfe A und B im § 5 die Bestimmung enthielten, daß die Rechtsfähigkeit nach den Gesetzen zu beurteilen sei, welche über das

Rechtsverhältnis entscheiden, bei dem sie in Frage kommt. Daneben sahen beide Vorentwürfe im § 33 die Bestimmung vor, daß Personen, die im Auslande der Sklaverei unterworfen seien, aber im Inland oder einem andern, die Sklaverei nicht anerkennenden Staate verweilten, in solchen Verhältnissen, bei denen auf Grund der Staatsangehörigkeit oder des Wohnsitzes die Gesetze des Sklavenstaats maßgebend wären, nach den Gesetzen des Staates zu beurteilen seien, wo sie ihren Wohnsitz oder, falls sie einen solchen außerhalb des Sklavenstaats nicht besaßen, ihren Aufenthalt hätten. Beide Bestimmungen wurden aber schon bei der Beratung in der ersten Kommission gestrichen, weil sie sich aus anderen Vorschriften als selbstverständlich ergäben.

2. Man muß bei der Rechtsfähigkeit unterscheiden die allgemeine Fähigkeit, überhaupt Träger irgend welcher Rechte, besonders Privatrechte, zu sein, (die Rechtspersönlichkeit) und die besondere Fähigkeit, das Subjekt bestimmter einzelner Rechte zu sein (die Fähigkeit, Vermögen zu erwerben, eine Ehe einzugehen, Erbe zu werden u. dgl.). Jene allgemeine Rechtsfähigkeit wohnt nach unseren sittlichen und rechtlichen Auffassungen allen Menschen inne. Ein Institut, das diese Fähigkeit einem Menschen entzieht, wie die Sklaverei, die Leibeigenschaft, der bürgerliche Tod, ist uns fremd, seine Geltendmachung würde bei uns regelmäßig gegen die guten Sitten verstoßen und wird deshalb durch Art. 30 EG. ausgeschlossen (übereinstimmend: Zitelmann 2 S. 80, Niemeyer, Neumann, Kuhlenbeck). Näheres darüber siehe bei Art. 30.

Anders ist es mit der besonderen Fähigkeit zu gewissen einzelnen Rechten. Sie ist, wie jetzt (im Gegensatze zu der früher herrschenden Meinung: v. Bar, Theorie 1 S. 379ff., Böhm S. 21f.) allgemein angenommen wird und wie auch die Vorentwürfe bestimmten, nach den Gesetzen zu beurteilen, die über das dabei in Betracht kommende Rechtsverhältnis entscheiden, also nach der Ausdrucksweise Zitelmanns, nach dem Wirkungsstatute (Zitelmann 2 S. 83). Für einzelne Rechtsverhältnisse ergibt sich dies unmittelbar aus den Vorschriften des EG., so in betreff der Fähigkeit, eine Ehe einzugehen aus Art. 13 Abs. 1, in betreff der Fähigkeit, Erbe zu werden aus Art. 24 Abs. 1, Art. 25 Abs. 1. Die Fähigkeit, Grundstücke zu erwerben, bestimmt sich nach der lex rei sitae. Die Fähigkeit, überhaupt Vermögen zu erwerben, bestimmt sich allerdings nach dem Personalstatut (unter dem EG. also nach der Staatsangehörigkeit), weil das Vermögen zu einem einheitlichen Rechtsobjekte nur durch die Person seines Inhabers wird, neben dem Personalstatute kommt es aber für die Fähigkeit, einen einzelnen Gegenstand als Bestandteil dieses Vermögens zu erwerben, auf das für diesen Gegenstand maßgebende Recht, z. B. die lex rei sitae, an (vgl. Zitelmann 2 S. 28ff.).

3. Ein Ausfluß der allgemeinen Rechtsfähigkeit ist die Parteifähigkeit. Früher bestimmte man auch sie nach dem Personalstatute (so nach Preuß. ALR. Einl. § 23, vgl. RG. Bd. 32 S. 173ff. für russische Nonnen, nach gemeinem Recht: Seuff. A. 48 Nr. 167 für Klostergeistliche) und nahm an, daß die Parteifähigkeit insoweit fehle, als die privatrechtliche Rechtsfähigkeit ermangle, m. a. W. daß der beschränkten Rechtsfähigkeit eine beschränkte Parteifähigkeit entspreche (Wach, Handb. des Zivilprozesses 1 S. 519). Durch den jetzigen § 50 der ZPO. ist dies geändert. Danach ist parteifähig, wer rechtsfähig ist. Das heißt nicht: Jemand ist parteifähig, wenn er für das im Prozesse geltend gemachte Recht

rechtsfähig ist, dann müßte der § 50, ähnlich wie der § 52 für die Prozeßfähigkeit („Eine Person ist insoweit prozeßfähig, als sie sich durch Verträge verpflichten kann") lauten: Parteifähig ist eine Person, soweit sie rechtsfähig ist. Sondern der § 50 bedeutet: Parteifähig ist jeder, der überhaupt vom Rechte als Person anerkannt wird, oder negativ ausgedrückt: Parteifähig ist nur derjenige Mensch nicht, der überhaupt und durchaus nicht (privatrechtlich) rechtsfähig ist. Da aber eine vollständige Rechtsunfähigkeit eines lebenden Menschen mit unseren sittlichen Anschauungen unverträglich ist, so kann kein deutsches Gericht einen Menschen, der vor ihm als Prozeßpartei auftritt, als parteiunfähig behandeln; eine entgegengesetzte Auffassung seines Heimatrechts ist nach Art. 30 EG. für den deutschen Richter unverbindlich, einerlei ob es sich um Rechtsunfähigkeit infolge Sklaverei, Leibeigenschaft, bürgerlichen Tod oder von Klosterpersonen handelt (übereinstimmend Neumann 3 S. 12, zweifelnd Niedner S. 18, vgl. auch Zitelmann 2 S. 123, dessen Ausführungen zwar die juristischen Personen betreffen, aber einen Rückschluß auf seine gleichartige Auffassung bei natürlichen Personen zulassen; anderer Ansicht die Kommentare zur ZPO., so Seuffert, Anm. 4 zu § 50, Petersen, Vorbem. 11 zu § 50, Gaupp, Anm. VI zu § 50, der letztere wenigstens für ausländische Klosterpersonen). Übrigens wird gerade bei Klosterpersonen eine völlige Rechtsunfähigkeit nur selten vorkommen, vgl. auch EG. Art. 87.

Durch diese Bejahung der Parteifähigkeit wird natürlich in keiner Weise der Frage vorgegriffen, ob der Ausländer infolge der Beschränkungen seiner Rechtsfähigkeit, die ihm nach seinem Personalstatut oder nach dem sonst maßgebenden Statute, z. B. der lex rei sitae, anhafteten, imstande war, das von ihm geltend gemachte Recht zu erwerben (Vermögen überhaupt oder Grundbesitz oder eine Erbschaft zu erwerben, eine Ehe einzugehen) oder Schuldner in einem Schuldverhältnisse zu werden, wie es geltend gemacht wird. Diese sachliche Frage ist nach den zuvor unter Nr. 2 erörterten Gesichtspunkten zu prüfen.

Daß eine solche Behandlung der Parteifähigkeit dem Interesse des Rechtsverkehrs besser entspricht, indem sie zu einer sachlichen Entscheidung des Rechtsstreits führt, nicht seine Durchführung an einer Prozeßvoraussetzung scheitern läßt, liegt auf der Hand. Man denke nur an den Fall, wo etwa eine ausländische Klosterperson, die nach ihrem Heimatrechte rechts- und namentlich eheunfähig ist, im Inland eine Ehe eingegangen hat, indem die Befolgung des Art. 13 EG. versäumt ist. Nimmt man (mit Wach und den Kommentatoren der ZPO.) an, daß eine solche Person auch parteiunfähig sei, so würde auch jede Klage auf Nichtigkeit, Anfechtung, Scheidung der Ehe, auf Feststellung des Bestehens oder Nichtbestehens gegen sie undurchführbar sein, eine Folge, die man wohl als unhaltbar bezeichnen kann.

4. Wegen der Rechts- und Parteifähigkeit der juristischen Personen vgl. Erläuterungen zu Art. 10.

II. Handlungsfähigkeit.

Literatur: v. Savigny 8 S. 148; v. Bar, Theorie 1 S. 393ff., Lehrbuch S. 62—68; Böhm S. 24—30; Zitelmann 2 S. 69—80, 92—103; Niemeyer S. 123—128; v. Roth 1 S. 283; Gierke 1 S. 221f.

Die Handlungsfähigkeit begreift in sich die Geschäftsfähigkeit (im weiteren Sinne) und die Deliktsfähigkeit.

A. **Die Geschäftsfähigkeit.** Das EG. ordnet nur die Geschäftsfähigkeit in dem Sinne, den das BGB. mit diesem Begriffe verbindet (Planck 1³ S. 187), und zwar spricht es den allgemeinen Grundsatz im Abs. 1 des Art. 7 aus, während die Abs. 2 und 3 Beschränkungen geben.

1. **Der Grundsatz:**

a) Im Einklange mit der schon bisher in Deutschland herrschenden Auffassung wird im Abs. 1 für die Beurteilung der Geschäftsfähigkeit einer Person ihr Personalstatut zugrunde gelegt, während das englische und nordamerikanische Recht das Gesetz des Ortes der Geschäftsvornahme entscheiden lassen und Zitelmann das Wirkungsstatut maßgebend sein lassen will. Im Gegensatze zu dem bisherigen Rechte wird aber das Personalstatut nicht durch den Wohnsitz, sondern durch die Staatsangehörigkeit der Person bestimmt. Wenn es dabei heißt, daß die Beurteilung der Geschäftsfähigkeit nach den Gesetzen des Staates erfolgen soll, dem die Person angehört, so bedeutet das nicht denjenigen Staat, dem sie zu der Zeit angehört, wo die Beurteilung erfolgt, sondern den Staat, dem sie zu der Zeit angehört, wo das zu beurteilende Rechtsgeschäft vorgenommen wird oder vorgenommen worden ist.

b) Der Abs. 1 gibt eine vollkommene Kollisionsnorm. Er gilt für Deutsche wie für Ausländer, einerlei welchem Staate sie angehören, und ohne Rücksicht darauf, ob das Geschäft, um dessen Beurteilung es sich handelt, in Deutschland oder im Ausland, in dem Heimatstaate des Ausländers oder in einem dritten Staate vorgenommen ist und ob die Folgen, die es zu bestimmen gilt, mittelbar oder unmittelbar aus ihm hervorgegangen sind.

c) Die Geschäftsfähigkeit, von der Art. 7 spricht, ist in dem Sinne zu verstehen, den das BGB. damit verbindet. Das BGB. begreift darunter die allgemeine Fähigkeit, Rechtsgeschäfte wirksam vorzunehmen, gleichviel welchem Teile des Rechtssystems diese angehören, ob dem Rechte der Schuldverhältnisse, dem Sachen-, Familien- oder Erbrechte. Daneben kennt das BGB. noch besondere Voraussetzungen der Fähigkeit zu gewissen Geschäften, die teils geringer bemessen sind, als die gewöhnliche Geschäftfähigkeit, so z. B. die Fähigkeit zur Eingehung einer Ehe bei der Frau: § 1303, zur Errichtung einer letztwilligen Verfügung: § 2229 Abs. 2, teils strenger, wie die Fähigkeit zur Annahme an Kindesstatt: § 1744. Für die besondere Befähigung zu diesen Rechtsgeschäften gebraucht das Gesetz nicht den Ausdruck Geschäftsfähigkeit (überhaupt nicht Fähigkeit). Für diese Besonderheit gilt deshalb auch nicht die vollkommene Kollisionsnorm des Art. 7, sondern für sie gelten die unvollkommenen Kollisionsnormen der Art. 13, 22, 24, 25, die allerdings durch analoge Anwendung zu demselben Grundsatze führen, wie er im Art. 7 Abs. 1 für die allgemeine Geschäftsfähigkeit ausgesprochen ist.

d) Als Umstände, die die Geschäftsfähigkeit beeinflussen, kommen in Betracht das Alter, gewisse Geisteszustände, Familienverhältnisse, Akte von Behörden und vormundschaftlichen Organen. Vor allem bestimmt sich also nach der Staatsangehörigkeit der Zeitpunkt der Volljährigkeit und die innerhalb der Minderjährigkeit bestehenden Stufen (Kindheit, Impubertät, Pubertät), der Einfluß von Geisteskrankheit oder Geistesschwäche auf die Geschäftsfähigkeit, die Bedeutung der Stellung als Ehefrau oder Haussohn (doch siehe unten bei f), endlich die Zulässigkeit wie die Wirkung solcher behördlicher oder vormundschaftlicher Anordnungen, wodurch entweder die von vornherein vorhandene Geschäftsfähigkeit beseitigt oder eingeschränkt oder umgekehrt die an sich beschränkte Geschäftsfähigkeit erweitert wird: also auf der einen Seite die Entmündigung und Verbeistandung, auf der anderen Seite die Volljährigkeitserklärung, die Emanzipation, die Zulassung eines selbständigen Gewerbebetriebs oder der Annahme von Dienst- und Arbeitsstellungen durch Minderjährige (BGB. §§ 112, 113). So bestimmt sich die Frage, ob eine Frau durch Verehelichung volljährig geworden ist, nach dem Rechte des Staates, dem sie angehört, und zwar, wenn durch die Eheschließung ein Wechsel der Staatsangehörigkeit eingetreten ist, nach dem Rechte desjenigen Staates, dessen Angehörige sie durch die Ehe geworden ist. Ließ also ihr früherer Heimatstaat durch die Eheschließung Volljährigkeit eintreten, nicht aber derjenige Staat, dessen Angehörige sie durch die Eheschließung geworden ist, so ist sie nach Art. 7 Abs. 1 für den deutschen Richter minderjährig, mithin in der Geschäftsfähigkeit beschränkt. Ebenso entscheidet das Gesetz des Heimatstaats darüber, ob eine Volljährigkeitserklärung oder eine Entmündigung (wegen Geistesschwäche, Verschwendung, Trunksucht) zulässig war und welche Folgen sie hat, z. B. ob die Entmündigung wegen Geisteskrankheit für die ganze Dauer des Entmündigtseins die Geschäftsfähigkeit aufhebt oder ob während lichter Zwischenräume Geschäftsfähigkeit besteht. Das Nähere über die Zulässigkeit und die Wirkungen solcher behördlicher Akte siehe S. 62 ff. Bem. zu Art. 8.

c) Ehe der Richter die Hauptfrage beantwortet, vor die er durch Art. 7 gestellt wird: War die Person nach ihrem Heimatrechte geschäftsfähig? muß er sich die Vorfrage stellen: Kommt für die Rechtshandlung, deren Wirksamkeit zu beurteilen ist, überhaupt Geschäftsfähigkeit in Betracht? Das BGB. verlangt Geschäftsfähigkeit für alle Rechtsgeschäfte (mit wenigen Ausnahmen, wie für die Errichtung einer letztwilligen Verfügung), daneben aber auch für gewisse andere Rechtshandlungen, die nicht Rechtsgeschäfte sind (vgl. über diesen Unterschied Hölder 1 S. 234 ff., Planck 1 S. 179, 186 X), so z. B. für die Begründung oder Aufhebung des Wohnsitzes (§ 8) und für die Geschäftsführung ohne Auftrag, wenn der Geschäftsführer für sie verantwortlich sein soll (§ 682); dagegen bedarf es für den Besitzerwerb keinerlei Geschäftsfähigkeit, auch der Wahnsinnige, das Kind unter 7 Jahren können Besitz erwerben (so die herrschende Meinung: Planck 3 S. 32, Dernburg 3 S. 57). Nach welchem Rechte ist nun diese Vorfrage zu beantworten? In Betracht kommen das deutsche Recht, das Heimatrecht der Person, um deren Wohnsitz, Geschäftsführung oder Besitzerwerb es sich handelt, oder endlich das Recht des Staates, in dem der Wohnsitz begründet worden ist, die Geschäftsführung oder der Besitzerwerb stattgefunden hat.[1] Bei einer Handlung, die wie die Begründung des Wohnsitzes, dem Gebiete des Personenrechts angehört, muß man in analoger Ausdehnung der Grundsätze des EG. wohl auch über die Vorfrage das Heimatrecht entscheiden lassen; dagegen wird man bei Handlungen, die einen obligationen- oder sachenrechtlichen Tatbestand schaffen sollen, dasjenige Gesetz entscheiden lassen müssen, nach dem das Rechtsverhältnis selbst, also z. B. die Geschäftsführung ohne Auftrag, der Besitzerwerb zu beurteilen ist (a. A. Planck S. 30). Verlangt dieses Gesetz keinerlei Geschäftsfähigkeit, wie z. B. das deutsche Recht für den Besitzerwerb, dann kommt es nicht weiter darauf an, ob etwa nach dem Heimatrechte der betreffenden Person zu der gleichen Handlung Geschäftsfähigkeit erforderlich und bei dieser Person, deren Handlung in Frage steht, vorhanden wäre. Verlangt hingegen das hiernach maßgebende Gesetz (sei es das deutsche, sei es das eines dritten Staates) für eine Handlung einen bestimmten Grad der Geschäftsfähigkeit, dann ist deren Vorhandensein nach dem Heimatrechte zu prüfen. Dabei kommt es aber nicht darauf an, ob der Handelnde nach seinem Heimatrechte die Geschäftsfähigkeit in demselben allgemeinen Umfange hat, wie ihn das inländische Gesetz oder das Gesetz des dritten Staates voraussetzt, sondern es kommt darauf an, ob er nach seinem Heimatrechte zu der Handlung, die gerade in Frage steht, befähigt ist. Gibt z. B. das Recht des ausländischen Staates dem für volljährig Erklärten oder dem Emanzipierten im allgemeinen die Rechtsstellung eines Volljährigen, enthält es ihm aber die Fähigkeit zur Vornahme gewisser Geschäfte vor, so ist er im Sinne des Art. 7 für ein solches ausgenommenes Geschäft eben nicht geschäftsfähig. Verlangt umgekehrt z. B. das inländische Recht für ein bestimmtes Geschäft volle und allgemeine Geschäftsfähigkeit, während das Heimatrecht des Ausländers auch einem Minderjährigen (z. B. einem Emanzipierten oder Verschwender) die selbständige Vornahme gerade dieses Geschäfts gestattet, so ist ein solcher ausländischer Minderjähriger für dieses Geschäft im Sinne des Art. 7 geschäftsfähig, einerlei ob das Geschäft im Heimatstaat oder im Inland oder in einem dritten Staate vorgenommen ist.

f) Zu unterscheiden von der Geschäftsfähigkeit sind Beschränkungen einer Person in der Verfügungsmacht über Gegenstände ihres Vermögens. Diese Unterscheidung selbst ist nach deutschem Rechte zu beurteilen, weil aus ihm der Begriff der Geschäftsfähigkeit im Art. 7 entnommen werden muß, um mit seiner Hilfe die Grenze der Anwendbarkeit dieser Kollisionsnorm zu bestimmen. Ob aber im Einzelfall eine Beschränkung der Geschäftsfähigkeit oder eine solche der Verfügungsmacht vorliegt, das ist eine Frage, die nicht nach deutschem Rechte, sondern nur nach demjenigen Rechte beurteilt werden kann, durch das die Beschränkung auferlegt wird. Nach deutschem Rechte liegt ein Mangel der Geschäftsfähigkeit nur dann vor, wenn infolge dieses Mangels das vorgenommene Rechtsgeschäft auch gegen den Handelnden selbst unwirksam oder doch nicht voll wirksam ist, dagegen setzt die Beschränkung der Verfügungsmacht einen anderen voraus, zu dessen Gunsten die Beschränkung besteht, so daß ein ihr zuwider vorgenommenes Geschäft zwar gegen diesen Dritten unwirksam ist, den Handelnden selbst aber bindet. Ein anderes Unterscheidungsmerkmal liegt nach deutschem Rechte darin, daß Mängel der Geschäftsfähigkeit sich regelmäßig auf das ganze Vermögen des Betroffenen erstrecken, dagegen Mängel der Verfügungsmacht nur eine einzelne Gütermasse oder einen einzelnen Vermögensstand. Immerhin greifen diese Unterscheidungsmerkmale nicht streng durch und erübrigen nicht eine Untersuchung des einzelnen Falles darauf, ob nach dem maßgebenden ausländischen Rechte eine Beschränkung der einen oder der anderen Art vorliegt. Nur Beschränkungen der Verfügungsmacht liegen nach deutschem Rechte vor bei gesetzlichen oder richterlichen Veräußerungsverboten (BGB. §§ 135, 136), bei der Ehefrau infolge des ehelichen Güterrechts, beim Erben infolge des Vorhandenseins eines Nacherben (§§ 2113ff.) oder eines Testamentsvollstreckers (§ 2215), beim Gemeinschuldner infolge des Konkurses (KO. § 7). Nach ausländischem Rechte kann dies aber anders sein, namentlich kann für die Ehefrau, sei es infolge der Ehe selbst oder eines bestimmten Güterstandes, eine Beschränkung der Geschäftsfähigkeit eintreten (wie nach französ. Recht). Auch für den Haussohn kann das Vorhandensein der elterlichen Gewalt trotz eingetretener Volljährigkeit eine fortdauernde Beschränkung seiner Geschäftsfähigkeit bedeuten. Über die Frage, ob sich die Geschäftsfähigkeit der Ehefrau nach dem Rechte des Staates bestimmt, dem sie angehört, oder nach demjenigen Rechte, das den Güterstand der Ehe beherrscht, vgl. Art. 14 und 15.

g) Nicht unter den Art. 7 fällt die Frage, nach welchem Gesetze bei Mängeln der Geschäftsfähigkeit die Zulässigkeit und die Art ihrer Ergänzung zu beurteilen ist, also was anstatt der Handlung des Geschäftsunfähigen geschehen oder was zu der Handlung des nicht voll Geschäftsfähigen hinzutreten muß, damit das Geschäft wirksam werde, ob z. B. anstatt des Geschäftsunfähigen sein gesetzlicher Vertreter die Handlung vornehmen darf, ob zu der Handlung des Vormundes oder elterlichen Gewalthabers noch die Genehmigung seitens eines Dritten (eines Gegenvormundes, Pflegers) oder einer Behörde (Vormundschaftsgericht, Familienrat u. dergl.) notwendig ist. Die Frage nach der Zulässigkeit einer Stellvertretung wird regelmäßig nach demjenigen Gesetze zu beantworten sein, das für das materielle Rechtsverhältnis maßgebend ist, bei dem die Stellvertretung stattfinden soll (z. B. für die Erbfolge, die Legitimation, die Annahme an Kindesstatt, die Anfechtung einer Ehe oder der Ehelichkeit eines Kindes). Dagegen entscheidet über den Umfang der Vertretungsmacht dessen, der für oder neben dem nicht voll Geschäftsfähigen zu handeln berufen ist, das Recht desjenigen Staates, dem das Verhältnis zwischen Vertreter und Vertretenen unterliegt, also z. B. das Recht des Staates, von dessen Behörden die Vormundschaft geführt wird. Wird z. B. über einen Deutschen die Vormundschaft im Auslande geführt (FGG. § 47 Abs. 1), so entscheidet darüber, ob der Vormund selbständig etwa zum Erwerbe von Grundstücken für den Mündel befugt ist, nicht der § 1821 Nr. 4 BGB., sondern das ausländische Recht, auch wenn die erworbenen Grundstücke im Inlande liegen.

2. **Abweichungen von dem Grundsatze des Art. 7 Abs. 1** können eintreten durch die Rück- und Weiterverweisungsklausel (Art. 27), durch die Ausschließlichkeitsklausel des Art. 30, hinsichtlich der Geschäftsfähigkeit einer Ehefrau durch die Art. 14 und 15. Das Nähere darüber siehe bei diesen Artikeln. Außerdem enthalten Einschränkungen die Abs. 2 und 3 des Art. 7.

a) **Abs. 2.** Ein Ausländer, der die Reichsangehörigkeit erwirbt und vorher schon volljährig war oder die Rechtsstellung eines Volljährigen hatte, soll die Rechtsstellung als Volljähriger behalten, auch wenn er nach den deutschen Gesetzen nicht volljährig ist.

α) Diese Vorschrift enthält nicht, wie man behauptet (Planck, Anm. 6c; Niedner, Anm. 5), eine Ausnahme von dem Grundsatze des Abs. 1. Sie ist überhaupt keine internationalprivatrechtliche Kollisionsnorm über die Anwendung heimischen oder fremden Rechtes, wie der Abs. 1, sondern sie ist eine rein materiell- und zwar innerprivatrechtliche Vorschrift, die die §§ 2 und 3 BGB. ergänzt. Das ergibt sich deutlich aus folgendem: Der ausländische Richter, dem sein Gesetz lediglich eine Kollisionsnorm, wie den Abs. 1 gibt, also befiehlt, die Geschäftsfähigkeit einer Person nach den Gesetzen des Staates zu beurteilen, dem sie angehört, würde, selbst wenn sein Gesetz für den Fall eines Wechsels der Staatsangehörigkeit eine dem Abs. 2 entsprechende Vorschrift nicht enthielte, oder sogar für den Fall des Erwerbes der dortigen Staatsangehörigkeit das Gegenteil von dem

Abs. 2 verordnete, nicht umhin können, falls er die Geschäftsfähigkeit eines ehemaligen Ausländers, jetzigen Deutschen, zu beurteilen hätte, auf den der Abs. 2 zutrifft, diese Person als volljährig zu behandeln, weil zu den Gesetzen ihres Staates über die Volljährigkeit auch diese Bestimmung gehört. Darin liegt schon, daß diese Vorschrift umgekehrt zu analoger Anwendung durch den deutschen Richter nicht geeignet, der Ausgestaltung zu einer vollkommenen Kollisionsnorm überhaupt nicht fähig ist. Ob ein früherer Deutscher, der unter Aufgabe der Reichsangehörigkeit, oder ein Ausländer, der unter Aufgabe seiner bisherigen Staatsangehörigkeit eine fremde Staatsangehörigkeit erworben hat, wenn er vor dem Wechsel volljährig war, auch ferner diese Rechtsstellung behält, ist nicht aus Abs. 2 zu entnehmen, sondern allein nach dem Rechte desjenigen Staates zu bestimmen, dem sie nun angehören. Enthält dieses Recht keinen dem Abs. 2 entsprechenden Satz, so sind sie eben kraft dieses Rechtes wieder Minderjährige geworden und kraft des Abs. 1 auch von dem deutschen Richter als solche zu behandeln (übereinstimmend Planck, Anm. 6c, Neumann 3 S. 11, Anm. II, 1aβ, and. Ans. Niedner, Nr. 5, Niemeyer S. 126).

β) Der Abs. 2 setzt voraus, daß der Ausländer vor dem Erwerbe der Reichsangehörigkeit (also vor dem Zeitpunkte, wo die Legitimation wirksam geworden, die Verheiratung mit dem deutschen Ehemann erfolgt, die Naturalisationsurkunde ausgehändigt worden ist: Reichsges. v. 1. Juni 1870 §§ 4, 5, 6 u. 10) das in dem Gesetze seines damaligen Heimatsstaats vorgeschriebene Alter der Volljährigkeit erreicht oder durch andere Ereignisse, wie Volljährigkeitserklärung, Verehelichung, Verstattung des Betriebes einer Handlung oder eines Gewerbes (z. B. Österreich. a. BGB. § 252), schon vor jenem Alter die rechtliche Stellung eines Volljährigen erlangt hat. Ob diese letztere Voraussetzung zutrifft, muß nach dem früheren Heimatrechte beurteilt werden und kann unter Umständen zweifelhaft sein. Eine bloße Erweiterung der beschränkten Geschäftsfähigkeit gegenüber andern Minderjährigen, wie sie z. B. nach französischem Rechte durch Emanzipation, nach österreich. Rechte (a. BGB. § 174) durch Entlassung aus der väterlichen Gewalt eintritt, genügt nicht, auf der andern Seite schadet aber auch nicht, wenn z. B. trotz der Volljährigkeitserklärung oder der Verheiratung einzelne Beschränkungen, etwa bei der Veräußerung von Grundstücken, fortbestehen. Der Abs. 2 des Art. 7 unterscheidet auch nicht, wie für die Übergangszeit der Art. 154, bei Personen, die nach französischem Rechte emanzipiert sind, danach, ob sie bei dem Wechsel der Staatsangehörigkeit das 18. Lebensjahr vollendet hatten oder nicht. Auch der über 18 Jahre alte Ausländer, der nach den französischen Gesetzen emanzipiert war, tritt also bei Erwerb der deutschen Staatsangehörigkeit nicht in die Rechtsstellung eines Volljährigen ein.

γ) Der frühere Ausländer soll auch als Deutscher die rechtliche Stellung eines Volljährigen behalten. Das heißt indessen nicht, wie man aus dem Worte „behalten" schließen könnte: seine rechtliche Stellung, namentlich seine Geschäftsfähigkeit, soll sich auch ferner nach den Gesetzen seines früheren Heimatsstaats bestimmen, er soll nicht seine bisherige Stellung als Volljähriger behalten, so daß Beschränkungen, denen er z. B. als für volljährig Erklärter bisher noch unterlag, auch ferner gegen ihn wirksam bleiben, sondern seine rechtliche Stellung ist fortan so zu beurteilen, wie wenn er kraft der deutschen Gesetze volljährig geworden wäre.

Der frühere Ausländer hat also nunmehr alle Rechte und Pflichten, die das deutsche Recht einem Volljährigen beilegt, und zwar nicht bloß auf dem Gebiete der Geschäftsfähigkeit, sondern auf allen Rechtsgebieten (so auch Niemeyer S. 128).

δ) War umgekehrt die Geschäftsfähigkeit des Ausländers nach seinem bisherigen Heimatrechte geringer, als sie nach deutschem Rechte ist, so folgt schon aus dem Abs. 1, daß er durch den Wechsel der Staatsangehörigkeit ohne weiteres auch die erweiterte Geschäftsfähigkeit seines neuen Heimatrechts erwirbt. Über den besonderen Fall, wo die Beschränkung seiner Geschäftsfähigkeit auf einem behördlichen Akte seines bisherigen Heimatstaats beruhte, vgl. S. 65 Anm. 6a zu Art. 8.

b) Eine wirkliche Ausnahme von dem Grundsatze des Abs. 1 enthält dagegen der **Abs. 3 Satz 1.** Danach gilt ein Ausländer, der im Inland ein Rechtsgeschäft vornimmt, für das er nach seinem Heimatrechte nicht die erforderliche Geschäftsfähigkeit besitzt, für dieses Rechtsgeschäft insoweit als geschäftsfähig, als er dies nach den deutschen Gesetzen wäre. Von dieser Ausnahme wird jedoch in Satz 2 wieder eine Rückausnahme gemacht für gewisse Geschäfte, so daß für diese wieder die Regel des Abs. 1 (Beurteilung der Geschäftsfähigkeit nach dem Heimatrechte) eintritt.

α) Das Rechtsgeschäft muß im Inlande, d. h. im Reichsgebiete (s. S. 18 Vorbem. V D 2), vorgenommen sein. Es braucht nicht ein Vertrag, sondern kann auch ein einseitiges Rechtsgeschäft sein, z. B. Kündigung, Genehmigung (§§ 182ff.), Rücktritt (§ 349). Dagegen ist z. B. die Geschäftsführung ohne Auftrag, die im Inlande vorgenommen ist, kein Rechtsgeschäft, gehört also auch nicht hierher. Vorgenommen ist ein Rechtsgeschäft im Inlande dann, wenn Ausgangspunkt und Zielpunkt der Willenserklärung, die das Rechtsgeschäft bildet, im Inlande liegen, wenn also der Ausländer bei Vornahme der rechtsgeschäftlichen Erklärung, wie der Gegner, mit dem das Geschäft vorgenommen wird, sich körperlich im Inlande befinden, nicht auch dann, wenn der Ausländer seine Willenserklärung vom Auslande aus in das Inland abgibt. Denn zwar wird in diesem Falle die Erklärung (wenigstens die empfangsbedürftige) nach deutschem Rechte erst dadurch wirksam, daß sie dem Adressaten im Inlande zugeht; aber der Ausnahmecharakter der Vorschrift nötigt zu der Beschränkung. [Zweifelnd Zitelmann 2 S. 73; Wagner Anm. 3; für den naheliegenden Begriff der Begangenschaft hat allerdings das Reichsgericht das Gegenteil angenommen: RG. 19 S. 382; 23 S. 305; 7 S. 378; 36 S. 28; Entsch. i. Straff. 10 S. 420; 11 S. 30, doch vgl. dagegen Zitelmann 1 S. 112; Habicht, Einwirkung S. 177 Anm. 2.] Auf der anderen Seite kann aber auch eine Willenserklärung, die von einem Ausländer vom Inland aus nach dem Ausland abgegeben wird, wenngleich an einen dort befindlichen Deutschen, der Ausnahmevorschrift nicht unterstellt werden. Dagegen ist, wenn das Geschäft im Inlande vorgenommen ist, einerlei, ob das Rechtsverhältnis, worauf es sich bezieht, z. B. das Schuldverhältnis, im übrigen nach ausländischem oder nach inländischem Rechte zu beurteilen ist, ob es einem Deutschen oder einem Ausländer, selbst einem Landsmanne gegenüber vorgenommen ist, ob der Gegner auf das Vorhandensein der Geschäftsfähigkeit vertraut oder ihren Mangel nach ausländischem Rechte gekannt hat, ob das Rechtsgeschäft entgeltlich oder unentgeltlich (z. B. ein Schenkungsversprechen) war. Liegt ein Verstoß gegen § 138 Abs. 2 BGB. vor oder ist der Ausländer durch eine unerlaubte Handlung zu der Vornahme des Geschäftes verleitet worden, so wird er natürlich ebenso geschützt wie ein geschäftsfähiger Inländer, der sich in gleicher Lage befindet. Dabei kann z. B. die Minderjährigkeit des Ausländers die Annahme seiner Unerfahrenheit (§ 138) wesentlich verstärken. Im übrigen bezieht sich die Vorschrift nicht bloß auf den Unterschied zwischen Volljährigkeit und Minderjährigkeit im allgemeinen, sondern auch auf die einzelnen Abstufungen dabei (§§ 105, 106, 112, 113) und auf die sonstigen Gründe einer Beschränkung der Geschäftsfähigkeit. Handelt es sich z. B. um einen wegen Verschwendung entmündigten Ausländer, so bleibt bei Beurteilung eines von ihm im Inlande vorgenommenen Geschäftes nach Abs. 3 nicht etwa die im Ausland erfolgte Entmündigung überhaupt unberücksichtigt, selbst wenn sie im Inlande nicht bekannt gemacht ist, sondern der Ausländer gilt nur soweit als geschäftsfähig wie ein aus gleichem Grunde entmündigter Inländer.

β) Der Abs. 3 Satz 1 ist eine unvollkommene Kollisionsnorm und kann auch nicht im Wege der Analogie zu einer vollkommenen ausgedehnt werden, weder für Rechtsgeschäfte, die ein Deutscher im Auslande, noch für solche, die ein Ausländer in einem dritten Staate vornimmt, mag auch das Recht des Staates, wo das Geschäft vorgenommen wird, eine dem Abs. 3 Satz 1 entsprechende Vorschrift haben (ebenso Niemeyer S. 126). Anders wenn auch das Heimatrecht des Ausländers vorschreibt, daß sich die Geschäftsfähigkeit nach dem Orte der Vornahme des Geschäftes bestimmen soll, wie im englischen und amerikanischen Rechte; dann liegt keine Veranlassung für den deutschen Richter vor, die von den beiden in Betracht kommenden Staaten übereinstimmend getroffene Ordnung abzulehnen.

γ) **Abs. 3 Satz 2.** Die Beurteilung der Geschäftsfähigkeit nach dem inländischen Rechte anstatt nach dem Heimatrechte tritt jedoch nicht ein bei familien- und erbrechtlichen Rechtsgeschäften und bei Rechtsgeschäften, wodurch über ein ausländisches Grundstück verfügt wird, wenn diese Geschäfte im Inlande vorgenommen werden.

1. Zu den familienrechtlichen Rechtsgeschäften gehören u. a. der Verlöbnisvertrag, die Eheschließung, die Einwilligung zur Eheschließung, der Ehevertrag, die Anfechtung einer Ehe oder der Ehelichkeit eines Kindes, Anerkennung der Vaterschaft, die Geschäfte, die bei der Ehelichkeitserklärung oder der Annahme an Kindesstatt vorkommen, der Verzicht auf die Nutznießung am Vermögen eines Kindes, Emanzipation usw. Ob auch die nach dem Ehegüterrecht erforderliche Zustimmung des Mannes zu gewissen Rechtsgeschäften seiner Frau darunter zu rechnen ist, ist zweifelhaft.

2. Zu den erbrechtlichen Geschäften gehören die Errichtung oder der Widerruf einer Verfügung von Todes wegen, die Annahme oder Ausschlagung einer Erbschaft, die Anerkennung einer letztwilligen Verfügung, der Erbschaftskauf (and. Ans. Planck, Anm. 6d S. 33) oder der Kauf eines Erbteils. Einerlei ist es dabei, ob es sich um die Erbschaft eines Ausländers oder eines Deutschen handelt, und beim Erbschaftskauf, ob der Ausländer der Verkäufer oder Käufer ist. Nicht zu den erbrechtlichen Geschäften gehört nach dem BGB. der Vertrag über den Nachlaß eines noch lebenden Dritten (§ 312 Abs. 2); ob man ihn aber nicht doch im Sinne des Art. 7 darunter rechnen muß, ist zweifelhaft, denn auch er ist kein Rechtsgeschäft, das dem regelmäßigen Verkehre dient, wie schon die Beschränkung der Zulassung auf Miterben beweist.

3. Über ein ausländisches Grundstück verfügt wird durch solche Rechtsgeschäfte, welche unmittelbar eine Veräußerung oder Belastung eines solchen

Grundstücks herbeiführen, also durch das, was das BGB. mit Einigung bezeichnet. Einmal fällt also nicht darunter das obligatorische Rechtsgeschäft, wodurch sich ein Ausländer zur Veräußerung oder Belastung eines Grundstücks verpflichtet. Verkauft z. B. ein 22jähriger Ausländer durch einen im Inland abgeschlossenen Vertrag ein in seinem Heimatstaate belegenes Grundstück, obwohl er nach seinem Heimatrechte noch minderjährig ist, so greift der Abs. 3 Satz 1 gegen ihn Platz; der Vertrag ist also von dem deutschen Richter als wirksam zu behandeln. Kann daraufhin durch die im Auslande wegen des dortigen Erfüllungsorts angestellte Klage auf Übereignung diese nicht erzielt werden, weil das ausländische Gericht den Vertrag wegen der mangelnden Geschäftsfähigkeit des Verkäufers für unwirksam ansieht, so kann der Käufer dennoch im Inlande seine Schadenersatzklage geltend machen. Ferner bezieht sich der Satz 2 nur auf solche dingliche Rechtsgeschäfte, die das ausländische Grundstück selbst zum unmittelbaren Gegenstande haben, nicht auf solche, wodurch über ein Recht an einem solchen Grundstücke verfügt wird. Für die Abtretung einer Hypothek oder Grundschuld, für die Bestellung eines Pfandrechts an einem Nießbrauche, der an einem Grundstücke besteht, gilt der Satz 1 des Abs. 3. Einerlei ist, ob das ausländische Grundstück, worüber verfügt wird, im Heimatstaate des Ausländers oder in einem dritten Staate liegt; auch Grundstücke in einem deutschen Schutzgebiete wird man als ausländische gelten lassen müssen.

Die Frage, was als Grundstück im Sinne dieser Vorschrift zu gelten hat, ist wohl nicht nach deutschem Rechte zu beantworten; vielmehr ist anzunehmen, daß das Gesetz, indem es Verfügungen über ausländische Grundstücke von der Vorschrift des Satz 1 ausnimmt, wegen des Begriffs des Grundstücks auf die lex rei sitae, d. h. auf dasjenige ausländische Recht verweisen will, in dessen Bereiche der Gegenstand des Geschäftes sich befindet. Ist Gegenstand des Geschäftes ein Immobiliarrecht, das die lex rei sitae den Grundstücken gleichstellt, so muß es auch für den Art. 7 Abs. 3 Satz 2 als Grundstück gelten. Das ist um so mehr anzunehmen, als das Reichsrecht gerade auf diesem Gebiete auch den deutschen Landesrechten weiten Spielraum läßt (vgl. Art. 63, 68, 196). Nur wird man verlangen müssen, daß der Gegenstand, um den es sich handelt, irgendwie mit dem Grund und Boden verknüpft ist. Seeschiffe, die ja vielfach Grundsätzen des Immobiliarsachenrechts unterliegen, sind keinesfalls Grundstücke im Sinne des Art. 7. Anders, als bei familien- und erbrechtlichen Rechtsgeschäften, bei denen es gleichgültig ist, auf welcher Seite der Ausländer steht (z. B. beim Erbschaftskauf, ob er Käufer oder Verkäufer ist), greift bei Verfügungen über ausländische Grundstücke die Rückausnahme zugunsten des Ausländers nur dann Platz, wenn er durch das Rechtsgeschäft über das Grundstück verfügt, d. h. es veräußert oder belastet, nicht dann, wenn er durch die Verfügung das Recht daran erwirbt. Denn nach dem Zusammenhange mit dem Satz 1 muß der Ausländer das Rechtsgeschäft vornehmen, wodurch über das Grundstück verfügt wird.

In diesen 3 Fällen des Satz 2 findet die Vorschrift des Satz 1 dieses Absatzes keine Anwendung, d. h. die Beurteilung der Geschäftsfähigkeit des Ausländers erfolgt nicht nach den deutschen Gesetzen, sondern ausschließlich nach dem Heimatrechte des Ausländers. Die Annahme Niedners (Anm. 4 a. E.), bei Verfügungen über ausländische Grundstücke entscheide die lex rei sitae, beruht offenbar auf einem Versehen.

δ) Dem Grundsatze des Art. 7 Abs. 3 S. 1 entspricht auf prozessualem Gebiete der § 55 ZPO., wonach ein Ausländer, dem nach seinem Heimatrechte die Prozeßfähigkeit mangelt, als prozeßfähig gilt, wenn ihm nach deutschem Rechte die Prozeßfähigkeit zusteht. Nach § 52 ist jemand soweit prozeßfähig, als er sich durch Verträge verpflichten kann. Wäre nun der § 55 als eine Verweisung auf den § 52 aufzufassen, so würde, da der § 52 für die Prozeßfähigkeit weiter auf die Verpflichtungsfähigkeit nach materiellem Recht verweist, also für Ausländer kraft des Art. 7 auf ihr Heimatrecht (soweit nicht im Inland vorgenommene Rechtsgeschäfte in Frage stehen), auch für die Prozeßfähigkeit des Ausländers seine Geschäftsfähigkeit nach seinem Heimatrecht entscheiden. So wird aber der § 55 nicht aufgefaßt, sondern als eine Erweiterung der Prozeßfähigkeit des Ausländers über sein Heimatrecht hinaus: der § 55 gilt nicht als eine Folgerung aus § 52, sondern als eine Abweichung davon. Der Ausländer ist also für den im Inlande geführten Prozeß prozeßfähig, auch wenn der Prozeß ein Rechtsverhältnis betrifft, zu dessen Regelung durch Rechtsgeschäft er nach seinem Heimatrecht und demgemäß auf Grund des deutschen internationalen Privatrechts auch für die Beurteilung durch das deutsche Gericht nicht fähig ist. Durch den § 55 wird indessen nur die prozessuale Stellung des Ausländers geordnet. Die Berufung auf die materielle Ungültigkeit eines von ihm vorgenommenen Rechtsgeschäfts wird damit ihm oder seinem Gegner ebensowenig abgeschnitten, wie etwa einem volljährig gewordenen Deutschen die Berufung auf die Unwirksamkeit eines von ihm als Minderjährigen vorgenommenen Geschäfts. Allerdings kann aber der materiellrechtlich nicht voll geschäftsfähige Ausländer infolge seiner Prozeßfähigkeit durch Prozeßhandlungen, wie Anerkennung des Klageanspruchs oder Vergleich, Geständnis, auch die materielle Rechtslage beeinflussen, namentlich einem von ihm vorgenommenen, materiellrechtlich unwirksamen Rechtsgeschäft Wirksamkeit verschaffen. Doch wirkt dies nur für den deutschen Richter, nicht für den seines Heimatlandes. — Hat das ausländische Prozeßgesetz einen dem § 55 ZPO. entsprechenden Grundsatz, so haben die daraufhin gegen einen Deutschen vorgenommenen Prozeßhandlungen, zu denen er nach deutschem Rechte nicht geschäftsfähig war, für den deutschen Richter keine Bedeutung. Die Anerkennung eines daraufhin ergangenen ausländischen Urteils ist in Deutschland durch § 328 Nr. 4 ZPO. ausgeschlossen, weil seine Anerkennung gegen den Zweck der deutschen Gesetze über die Beschränkung der Geschäftsfähigkeit verstieße.

2. **Wegen der Deliktsfähigkeit** vgl. die Erläuterungen zu Art. 12.

Artikel 8.

Ein Ausländer kann im Inlande nach den deutschen Gesetzen entmündigt werden, wenn er seinen Wohnsitz oder, falls er keinen Wohnsitz hat, seinen Aufenthalt im Inlande hat.

Vorentw. A und B: § 28; E. I fehlt; E. IIa: BGB. § 2239; E. IIb: BGB. § 2363; E. III Art. 7. Prot. VI S. 29f.

Literatur: v. Bar, Theorie 1 S. 424, Lehrbuch S. 67, 170; Böhm S. 29; Zitelmann 1 S. 366ff., 2 S. 92—103; Niemeyer

S. 124ff.; Lippmann, Die Entmündigung von Ausländern im System des internationalen Privatrechts, Greifswald 1902; Krug, Entmündigung und Todeserklärung im internationalen Privatrecht, DJZ. 1905 S. 836ff.

1. **Der Art. 8 enthält** ebenfalls **eine Ausnahme von dem Grundsatze des Art. 7 Abs. 1**, indem er für einen behördlichen Akt, der die Geschäftsfähigkeit eines Ausländers berührt, unter gewissen Voraussetzungen das inländische Recht für maßgebend erklärt. An dieser Stelle müssen deshalb die Zulässigkeit und die Wirkungen derartiger für die Geschäftsfähigkeit bedeutsamer Akte im allgemeinen erörtert werden.

2. **Behördliche Akte, wodurch die Geschäftsfähigkeit einer Person beeinflußt wird,** sind die Volljährigkeitserklärung und die Entmündigung (Verbeistandung), in gewissem Sinne, wenigstens nach deutschem Rechte, auch die Genehmigung des Vormundschaftsgerichts zum selbständigen Betrieb eines Erwerbsgeschäfts (§ 112), dagegen nicht die Anordnung einer Pflegschaft für einen Gebrechlichen (§ 1910), weil sie die Geschäftsfähigkeit des Pfleglings unberührt läßt. Die Einleitung einer vorläufigen Vormundschaft (§ 1906), die ebenfalls eine Minderung der Geschäftsfähigkeit zur Folge hat (§ 114), hängt mit der Entmündigung zusammen, sie ist eine provisorische Entmündigung.

3. Aus dem Grundsatze des Art. 7 Abs. 1, daß sich die Geschäftsfähigkeit einer Person nach ihrem Heimatrechte bestimmt, folgt, **daß der deutsche Richter auch nur solchen Akten Einfluß auf die Geschäftsfähigkeit einer Person zugestehen darf, denen ihr Heimatrecht eine solche Bedeutung zuerkennt.** Der deutsche Richter hat also, wenn die Zulässigkeit oder die Wirkung eines behördlichen Aktes zu beurteilen ist, von dem Heimatrechte der Person auszugehen. Daraus folgt, daß ein in dem Heimatstaate selbst erfolgter behördlicher Akt auch für uns maßgebend ist und in seinen Folgen nach dem Rechte des Heimatstaats zu bemessen ist, es müßte denn die Anerkennung des Aktes und seiner Folgen durch den Art. 30 ausgeschlossen sein. Räumt das Heimatrecht auch den Akten ausländischer Behörden Geltung ein, läßt es z. B. die Volljährigkeitserklärung oder Entmündigung seiner Angehörigen durch die Behörden des Wohnsitzstaats zu und erkennt es die Wirkung dieser Akte auch bei sich an, so folgt aus Art. 7 Abs. 1, daß auch der deutsche Richter eine solche in einem dritten Staate erfolgte Veränderung der Geschäftsfähigkeit zu beachten hat. Steht dagegen das Heimatrecht auf einem ausschließenden Standpunkte, verneint es die Wirksamkeit der Anordnungen ausländischer Behörden, so kann auch der deutsche Richter diese nicht als wirksam beachten.

4. Die Grundsätze unter 3 erfahren hinsichtlich der Entmündigung eine Beschränkung durch den **Art. 8.** Danach ist in Deutschland die Entmündigung eines Ausländers nach den deutschen Gesetzen zulässig, einerlei ob das Heimatrecht des Ausländers eine solche Entmündigung im Ausland oder aus diesem Grunde (z. B. wegen Verschwendung) zuläßt und anerkennt oder nicht.

a) Internationalrechtliche Voraussetzung ist dabei, daß der Ausländer im Inlande seinen Wohnsitz oder seinen Aufenthalt hat; doch genügt der Aufenthalt im Inlande nur, wenn der Ausländer überhaupt keinen Wohnsitz, weder in seinem Heimatstaate noch in einem dritten Auslandstaate, hat. Darauf, ob früher ein Wohnsitz im Inlande bestanden hat oder nicht, also auf den Ort des letzten Wohnsitzes, kommt es nicht an. Der Wohnsitz oder Aufenthalt muß zur Zeit, wo der Antrag auf Entmündigung gestellt wird, im deutschen Reiche vorhanden sein. Ob Wohnsitz im Inland oder Mangel eines Wohnsitzes überhaupt vorliegt, ist nach deutschem Rechte (BGB. §§ 7, 8) zu beurteilen. Eine etwaige Vorschrift des ausländischen Rechtes, wonach bei tatsächlichem Aufgeben des bisherigen Wohnsitzes seine Fortdauer bis zur Begründung eines neuen Wohnsitzes angenommen wird, schließt die Anwendung des Art. 8 nicht aus. Ob aber für einen Ausländer auch die abgeleiteten Wohnsitze der §§ 9—11 gelten, kann nur nach seinem Heimatrechte beurteilt werden. Als Inland wird man hier auch die deutschen Schutzgebiete ansehen dürfen und in den Konsulargerichtsbezirken auch die Entmündigung eines ausländischen Schutzgenossen zulassen müssen, der im Bezirke wohnt oder beim Mangel jeglichen Wohnsitzes sich aufhält. Über die Anwendung des Art. 8 im Falle mehrfachen Wohnsitzes vgl. zu Art. 29 Anm. V.

b) Die materiellrechtlichen Voraussetzungen der Entmündigung (Gründe, bei denen sie zulässig ist), die Antragsberechtigung und das Verfahren sowie demnächst die Wirkungen der Entmündigung bestimmen sich ausschließlich nach deutschem Rechte (BGB. §§ 6, 104 Nr. 3, 114, 1896ff., 1906—1908, ZPO. §§ 645—687). Auch ein Ausländer, dessen Heimatrecht die Entmündigung wegen Verschwendung oder Trunksucht überhaupt nicht kennt, kann doch aus diesen Gründen in Deutschland entmündigt werden. Umgekehrt kann das deutsche Gericht die Entmündigung eines Ausländers wegen körperlicher oder geistiger Gebrechen (§ 1910) auch dann nicht aussprechen, wenn sie dessen Heimatrecht zuläßt.

Jedoch bedeutet das Wort „kann" im Art. 8 etwas anderes als im § 6 BGB. Während es im § 6 die strengere Bedeutung hat, daß das Gericht, wenn der Antrag auf Entmündigung bei ihm gestellt wird und die gesetzlichen Voraussetzungen dafür vorliegen, die Entmündigung aussprechen muß, ohne daß es auf sein Ermessen ankommt, soll das Wort im Art. 8 offenbar nur bedeuten, daß das Gericht die Entmündigung eines Ausländers auch aus Zweckmäßigkeitsgründen ablehnen darf, z. B. weil die beantragte Entmündigung wegen Verschwendung nach seinem Heimatrecht unzulässig und kein Interesse des inländischen Verkehrs für die Maßregel vorliegt, oder weil der zu Entmündigende im Laufe des Verfahrens seinen Wohnsitz oder Aufenthalt in Deutschland aufgegeben hat und deshalb kein Interesse an der Entmündigung für das Inland vorliegt. (Vgl. dazu Planck 1 S. 68: Was die Behörde tun kann, hat sie auch zu tun, wenn nach ihrem pflichtmäßigen Ermessen die Voraussetzungen vorliegen, unter denen sie nach der Absicht des Gesetzes oder nach der für die Behörde geltenden besonderen Vorschriften von der Gestattung des Tuns Gebrauch machen soll. Zu diesen Voraussetzungen gehört im Falle des Art. 8 eben ein Interesse des inländischen Verkehrs an der Entmündigung. Vgl. auch Anm III B zu Art. 9 Abs. 2 u. 3.)

c) Nicht ausgeschlossen wird durch den Art. 8 die Entmündigung eines Ausländers durch seine Heimatbehörde, auch wenn er in Deutschland wohnt oder sich aufhält. Sie kann in diesem Falle auch aus Gründen erfolgen, die das deutsche Recht als Gründe der Entmündigung nicht anerkennt (z. B. wegen der Gebrechen des § 1910) und muß auch dann vom deutschen Richter anerkannt werden, es sei denn, daß der Fall des Art. 30 vorläge. Ihre Folgen bestimmen sich alsdann nach ausländischem Rechte, doch findet der Art. 7 Abs. 3 Satz 1 auch ihr gegenüber Anwendung.

d) Die Wirkung der im Inland erfolgten Entmündigung eines Ausländers ist auch nicht an die Fortdauer des inländischen Wohnsitzes oder Aufenthaltes geknüpft. Sie bleibt bestehen, wenn auch der Ausländer seinen Wohnsitz in das Ausland zurückverlegt. Hat indessen der Heimatstaat die inländische Entmündigung, indem er deren Wirksamkeit an und für sich anerkannt hat, durch ein Verfahren, wie er es auch bei der Entmündigung durch seine Behörden zuläßt, wieder aufgehoben, so wird diese Aufhebung auch in Deutschland anzuerkennen sein.

5. **Der Art. 8 ist eine einseitige, unvollkommene Kollisionsnorm** (wenn er überhaupt unter die Kollisionsnormen und nicht zum materiellen Fremdenrecht zu zählen ist). Kann der darin ausgesprochene Gedanke analog ausgedehnt werden?

a) Was die Entmündigung von Ausländern in einem fremden ausländischen Staate anlangt, so ist die Frage aus den unten dargelegten Gründen zu verneinen. Die Frage ist gemäß Art. 7 Abs. 1 lediglich aus dem Heimatrechte des entmündigten Ausländers zu beantworten. Je nach dessen Stellung zu einer solchen Maßregel einer ausländischen Behörde hat auch der deutsche Richter die im Ausland erfolgte Entmündigung als wirksam oder unwirksam zu behandeln.

b) Streitig ist, ob die Entmündigung eines Deutschen im Ausland erfolgen darf und ob sie, wenn sie erfolgt ist, vom deutschen Richter anzuerkennen ist. Ob sie erfolgen darf, hängt zunächst von dem Rechte des Staates ab, durch dessen Behörde sie erfolgen soll (Zitelmann 2 S. 94 f.). Denn dieser Staat hat selbständig die Voraussetzungen zu bestimmen, unter denen sie vorgehen dürfen und müssen, ebenso wie ja das deutsche Gesetz die Vorschrift des Art. 8 unbekümmert um das Heimatrecht des Ausländers gibt. Verweist aber das Recht des Auslandstaats, dessen Behörde die Entmündigung vornehmen soll, wegen der Zulässigkeit auf das Heimatrecht des zu Entmündigenden, so fällt die dadurch auftauchende Frage mit der Frage zusammen, ob in Deutschland die im Ausland erfolgte Entmündigung eines Deutschen anzuerkennen ist oder nicht. Dafür sprechen sich aus: Niedner Anm. 2 S. 26; Wagner Anm. 4; Cosack 1 S. 70; dagegen Zitelmann 2 S. 103; Niemeyer S. 124; Planck Anm. 4 S. 35; Neumann 3 S. 13 Anm. 2; Kuhlenbeck S. 25; Barazetti S. 46.

Der Umstand, daß das Gesetz den deutschen Gerichten die Befugnis zur Entmündigung von Ausländern unter bestimmten Voraussetzungen beilegt, scheint bei der auch vom deutschen Gesetzgeber anerkannten Gleichberechtigung der Kulturstaaten auf dem privatrechtlichen Gebiete dafür zu sprechen, daß er unter den umgekehrten Voraussetzungen auch den ausländischen Staaten nicht die Zuständigkeit zur Entmündigung von Deutschen habe vorenthalten wollen. Allein dieser Schluß geht fehl. Denn das deutsche Gesetz statuiert in Art. 8 die inländische Zuständigkeit zur Entmündigung von Ausländern auch nur mit Wirksamkeit für das Inland und erhebt keinen Anspruch darauf, daß die im Inland ausgesprochene Entmündigung etwa auch im Heimatstaate des Ausländers anerkannt werden müsse. Darum kann auch keine Rede davon sein, daß das Gesetz dem inländischen Richter die Verpflichtung habe auferlegen wollen, eine im Ausland erfolgte Entmündigung von Deutschen ohne weiteres auch für das Inland als wirksam gelten zu lassen. Erwägt man außerdem, daß sonstige ausländische Urteile (die doch meist nur deklarative Bedeutung haben) im Inlande nicht ohne weiteres anerkannt werden, sondern daß es dazu erst einer Nachprüfung ihrer Rechtmäßigkeit, wenigstens nach gewissen formalen Gesichtspunkten bedarf (ZPO. § 328), so ist erst recht nicht anzunehmen, daß ein solcher konstitutiver Akt, wie die Entmündigung eines Deutschen, im Inland ohne weiteres wirksam sein solle. Wenigstens gilt dies für Rechtsverhältnisse, die im übrigen dem inländischen Rechte unterstehen. Dagegen wird man die im Ausland erfolgte Entmündigung für solche Rechtsverhältnisse, die sich unter demselben Auslandsrecht entwickelt haben und nach ihm zu beurteilen sind, wohl nicht als ungeschehen und völlig wirkungslos behandeln dürfen, um nicht geradezu unerträgliche Komplikationen zu schaffen und den Inländer, statt ihn zu schützen, erst recht zu schädigen. (In dieser Beschränkung scheint auch Wagner Anm. 4 die Wirksamkeit nur zu bejahen.) Selbstverständlich darf jedoch, wenn eine Entmündigung im Ausland erfolgt ist, das in dem ausländischen Verfahren gesammelte Material für die Beurteilung in dem inländischen Entmündigungsverfahren (oder bei Geisteskrankheit zur Feststellung der von früher her vorhandenen Geschäftsunfähigkeit: BGB. § 104 Nr. 2) herangezogen und verwertet werden, so daß darauf hin ohne erneute Ermittelungen die Entmündigung ausgesprochen, die Geschäftsunfähigkeit als erwiesen angesehen werden darf.

6. Der Art. 8 spricht nur von der Entmündigung von Ausländern. Darf der Grundsatz auch auf **andere behördliche Akte** ausgedehnt werden, **wodurch in die Geschäftsfähigkeit von Ausländern erweiternd oder mindernd eingegriffen wird?**

a) Die von einem inländischen Gericht ausgesprochene Entmündigung eines Ausländers kann selbstverständlich auch durch ein inländisches Gericht wieder aufgehoben werden [auch wenn sie vor 1900 auf Grund des damals geltenden Wohnsitzprinzips erfolgt ist, ZPO. §§ 675 ff.]. Dagegen hat ein inländisches Gericht nicht die Befugnis, die im Heimatstaat ausgesprochene Entmündigung des Ausländers wieder aufzuheben, der Ausländer müßte denn inzwischen (etwa durch Verheiratung, Legitimation, Gebietsabtretung) die Reichsangehörigkeit erworben haben oder sein Heimatrecht müßte diese Zuständigkeit ausdrücklich dem inländischen Gerichte, z. B. als dem des Wohnsitzes zuweisen. Es gelten dann für die Wiederaufhebung der Entmündigung die inländischen materiellrechtlichen und Verfahrensvorschriften. Handelt es sich dagegen um eine durch behördlichen Akt des Auslandes erfolgte Beschränkung der Geschäftsfähigkeit aus einem Grunde, den das inländische Recht als dazu geeignet nicht anerkennt, wie z. B. bei körperlichen oder geistigen Gebrechen (§ 1910), so muß angenommen werden, daß diese Beschränkung durch den Wechsel der Staatsangehörigkeit von selbst wegfällt.

b) Auch zur Volljährigkeitserklärung von Ausländern ist das deutsche Gericht, soweit der Grundsatz des Art. 7 Abs. 1 reicht, nicht befugt. Nur wo das Heimatrecht für die Beurteilung der Geschäftsfähigkeit auf das deutsche Recht verweist, z. B. als die lex domcilii, da wird man nach Art. 27 dem inländischen Vormundschaftsgericht auch diese Befugnis beilegen dürfen. Noch weiter darf man wohl gehen in der Zuständigkeit für die Genehmigung zum Betrieb eines selbständigen Erwerbsgeschäftes (§ 112). Sie wird man über den Art. 27 hinaus dem deutschen Vormundschaftsgericht auch dann zuerkennen müssen, wenn die Voraussetzungen für die Anordnung einer Vormundschaft oder Pflegschaft im Inlande gemäß Art. 23 vorliegen, da diese Maßregel, anders als die Volljährigkeitserklärung, immer noch in dem Rahmen der vormundschaftsgerichtlichen Oberaufsicht fällt, wie schon daraus hervorgeht, daß sie nur als Genehmigung zu der Ermächtigung des Vaters oder Vormundes hinzutritt. Außerdem schließt sie sich in gewisser Beziehung an den Art. 7 Abs. 3 Satz 1 an.

Artikel 9.

Ein Verschollener kann im Inlande nach den deutschen Gesetzen für tot erklärt werden, wenn er bei dem Beginne der Verschollenheit ein Deutscher war.

Gehörte der Verschollene bei dem Beginne der Verschollenheit einem fremden Staate an, so kann er im Inlande nach den deutschen Gesetzen mit Wirkung für diejenigen Rechtsverhältnisse, welche sich nach den deutschen Gesetzen bestimmen, sowie mit Wirkung für das im Inlande befindliche Vermögen für tot erklärt werden; die Vorschriften des § 2369 Abs. 2 des Bürgerlichen Gesetzbuchs finden entsprechende Anwendung.

Hatte ein verschollener ausländischer Ehemann seinen letzten Wohnsitz im Inland und ist die im Inlande zurückgebliebene oder dahin zurückgekehrte Ehefrau Deutsche oder bis zu ihrer Verheiratung mit dem Verschollenen Deutsche gewesen, so kann auf ihren Antrag der Verschollene im Inlande nach den deutschen Gesetzen ohne die im Abs. 2 bestimmte Beschränkung für tot erklärt werden.

Vorentw. A § 8, B § 8; E. I: BGB. § 5; E. IIa: BGB. § 2236; E. IIb: BGB. § 2363; E. III: EG. Art. 8. — Mot. z. BGB. I S. 36f., Prot. I S. 10f., VI S. 6ff., 20—22.

Literatur: v. Bar 1 S. 374ff., Lehrbuch S. 58f.; Böhm S. 23; Gierke 1 S. 221 Note 15; v. Roth 1 285; Zitelmann 1 S. 236f., 2 S. 103—109; Niemeyer S. 119; Barazetti S. 31ff., 63; Biberfeld in Böhms Z. 8 S. 200; Breit, einige Fragen aus dem internationalen Verschollenheitsrecht des BGB., Sächs. Arch. 8 S. 593; Krug, Entmündigung und Todeserklärung im internationalen Privatrecht DJZ. 1905 S. 836ff.

1. Die **Todeserklärung** ist eine Einrichtung des positiven Rechtes, wodurch die bestehende Ungewißheit über das Fortleben einer verschollenen Person für das Rechtsleben beseitigt und durch den Ausspruch einer Behörde (nach ZPO. § 960, GVG. § 23 des Amtsgerichts) eine rechtswirksame Vermutung über den Eintritt und den Zeitpunkt des Todes der Person geschaffen werden soll. Die Todeserklärung betrifft also nicht, wie es häufig hingestellt wird, unmittelbar die Rechtsfähigkeit einer Person, sondern zunächst und unmittelbar ihr Dasein, nur

mittelbar die Rechtsfähigkeit, weil diese als eine Eigenschaft das Dasein des Menschen zur Voraussetzung hat (vgl. Zitelmann 2 S. 54f., 88f.). Die Todeserklärung wirkt darum auch auf die Rechtsverhältnisse Dritter ein, bei denen es sich bloß um den Fortfall des physischen Daseins des Verschollenen, nicht um seine Rechtsfähigkeit handelt (z. B. wenn durch Vertrag zwischen A und B der Tod des C zur Bedingung für einen Rechtserwerb oder -verlust des A gemacht ist, ohne daß dieser Rechtserwerb 2c. mit dem Vermögen oder den sonstigen Rechtsverhältnissen des C irgendwie zusammenhängt). Indessen liegt die überwiegende Bedeutung der Todeserklärung auf dem Gebiete der Rechtsfähigkeit des Verschollenen; sie will vor allem eine sichere Grundlage für die Beurteilung derjenigen Rechtsverhältnisse schaffen, an denen der Verschollene als Träger von Rechten und Pflichten beteiligt ist. Dabei braucht sie jene Fähigkeit nicht allgemein und gleichmäßig für alle Arten von Rechtsverhältnissen aufzuheben, sondern kann auf die verschiedenartigen Verhältnisse auch verschieden einwirken. So wird z. B. nach dem BGB. durch die Todeserklärung zwar die Rechtsfähigkeit des Verschollenen auf vermögensrechtlichem Gebiet im allgemeinen aufgehoben; dagegen bleibt die Ehe, in der er lebte, trotz der Todeserklärung fortbestehen, und wenn für diese Ehe der Güterstand der allgemeinen Gütergemeinschaft galt, so bleibt auch dieser Güterstand fortbestehen, es tritt nicht fortgesetzte Gütergemeinschaft oder Beerbung in den Anteil des Verschollenen am Gesamtgut ein. (BGB. §§ 1482, 1483, Mot. z. BGB. IV. S. 393.)

II. **Aus dieser Stellung der Todeserklärung ergibt sich**, daß sie internationalprivatrechtlich den Gesetzen unterliegen muß, welche das Rechtsverhältnis beherrschen, für das der Tod oder das Fortleben des Verschollenen bedeutsam ist, also dem Wirkungsstatut (so Zitelmann 2 S. 104, vgl. auch Planck Anm. 2). Davon weicht jedoch die im **Art.** 9 gegebene Regelung ab, allerdings nicht so stark, wie gemeinhin angenommen wird. Im **Abs. 1** des Art. 9 (der dem § 5 des E. I z. BGB. entspricht) wird bei Inländern das Personalstatut der Todeserklärung zugrunde gelegt. Während aber nach den Mot. z. BGB. I S. 36 die Todeserklärung eines Inländers überhaupt nur im Inlande sollte erfolgen dürfen, und anderseits die Todeserklärung eines Ausländers im Inland ausgeschlossen sein sollte, wurde diese Auffassung in der zweiten Kommission aufgegeben und anerkannt, daß die Todeserklärung eines Deutschen im Auslande mindestens gesetzlich nicht ausgeschlossen werden dürfe (Prot. VI S. 7f.), und die Todeserklärung von Ausländern wurde in dem Abs. 2 ausdrücklich unter bestimmten Voraussetzungen zugelassen. Man näherte sich damit offenbar dem Standpunkte, für die Todeserklärung das Wirkungsstatut als maßgebend anzuerkennen. Mit diesem Standpunkt ist auch der Abs. 1 an und für sich wohl vereinbar. Denn bei Inländern liegt regelmäßig der Schwerpunkt ihrer Beziehungen im Inland und untersteht dessen Recht, und nur selten wird es vorkommen, daß ein verschollener Inländer nicht an irgend einem Rechtsverhältnisse beteiligt sein sollte, das nach inländischem Rechte zu beurteilen ist. Namentlich gilt dies nach Art. 24 EG. für die Beerbung des Inländers, für die ja die Todeserklärung in erster Linie bedeutsam ist. Danach war es praktisch ohne weiteres geboten, für Inländer die Todeserklärung nach deutschem Rechte zuzulassen. — Um anderseits die Tragweite der in der zweiten Kommission hinzugefügten Vorschrift des Abs. 2 und des vom Bundesrate noch weiter hinzugefügten Abs. 3 zu würdigen, so muß man berücksichtigen, daß damit keineswegs etwa eine ausschließliche Zuständigkeit der inländischen Behörden geschaffen und die Wirksamkeit einschlägiger Akte der ausländischen Behörden verneint werden sollte, sondern daß man lediglich bezweckte, damit eine Erleichterung zu schaffen, „weil in vielen Fällen den Beteiligten nicht möglich sein werde, die Todeserklärung im Auslande zu erwirken, sei es weil das ausländische Recht die Todeserklärung überhaupt nicht kenne oder die ausländischen Gerichte ihre Zuständigkeit verneinten oder der Interessent nicht zu denjenigen Personen gehöre, die nach dem fremden Rechte antragsberechtigt seien, oder endlich, weil da, wo die Todeserklärung im Auslande möglich sein sollte, sie oft genug nur mit großen Kosten und unter lästigen Weiterungen zu erlangen sein werde" (Prot. VI S. 22).

III. Aus der Gesamtheit dieser Gesichtspunkte ergibt sich als **Inhalt und Tragweite des Art. 9** folgendes:

A. 1. Die Todeserklärung von Inländern hat durch die inländischen Gerichte ohne weitere Voraussetzung zu erfolgen. Namentlich bedarf es keines Nachweises, ob ein Rechtsverhältnis vorliegt, für das die Todeserklärung bedeutsam werden kann, es müßte denn von diesem Nachweise die Antragsberechtigung des Antragstellers abhängen. Auch der Ausländer kann mit Rücksicht auf ein nach ausländischem Rechte zu beurteilendes Rechtsverhältnis die Todeserklärung im Inlande beantragen, und der Aufgebotsrichter kann diesen Antrag nicht mit Berufung darauf ablehnen, daß die im Inland erfolgte Todeserklärung von dem ausländischen Rechte nicht als wirksam für jenes Rechtsverhältnis anerkannt werde. Entscheidend ist dabei, ob der Verschollene bei Beginn der Verschollenheit, d. h. bei Eingang der letzten Nachricht von seinem Leben (BGB. § 14), noch Deutscher war, wobei es gleichgültig ist, ob sein letzter Wohnsitz im Reichsgebiete war oder nicht, und ob er überhaupt je einen Wohnsitz im Reichsgebiete gehabt oder sich auch nur darin aufgehalten hat oder nicht. Ja selbst wenn bei Beginn der Verschollenheit die Reichsangehörigkeit des Verschollenen schon erloschen war (durch Entlassung, Ausspruch der Behörde oder 10jährigen Aufenthalt im Ausland, Reichsges. v. 1. Juni 1870 §§ 14ff.) bleibt dennoch die Todeserklärung im Inland ohne die besonderen Voraussetzungen der Abs. 2 und 3 zulässig, solange der Verschollene nicht eine neue Staatsangehörigkeit erworben hat. Dies folgt aus EG. Art. 29. So kann z. B. die Ehefrau eines früheren Deutschen, der seine Entlassung aus der deutschen Staatsangehörigkeit erwirkt hat und ausgewandert ist, aber eine fremde Staatsangehörigkeit nicht erworben hat, die Todeserklärung ihres Ehemanns auf Grund der deutschen Gesetze betreiben, auch wenn sie mit ausgewandert und nicht nach Deutschland zurückgekehrt ist, ja auch wenn sie überhaupt niemals Deutsche gewesen ist. Nur muß in einem solchen Falle dem Aufgebotsgerichte glaubhaft gemacht werden, daß der Erwerb einer fremden Staatsangehörigkeit nicht stattgefunden hat.

2. Bei einem Rechtsverhältnisse, das der deutsche Richter auf Grund der deutschen internationalrechtlichen Kollisionsnormen materiell nach ausländischem Rechte zu beurteilen hat, hat auch das ausländische Recht darüber zu bestimmen, inwiefern eine dabei beteiligte verschollene Person zu berücksichtigen ist oder nicht. Schließt z. B. das ausländische Recht einen Verschollenen, sei es ohne weiteres mit Eintritt der Verschollenheit oder nach einer gewissen Dauer derselben, sei es auf

Grund einer behördlichen Feststellung der Verschollenheit und einer daran geknüpften Todesvermutung von einem Rechtserwerb aus, z. B. vom Erbschaftserwerbe, so hat der deutsche Richter, wenn er auf das Rechtsverhältnis im ganzen das ausländische Recht anzuwenden hat, auch jene Vorschriften anzuerkennen, auch wenn sie einen verschollenen Deutschen betreffen. Hängt aber der Ausschluß des Verschollenen von einem Ausspruche der Behörde ab und lehnt die ausländische Behörde es ab, diesen Ausspruch zu tun, weil sie bei einem Deutschen nach ihrem einheimischen Rechte dafür nicht zuständig ist, so muß an Stelle dieses Ausspruchs die Todeserklärung nach deutschem Rechte, also durch die deutsche Behörde treten, wenn gleich deren Voraussetzungen vielleicht andere sind als nach dem für das Rechtsverhältnis sonst maßgebenden ausländischem Rechte. Handelt es sich z. B. um die Beerbung eines Franzosen, der in Deutschland seinen letzten Wohnsitz hatte (Art. 25), und ist zur Erbschaft nach dem französischen Rechte ein Deutscher berufen, der verschollen ist, so bestimmt sich die Erbfähigkeit dieses Deutschen nach dem Art. 136 c. c., d. h. der Verschollene erbt nicht mit, wenn die Eröffnung der Erbschaft nach Beginn der Verschollenheit eingetreten ist; der in dem inländischen Aufgebotsverfahren auf Todeserklärung festgestellte Zeitpunkt seines Todes hat dafür keine Bedeutung.

B. Todeserklärung von Ausländern.

1. Die Todeserklärung von Ausländern im Inland wird im Art. 9 Abs. 2 und 3 nach drei verschiedenen Richtungen hin zugelassen. Wenn Abs. 2 von einem Verschollenen spricht, der bei Beginn der Verschollenheit einem fremden Staate angehörte, dagegen Abs. 3 von einem verschollenen Ausländer (nämlich einem ausländischen Ehemann), so hat diese Abweichung in der Bezeichnung des Zustandes der Staatsangehörigkeit keine Bedeutung. Das Entscheidende ist in beiden Fällen, daß der Verschollene bei Beginn der Verschollenheit entweder eine fremde Staatsangehörigkeit besaß oder (nach Art. 29) keinem Staate angehörte, aber vorher zuletzt eine fremde Staatsangehörigkeit besessen hat. Hatte er dagegen vor Beginn der Verschollenheit zuletzt die deutsche Staatsangehörigkeit besessen, so gelten für ihn, wenn er bei Beginn der Verschollenheit keinem Staate angehörte, nicht die Abs. 2 und 3, sondern er ist nach Art. 29 wie ein Verschollener zu behandeln, der bei Beginn der Verschollenheit Deutscher war.

a) **Abs. 2.** Die Todeserklärung eines Ausländers kann im Inland einmal erfolgen mit Wirkung für ein Rechtsverhältnis, das sich nach deutschen Gesetzen bestimmt. Dieses Rechtsverhältnis kann ein solches sein, an dem der verschollene Ausländer selbst als Träger von Rechten oder Pflichten beteiligt ist, aber auch ein ganz fremdes, für das nicht sein Fortbestand als Rechtssubjekt, sondern sein Leben oder sein Tod als physische Person bedeutsam ist. Im ersteren Falle wird regelmäßig infolge des Rechtsverhältnisses, für das die Todeserklärung wirksam ist, sich auch Vermögen des Verschollenen im Inlande befinden, doch ist das nicht unumgänglich.

b) Oder die Todeserklärung soll wirken für Vermögen des Verschollenen, das sich im Inlande befindet, also namentlich um die Erbfolge in das inländische Vermögen des Verschollenen zu eröffnen. Nach der Verweisung auf den § 2369 Abs. 2 BGB. gilt auch für diese internationalrechtliche Vorschrift ein Gegenstand als im Inlande befindlich, für den von einer deutschen Behörde ein zur Eintragung des Berechtigten bestimmtes Buch oder Register geführt wird (z. B.

das Grundbuch, das Reichs- oder Staatsschuldbuch, Schiffsregister). Ein Anspruch gilt als im Inlande befindlich, wenn für die Klage ein deutsches Gericht zuständig ist, mag diese Zuständigkeit auch auf Prorogation beruhen und mag daneben auch die Zuständigkeit ausländischer Gerichte begründet sein. Überhaupt hat die Verweisung auf den § 2369 Abs. 2 keine ausschließende, sondern nur beispielsweise Bedeutung. Vermögen des Ausländers befindet sich auch im Inlande, wenn sich bewegliche Sachen, Wertpapiere u. dergl. hier befinden. Dagegen begründet nicht jeder Anspruch, für den ein deutsches Gericht zuständig ist, das Vorhandensein von Vermögen im Inlande, sondern es muß ein positives Vermögensrecht sein. Ein Anspruch z. B. auf Befreiung von einer Bürgschaft (BGB. § 775), für den ein inländisches Gericht zuständig ist, weil der Schuldner, zu dessen Gunsten die Bürgschaft übernommen ist, in Deutschland wohnt, kann nicht als inländisches Vermögen im Sinne des Art. 9 gelten.

In beiden Fällen des Abs. 2 ist die Wirkung, um deretwillen die Todeserklärung stattfindet, zugleich eine Voraussetzung der Zulässigkeit des Verfahrens. Es muß deshalb dem Aufgebotsgerichte glaubhaft gemacht werden, daß ein von den deutschen Gesetzen beherrschtes Rechtsverhältnis vorhanden ist, für das die Todeserklärung wirksam wird, oder daß sich Vermögen des Verschollenen im Inlande befindet.

c) Mannigfaltiger sind die Voraussetzungen der Todeserklärung im **Abs. 3** gestaltet. Es ist nötig:

α) daß der verschollene Ausländer Ehemann ist, mag auch die Ehe nichtig sein, solange sie nicht für nichtig erklärt ist, oder mögen die Ehegatten von Tisch und Bett getrennt oder die eheliche Gemeinschaft unter ihnen aufgehoben sein (BGB. § 1575).

β) Der Verschollene muß seinen letzten Wohnsitz im Inlande gehabt haben: es ist nicht nötig, daß der Wohnsitz bei Beginn der Verschollenheit in Deutschland war, sondern der deutsche Wohnsitz kann schon vor der Verschollenheit aufgegeben sein, nur darf dann nicht bis zum Beginne der Verschollenheit ein neuer Wohnsitz im Auslande begründet sein. Über den Fall des mehrfachen Wohnsitzes vgl. Anm. V zu Art. 29.

γ) Die Ehefrau muß im Inlande zurückgeblieben oder dahin zurückgekehrt sein, also zu der Zeit, wo der Antrag auf Todeserklärung gestellt wird, im Inlande entweder ihren Wohnsitz oder doch einen auf längere Dauer berechneten Aufenthalt genommen haben. Denn von einer Rückkehr ins Inland kann man nicht sprechen, wenn die Ehefrau unter Beibehaltung ihres ausländischen Wohnsitzes nur darum ins Inland gereist ist und sich hier vorübergehend aufhält, um die Todeserklärung zu beantragen.

δ) Die Ehefrau muß bei Stellung des Antrags noch Deutsche sein oder bis zu ihrer Verheiratung Deutsche gewesen sein.

ε) Endlich muß die Ehefrau den Antrag auf Todeserklärung stellen.

d) Die Absätze 2 und 3 bestimmen die internationalrechtlichen Voraussetzungen für die Todeserklärung eines Ausländers im Inlande. Liegen diese Voraussetzungen vor, so erfolgt die Todeserklärung nach den deutschen Gesetzen, d. h. sowohl materiellrechtlich wie prozessual findet auf die Todeserklärung das deutsche Recht Anwendung, so für die Frage, wer antragsberechtigt ist, für die

Dauer der Verschollenheit, den Zeitpunkt, in dem der Tod als eingetreten angenommen wird. Dagegen entscheidet demnächst über die Beerbung des Ausländers, auch in dem Falle des Abs. 3, und auch für das im Inlande befindliche Vermögen nicht das inländische Recht, sondern das Heimatrecht des Ausländers, soweit nicht Art. 25 Satz 2, Art. 27, 28 eine Ausnahme herbeiführen. Das kann unter Umständen wieder Einfluß auf die Antragsberechtigung haben. Ein Verwandter, der wohl nach deutschem, nicht aber nach dem maßgebenden ausländischen Rechte zur Erbschaft des Verschollenen berufen ist, ist deshalb auch nicht antragsberechtigt, sofern er nicht aus anderen Gründen ein rechtliches Interesse an der Todeserklärung hat. Für die Ehefrau des Verschollenen gilt dies dagegen unter den Voraussetzungen des Abs. 3 nicht. Im übrigen ist es, und namentlich in den Fällen des Abs. 2, gleichgültig, ob der Antragsteller Inländer oder Ausländer ist, nur muß ein rechtliches Interesse für ihn gerade an dem Rechtsverhältnisse, das sich nach inländischen Gesetzen bestimmt, oder an dem inländischen Vermögen vorhanden sein. Tritt in das Verfahren, das ein anderer Berechtigter nach Abs. 2 betreibt, die Ehefrau des Verschollenen auf Grund des Abs. 3 ein, so hat dies eine Erweiterung der Wirksamkeit der Todeserklärung auf den Umfang des Abs. 3 zur Folge. Fällt umgekehrt die Ehefrau als Antragstellerin, z. B. durch Tod während des Verfahrens, hinweg, so kann der Antragsteller, der neben oder statt ihrer eintritt, auch nur die Todeserklärung mit der Wirkung des Abs. 2 herbeiführen, und zwar auch der Erbe der Ehefrau. Die umfassende Wirkung des Abs. 3 ist daran gebunden, daß die Ehefrau das Verfahren bis zur Todeserklärung fortführt.

Zweifelhaft ist es, ob in den Fällen des Abs. 2 in das Aufgebot und in den Ausspruch der Todeserklärung die Beschränkung der Wirksamkeit der Todeserklärung aufzunehmen ist. Es ist zu verneinen, für das Aufgebot ist es nach § 964 ZPO. nicht vorgeschrieben und innere Gründe sprechen dagegen (siehe das folgende).

Die Wirkung der von der Ehefrau unter den Voraussetzungen des Abs. 3 beantragten Todeserklärung geht für den deutschen Richter ebensoweit wie die der Todeserklärung eines Inländers. Ein jeder kann sich auf sie berufen. Aber auch die nach Abs. 2 erwirkte Todeserklärung wirkt nicht nur für das Rechtsverhältnis, um dessen willen sie beantragt worden ist, sondern auch ihre Wirkung erstreckt sich auf alle Rechtsverhältnisse, die sich nach deutschen Gesetzen bestimmen und auf alles Vermögen des Verschollenen, das sich im Inlande befindet, auch wenn sein Dasein im Inland erst später bekannt wird, ja auch dann, wenn es etwa erst nach der Todeserklärung in das Inland gelangt. Nur muß es letzterenfalls noch als Vermögen des Verschollenen in das Inland gelangt sein, nicht schon als Vermögen seiner Erben, wie z. B., wenn diese auf Grund einer Einweisung in den Besitz, die sie im Heimatstaate des Verschollenen erwirkt haben, das Vermögensstück in das Inland bringen. Daraus folgt auch, daß die Beziehung, die die Todeserklärung des Ausländers im Inlande rechtfertigte, in dem Aufgebot oder in dem Ausspruche der Todeserklärung nicht als Beschränkung aufzuführen, sondern daß die Todeserklärung ganz allgemein mit Wirkung für alle diejenigen Rechtsverhältnisse, die sich nach deutschen Gesetzen bestimmen und für das gesamte im Inlande befindliche Vermögen des Verschollenen in Aussicht zu stellen und auszusprechen ist. In allen Fällen hat die von dem deutschen Gericht ausgesprochene Todeserklärung eines Ausländers (wie übrigens auch eines Inländers) nur Kraft, soweit die Herrschaft der deutschen Gesetze reicht. Ob sie im Ausland, im Heimatstaate des Ausländers oder in einem dritten Staate anerkannt wird, darüber kann das deutsche Gesetz nicht verfügen. Das hängt von den Kollisionsnormen und den materiellrechtlichen Vorschriften des Auslandstaats ab. Doch trifft für den Fall der Todeserklärung nach Abs. 3 des Art. 9 die ZPO. § 328 Nr. 3 Fürsorge, indem sie die Anerkennung eines ausländischen Urteils im Inlande verbietet, bei dem zum Nachteile der Ehefrau eines nach Art. 9 Abs. 3 für tot erklärten Ausländers in der Beurteilung der von ihr auf Grund der Todeserklärung eingegangenen neuen Ehe von dem Art. 13 Abs. 2 EG. abgewichen ist.

2. Ist die im Ausland erfolgte Todeserklärung eines Ausländers in den Fällen der Abs. 2 und 3 auch im Inlande von den deutschen Behörden anzuerkennen? Man wird unterscheiden müssen:

a) Einem inländischen Verfahren auf Todeserklärung steht eine im Auslande schon erfolgte Todeserklärung nicht im Wege. Auch kann nicht etwa ein dritter Beteiligter einem inländischen Verfahren deshalb widersprechen, weil der Verschollene bereits in seinem Heimatstaate für tot erklärt sei oder kraft seines Heimatrechts als tot gelte. Allerdings kann auch hier in gewisser Beziehung das ausländische Recht einwirken, nämlich auf dem Gebiete des Abs. 3. Ob zwischen Ausländern (und dazu gehört auch eine ehemalige Deutsche, die durch die Verheiratung mit einem Ausländer die Reichsangehörigkeit verloren hat: RGes. v. 1. Juni 1870 § 13) eine Ehe noch fortbesteht oder als aufgelöst zu gelten hat, entscheidet sich nach Rechte des Staates, dem die Ehegatten angehören. Ist nun nach dem maßgebenden ausländischen Rechte die Auflösung der Ehe eines Verschollenen, sei es infolge einer kraft Gesetzes wirkenden Todesvermutung oder durch behördlichen Ausspruch der Todeserklärung, bereits eingetreten, so folgt daraus die Unanwendbarkeit des Abs. 3 des Art. 9, indem dann die Antragstellerin nicht mehr Ehefrau des Verschollenen ist. Ob in einem solchen Falle die ehemals reichsangehörige frühere Ehefrau die Todeserklärung nach Art. 9 Abs. 2 beantragen kann, hängt davon ab, ob sie an dem Rechtsverhältnisse, das sich nach deutschen Gesetzen bestimmt, oder an dem inländischen Vermögen des Verschollenen beteiligt ist. Dagegen kann die Todeserklärung im Inlande gemäß Abs. 2 nicht aus dem Grunde abgelehnt werden, weil durch die von der ausländischen Behörde auf Grund einer dort erfolgten Todes- oder Verschollenheitserklärung ausgesprochene Einweisung der Erben in das Vermögen des Verschollenen auch die inländischen Vermögensstücke aufgehört hätten, Vermögen des Verschollenen zu sein, vielmehr nunmehr zum Vermögen seiner Erben gehörten. — Hat endlich eine Todeserklärung des Ausländers sowohl im Auslande gemäß seinem Heimatrechte wie im Inlande gemäß dem Art. 9 Abs. 2 oder 3 stattgefunden, so gebührt für den deutschen Richter der inländischen Todeserklärung der Vorrang vor der im Ausland erfolgten, bei einer Todeserklärung nach Abs. 2 indessen nur insoweit, als sich danach ihre Wirkung erstreckt, d. h. mit Beschränkung auf diejenigen Rechtsverhältnisse, die sich nach deutschen Gesetzen bestimmen, oder auf das im Inlande befindliche Vermögen. Dadurch kann es allerdings kommen, daß der deutsche Richter in einem vor ihm anhängigen Rechtsstreite, der den gesamten Nachlaß eines Verschollenen zum Gegenstande hat (z. B. bei einer Erbschaftsklage gegen einen in Deutschland wohnhaften Erbschaftsbesitzer) für das im Inlande befindliche Vermögen des Verschollenen einen anderen Zeitpunkt des Todes desselben zugrunde legen muß, als für das im Auslande befindliche Vermögen, und daß er demgemäß für das erstere andere Personen als (nach dem ausländischen Rechte) zur Erbschaft berufen gelten lassen muß wie für das ausländische. Allein dieser Fall ist nicht anders, wie er auch nach Art. 27 EG. eintreten kann, nur daß er im Falle des Art. 27 kraft einer Besonderheit des ausländischen Rechtes, hier dagegen kraft der Besonderheit der deutschen Kollisionsnorm des Art. 9 Abs. 2 eintritt.

b) Ist dagegen im Inland eine Todeserklärung weder erfolgt noch beantragt, so steht grundsätzlich nichts im Wege, auch die im Ausland erfolgte Todeserklärung oder die kraft Gesetzes wirkende Todesvermutung des ausländischen Rechtes im Inland als wirksam anzuerkennen. Das ergibt sich einmal aus der Entstehungsgeschichte der Vorschriften in den Abs. 2 und 3, wonach die inländische Todeserklärung keine ausschließliche Geltung haben, sondern nur den Rechtsverkehr im Inland erleichtern sollte, und es ist auch in der Fassung der Vorschriften zum Ausdrucke gelangt, indem diese lediglich die Todeserklärung im Inlande zulassen, keineswegs aber die Berücksichtigung einer im Ausland erfolgten gleichartigen Maßregel oder dort bestehenden Rechtsvorschrift verbieten. Auf Grund einer ausländischen Todeserklärung, auf die hin nach dortigem Rechte der zurückgebliebene Ehegatte sich wieder verheiraten darf, ist also auch im Inlande die Wiederverheiratung der ehemals deutschen oder deutsch gebliebenen Ehefrau zuzulassen [wenn die Ehefrau Ausländerin geworden ist, folgt dies schon aus Art. 13 Abs. 1]. Ebenso ist bei einem Rechtsverhältnisse, das sich nach ausländischem Rechte bestimmt, der Einfluß einer im Ausland erfolgten Todeserklärung nach demjenigen Rechte zu beurteilen, dem das Verhältnis auch im übrigen untersteht. Vor allem ist aber bei der Beerbung eines Ausländers auch die in seinem Heimatstaat erfolgte Todeserklärung zu berücksichtigen, denn aus den Art. 24 und 25 EG. ist der allgemeine Grundsatz zu entnehmen, daß sich die Beerbung einer Person nach dem Rechte ihres Heimatstaats bestimmen soll, wobei in erster Linie an eine einheitliche Universalsukzession in den gesamten Nachlaß zu denken ist. Das heimatliche Erbrecht soll auch über die in Deutschland befindlichen Nachlaßstücke des Ausländers entscheiden, soweit diese nicht etwa das heimatliche Recht selbst von seiner Erbordnung ausschließt (Art. 28). Die oberste Voraussetzung für die Beerbung ist die Bestimmung, ob und wann der Erbfall eingetreten ist. Diese Frage muß deshalb vor allem nach dem Heimatrechte beurteilt werden, soweit nicht andere Kollisionsnormen des EG. zu einer Abweichung nötigen. Eine solche Nötigung liegt vor, wenn im Inland eine Todeserklärung erfolgt ist (siehe unter a). Ist das nicht geschehen, so gilt auch bei Verschollenen die allgemeine erbrechtliche Kollisionsnorm: nach dem Heimatrechte des Erblassers ist zu beurteilen, ob und wann der Erbfall eingetreten ist und deshalb ist auch die im Heimatstaat erfolgte Todeserklärung, ja auch der auf Grund bloßer Verschollenheitserklärung oder auf Grund einer kraft Gesetzes wirkenden Todesvermutung erfolgende Übergang des Vermögens auf die Erben im Inlande zu berücksichtigen, sofern nur der letztere kraft Erbrechts und zu wirklichen Eigentume, nicht zu bloßer Verwaltung erfolgt [wie z. B. bei der französischrechtlichen déclaration d'absence und der darauf stattfindenden vorläufigen Besitzeinweisung (Art. 115, 120 c. c.) im Gegensatze zu der definiven Einweisung des Art. 129 c. c.]. Dies gilt nicht bloß für den Prozeßrichter, sondern auch für den Nachlaßrichter, der gemäß § 2369 BGB. um Erteilung eines Erbscheins angegangen wird. Denn auch dieser hat bei der Prüfung der Erbfolge nach einem Ausländer (gemäß Art. 25 EG. und der daraus abzuleitenden allgemeinen Kollisionsnorm) das Heimatrecht des Ausländers, also bei einem Verschollenen auch die im Heimatstaat erfolgte Todeserklärung oder auch die ohne solche kraft des ausländischen Erbrechts erfolgte Einweisung der Erben in den Nachlaß zu berücksichtigen. Allerdings ist in Fällen, in denen die Wirksamkeit und Tragweite des Ausspruchs der ausländischen Behörde nicht durchaus klar sind (z. B. wegen der Art. 27 u. 28) dem Nachlaßrichter die Befugnis nicht abzusprechen, denjenigen, der ihn um die Erteilung des Erbscheins angeht, auf die vorherige Erwirkung einer Todeserklärung nach Art. 9 Abs. 2 oder 3 zu verweisen, und jenachdem der Nachlaßrichter von dieser Befugnis Gebrauch macht oder nicht, kann vielleicht (infolge der Verschiedenheit des Zeitpunkts, auf den nach inländischem und nach ausländischem Rechte der Zeitpunkt des Todes des Verschollenen festzusetzen ist) das inländische Vermögen verschiedenen Personen zufallen. Auf alle Fälle steht einem deutschen Grundbuchamt und sonstigen deutschen Registerbehörden das Recht zu, auf Beibringung eines Erbscheins nach § 2369 BGB. zu bestehen. Dagegen haben sie nicht etwa die Befugnis, einem nach § 2369 erteilten Erbschein die Anerkennung zu versagen, weil er ohne die im Art. 9 Abs. 2 u. 3 vorgesehene inländische Todeserklärung ausgestellt sei. Was zuvor von dem Nachlaßrichter im Falle des § 2369 BGB. gesagt ist, gilt auch in den Fällen des § 11 des Ges. betr. das Reichsschuldbuch vom 31. Mai 1891 für das Amtsgericht oder den Konsul bei der ihm obliegenden Bescheinigung.

V. An einer Vorschrift über die internationalrechtliche Behandlung der **Lebensvermutung** (BGB. § 19) fehlt es. Da die Lebensvermutung die Kehrseite der Todeserklärung bildet, so könnte man annehmen, daß auch für sie die Vorschriften des Art. 9 entsprechend anwendbar seien. Sachgemäßer scheint es aber zu sein, die Anwendbarkeit und den Umfang der Lebensvermutung für jedes einzelne Rechtsverhältnis durch diejenige Rechtsordnung bestimmen zu lassen, der das Rechtsverhältnis auch im übrigen untersteht, so daß z. B. auch bei Inländern die Lebensvermutung dann nicht Platz greift, wenn das Rechtsverhältnis, um das es sich handelt, nach einem ausländischen Rechte zu beurteilen ist, das eine solche Lebensvermutung nicht anerkennt. Bei der Beerbung eines Franzosen z. B. würde auch ein deutsches Gericht für einen zu dieser Erbschaft berufenen, aber zur Zeit des Erbfalls verschollenen Deutschen die Lebensvermutung des § 19 BGB. wegen des entgegenstehenden Art. 136 c. c. nicht gelten lassen können.

Artikel 10.

Ein einem fremden Staate angehörender und nach dessen Gesetzen rechtsfähiger Verein, der die Rechtsfähigkeit im Inlande nur nach den Vorschriften der §§ 21, 22 des Bürgerlichen Gesetzbuchs erlangen könnte, gilt als rechtsfähig, wenn seine Rechtsfähigkeit durch Beschluß des Bundesrats anerkannt ist. Auf nicht aner-

kannte ausländische Vereine der bezeichneten Art finden die Vorschriften über die Gesellschaft sowie die Vorschrift des § 54 Satz 2 des Bürgerlichen Gesetzbuchs Anwendung.

Vorentw. A: § 6; Vorentw. B: § 6; E. I: § 1; E. IIa: BGB. § 2237; E. IIb: BGB. § 2264; E. III: Art. 9. Prot. VI S. 22 ff.

Literatur: v. Bar 1 S. 300 ff., Lehrbuch S. 33 ff., 52; Zitelmann 2 S. 110—129; Barazetti S. 35 ff.; Niemeyer S. 128 ff.

I. **Einleitung.** Sämtliche Entwürfe enthielten eine allgemeine Bestimmung, wonach die juristische Persönlichkeit nach den Gesetzen des Ortes beurteilt werden sollte, wo die juristische Person ihren Sitz hat. Im Bundesrate wurde diese allgemeine Vorschrift gestrichen, und nur die jetzige Vorschrift über ausländische Vereine beibehalten, die aus dem E. II herrührte, wo sie als Einschränkung des allgemeinen Grundsatzes aufgenommen war.

II. **Der Art. 10 enthält** eine Sondervorschrift für gewisse ausländische Vereine, deren Rechtsfähigkeit im Inland er von einer besonderen Anerkennung abhängig macht.

A. Die Voraussetzungen dieser Anerkennung sind:

1. Der Verein muß einem fremden Staate angehören und nach dessen Gesetzen rechtsfähig sein. Es muß also derselbe fremde Staat sein, dem der Verein angehört und nach dessen Gesetzen er rechtsfähig ist. Erkännte etwa die Rechtsordnung eines Staates jeden Verein, auch einen ausländischen, ohne weiteres als rechtsfähig an, so würden dadurch doch nur Vereine, die diesem Staate selbst angehörten, nicht auch solche eines fremden Staates die Anerkennung ihrer Rechtsfähigkeit nach Art. 10 erlangen können. — In der Regel wird ein Verein demjenigen Staate angehören, in dessen Gebiete er seinen Sitz hat, doch sind Ausnahmen möglich. [In den Entw. IIa und IIb war anstatt von Vereinen, die einem fremden Staate angehören, von solchen die Rede, die ihren Sitz im Auslande haben, im Entw. III findet sich statt dessen die jetzige Fassung; offenbar hängt das zusammen mit der Vorschrift des jetzigen § 23 BGB., die in den früheren Entwürfen gefehlt hatte.] So kann nach BGB. § 23 einem Vereine, der seinen Sitz nicht im Reichsgebiete hat, die Rechtsfähigkeit nach deutschem Rechte durch Beschluß des Bundesrats verliehen werden, z. B. einem im Auslande bestehenden Wohltätigkeitsvereine für die dort lebenden Deutschen (Planck 1 S. 96 zu § 23).

Wie hier das deutsche Gesetz, so kann umgekehrt auch ein fremdes Gesetz einem Vereine, der im deutschen Reichsgebiet oder in einem dritten Staate besteht, z. B. ebenfalls einem Hilfsvereine seiner auswärtigen Staatsangehörigen, die Rechtsfähigkeit beilegen. Ein solcher Verein gehört dann (obgleich er in Deutschland oder in dem dritten Staate seinen Sitz hat) dem fremden Staate an, der ihm die Rechtsfähigkeit verliehen hat. Besteht ein derartiger Verein in Deutschland, so könnte er für Deutschland Rechtsfähigkeit erlangen entweder nach den §§ 21, 22 BGB. oder aber nach Art. 10 EG. Doch ist wohl anzunehmen, daß, wenn ein solcher Verein die ausländische Rechtsfähigkeit schon erlangt hat, ihm zur Erlangung der Rechtsfähigkeit für das Inland nur der Weg des Art. 10 offen stehen soll, mit anderen Worten, daß seine Eintragung ins Vereinsregister oder die Verleihung der Rechtsfähigkeit durch den Bundesstaat, in dem er seinen Sitz hat, ausgeschlossen und nur die Anerkennung durch den Bundesrat zulässig sein soll. Dagegen hat der Bundesrat freies Ermessen, ob er einem im Auslande bestehenden, nach den ausländischen Gesetzen rechtsfähigen Verein die Rechtsfähigkeit für das Inland nach § 23 verleihen oder ob er sie nach Art. 10 nur anerkennen will (ebenso Niemeyer S. 130).

Das Preußische AG. z. BGB. Art. 7 unterscheidet allerdings juristische Personen, die in Preußen ihren Sitz haben, solche, die in einem anderen Bundesstaat ihren Sitz haben, und ausländische juristische Personen, scheint also die Angehörigkeit nur vom Sitze abhängig zu machen. Daß diese Dreiteilung des Preuß. Gesetzes aber ungenau ist, zeigt gerade der § 23 BGB.: ein Verein, der in keinem Bundesstaate seinen Sitz hat und dem vom Bundesrate die Rechtsfähigkeit verliehen ist, ist doch keine ausländische juristische Person. Gewiß nicht, wenn er in einem Schutzgebiete oder Konsulargerichtsbezirke, aber auch dann nicht, wenn er in einem fremden Staate seinen Sitz hat. Auch für das Ges. betr. das Reichsschuldbuch v. 31. Mai 1891 § 4 ist bei der durch Art. 50 EG. z. BGB. herbeigeführten Veränderung die im § 23 BGB. vorgesehene Möglichkeit, daß eine juristische Person die dem deutschen Reiche angehört, außerhalb desselben ihren Sitz hat, nicht berücksichtigt worden.

2. Der ausländische Verein muß (dem Wortlaute nach) im Ausland als Verein rechtsfähig sein. Das BGB. unterscheidet, während es als juristische Personen des öffentlichen Rechtes drei Arten, nämlich Körperschaften, Stiftungen und Anstalten, nennt, auf privatrechtlichem Gebiet (abgesehen von den juristischen Personen der landesrechtlichen Vorbehaltsgebiete), nur Vereine und Stiftungen. Nun sind aber Mischformen denkbar, in deren Klassifizierung das ausländische Recht möglicherweise vom deutschen abweichen kann. Ein privatrechtliches Gebilde, das nach unserm Rechte nur als Verein Rechtsfähigkeit erlangen könnte, kann nach dem maßgebenden ausländischen Rechte vielleicht eine rechtsfähige Anstalt sein (vgl. Gierke, deutsches Privatrecht 1 § 60). Es liegt dann streng genommen kein nach den Gesetzen des ausländischen Staates rechtsfähiger Verein vor, sondern eine nach den Gesetzen dieses Staates rechtsfähige Anstalt, die allerdings, wenn sie den inländischen Gesetzen unterworfen wäre, nur als Verein Rechtsfähigkeit erlangen könnte. Der Zweck des Art. 10 spricht dafür, daß in solchen Fällen die Klassifizierung nach deutschem Rechte zu erfolgen hat, also Anerkennung nach Art. 10 nötig ist.

3. Der Art. 10 soll sich nur beziehen auf Vereine, die „die Rechtsfähigkeit im Inlande nur nach den Vorschriften der §§ 21, 22 BGB. erlangen könnten". Sie gilt also einmal, und zwar unbeschränkt, für Vereine, deren Zweck auf keinen wirtschaftlichen Geschäftsbetrieb gerichtet ist (§ 21). Sodann gilt sie für Vereine, deren Zweck zwar auf einen solchen Geschäftsbetrieb gerichtet ist, bei denen es aber an besonderen reichsgesetzlichen Vorschriften über die Erlangung der Rechtsfähigkeit mangelt (§ 22). Es ist nicht ganz klar, wie man die negative Abgrenzung des § 22 bei dem Art. 10 verstehen soll. Besondere reichsgesetzliche Vorschriften über die Erlangung der Rechtsfähigkeit bestehen namentlich für die handelsrechtlichen Vereinigungen (Aktiengesellschaften, Erwerbs- und Wirtschaftsgenossenschaften, Gesellschaften mit beschränkter Haftung), sie sind deshalb von dem Erfordernisse der staatlichen Verleihung der Rechtsfähigkeit, das § 22 aufgestellt, aus-

genommen. Diese besondere reichsgesetzliche Regelung der Rechtsfähigkeit, die eine Ausnahme vom § 22 begründet, erstreckt sich aber nur auf inländische Vereinigungen dieser Art. Dagegen besteht für ausländische Aktiengesellschaften usw. keine reichsgesetzliche Vorschrift, die ihnen Rechtsfähigkeit verliehe; bei ihnen ermangelt es also an einer solchen Vorschrift und daraus könnte gefolgert werden, daß sie doch unter die Regel des § 22 und damit des Art. 10 fielen, d. h. der Anerkennung ihrer Rechtsfähigkeit durch den Bundesrat bedürften. Allein der § 22 hat auf ausländische Gesellschaften irgendwelcher Art überhaupt keinen Bezug und die Verweisung auf den § 22 im Art. 10 ist offenbar so zu verstehen, daß diejenigen ausländischen Vereine dem Erfordernisse der Anerkennung durch den Bundesrat nicht unterworfen sein sollen, die den im § 22 BGB. ausgenommenen inländischen Vereine gleichartig sind, ohne daß es darauf ankommt, ob sie etwa mit derselben Verfassung, die sie kraft des für sie maßgebenden ausländischen Gesetzes haben müssen oder haben dürfen, im Inlande begründet werden dürften. Auch ausländische Aktiengesellschaften, deren Aktien auf den Inhaber und auf einen Betrag unter 200 Mk. (HGB. § 180) lauten, oder ausländische Gesellschaften mit beschränkter Haftung, die mit einem Stammkapital unter 20000 Mk. begründet sind (Ges. v. 20. April 1892 § 5), sind in Deutschland rechtsfähig. (So auch die Protokolle VI S. 26; ferner Zitelmann 2 S. 117 Anm.; Barazetti S. 38; Niemeyer S. 131; Niedner Anm. 2; Kuhlenbeck Anm. 5; Planck Anm. 2.) Siehe ferner unten Bem. III.

B. 1. Die Anerkennung erfolgt durch Beschluß des Bundesrats. Eine Form für diesen Beschluß ist nicht vorgeschrieben, namentlich bedarf es nicht seiner Veröffentlichung, sondern es genügt Mitteilung an den Verein.

2. Der Beschluß geht nicht auf Verleihung der Rechtsfähigkeit, sondern auf Anerkennung. Anerkennen kann man nur etwas, was schon besteht. Durch den Beschluß des Bundesrats wird also anerkannt die nach der maßgebenden ausländischen Rechtsordnung bestehende Rechtsfähigkeit des Vereines. Gleichwohl ist es unrichtig, zu sagen, der Beschluß sei deklarativ. Seiner Wirkung nach ist er konstitutiv, denn erst durch ihn tritt die Rechtsfähigkeit des Vereines für das Inland ein; er schafft eine Erweiterung dieser Rechtsfähigkeit, die bisher nicht vorhanden war. Allerdings tritt diese Wirkung nicht selbständig durch den Beschluß des Bundesrats ein, sie bleibt abhängig von dem Vorhandensein der ausländischen Rechtsfähigkeit. Nur wenn beide Momente — die Rechtsfähigkeit nach dem Gesetze des Heimatstaats und die Anerkennung durch den Bundesrat — zusammen vorliegen, kommt dem Vereine die Rechtsfähigkeit im Inlande zu. Stellt sich heraus, daß dem Vereine die Rechtsfähigkeit nach dem ausländischen Rechte fehlte, oder wird sie ihm im Auslande wieder entzogen, so fällt damit auch die Rechtsfähigkeit für das Inland hinweg, ohne daß es dazu eines Beschlusses des Bundesrats bedarf. (So Zitelmann 2 S. 118; Niemeyer S. 129; Barazetti S. 37; Planck Anm. 2 und Art. 10; Wagner Anm. 3; Kuhlenbeck; and. Ans. Niedner Anm. 4.) Jedoch begründet die Anerkennung durch den Bundesrat wenigstens die Vermutung, daß dem Vereine nach seinem Heimatrechte die Rechtsfähigkeit innewohnt; sie hat darum die Wirkung, daß sie den Richter der Prüfung überhebt, ob der Verein nach den Gesetzen seines Heimatstaats rechtsfähig ist, und daß sie auch den Verein von diesem Nachweise befreit, wenn ihm der Gegner seine Rechtsfähigkeit im Auslande bestreitet. Der

Gegner ist für seine Einwendung beweispflichtig. (So auch Planck Anm. 2; abweichend Niemeyer S. 129.) Durch diese beschränkte Wirkung unterscheidet sich die Anerkennung des Art. 10 von der Verleihung der Rechtsfähigkeit nach § 23. Die Verleihung nach § 23 macht die Rechtsfähigkeit für das Inland völlig unabhängig von der ausländischen; auch wenn die letztere erlischt, bleibt die für das Inland verliehene bestehen.

Mit dem Wort „Anerkennung" wird zugleich die rückwirkende Kraft des Beschlusses ausgedrückt. Hat ein deutscher Erblasser einem ausländischen rechtsfähigen Vereine, der aber zur Zeit seines Todes in Deutschland nicht anerkannt war, zu seinem Erben eingesetzt, so ist die Erbeinsetzung nur dann wirksam, wenn der Verein zur Zeit des Todes rechtsfähig war. Wird nun dem Vereine die Anerkennung seiner Rechtsfähigkeit für das Inland versagt, so fällt die Erbeinsetzung zusammen trotz der bestehenden ausländischen Rechtsfähigkeit. Wird dagegen die Anerkennung gewährt, so ist die Erbeinsetzung wirksam, obgleich zur Zeit des Todes des Erblassers auch nur die Rechtsfähigkeit für das Ausland vorhanden war, während sie für das Inland fehlte. Es tritt also bei der Anerkennung ein ähnliches Verhältnis ein wie bei der Stiftung durch Verfügung von Todes wegen (BGB. § 84).

Ob der Bundesrat die Rechtsfähigkeit eines ausländischen Vereins anerkennen will oder nicht, hängt von seinem freien Ermessen ab. Ebenso kann er auch jederzeit die Anerkennung wieder zurückziehen, ohne dabei an die Gründe des BGB. § 43 gebunden zu sein. Die Tragweite einer solchen Zurücknahme kann verschieden sein, namentlich kann sie nur die Begründung neuer Rechte zu gunsten des Vereins verhindern wollen, dagegen ihm schon entstandene Rechte oder doch wenigstens für die Liquidation im Inlande die Parteifähigkeit belassen, wie ja auch der inländische Verein nach Entziehung der Rechtsfähigkeit doch für die Liquidation noch rechtsfähig bleibt. Über einen Fall dieser Art vgl. RG. 6 S. 136.

Das Gesetz verbietet auch nicht, daß der Bundesrat die Anerkennung nur für ein einzelnes Rechtsverhältnis erteilt, um dem Verein die Möglichkeit zu verschaffen, seine Ansprüche aus diesem Verhältnis im Inlande geltend zu machen, während Bedenken bestehen können, die Anerkennung allgemein für Rechtsverhältnisse aller Art auszusprechen. Denn wie der Bundesrat berechtigt ist, eine ausgesprochene Anerkennung jederzeit wieder zurückzunehmen, so darf man ihm auch die Befugnis nicht vorenthalten, eine Anerkennung von vornherein inhaltlich zu beschränken.

3. Auch nach der Anerkennung durch den Bundesrat bleibt der Verein eine ausländische juristische Person. Er unterliegt nach wie vor den Beschränkungen, denen eine solche in Deutschland oder in den einzelnen Bundesstaaten nach Reichs- oder Landesrecht unterworfen ist, sowohl in privatrechtlicher Beziehung (z. B. EG. Art. 88, Preuß. AG. z. BGB. Art. 7 § 1) wie in prozessualer (ZPO. §§ 110, 114 Abs. 2), gewerblicher (GewOrdn. § 12) oder sonstiger Hinsicht. Auch darin liegt ein Unterschied von der Verleihung der Rechtsfähigkeit nach § 23 BGB.; diese macht den Verein zu einer juristischen Person des Inlandes.

Ebensowenig führt die Anerkennung des Bundesrats eine Rechtsfähigkeit des Vereins für solche Rechtsverhältnisse herbei, die sich nach dem Rechte eines dritten Staates bestimmen, sondern hier ist nach der maßgebenden Rechtsordnung des dritten Staates zu prüfen, ob auch danach der Verein die zum Erwerbe des

Rechtes, das in Frage steht, erforderliche Fähigkeit besitzt. Hat z. B. der in Deutschland wohnhafte Angehörige des Auslandstaats A den dem Auslandstaate B angehörigen und nach dessen Gesetzen rechtsfähigen Verein B zum Erben eingesetzt, so bedarf der Verein die Anerkennung seiner Rechtsfähigkeit durch den Bundesrat, um seine Erbrechte in Deutschland geltend zu machen, namentlich um zu klagen. Gleichwohl hilft ihm diese Anerkennung auch vor dem deutschen Richter nicht, wenn der Staat A, dessen Rechtsordnung nach Art. 25 für die Beerbung maßgebend ist, entweder Vereinen überhaupt oder Vereinen dieser Art oder ausländischen Vereinen oder von ihm nicht anerkannten Vereinen die Rechtsfähigkeit oder speziell die Erbfähigkeit versagt. Dasselbe gilt natürlich auch für den Erwerb von Grundeigentum in dem dritten Staate. Bei solchen Rechtsverhältnissen, die den Gesetzen dritter Staaten unterliegen, ist die Rechtslage eines im Inland anerkannten ausländischen Vereins nicht anders wie die eines inländischen Vereins oder wie die einer ausländischen juristischen Person, die einer besonderen Anerkennung ihrer Rechtsfähigkeit im Inlande nicht erst bedarf. Die Anerkennung des Art. 10 gibt dem Vereine in dieser Beziehung keine größeren Rechte.

4. **Satz 2.** Ist ein ausländischer Verein der im Satz 1 des Art. 10 bezeichneten Art vom Bundesrate nicht als rechtsfähig anerkannt, so sollen nach der erst vom Bundesrate eingefügten Bestimmung des Satz 2 „die Vorschriften über die Gesellschaft sowie die Vorschrift des § 54 Satz 2 des BGB." Anwendung finden. [Warum man statt dieser Zweiteilung nicht einfach gesagt hat: Auf Vereine der bezeichneten Art finden die Vorschriften des § 54 BGB. Anwendung, ist nicht klar, denn der erste Teil, der „die Vorschriften über die Gesellschaft" für anwendbar erklärt, ist selbst nur eine Wiederholung des Satz 1 des § 54, so daß tatsächlich im Art. 10 Satz 2 die beiden Sätze des § 54 auf nicht anerkannte ausländische Vereine übertragen werden.] Über die Tragweite dieser Vorschriften vgl. unter Nr. 5. — Unzweifelhaft finden ferner auf solche nicht anerkannte ausländische Vereine die Bestimmungen der ZPO. § 50 Abs. 2 und § 735 Anwendung. Daß ein ausländischer Verein, der der Anerkennung bedarf, aber nicht anerkannt ist, namentlich nicht im Grundbuch oder in ein sonstiges öffentliches Buch oder Register (Handelsregister, Schiffsregister u. dgl.) als Inhaber von Rechten eingetragen werden kann, folgt eben aus dem Mangel der Rechtsfähigkeit, die bis zur Anerkennung für das Inland besteht. Wird aber die Anerkennung erteilt, so wird damit auch für ein schon früher erworbenes Recht, kraft der rückwirkenden Kraft der Anerkennung die Eintragung ermöglicht.

Zweifelhaft ist, ob die Vorschriften des Art. 10, also das Erfordernis der Anerkennung durch den Bundesrat und die bei Nichtanerkennung nach Satz 2 eintretende Behandlung, nur für Rechtsverhältnisse gelten sollen, die sich nach deutschem Rechte bestimmen, oder auch für solche, für die ausländisches Recht, namentlich das Recht des Heimatstaats des Vereins, maßgebend ist. In der zweiten Kommission waren Anträge im ersteren Sinne gestellt worden, sie wurden aber abgelehnt, weil „zu einer solchen, der Regelung einen kasuistischen Anstrich gebenden Beschränkung ein sachlicher Grund nicht vorliege". (Prot. VI S. 23, 28.) Ob man damit die beantragte Beschränkung als sachlich ungerechtfertigt verwerfen oder ob man nur die Entscheidung, weil der Kasuistik angehörig, dem Gesetze fernhalten und der Rechtsprechung überlassen wollte, ist aus der Bemerkung nicht klar zu erkennen.

Planck (Anm. 4) will die Vorschriften des Art. 10 im ersteren Sinne auffassen, Zitelmann (2 S. 118 f.) geht zwar mit Rücksicht auf jenen Vorgang in der zweiten Kommission weiter, er nimmt an, der Art. 10 wolle auch dann Anwendung finden, wenn nach sonstigen internationalprivatrechtlichen Grundsätzen das deutsche Recht gar nicht Wirkungsstatut sei. Dennoch spricht er sich für eine einschränkende Auslegung des Art. 10 aus, und zwar dahin, daß die Rechtsfähigkeit eines ausländischen Vereins usw. nur dann nach Art. 10 zu beurteilen sei, wenn entweder das zu beurteilende Rechtsverhältnis nach den sonstigen internationalprivatrechtlichen Regeln dem deutschen Rechte unterliege, oder wenn der ausländische Verein in anderer Weise in unmittelbarer Beziehung zum Inlande stehe, insbesondere wenn Handlungen der juristischen Person in Deutschland in Frage kommen. Das ist gewiß, wenn in einem Rechtsstreit unter dritten Personen oder auch bei der Klage eines Dritten gegen den Verein (ZPO. § 50 Abs. 2) vor dem deutschen Richter die Rechtsfähigkeit des ausländischen Vereins einen Indizienstreitpunkt bildet, wenn z. B. die Beurteilung eines im Heimatland oder in einem andern Auslandstaate vorgenommenen Rechtsgeschäfts davon abhängt, ob der Verein juristische Person ist oder nicht, dann kann der deutsche Richter die im Heimatland oder in dem dritten Staate bestehende Rechtsfähigkeit des Vereins nicht ignorieren, weil der Verein im Inlande nicht anerkannt ist. Das würde zu Folgerungen führen, die für den internationalen Rechtsverkehr unerträglich wären. Dasselbe gilt vom Satz 2. Ein Heimatgenosse des Vereins und selbst ein Deutscher, der im Heimatlande des Vereins einen dort auch erfüllbaren Vertrag mit dem Vereine geschlossen hat, kann nicht das Vorstandsmitglied, das dabei namens des Vereins gehandelt hat, und das sich dann zufällig einmal vorübergehend in Deutschland aufhält, hier auf Grund des § 54 Satz 2 BGB. als ihm persönlich haftbar belangen. Indessen darf man den Art. 10 doch wohl nicht, wie es Planck will, auf Rechtsverhältnisse beschränken, die sich nach deutschem Rechte bestimmen, sondern muß mit Zitelmann schon eine schwächere Beziehung des Rechtsverhältnisses zum Inlande genügen lassen. Geht z. B. ein Vorstandsmitglied oder ein sonstiger Vertreter des Vereins in dessen Namen in Deutschland eine Verbindlichkeit ein, z. B. durch einen Kaufvertrag, so untersteht nach der bisher in Deutschland herrschenden Lehre dieses Schuldverhältnis des Vereins regelmäßig dem Heimatrechte des Vereins, weil dort für diesen der Erfüllungsort ist. Nach Planck wäre darum in einem solchen Falle der Art. 10 Satz 2 nicht anwendbar, während die Vorschrift doch auf solche Fälle offenbar gerade berechnet ist. Ebenso wäre nach dieser Ansicht der ausländische Verein, auch ohne Anerkennung, für Ansprüche aller Art aus Rechtsverhältnissen, die seinem Heimatrecht unterstehen, in Deutschland aktiv parteifähig. Denn die aktive Parteifähigkeit wird nach ZPO. § 50 Abs. 1 bestimmt durch die Rechtsfähigkeit. Wäre also der Verein für einen Anspruch, der sich nach ausländischem Rechte bestimmt, auch in Deutschland ohne weiteres rechtsfähig, so wäre er dafür auch parteifähig. Auch ein deutsches Mitglied eines solchen Vereins, das in Deutschland wohnte, könnte dann von dem Verein als parteifähige juristische Person in Deutschland auf die ihm als Mitglied obliegenden Leistungen belangt werden. Denn das Rechtsverhältnis des Vereins zu seinen Mitgliedern untersteht regelmäßig dem Rechte des Ortes, wo der Verein seinen Sitz hat, also in unserm Falle nicht dem deutschen Rechte. Auch diese Folge verstieße offenbar gegen den Zweck des Art. 10. Gerade die aktive Parteifähigkeit soll einem ausländischen Vereine der im Art. 10 bezeichneten Art offenbar nur auf Grund Anerkennung des Bundesrats zustehen. Die Bemerkung Niedners Anm. 7, die Versagung der juristischen Persönlichkeit für solche ausländische Vereine schließe deren Parteifähigkeit im Inlande nicht aus, ist ungenau; die aktive Parteifähigkeit wird allerdings damit ausgeschlossen, nur die passive Parteifähigkeit und die daraus erwachsende Fähigkeit zur Erhebung einer Widerklage und der Klagen aus §§ 541, 686 und zur Kostenfestsetzung steht ihm ebenso wie einem inländischen nicht rechtsfähigen Vereine zu.

Schwer ist allerdings zu sagen, wann und welche „Vorschriften über die Gesellschaft“ auf den nicht anerkannten ausländischen Verein angewandt werden sollen? Sind damit die Vorschriften des BGB. oder die des Heimatrechts des Vereines über die Gesellschaft gemeint? Die herrschende Ansicht nimmt das erstere an (Planck Anm. 3; Niedner Anm. 7; Kuhlenbeck Anm. 2; Barazetti S. 36, Anm. 12), anderer Ansicht ist Niemeyer S. 132. Nun ist allerdings auffallend, daß es bloß heißt „die Vorschriften über die Gesellschaft“, nicht die Vorschriften des BGB. über die Gesellschaft (während es gleich darauf heißt: „sowie die Vorschrift des § 54 Satz 2 des BGB“). Indessen erklärt sich das wohl daraus, daß man die Worte „die Vorschriften über die Gesellschaft“ einfach aus dem Satz 1 des § 54 BGB. übernommen hat. Im § 54 BGB. sind nun mit den Vorschriften über die Gesellschaft zweifellos die des BGB. gemeint. Auch wird, wenn man annimmt, daß der deutsche Richter auf Grund des Art. 10 Satz 2 den nicht anerkannten ausländischen Verein als eine Gesellschaft nach Maßgabe des ausländischen Heimatrechts behandeln müßte, die Sachlage keineswegs einfacher, sondern im Gegenteil erst recht verwickelt, da ja vielleicht das Heimatrecht des Vereins die bloße Gesellschaft noch lockerer gestaltet, als das deutsche Recht, etwa nach den Grundsätzen der römischen societas. Es könnte dann selbst ein ausländisches Vereinsmitglied, wenn etwa ein Schuldner des Vereins in Deutschland seinen Wohnsitz hätte, von diesem die Auszahlung seines Bruchteils an der Forderung verlangen, während dieses doch durch die Vorschriften des BGB. über die Gesellschaft ausgeschlossen ist (§§ 718 ff.), wie ja überhaupt die Ausgestaltung des Gesellschaftsvermögens im BGB. sich dem Vereinsbegriffe sehr nähert. Die Lösung der Schwierigkeiten muß vielmehr darin gesucht werden, daß auch der deutsche Richter das Verhältnis des Vereins zu seinen Mitgliedern und dieser untereinander, weil es dem Heimatrechte des Vereins unterliegt, auch regelmäßig nach diesem zu beurteilen hat, und daß nur im Falle besonderer Inlandsbeziehungen (soweit es sich um deutsche Vereinsmitglieder handelt, die im Inland angeworben sind, oder im Verhältnisse zu Gläubigern des Vereins aus Rechtsgeschäften, die im Inland abgeschlossen worden sind und in bezug auf inländische Vermögensstücke) die Vorschriften des BGB. §§ 705—740 anzuwenden sind. Dabei ist übrigens immer noch zu berücksichtigen, daß die meisten dieser Vorschriften nur ergänzender Art sind (ausgenommen z. B. § 716 Abs. 2, § 722 Abs. 3), also durch die Vereinssatzung, wenn sich das inländische Mitglied ihr unterworfen hat, d. h. wenn es mit Kenntnis ihres Inhalts dem Vereine beigetreten ist, ausgeschlossen werden. Gleichwohl ist nicht zu verkennen, daß die Abgrenzung der Vorschriften, die aus den §§ 705—740 anwendbar sind, und der Fälle, wo sie das sind, im einzelnen außerordentlich schwer sein wird.

III. **Für alle übrigen ausländischen juristischen Personen**, außer den im Art. 10 Satz 1 bezeichneten Vereinen, gelten die Vorschriften dieses Artikels nicht. Dahin gehören:

1. privatrechtliche Stiftungen;
2. die Körperschaften, Anstalten und Stiftungen des öffentlichen Rechtes;
3. die handelsrechtlichen Vereinigungen, soweit sie juristische Personen sind
4. die Korporationen auf dem Gebiete der landesrechtlichen Vorbehalte, z. B. auf dem Gebiete des Wasser-, Deich-, Berg-, Jagd-, Fischerei- Versicherungsrechts (Art. 65, 66, 67, 69, 75) u. a.

In der zweiten Kommission wurde allerdings festgestellt: „In der Sache selbst bestehe Einverständnis, daß die Rechtsfähigkeit der ausländischen öffentlichrechtlichen Korporationen und ebenso die der handelsrechtlichen Erwerbsgesellschaften ohne weiteres anzuerkennen sei. In Ansehung der Stiftungen habe nach der Ansicht der Mehrheit das gleiche zu gelten“ (Prot. VI S. 26). Demgemäß behielt denn auch die Kommission den allgemeinen Satz bei, daß die juristische Persönlichkeit nach den Gesetzen des Ortes zu beurteilen sei, wo die juristische Person ihren Sitz hat. Allein nachdem der Bundesrat diesen allgemeinen Satz beseitigt hat, ist die Rechtslage derjenigen juristischen Personen, die nicht unter den Art. 10 fallen, zweifelhaft geworden.

Kraft eines argumentum e contrario aus dem Art. 10 folgert die herrschende Meinung (Planck Anm. 1; Wagner Anm. 1; Barazetti S. 39 f.; Niemeyer S. 131; OLG. Kiel in OLG. 5 S. 101; Seuff A. 57 S. 433), daß die Rechtsfähigkeit aller ausländischen juristischen Personen, die nicht unter den Art. 10 fallen, sich grundsätzlich nach den Gesetzen des Staates richte, denen sie angehören. Dem ist zunächst insofern beizustimmen, als die Frage, ob eine juristische Person vorhanden ist, in erster Linie nach den Gesetzen des Heimatsstaats der juristischen Person geprüft werden muß. Ist sie danach zu verneinen, so liegt überhaupt keine juristische Person vor, auch wenn nach unserem Rechte die Voraussetzungen zur Entstehung einer solchen gegeben wären. Nicht ohne weiteres darf dagegen aus Art. 10 gefolgert werden, daß jede ausländische juristische Person, abgesehen von den Vereinen des Art. 10, auch in Deutschland stets ohne weiteres als rechtsfähig zu gelten habe. Wenigstens ist das kein aus dem Art. 10 abzuleitender Grundsatz des Reichsrechts. Zwar für ausländische öffentlichrechtliche Korporationen, Stiftungen und Anstalten ist die Anerkennung ihrer Rechtsfähigkeit auch im Inlande durch ein allgemeines völkerrechtliches Gewohnheitsrecht gewährleistet. Doch bezieht sich auch das nur auf staatsrechtliche Korporationen u. dgl. Kirchenrechtliche Korporationen des Auslandes, z. B. ein ausländischer Mönchsorden, haben, auch wenn sie im Ausland als öffentlichrechtliche Korporationen gelten, darum keineswegs auch in Deutschland Anspruch, als rechtsfähig behandelt zu werden. Vielmehr hat jeder Bundesstaat freie Hand darin, ob er die Rechtsfähigkeit einer derartigen ausländischen Korporation anerkennen, z. B. ihre Parteifähigkeit beilegen will. Vgl. auch Art. 84 EG., der allerdings nicht unmittelbar die Rechtsfähigkeit ausländischer Religionsgesellschaften und geistlicher Gesellschaften betrifft, sondern die Begründung solcher Gesellschaften in dem einzelnen Bundesstaat als eingetragene Vereine verhindern will. Dasselbe gilt für Korporationen, die den landesgesetzlichen Vorbehaltsgebieten angehören. Wenn hier das Reichsrecht die Ordnung der Landesgesetzgebung überläßt, also auch die Regelung der diesem Gebiet angehörigen Korporationen, so ist nicht anzunehmen, daß ein Bundesstaat gezwungen sein sollte, eine diesen Gebieten angehörige ausländische Korporation, z. B. eine ausländische Gewerkschaft, für sein Gebiet als rechtsfähig anzuerkennen. Endlich gilt dies auch für Stiftungen. Das BGB. läßt die Entstehung einer inländischen Stiftung von der freien Genehmigung des Bundesstaats abhängen. Durch diese Genehmigung des einzelnen Bundesstaats wird allerdings der Stiftung die Rechtsfähigkeit für das ganze Reichsgebiet erworben als eine Folge, die der Bundesverband und die Rechtseinheit mit sich bringt. Aber für ausländische Stiftungen fehlt es an einem gleichen Rechtssatze.

Damit soll nicht gesagt sein, daß die Rechtsfähigkeit aller dieser juristischen Personen des Auslandes in Deutschland nicht anzuerkennen oder grundsätzlich in Zweifel zu ziehen sei. Im Gegenteil, es darf der allgemeine Grundsatz aufgestellt werden, daß die Rechtsfähigkeit einer ausländischen juristischen Person auch bei uns regelmäßig anzuerkennen ist; nur ist dieser Satz nicht reichsrechtlich gewährleistet, sondern ein allgemeiner Grundsatz der Landesrechte, der darum auch durch ein Landesgesetz ausgeschlossen werden kann. Nur für handelsrechtliche Vereinigungen darf man wohl einen (zwar unausgesprochenen) reichsrechtlichen Grundsatz annehmen, daß sie im Inland ohne weiteres als rechtsfähig zu gelten haben (vgl. OLG. Hamburg in OLG. 8 S. 12, 9 S. 29, 10 S. 129, Böhms Z. 14 S. 69, 16 S. 476; RG. II 17. Okt. 04 in Böhms Z. 15 S. 293; abw. OLG. Hamburg in Böhms Z. 14 S. 64, s. dagegen ebenda 15 S. 320, 600).

Daraus ergeben sich folgende Sätze:

1. Das Dasein einer juristischen Person ist nach den Gesetzen des Staates zu beurteilen, dem sie angehört. Regelmäßig wird das der Staat sein, in dessen Gebiete die juristische Person ihren Sitz hat, doch sind Ausnahmen möglich (vgl. BGB. § 23, § 87 Satz 2, oben unter II A 1).

2. Ist danach keine juristische Person vorhanden (sie ist nicht entstanden oder wieder erloschen), so ist auch für das Inland keine vorhanden, sollten auch die Voraussetzungen vorliegen, die nach deutschem Rechte zum Entstehen einer juristischen Person ausreichen, oder die Umstände, die ihr Ende im Auslande herbeigeführt haben, dazu nach deutschem Rechte nicht ausreichen.

3. Liegt nach dem ausländischen Rechte eine juristische Person vor, so ist nunmehr die Frage, ob diese auch im Inland als rechtsfähig gilt, nach deutschem Rechte, zunächst nach Reichsrecht und sodann nach Landesrecht, zu prüfen. Auszugehen ist davon, daß die Rechtsfähigkeit einer ausländischen juristischen Person regelmäßig auch bei uns anzuerkennen ist, solange nicht ein besonderer Rechtssatz sie verbietet. Dieser Rechtssatz kann z. B. in den Art. 30, 31 EG. begründet sein, er kann aber auch (abgesehen von den handelsrechtlichen Erwerbsgesellschaften, und jedenfalls bei Religions- und sonstigen geistlichen Gesellschaften) dem Landesrecht angehören. Unter diese Rechtsfähigkeit, die danach im Inland anzuerkennen ist, die aber durch einen Satz des Reichs- oder Landesrechts gehindert sein kann, gehört vor allem die aktive Parteifähigkeit. Dagegen werden, wie bei den nicht anerkannten ausländischen Vereinen des Art. 10, so auch für andere ausländische juristische Personen, deren Rechtsfähigkeit für das Inland nicht gilt, die passive Parteifähigkeit und deren Ausflüsse nach § 50 Abs. 2, § 735 ZPO. zugestanden werden müssen.

4. **Neben der allgemeinen** Rechtsfähigkeit der juristischen Person für das Inland ist ferner zu prüfen, ob die juristische Person auch zu dem Erwerbe des einzelnen Rechtes imstande ist, um das es sich handelt. Diese Frage ist nach dem Gesetze des Staates zu beurteilen, dem das betreffende Rechtsverhältnis untersteht, so die Fähigkeit zum Erwerbe von Grundeigentum oder dinglichen Rechten nach der lex rei sitae, die Erbfähigkeit nach dem Gesetze, das die Beerbung beherrscht. Hat z. B. ein Ausländer (Angehöriger des Staates A) der in Deutschland seinen letzten Wohnsitz hatte, zu seinem Erben eine juristische Person eingesetzt, die dem Staate B angehört, so bestimmt sich die Frage, ob eine juristische Person da ist, nach dem Rechte des Staates B, ihre Fähigkeit, den Verstorbenen zu beerben, nach dem Rechte des Staates B (Art. 25 EG.; nach diesem Rechte kann sie möglicherweise vorhanden sein, auch wenn zur Zeit des Todes noch keine juristische Person existierte, vgl. z. B. § 84). Gehört nun zum Nachlasse des Verstorbenen auch Grundvermögen, das im Staate C liegt, so ist außer der Erbfähigkeit auch noch die Fähigkeit zum Erwerbe dieses Grundvermögens weiter nach dem Rechte des Staates C zu prüfen, und sie kann fehlen trotz vorhandener Erbfähigkeit.

Namentlich wird durch die auch für das Inland anzuerkennende Rechtsfähigkeit der ausländischen juristischen Personen noch nicht eine Befugnis für sie begründet, im Inland ein Gewerbe zu betreiben. Hinsichtlich dieser Befugnis bewendet es nach GO. § 12 bei den Landesgesetzen. Dies gilt auch für handelsrechtliche Erwerbsgesellschaften. Nach den Landesgesetzen bestimmt sich auch, ob Geschäfte einer ausländischen juristischen Person, die einem etwaigen Verbote zuwider im Inlande vorgenommen sind, nichtig oder nur zu gunsten des inländischen Vertragsgegners wirksam oder privatrechtlich voll wirksam sein sollen. Fehlt es an einer besonderen landesgesetzlichen Vorschrift, so ist nach § 134 BGB. das Geschäft im ganzen nichtig. Eine besondere hier einschlagende Bestimmung enthalten die §§ 85, 86, 91 Abs. 2 des RGes. über die privaten Versicherungsunternehmungen vom 12. Mai 1901 (RGBl. S. 139). Danach bedürfen ausländische Versicherungsunternehmungen, die im Inlande durch Vertreter, Bevollmächtigte, Agenten oder sonstige Vermittler das Versicherungsgeschäft betreiben wollen, hierzu der Erlaubnis, für diese ist der Reichskanzler zuständig. Sie darf nur erteilt werden, wenn die Versicherungsunternehmung den Nachweis führt, daß sie am Sitze des Unternehmens unter ihrem Namen Rechte erwerben und Verbindlichkeiten eingehen, vor Gericht klagen und verklagt werden kann. Die Untersagung des Geschäftsbetriebs im Inlande kann vom Bundesrate nach freiem Ermessen beschlossen werden. Diese Vorschriften, die in erster Linie einen gewerblichen Charakter haben, berühren doch auch das Privatrecht, indem offenbar eine vom Reichskanzler zum Gewerbebetrieb im Inlande zugelassene Versicherungsunternehmung im Inland ohne weiteres auch als juristische Person anzuerkennen ist, ohne daß eine Nachprüfung nach dem Rechte des Ausländers durch den Richter zulässig ist. Dagegen hängt die Anerkennung der Rechtsfähigkeit ausländischer Versicherungsunternehmungen, bei denen es an einer Erlaubnis zum Gewerbebetrieb im Inlande fehlt, (abgesehen von der Feststellung ihrer juristischen Persönlichkeit nach dem Rechte ihres Heimatstaats) von der Anerkennung dieser Rechtsfähigkeit im Inland ab, und zwar steht diese nach Art. 75 EG. auch künftig noch den Landesgesetzen zu, weil das Reichsgesetz vom 12. Mai 1901 nichts bestimmt. Das Landesgesetz kann deshalb, natürlich für sein Gebiet, der Unternehmung die Anerkennung als juristische Person und den mit ihr im Inland oder im Auslande abgeschlossenen Geschäften die Wirksamkeit versagen, wobei dann wieder der § 135 Platz greift.

5. Die Verfassung und Vertretung einer juristischen Person (Umfang der Vertretungsmacht des Vorstandes u. dgl.) sind nach ihrem Heimatrechte zu beurteilen. Dahin gehört auch die Frage, ob durch eine unerlaubte Handlung eines Organs die juristische Person verpflichtet wird, wenngleich die Handlung von dem Organ im Inland oder in einem dritten Staate begangen ist. Denn die Haftung des Täters bestimmt sich zwar nach dem Begehungsort, aber die Frage, ob der Täter durch seine Handlung eine von ihm vertretene Person verpflichtet, kann sich nur nach dem Gesetze bestimmen, das das Verhältnis zwischen dem Täter und dem Dritten beherrscht, das ist hier das Heimatrecht der juristischen Person (so im Ergebnis auch Zitelmann S. 128 f.; a. A. anscheinend Niedner Anm. 1).

Artikel 11.

Die Form eines Rechtsgeschäfts bestimmt sich nach den Gesetzen, welche für das den Gegenstand des Rechtsgeschäfts bildende Rechtsverhältnis maßgebend sind. Es genügt jedoch die Beobachtung der Gesetze des Ortes, an dem das Rechtsgeschäft vorgenommen wird.

Die Vorschrift des Abs. 1 Satz 2 findet keine Anwendung auf ein Rechtsgeschäft, durch das ein Recht an einer Sache begründet oder über ein solches Recht verfügt wird.

Vorentw. A und B: § 9 § 10 Abs. 4 (B: Abs. 3); E. I: § 3, § 4 Abs. 2; E. IIa: BGB. § 2240 § 2241 Abs. 2; E. IIb: BGB. § 2365, § 2369 Abs. 2; E. III: Art. 10. Prot. VI S. 32 ff., 72.

Literatur: v. Savigny 8 S. 348 ff.; v. Bar 1 S. 335—369, Lehrbuch S. 53—55; Böhm S. 18—21, 37, 48, 99—103, 188—191, Zitelmann 2 S. 143—164; Asser S. 31—39; Meili S. 61 ff.; Niemeyer S. 109—117; Barazetti S. 4 ff., 53 f., 59, 83; Gierke 1 S. 230; Dernburg 1 S. 101 f.; Rundstein, die Regel „locus regit actum" im BGB., ArchBürgR. 20 S. 192 ff.

Gesetzesbestimmungen: Niemeyer, Vorschläge Nr. 99—150, Neumann, Intern. Privatrecht Nr. 214—253, 329—359, 475—488.

I. **Die Formel: Locus regit actum**, mit der man bisher den für die Form der Rechtsgeschäfte maßgebenden internationalrechtlichen Grundsatz auszudrücken pflegte, stellt in den Vordergrund das Gesetz des Ortes, wo das Geschäft vorgenommen wird. Indessen sollte auch mit diesem Satze — nach der wenigstens in neuerer Zeit für das gemeine Recht herrschenden Ansicht — nicht die Ausschließlichkeit des Gesetzes des Errichtungsorts, sondern nur die Zulässigkeit der von diesem vorgeschriebenen Form ausgesprochen werden (v. Bar 1 S. 340, 353, Lehrbuch S. 18; Böhm S. 53; Gierke 1 S. 230 Anm. 57, 58; Dernburg,

Preuß. Privatr. 1 § 27 Anm. 10; RG. 18 Nr. 8; RG. bei Seuff A. 37 Nr. 1; ebenso Sächs. BGB. § 9; WO. Art. 85; Asser S. 35).

Dieser Auffassung schließt sich der Art. 11 an.

II. **Den allgemeinen Grundsatz enthält der erste Satz des Abs. 1.** Danach ist in erster Linie für die Form eines Rechtsgeschäfts maßgebend dasjenige Gesetz, dem das den Gegenstand des Rechtsgeschäfts bildende Rechtsverhältnis untersteht. Dieser Grundsatz gilt für Rechtsgeschäfte aller Art, sowohl diejenigen des Vermögensrechts (Obligationen-, Sachen- und Erbrecht, vgl. über die Form des obligatorischen Vertrags über Veräußerung eines ausländischen Grundstücks RG. 63 S. 18, V 3. März 06) wie für die des Personen- und Familienrechts. Da dieser Grundsatz es auch für die Form bei der Maßgeblichkeit derjenigen Rechtsordnung beläßt, der auch im übrigen das ganze Rechtsverhältnis untersteht, so bedarf diese Bestimmung an sich keiner weiteren Erläuterung; namentlich bedarf es in ihrem Bereiche nicht der mitunter schwierigen Unterscheidung, ob eine Form oder eine materiellrechtliche Vorschrift vorliegt. Auch die Frage, welches Gesetz für das den Gegenstand des Rechtsgeschäfts bildende Rechtsverhältnis maßgebend ist, wird nicht erst durch diese Vorschrift aufgeworfen, da ja auch ohnedies, sobald überhaupt die Möglichkeit einer örtlichen Statutenkollision vorliegt, die Frage nach der für das Rechtsverhältnis maßgeblichen Rechtsordnung zu beantworten ist.

Der Schwerpunkt des Art. 11 liegt darum **in dem zweiten Satz des Abs. 2,** der die der Formel: locus regit actum entsprechende Abweichung von der Regel ausspricht, daß die Beobachtung der Gesetze des Ortes genüge, an dem das Rechtsgeschäft vorgenommen wird.

1. Der Ausdruck Rechtsgeschäft begreift Verträge und einseitige, empfangsbedürftige wie nicht empfangsbedürftige Geschäfte. Auch Rechtshandlungen, wie die Mahnung oder die Anerkennung, die von manchen nicht unter die Rechtsgeschäfte gezählt werden, fallen jedenfalls unter den Art. 11. Dagegen gehören nicht hierher privatrechtlich bedeutsame Akte von Behörden, wie z. B. die Genehmigung des Vormundschaftsgerichts. Dies ist zwar nicht für den Satz 2, wohl aber gegenüber dem Satz 1 des Abs. 1 zu beachten. Für die Form solcher behördlichen Akte muß das Gesetz, dem das Rechtsverhältnis selbst untersteht, außer Betracht bleiben; für sie gilt unbedingt der Grundsatz, daß sie dem Heimatsgesetze der Behörde entsprechen muß, widrigenfalls sie unwirksam ist.

2. Da ein Rechtsgeschäft etwas äußerlich wahrnehmbares sein muß, hat ein jedes Rechtsgeschäft notwendigerweise eine Form, in der es in die Erscheinung tritt. In den Anforderungen an die Art, wie das Geschäft in die Erscheinung treten muß, weichen die einzelnen Rechtsordnungen voneinander ab, indem sie für die Wirksamkeit des Geschäfts verlangen, daß der Wille der einzelnen oder der mehreren, der sich durch das Rechtsgeschäft betätigen will, in einer bestimmten besonderen Form kundgetan werde, und damit gewisse Arten der Kundgebung ausschließen. Zu diesen Formen, die in verschiedenen Rechtsordnungen vorgeschrieben sind, gehört: ausdrückliche Erklärung durch Worte (im Gegensatze zu der sog. stillschweigenden Erklärung, die in anderen Handlungen oder Unterlassungen bestehen kann), Schriftlichkeit, Eigenhändigkeit der Unterschrift, eidliche Bestärkung, Vornahme vor Zeugen (und besondere Eigenschaften dieser Zeugen) öffentliche, notarielle, gerichtliche Beglaubigung oder Beurkundung. Zweifelhaft ist, ob auch

solche Vorschriften hierher zu rechnen sind, die die Vornahme eines Rechtsgeschäfts durch einen Stellvertreter ausschließen, also die höchstpersönliche Vornahme des Geschäfts verlangen, und bei Verträgen solche Vorschriften, die die gleichzeitige Anwesenheit beider Vertragsteile anordnen. Das letztere ist wohl ohne Unterschied zu bejahen. Dagegen wird man bei dem Verbote der Stellvertretung zweierlei unterscheiden müssen: soweit damit die Willenserklärung durch Stellvertreter verboten wird, bezieht sich die Vorschrift auf die Form des Geschäfts, dagegen ist es keine Formvorschrift, soweit dadurch eine Stellvertretung in der Willensentschließung selbst hat ausgeschlossen werden sollen. So schließt das BGB. bei Errichtung eines Testaments durch Übergabe eines Schriftstücks eine Vertretung des Erblassers bei dem Akte der Übergabe aus (§§ 2238, 2064). Das ist eine Formvorschrift für das Rechtsgeschäft der Testamentserrichtung. Läßt eine andere Rechtsordnung eine solche Übergabe durch einen Vertreter zu, so ist ein in deren Gebiete von einem Deutschen auf diese Weise errichtetes Testament nach Art. 11 Abs. 1 Satz 2 gültig. Läßt dagegen ein ausländisches Gesetz zu, daß der Inhalt der letztwilligen Verfügung anstatt durch den Testator durch einen andern bestimmt wird (wie z. B. das römische Recht bei der Pupillar- und Quasipupillarsubstitution), so ist das keine Formvorschrift nach Art. 11. Eine Verfügung dieser Art kann deshalb auch in einem Staate, wo sie an sich zulässig ist, für einen Deutschen (oder einen sonstigen Ausländer, dessen Heimatrecht sie nicht anerkennt) nicht errichtet werden. Ebenso ist zu unterscheiden bei den Vorschriften der §§ 1307, 1317, 1336, 1337 Abs. 3, 1437, 1595, 1598 Abs. 3, 1728, 1748 Abs. 2 Satz 1, 1750, 2274, 2284, 2290 Abs. 2 Satz 1, 2347 Abs. 2 BGB., wonach diese familien- und erbrechtlichen Akte nicht durch Vertreter, sondern nur persönlich vorgenommen werden können: die Zulässigkeit der Vertretung bei der Erklärung des Geschäfts bestimmt sich nach dem Gesetze des Errichtungsorts, die Notwendigkeit der eigenen Willensentschließung nach deutschem Rechte, wenn dieses für das familien- und erbrechtliche Rechtsverhältnis maßgebend ist.

Unter der Form des Rechtsgeschäfts, von der Art. 11 spricht, ist nur die Art und Weise zu verstehen, wie die am Rechtsgeschäfte Beteiligten ihren Willen äußerlich zu betätigen, welcher Mittel zur Dokumentierung dieses Willens sie sich zu bedienen haben. Nicht darunter gehört es, wenn eine Beurkundung durch amtliche Urkundspersonen gefordert wird, wie diese Personen bei Aufnahme eines solchen Aktes zu verfahren haben, damit der Akt überhaupt als eine öffentliche, gerichtliche, notarielle Beurkundung (Beglaubigung) gelten kann. Was dazu nötig ist, kann nur beurteilt werden nach den Gesetzen, die für den beurkundenden Beamten maßgebend sind, also regelmäßig nach den Gesetzen des Errichtungsorts. Schreiben z. B. sowohl das für das Rechtsverhältnis maßgebende Gesetz wie das Gesetz des Errichtungsorts notarielle Beurkundung eines Geschäftes vor, und verlangt das Gesetz des Errichtungsorts für die Aufnahme eines Notariatsakts bei Meidung der Nichtigkeit gewisse Formen (z. B. Vorlesung und Unterschrift des Protokolls), während das Wirkungsstatut diese Vorschriften nicht hat, so ist eine Verhandlung, bei der der Notar jene Vorschriften nicht befolgt hat, eben keine notarielle Beurkundung, wenn sie auch, wäre sie von einem Notar im Gebiete des Wirkungsstatuts in dieser Form bewirkt worden, gültig sein würde. Dasselbe gilt von denjenigen Bestimmungen der lex loci actus, wodurch gewisse Urkundspersonen von der Mitwirkung bei Vornahme eines Geschäfts ausgeschlossen sind (z. B. BGB. § 2234, FGG. § 170), vorausgesetzt, daß bei einer Zuwiderhandlung das Geschäft überhaupt als nichtig, als überhaupt nicht gerichtlich oder notariell beurkundet gilt. Verlangt dagegen das Gesetz des Errichtungsorts an und für sich für eine notarielle Beurkundung nur die Mitwirkung eines Notars, für die Errichtung eines Testaments dagegen die Mitwirkung zweier Notare (z. B. BGB. § 2233), während das Erbstatut auch für letztere einfach notarielle Beurkundung fordert, so wäre auch ein in Deutschland nur von einem Notar aufgenommenes Testament nach Art. 11 Abs. 1 Satz 1 für gültig zu erachten.

3. Nicht die Form des Rechtsgeschäfts betreffen solche Vorschriften, die den Zielpunkt einer rechtsgeschäftlichen Erklärung bestimmen, die Richtung, in der sie abzugeben ist, und die ihre Wirksamkeit davon abhängig machen, daß der Wille einem andern zur Kenntnis gebracht, oder daß doch dem andern die Möglichkeit verschafft worden ist, davon Kenntnis zu nehmen. Verlangt z. B. das für das Rechtsverhältnis maßgebende ausländische Recht zur Wirksamkeit einer Willenserklärung, daß sie dem Gegner tatsächlich zur Kenntnis gekommen sei, so genügt es, auch wenn sich beide Vertragsteile bei Vornahme des Geschäfts in Deutschland befanden, nicht, daß die Erklärung dem andern nach § 130 BGB. zugegangen ist oder nach § 132 als zugegangen gilt. — Von besonderer Bedeutung ist dies für die zahlreichen Fälle, wo das BGB. die Abgabe einer Erklärung gegenüber einer Behörde, namentlich gegenüber dem Nachlaßgerichte verlangt, so besonders für die Ausschlagung der Erbschaft (§ 1945), außerdem für manche Anfechtungsfälle (der Ehe § 1342, der Ehelichkeit eines Kindes §§ 1597, 1599) und andere erbrechtliche Erklärungen (z. B. bei der Testamentsvollstreckung §§ 2198, 2202). In allen diesen Fällen muß die Erklärung, auch wenn sie im Ausland abgegeben wird, zu ihrer Wirksamkeit innerhalb der bestehenden Fristen bei der inländischen Behörde eingereicht werden. Befindet sich z. B. der Erbe eines deutschen Nachlasses in einem Staate, wo die Ausschlagung der Erbschaft durch Abgabe einer Erklärung vor einem Notar oder gegenüber dem nächstberufenen Erben oder schon durch bloße Unterlassung einer Erbschaftsantrittserklärung innerhalb gewisser Frist erfolgt, so ersetzen alle diese Akte nicht die in § 1945 geforderte Erklärung an das Nachlaßgericht. Dagegen ist für die Form in der die Erklärung an das Nachlaßgericht abgegeben werden muß (bloße Schriftlichkeit, öffentliche Beglaubigung usw.) neben dem deutschen Rechte das Gesetz des Auslandstaats, von dem aus die Erklärung abgegeben wird, maßgebend.

Man darf vielleicht die Vorschriften, die für jene Akte eine Erklärung gegenüber den deutschen Behörden verlangen, zum Unterschied von den eigentlichen Formvorschriften als Verfahrensvorschriften bezeichnen, für die das deutsche Recht maßgebend bleibt, mag auch das Verfahren vom Auslande her betrieben werden. Es ist damit ähnlich, wie mit den Anfechtungsklagen, die das BGB. vorschreibt und deren Stelle gerade unter bestimmten Voraussetzungen jene Erklärungen gegenüber dem Nachlaßgerichte vertreten (vgl. §§ 1341, 1342, 1596, 1597). Vielleicht muß man diese Fälle überhaupt von den Rechtsgeschäften ausschließen, während dies bei der Ausschlagung der Erbschaft jedenfalls nicht angeht. Aber auch wo die Erklärung gegenüber einer Privatperson, namentlich einem Gegner, verlangt wird (wie z. B. bei der Anfechtung von Rechtshandlungen § 143, ferner §§ 349, 497,

2180 Abs. 2, 2296 Abs. 2 u. a.), wird durch dieses Erfordernis nicht die Form des Rechtsgeschäfts verlangt, sondern nur die Empfangsbedürftigkeit der Willenserklärung bezeichnet.

4. Genügen soll die Beobachtung der Gesetze des Ortes, wo das Rechtsgeschäft vorgenommen wird. Das setzt voraus, daß die Gesetze dieses Ortes das Rechtsgeschäft, das vorgenommen wird, oder mindestens ein ihm gleichartiges Geschäft überhaupt kennen und regeln. In einem Lande, dessen Gesetze z. B. den Erbvertrag oder Erbverzicht überhaupt nicht kennen, vielleicht geradezu verbieten, kann ein solches Geschäft auch nicht unter Beobachtung dieser Gesetze über die Form abgeschlossen werden. Ebensowenig kann die Übertragung eines Geschäftsanteils an einer deutschen Gesellschaft mit beschränkter Haftung in einem Lande, das diese Gesellschaftsform überhaupt nicht kennt, statt in der in dem deutschen Gesetze vom 20. April 1892 § 15 vorgeschriebenen gerichtlichen oder notariellen Form in einer erleichterten Form jenes Auslandstaats erfolgen (vgl. den Fall in dem Urt. des OLG. Karlsruhe in OLG. 3 Nr. 68c S. 263). Auch wenn etwa die Rechtsordnung des Errichtungsorts die Bestimmung enthielte, daß kein Vertrag einer Form bedürfe, soweit nicht das Gesetz ausdrücklich das Gegenteil bestimmt, so würde dies in jenen Fällen zur Anwendung des Satzes 2 nicht ausreichen, und darum im Gebiet einer solchen Rechtsordnung ein Erbvertrag oder Erbverzicht von einem deutschen Erblasser, die Übertragung oder Verpfändung eines Geschäftsanteils an einer deutschen Gesellschaft m. b. H. nicht formlos vorgenommen werden können. Möglicherweise kennen auch die Gesetze des Errichtungsorts zwar ein ähnliches Rechtsgeschäft, es hat aber eine ganz andere Bedeutung für das Rechtsverhältnis, das es betrifft. Nur äußerlich, der Bezeichnung nach ist es ähnlich, dem Inhalte nach ist es etwas ganz verschiedenes. So bedeutet z. B. die Annahme und Ausschlagung der Erbschaft etwas ganz anderes, jenachdem die Rechtsordnungen den Erwerb der Erbschaft ipso jure oder nur durch besonderen Willensakt eintreten lassen. Auch dadurch kann die Anwendung des Art. 11 Abs. 1 Satz 2, d. h. die Zulässigkeit der Formvorschriften des Errichtungsorts, für das inhaltlich davon ganz verschiedene Rechtsgeschäft ausgeschlossen sein.

5. Vorgenommen wird das Rechtsgeschäft an dem Orte, wo sich der Handelnde in dem Zeitpunkte befindet, in dem er das Geschäft vornimmt, also da, von wo aus er durch den Fernsprecher redet, oder wo er sich seiner empfangsbedürftigen Willenserklärung begibt, um sie dem Gegner zugehen zu lassen, oder, bei nicht empfangsbedürftigen Erklärungen, z. B. bei einem Testamente, da, wo er seine Erklärung schriftlich aufsetzt oder mündlich äußert (so auch Niedner Anm. 6; Zitelmann 2 S. 162; a. A. Planck Anm. 4, der den Ort der Abgabe und den des Zugehens der Willenserklärung für maßgebend ansieht, wie beim Vertragsabschlusse, siehe unten). Wenn z. B. ein Deutscher bei einem vorübergehenden Aufenthalt in Frankreich ein eigenhändiges Testament nach C. c. Art. 970 aufsetzt, ohne Angabe des Ortes (was Art. 970 im Gegensatz zu BGB. § 2231 Nr. 2 nicht verlangt), und es demnächst mit nach Deutschland zurücknimmt, wo er später stirbt, so ist dieses Testament nach Satz 2 formell gültig errichtet. Bedient sich jemand eines Boten zur Überbringung seiner empfangsbedürftigen Willenserklärung, so ist das Rechtsgeschäft da errichtet, wo er den Boten mit dem Schriftstück oder mit der mündlichen Botschaft zur Übermittelung an den Gegner entläßt.

Anders, wenn das Rechtsgeschäft durch einen Stellvertreter vorgenommen wird. Hier entscheidet für das von dem Vertreter vorgenommene Geschäft der Ort, wo dieser sich bei der Vornahme befindet; dagegen entscheidet darüber, ob bei Erteilung der Vollmacht an den Vertreter die Form gewahrt ist, der Ort, wo der Geschäftsherr diese Vollmacht erteilt hat. Hat A dem B z. B. in Deutschland mündlich Vollmacht zum Verkauf eines im Auslande belegenen Grundstücks erteilt und B hat daraufhin in einem Staate, wo Kaufverträge über Grundstücke in schriftlicher Form abgeschlossen werden können, aber anderseits auch Vollmachten zu solchen Geschäften der schriftlichen Form bedürfen, das Grundstück durch schriftlichen Vertrag verkauft, so haftet der A nach Art. 11 aus diesem Vertrage seines Vertreters, auch wenn das Rechtsverhältnis aus dem Kaufvertrage materiell nach dem Rechte des Auslandstaats zu beurteilen ist, denn die Vollmachtserteilung an den B ist nach deutschem Rechte, auch in bloß mündlicher Form gültig und bei dem Kaufvertrag ist die Form des Ortes, wo das Geschäft vorgenommen ist, gewahrt worden.

Bei einem Vertragsabschluß unter Abwesenden, wobei die Vertragschließenden in verschiedenen Rechtsgebieten mit abweichenden Formvorschriften sich aufhalten, muß die strengere Vorschrift, nötigenfalls die Formen beider Gebiete beobachtet sein (a. A. RG. 62 S. 379, VI 12. Febr. 06, wonach das Rechtsgeschäft des Vertragschlusses dort „vorgenommen" wird, wo die Willenseinigung zustande kommt, der Antrag des einen Teiles von dem anderen angenommen bzw. dessen Annahmeerklärung abgegeben wird). Und zwar gilt das für die Erklärungen beider Teile; es genügt nicht, daß derjenige Kontrahent, an dessen Aufenthaltsorte die strengere Form gilt, für seine Erklärung diese Form, der Gegner für seine Erklärung die mildere Formvorschrift seines Aufenthaltsorts beobachtet. Wird z. B. ein Veräußerungsvertrag über Grundstücke oder ein Erbverzichtsvertrag unter Abwesenden abgeschlossen, wobei sich der eine Kontrahent in Deutschland, der andere in einem Auslandsstaate befindet, der für solche Verträge bloß Schriftlichkeit verlangt, so wird der Vorschrift des Art. 11 Abs. 1 Satz 2 nur dann genügt, wenn beide Teile ihre Vertragserklärungen gerichtlich oder notariell beurkunden lassen. Anders, wenn das Gesetz des einen Rechtsgebiets nicht für den Vertragsabschluß selbst die strengere Form vorschreibt, sondern nur für die Erklärung des einen Kontrahenten, wie z. B. das BGB. bei dem Schenkungsversprechen (§ 518) und bei der Bürgschaftserklärung (§ 766). Hier braucht die gerichtliche (notarielle) oder schriftliche Form nur dann beobachtet zu sein, wenn der Schenker oder der Bürge ihre Erklärung in Deutschland abgeben und auch dann nur für diese ihre Erklärung, nicht auch dann, wenn der Beschenkte oder der Gläubiger sich in Deutschland, dagegen der Schenker oder der Bürge in einem Auslandsstaate befinden, der jene Form nicht verlangt (a. A. RG. 62 S. 381). Fordert ein Staat die strengere Form für den Vertrag als Ganzes, der andere Staat nur für die Erklärung des einen Kontrahenten, so entscheidet die Vorschrift des ersteren.

6. Gesetze des Ortes, an dem das Geschäft vorgenommen wird, sind regelmäßig die Gesetze des Staates, in dessen Gebiete dieser Ort liegt. Doch können Ausnahmen stattfinden, so für die Konsulargerichtsbezirke (vgl. das deutsche Gesetz über die Konsulargerichtsbarkeit v. 7. April 1900 §§ 27, 36, 38). Eine Ausnahme bilden auch die Vorschriften über das Militärtestament (Reichsmilitärgesetz vom 2. Mai 1874 § 44, C. c. Art. 981); denn die hier zugelassenen erleichterten Formen

gelten nicht blos für das Inland, sondern gerade auch für das Ausland, und zwar auch für Angehörige fremder Staaten, wenn bei ihnen die Voraussetzungen jener Vorschriften zutreffen, d. h. wenn sie Angehörige der bewaffneten Macht oder sonst bei dem Heere befindlich und den Militärstrafgesetzen unterworfen sind. Dagegen fällt die Errichtung eines Militär- oder Seetestaments, die an Bord eines Kriegsschiffes oder eines auf dem Meere befindlichen Kauffahrteischiffs nach dem Heimatrechte des Schiffes erfolgt (Reichsmilitärgeſ. § 44, C. c. Art. 988), nicht unter die Ausnahmen vom Grundsatze der Territorialität, weil Kriegsschiffe überhaupt und Handelsschiffe auf hoher See zum Territorium des Heimatstaats gerechnet werden (vgl. Neumann Anm. 1 zu Art. 1 EG.). Wohl aber gehört es wieder unter die Ausnahmen, wenn § 2251 BGB. (im Gegensatz zu C. c. Art. 998, 994) ein Seetestament nach den erleichterten Formen dieser deutschen Vorschrift für einen Testator zuläßt, der auf einer Seereise an Bord eines deutschen, nicht zur Kaiserlichen Marine gehörigen Fahrzeugs ist, solange sich das Fahrzeug außerhalb eines inländischen, d. h. eines deutschen, Hafens befindet, also selbst dann, wenn es in einem ausländischen Hafen gelandet hat. Diese Vorschrift gilt auch uneingeschränkt für Ausländer. Das Testament eines Franzosen also, das dieser auf einer Reise nach Amerika an Bord eines deutschen Schiffes im Hafen von Southampton oder Cherbourg in der Form des BGB. § 2251 errichtet hat, ist vom deutschen Richter nach Art. 11 Abs. 1 Satz 2 als formell gültig zu behandeln, obgleich es dem C. c. Art. 994 widerspricht, denn für den Ort, wo der Erblasser das Testament errichtet hat, d. h. für den Bord des Schiffes, ist eben nach deutschem Rechte der § 2251 BGB. überall außerhalb eines deutschen Hafens eine maßgebende Formvorschrift.

7. Begeben sich die Beteiligten, um die strengeren Formen des Inlandes zu umgehen, ins Ausland und nehmen nach den dortigen leichteren Formen das Geschäft vor, so ist das nicht anfechtbar. Von einem Handeln in fraudem legis kann dabei nicht die Rede sein, da der Gesetzgeber selbst den Beteiligten uneingeschränkt die Wahl zwischen der Form des Wirkungsstatuts und des Errichtungsorts offen läßt (so v. Savigny 8 S. 358; Planck Anm. 4; Niedner Anm. 10; Kuhlenbeck Anm. 3; Gierke 1 S. 230; Zitelmann 2 152, siehe aber unten Nr. 9c). Dagegen wäre es allerdings ein unzulässiges Handeln in fraudem legis, wenn die Beteiligten etwa bei Vornahme des Rechtsgeschäfts im Inlande diese Formvorschriften damit umgehen wollten, daß sie verabredeten, das Rechtsverhältnis (z. B. die Bürgschaft, oder das Schenkungsversprechen, ein Vertrag nach § 311) solle nicht dem deutschen Rechte (das sonst unbedingt maßgebend wäre), sondern einem ausländischen Rechte unterworfen sein, das keine oder eine laxere Formvorschrift hat (z. B. indem sie einen im Auslande liegenden Erfüllungsort verabredeten). Gegen ein solches Verfahren muß der Art. 30 Schutz bieten.

8. Bestritten ist, nach welchen Gesetzen die Wirkung eines Geschäfts zu beurteilen ist, wenn seine Form weder dem sachlich für das Rechtsverhältnis maßgebenden Gesetze noch dem Gesetze des Errichtungsorts genügt. Nach der einen Ansicht soll in diesem Falle immer das sachlich für das Rechtsverhältnis maßgebende Gesetz entscheiden (so Niemeyer S. 114), dagegen wollen andere die Frage, ob die Folge des Mangels Nichtigkeit oder Anfechtbarkeit des Geschäfts ist, immer nach der milderen Vorschrift beurteilen (Zitelmann 2 S. 160f.; Niedner Anm. 4). An und für sich scheint die erstere Ansicht folgerichtiger. Denn Aus-

gangspunkt für die Beurteilung des durch das Geschäft geschaffenen Zustands bleibt immer das Gesetz, dem das Verhältnis als Ganzes untersteht. Wie sich nach ihm unzweifelhaft die Wirkungen des Geschäfts bestimmen, wenn dabei auch nur die Form der lex actus, nicht die des Wirkungsstatuts gewahrt ist, so muß dies erst recht gelten, wenn das Geschäft nach beiden Gesetzen 'formell unzureichend ist. Allein die Art und Weise, wie die mangelhafte Form eines Geschäfts einwirkt, ob sie zu heilen ist und wie, hängt mit den Formvorschriften selbst zu eng zusammen, als daß sie davon losgetrennt und nach andern Gesetzen beurteilt werden könnte. Man nehme z. B. die Eheschließung. Zwei deutsche Verlobte haben im Auslande nach den dortigen Formen die Ehe geschlossen, dabei ist ein Fehler vorgekommen. Ob dieser Mangel Nichtigkeit oder Anfechtbarkeit der Ehe hervorruft, ist nach deutschem Rechte gar nicht zu beurteilen, denn zwar läßt dies bei Formmängeln Nichtigkeit der Ehe eintreten, aber nur, wenn nicht die im BGB. § 1317 vorgeschriebene Form beobachtet ist, eine Voraussetzung, die auf eine Eheschließung im Auslande nicht zutrifft und auch nicht übertragbar ist. Umgekehrt muß der deutsche Richter bei Beurteilung einer im Inlande geschlossenen Ehe von Ausländern den § 1324 BGB. anwenden. Besonders gilt dies vom Einflusse der Zeit auf Heilung eines Formmangels. Kann nach der lex actus ein solcher Mangel nur binnen gewisser Frist geltend gemacht werden, tritt also nach Ablauf der Frist Heilung der Nichtigkeit oder Unanfechtbarkeit ein, so ist das maßgebend (vgl. z. B. § 1324 Abs. 2). Sind jedoch die Vorschriften des Wirkungsstatuts dem Bestande des Rechtsgeschäfts günstiger, so sind sie anzuwenden, gemäß dem Grundgedanken des Abs. 1, der offenbar auf tunlichste Aufrechterhaltung des Geschäfts gegenüber den Formvorschriften der verschiedenen Rechtsordnungen geht.

Verleiht die lex actus einem Rechtsgeschäft, das nicht in der allgemein vorgeschriebenen (ordentlichen), sondern in einer erleichterten Form errichtet ist (z. B. Nottestament, testamentum pestis tempore conditum, Seetestament, BGB. §§ 2249—2252) nur eine zeitlich beschränkte Gültigkeit, so bleibt ein danach errichtetes Testament auch dieser Beschränkung unterworfen, einerlei, ob das Wirkungsstatut andere Fristen hat oder eine solche Beschränkung überhaupt nicht kennt und ob die Person, die das Geschäft vorgenommen hat, noch während der Frist das Gebiet jener lex actus verlassen hat.

9. **Ausnahmen von den Vorschriften des Art. 11 Abs. 1** bestehen nach folgenden Richtungen:

a) Vom Prinzipe des Satz 1 enthält eine Ausnahme der **Art. 13 Abs. 3**: die Form einer in Deutschland, auch unter Ausländern geschlossenen Ehe bestimmt sich ausschließlich nach den deutschen Gesetzen. Das Nähere siehe dort.

b) Eine Ausnahme von dem Satz 2 bestimmt der **Art. 11 Abs. 2**: Rechtsgeschäfte, wodurch ein Recht an einer Sache begründet oder über ein solches Recht verfügt (sei es übertragen oder verändert oder aufgehoben) wird, müssen in der Form den Gesetzen entsprechen, welche für das durch das Geschäft betroffene Recht an der Sache maßgebend sind. Für solche Rechtsgeschäfte wird also der Satz 2 des Abs. 1 außer Kraft gesetzt, es bleibt bei dem Grundsatze des Satz 1. Für Rechte an Grundstücken ist das hiernach auch für die Form maßgebende Recht unstreitig die lex rei sitae; ebenso aber auch nach der herrschenden und zutreffenden Ansicht für Rechte an beweglichen Sachen. Doch gilt der Abs. 2 nur für Geschäfte, wodurch unmittelbar das Recht an der Sache begründet, verändert oder aufgehoben wird, also für die sogenannten dinglichen Rechtsgeschäfte, nicht auch für obligatorische Rechtsgeschäfte, wodurch nur eine Verpflichtung zur Begründung, Veränderung, Übertragung oder Aufhebung eines Rechtes an einer Sache geschaffen wird. Ein Kaufvertrag über Grundstücke (BGB. § 313) fällt mithin nicht unter Abs. 2 (KG. 27. Mai 1905 in DJZ. 1905 S. 864), er kann in einem Auslandsstaate, wo für solche Verträge z. B. schon Schriftlichkeit genügt, auch über ein in Deutschland belegenes Grundstück schriftlich geschlossen werden und ist dann auch in Deutschland klagbar.

Der Abs. 2 spricht nur von Rechten an Sachen, nicht auch (wie z. B. die §§ 883, 888, 892, 894 BGB.) von Rechten an solchen Rechten, die eine Sache belasten (z. B. Pfandrecht an einer Hypothek oder einem Nießbrauch, subpignus). Man darf aber annehmen, daß er sich auch darauf erstrecken soll. Für die Übertragung eines Pfandrechts an einer Hypothek oder Grundschuld, die an einem deutschen Grundstücke bestehen, bedarf es also auch, wenn sie im Auslande vorgenommen wird, der Form der deutschen Gesetze. Dagegen gilt die Ausnahme des Abs. 2 nicht für die Begründung anderer Rechte, die einen absoluten Charakter haben, wie die Urheber- und Erfinderrechte, für diese gilt die Regel des Abs. 1, also wahlweise lex contractus oder lex loci actus. (Macht aber das Recht des Staates, in dem das Patent erteilt ist, die Wirkung der Übertragung gegen dritte von der Eintragung des Überganges in die Patentrolle abhängig, so gilt das natürlich auch für im Auslande geschlossene Rechtsgeschäfte.)

Besonders hervorzuheben ist gerade bei den dinglichen Rechtsgeschäften, daß zu der vom Gesetz für sie vorgeschriebenen Form nicht bloß die mündliche, schriftliche oder sonstige urkundliche Äußerung des Willens, sondern namentlich auch die zur Entstehung der Rechtsfolge erforderliche Begründung des tatsächlichen Verhältnisses zur Sache gehört (bei beweglichen Sachen namentlich die Übergabe, aber auch deren Ersatzmittel, traditio brevi manu und constitutum possessorium, vgl. BGB. §§ 929—931, 1032, 1205, 1206, bei Rechten an Grundstücken die Aushändigung der Eintragungsbewilligung durch den Berechtigten: § 873 Abs. 2.

c) Bestritten ist, ob eine Ausnahme von den Grundsätzen des Abs. 1 auch durch den **Art. 30** herbeigeführt werden kann, m. a. W. ob die Anwendung einer ausländischen Formvorschrift sei es der lex contractus (Satz 1) oder der lex loci actus (Satz 2) unzulässig sein kann, weil sie gegen die guten Sitten oder gegen den Zweck eines deutschen Gesetzes verstieße. Ein Verstoß gegen die guten Sitten wird kaum vorkommen, hier wird wohl immer der materiellrechtliche Inhalt der ausländischen Gesetze den Grund des Verstoßes bilden. Dagegen kann die Anwendung einer ausländischen Formvorschrift sehr wohl gegen den Zweck eines deutschen Gesetzes verstoßen. Denn wo dieses strengere Formvorschriften aufstellt, Schriftlichkeit und namentlich gerichtliche oder notarielle Beglaubigung verlangt, da geschieht dies hauptsächlich, um die Beteiligten bei besonders wichtigen und folgenschweren Geschäften zu sorgsamer Überlegung anzuhalten und dadurch vor Übereilung zu schützen. Gegenüber dem Satz 1 des Abs. 1 (Maßgeblichkeit der lex contractus) wird das auch anerkannt, dagegen gegenüber dem Satz 2 (lex loci actus) darum bestritten, weil der Abs. 2 die Ausnahmen von der lex loci actus erschöpfend regele (Niedner Anm. 7; Fischer-Henle Anm. 1). Allein dieser

Schluß geht fehl. Denn der Abs. 2 ist ja keine Kollisionsnorm zugunsten des **deutschen** Rechtes, sondern er spricht ganz allgemein die Anwendung der lex rei sitae aus, also wenn die Sache im Auslande liegt, das Geschäft in Deutschland vorgenommen wird, zugunsten des ausländischen Rechtes gegen das deutsche. Neben der allgemeinen Norm des Abs. 2 kann deshalb sehr wohl noch wegen der besonderen Lage des einzelnen Falles auch die Anwendung des Art. 30, d. h. die Verwerfung der ausländischen laxeren Formvorschrift wegen Verstoßes gegen den Zweck der strengeren deutschen Formvorschrift, geboten sein. So z. B. wenn ein Deutscher bei einem kurzen Aufenthalt im Ausland, etwa auf einer Vergnügungsreise, dort (einem mitreisenden Bekannten, oder auch einer dort wohnhaften Person gegenüber) ein Rechtsgeschäft vorgenommen hätte, das mit der Reise gar keinen Zusammenhang hat, und das im Auslande keiner besonderen Form oder doch nur einer geringeren bedarf wie in Deutschland: er gibt ein Schenkungsversprechen (§ 518), verpflichtet sich, sein ganzes oder halbes Vermögen zu übertragen (§ 311), schließt einen Vertrag über den Nachlaß eines noch lebenden gemeinsamen Verwandten ab (§ 312 Abs. 2) oder einen Erbverzichtsvertrag (§ 2348) u. dgl., ja selbst bei einem Kaufvertrag über ein in Deutschland belegenes Grundstück (§ 313) oder für eine Bürgschaftserklärung, wenn sie nicht mit den Zwecken der Reise zusammenhängen, verlangt der Art. 30 Anwendung (so für den Fall der Verpfändung eines Geschäftsanteils an einer deutschen Gesellschaft mit beschr. Haftung im Auslande das OLG. Karlsruhe in OLG. 3 Nr. 68c S. 263). Nur eins muß man in allen diesen Fällen fordern, nämlich daß sich derjenige, gegen den das Geschäft geltend gemacht wird, selbst auf dessen Formmangel beruft. Das Gleiche gilt (aber aus einem andern Grunde), wenn die Beteiligten oder derjenige, zu dessen Schutze das deutsche Gesetz die Formvorschrift aufstellt, bei Vornahme des Rechtsgeschäfts ersichtlich an die Anwendbarkeit des ausländischen Rechtes gar nicht gedacht haben, sondern ausdrücklich oder stillschweigend von der Anwendbarkeit des deutschen Rechtes ausgegangen sind. Dann liegt in der Vornahme des Rechtsgeschäfts, die der Form des einheimischen Rechtes nicht entspricht, noch keine endgültige Bindung, sondern nur eine vorläufige Abrede unter dem Vorbehalte des Abschlusses in der strengeren Form, die das einheimische Recht vorschreibt.

Über den Fall der Unterwerfung eines Rechtsverhältnisses unter fremdes Recht bei Abschluß des Rechtsgeschäfts in Deutschland siehe oben Nr. 7.

10. **Die Vorschriften des Art. 11 sind vollkommene Kollisionsnormen.** Streitig ist, ob der Satz 2 des Abs. 1 (Anwendbarkeit der lex loci actus) auch dann anwendbar ist, wenn das für das Rechtsverhältnis maßgebende Gesetz (das Wirkungsstatut, die lex contractus, Abs. 1 Satz 1) die Zulassung der Form des Errichtungsorts ausschließt. Die zweite Kommission wollte dies verneinen und hatte deshalb im Satz 2 des Abs. 1 hinter die Worte „es genügt jedoch" eingeschaltet: „sofern nicht diese [d. h. die im Satz 1 bezeichneten] Gesetze entgegenstehen" (Prot. VI S. 33—37, E. II § 2240, E. III § 2365). Im Bundesrate wurde dieser Zusatz gestrichen. Soweit es sich bei dem Rechtsgeschäft um ein Rechtsverhältnis handelt, das nach deutschen Gesetzen zu beurteilen ist, gelangt man schon durch Anwendung des Art. 30 (siehe oben Nr. 9) zu einer Beschränkung des Satz 2, wie sie jener Zusatz beabsichtigte. Handelt es sich dagegen um ein Rechtsverhältnis, das einem ausländischen Gesetz unterworfen ist, so darf der deutsche

Richter einer Bestimmung dieser ausländischen Rechtsordnung, wodurch sie die Zulassung der Form der lex loci actus verbietet, keine Folge geben, ganz gewiß nicht, wenn das Geschäft in Deutschland nach der deutschen Form abgeschlossen ist (vor allem natürlich nicht bei der Eheschließung: Art. 13 Abs. 3), aber auch dann nicht, wenn das Geschäft in einem andern Auslandsstaate vorgenommen ist; der deutschen Kollisionsnorm des Satz 2 gebührt der Vorrang vor der abweichenden ausländischen.

Artikel 12.

Aus einer im Auslande begangenen unerlaubten Handlung können gegen einen Deutschen nicht weitergehende Ansprüche geltend gemacht werden, als nach den deutschen Gesetzen begründet sind.

Vorentw. A und B: § 13; E. I: § 6; E. IIa: BGB. § 2243; E. IIb: BGB. § 2367; E. III: Art. 11. Prot. VI S. 42 f.

Literatur: v. Savigny 8 S. 278 ff.; v. Bar 2 S. 115 ff., Lehrbuch 123 bis 126; Böhm S. 139—144; Barazetti S. 56, Niemeyer S. 102, 123; Zitelmann 1 S. 109—112, und bes. 2 S. 504—510.

I. **Der Art. 12 geht von dem allgemeinen Grundsatz aus,** daß Ansprüche, die aus einer unerlaubten Handlung hergeleitet werden, nach dem Gesetze des Ortes zu beurteilen sind, wo die unerlaubte Handlung begangen worden ist (lex loci delicti commissi). Entgegen der Ansicht Wächters und v. Savignys, die solche Ansprüche nach der lex fori beurteilen wollten, war dieser Grundsatz schon bisher in Deutschland in Geltung (so v. Bar, Böhm, Gierke, Stobbe, Regelsberger; SeuffA. 3 Nr. 295, 9 Nr. 247, 40 Nr. 20, 47 Nr. 3; ROHG. 23 Nr. 174 ff.; RG. 7 Nr. 116, 18 Nr. 7, 19 Nr. 73, 23 Nr. 65). Die Vorentwürfe sprachen den Grundsatz ausdrücklich aus, vom Bundesrate wurde diese Vorschrift beseitigt, und statt dessen der Art. 12 eingesetzt, der eine Einschränkung jenes Grundsatzes enthält (vgl. RG. VI 2. März 06 in JW. 1906 S. 298).

II. **Begangen wird eine unerlaubte Handlung** da, wo sich der Täter in dem Zeitpunkte seines Handelns körperlich befindet, d. h. in dem Augenblicke, wo er seine Tätigkeit, ohne die der Erfolg nicht eingetreten wäre, abgeschlossen hat. Tritt der Erfolg des Handelns in einem anderen Rechtsgebiet ein als dort, wo sich der Täter befand, so faßt das Reichsgericht (RG. 19 Nr. 73, 23 Nr. 65; SeuffA. 56 Nr. 175; Bolze 21 Nr. 10; Böhms Z. 13 S. 171) den Ort, wo der Erfolg eintritt, als den Begehungsort oder als einen zweiten Begehungsort auf, während in der Literatur die gegenteilige Ansicht vorherrscht (v. Bar 2 S. 120 ff., Lehrbuch S. 125; Zitelmann 1 S. 112; Kohn in IheringsJ. 30 S. 118; auch Gierke 1 S. 234; Kuhlenbeck Anm. zu Art. 12. Ebenso in der englischen Praxis: vgl. das in höchster Instanz bestätigte Urteil des Court of Appeal vom 8. April 1897 in Goldschmidts Z. 50 S. 233—244). Bei Handlungen, wodurch jemand bewußt in den räumlichen Bereich einer fremden Rechtsordnung hinübergreift, sei es mit dem Vorsatz, dort Wirkungen zu erzeugen, die jene Rechtsordnung verbietet, sei es unbekümmert darum, ob der Erfolg seines Handelns in dem auswärtigen Gebiet erlaubt ist oder nicht, wird man die Ansicht des Reichsgerichts billigen müssen. (Anders bei der Abgrenzung der zeitlichen Begangenschaft: vgl. Habicht, Einwirkung S. 177; Planck Anm. 3 zu Art. 170; dagegen Niedner, zu Art. 170 Anm. II 2cα und auf strafrechtlichem Gebiete: StGB. § 67 Abs. 4, sowie Olshausen StGB. § 2 Anm. 1, § 51 Anm. 3, § 55 Anm. 4.)

III. **Der Art. 12 enthält eine Einschränkung des allgemeinen Grundsatzes.** Auch bei Ansprüchen, die aus einer im Auslande begangenen unerlaubten Handlung gegen einen Deutschen erhoben werden, sind in erster Linie die Gesetze des Begehungsorts maßgebend. Nach ihnen ist zunächst zu prüfen, ob eine unerlaubte Handlung vorliegt, ob daraus ein zivilrechtlicher Anspruch erwachsen ist und noch besteht (z. B. ob er nicht verjährt ist) und welchen Inhalt und Umfang dieser hat. Sind die ersten beiden Fragen nach dem maßgebenden Auslandsrechte zu verneinen, so bleibt für die Anwendung des Art. 12 überhaupt kein Raum. Nur wenn sie bejaht werden, dann greift der Art. 12 ein, und es ist nun abzumessen, ob die Rechtswirkungen, die das ausländische Gesetz an den Tatbestand knüpft, dem Deutschen ungünstiger sind, als sie bei gleichem Tatbestande nach deutschem Rechte für ihn eintreten würden. Im einzelnen gilt dabei folgendes:

1. Die Vorfrage, ob der geltend gemachte Anspruch aus einer unerlaubten Handlung oder aus einem anderen Schuldgrunde (Vertrag, sonstiges Rechtsgeschäft, unmittelbare gesetzliche Haftung) herzuleiten ist, muß nach demjenigen Auslandsrechte beurteilt werden, dem das Rechtsverhältnis sonst untersteht. Nur ist aus dem Schutzzwecke des Art. 12 zu entnehmen, daß da, wo das ausländische Recht die Haftung aus einem gegebenen Tatbestand etwa als eine obligatio ex lege oder selbst aus Rechtsgeschäft auffaßt, während nach deutschem Rechte der Anspruch nur als Schuldverhältnis aus einer unerlaubten Handlung zu begründen wäre, diese letztere Bestimmung entscheidet und darum der Art 12 anwendbar ist. Auf jeden Fall gehören unter den Art. 12 diejenigen Tatbestände, die in den §§ 823 - 853 BGB. aufgeführt sind, die in Gesetzen zum Schutze des gewerblichen Eigentums, gegen den unlauteren Wettbewerb u. dgl. an ein vorsätzlich oder schuldhaft rechtswidriges Verhalten geknüpften Ansprüche, die sonstigen obligationes quasi ex delicto. Dagegen wird man Ansprüche, die auch nach deutschen Gesetzen unmittelbar aus dem Gesetze fließen, namentlich keinerlei Verschulden voraussetzen, so z. B. aus dem Haftpflichtgesetz u. dgl., nicht unter den Art. 12 stellen dürfen. Im einzelnen kann die Abgrenzung sehr schwierig sein. Über den Anspruch aus dem Bruche eines Verlöbnisses vgl. zu Art. 13.

2. Nicht darauf kommt es an, ob die Handlung von einem Deutschen begangen ist, sondern ob der Anspruch gegen einen Deutschen geltend gemacht wird. Ist nach Begehung der Tat ein Wechsel der Staatsangehörigkeit eingetreten, sei es, daß ein früherer Deutscher nunmehr Angehöriger eines fremden Staates geworden ist oder umgekehrt, so entscheidet die Staatsangehörigkeit zur Zeit der Verhandlung, auf die hin das Urteil (im Fall der Berufung das Urteil zweiter Instanz) ergeht. Auch wenn ein früherer Deutscher in diesem Zeitpunkte seine Reichsangehörigkeit verloren und keine neue Staatsangehörigkeit verlangt hat, schützt ihn der Art. 12 nicht; der Art. 29 ist auf diesen Fall nicht zu beziehen. Gleichgültig ist dagegen, aus welchem Grunde der Deutsche für die unerlaubte Handlung verantwortlich gemacht wird, ob er sie selbst begangen, mitbegangen, angestiftet hat (§ 830 Abs. 2 BGB.) oder ob er für die von einem andern z. B. einem Aus-

länder begangene Tat kraft einer Aufsichtspflicht oder dgl. (vgl. z. B. §§ 832, 834, 836 Abs. 2, 838) verantwortlich gemacht wird. Ebenso greift der Art. 12 auch Platz, wenn nicht der unmittelbar durch die unerlaubte Handlung Beschädigte den Anspruch aus dieser vor dem deutschen Gerichte geltend macht, sondern wenn z. B. ein Dritter, der für diesen Schaden hat einstehen müssen, seinen Rückgriff gegen den Deutschen als Täter, Mittäter oder sonst Schuldigen oder Haftbaren nimmt; doch ist dabei Voraussetzung, daß dieser Rückgriff nicht kraft eines Vertragsverhältnisses unter den Parteien erfolgt, sondern unmittelbar auf die unerlaubte Handlung gestützt wird (z. B. gemäß §§ 830, 426 BGB.).

3. Um festzustellen, ob der geltend gemachte Anspruch weiter geht, als er nach deutschem Rechte begründet wäre, sind der gesamte Tatbestand, auf den der Anspruch gestützt wird, nicht minder aber auch die Umstände, auf die sich der Beklagte zu seiner Verteidigung beruft, einer Nachprüfung an der Hand der deutschen Gesetze zu unterziehen. Ergibt sich hierbei, daß nach den deutschen Gesetzen ein Anspruch überhaupt nicht entstanden oder daß er untergegangen wäre, oder daß der Beklagte die Erfüllung verweigern kann, z. B. weil die Verjährungsfrist des deutschen Rechtes abgelaufen ist, so ist der Anspruch abzuweisen (übereinst. Zitelmann 2 S. 509). Bestände nach den deutschen Gesetzen nur ein — dem Inhalt oder Umfange nach — geringerer Anspruch, sei es von Anfang an, sei es infolge späterer Ereignisse (z. B. der Anspruch auf Schadenersatz ist verjährt, es besteht aber noch der Anspruch auf Herausgabe der Bereicherung, BGB. § 852), so ist nur dieser zuzuerkennen. Immerhin ist auch bei dieser Nachprüfung an der Hand der deutschen Gesetze der Rechtszustand am Begehungsorte nicht gleichgültig. Hat z. B. Jemand im Auslande dadurch eine unerlaubte Handlung begangen, daß er gegen ein dort bestehendes, den Schutz anderer bezweckendes Gesetz verstoßen hat (vgl. BGB. § 823 Abs. 2), so kann die Anwendung des Art. 12 nicht etwa dazu führen, den Anspruch des Beschädigten darum abzuweisen, weil bei uns in Deutschland ein gleichartiges Schutzgesetz fehlt. Doch tritt auch in einem solchen Falle die Ersatzpflicht gemäß Art. 12 nur im Falle eines Verschuldens ein (§ 823 Abs. 2 Satz 2), wenn auch das ausländische Recht darüber hinausging und die Haftung ohne solches anordnete (ebenso Zitelmann 2 S. 506 ff.).

4. Die Geltendmachung weiter gehender Ansprüche ist in jeder Form ausgeschlossen, durch Klage wie durch Aufrechnung oder durch Zurückbehaltung. Dagegen kann das freiwillig oder infolge eines im Ausland ergangenen Urteils dort zwangsweise geleistete Mehr nicht auf Grund des Art. 12 zurückgefordert, ebensowenig kann eine vertragsmäßige Anerkennung einer weitergehenden Verpflichtung angefochten werden. Zweifelhaft ist, ob ein ausländisches Urteil, das zum Nachteil eines Deutschen von dem Grundsatze des Art. 12 abweicht, im Inland anzuerkennen (ZPO. § 328) und ob daraufhin ein Vollstreckungsurteil zu erlassen ist (ZPO. §§ 722, 723). Dafür spricht der Umstand, daß der Art. 12 nicht unter Nr. 3 des § 328 ZPO. erwähnt ist, wo die internationalrechtlichen Vorschriften des EG. aufgezählt werden, deren Nichtbeachtung die Anerkennung ausschließen soll. Aber dieser Umstand verliert wesentlich an Bedeutung durch die Entstehungsgeschichte dieser Vorschrift. Denn die im § 328 Nr. 3 ZPO. enthaltenen Verweisungen auf das EG. stammen sämtlich schon aus der zweiten Kommission (Prot. VI S. 662 bis 664; Entw. eines BGB., eines EG. sowie eines Ges. betr. Änderungen des

GVG. usw., in der Fassung der Bundesratsvorlagen, Berlin, Guttentag 1898 S. 476) und damals hatte man eine solche Schutzvorschrift zugunsten der Deutschen, wie sie der Art. 12 enthält, noch nicht aufgenommen, vielmehr in einer allgemeinen Anwendungsnorm die lex loci delicti commissi für maßgebend erklärt. Erst der Bundesrat hat die jetzige Ausnahmevorschrift des Art. 12 beschlossen. Es ist danach nicht unwahrscheinlich, daß nur aus Versehen die Erwähnung des Art. 12 in § 328 Nr. 3 ZPO. später unterblieben ist. Da nun die Anerkennung und namentlich die Zulassung der Zwangsvollstreckung aus einem ausländischen Urteile, das von dem Art. 12 abweicht, offenbar dem Zwecke dieser Schutzvorschrift zuwider liefe, so wird man nach Nr. 4 des § 328 Anerkennung und Vollstreckungsurteil versagen müssen (vgl. dazu Art. 30 Anm. VII).

IV. Abgesehen von den Fällen, wo der Art. 12 Platz greift, kann die Anwendung des Rechtes des ausländischen Begehungsorts auch durch den Art. 30 ausgeschlossen oder doch eingeschränkt werden. Einmal dann, wenn sich das deutsche Gesetz auch für die im Auslande begangenen unerlaubten Handlungen Geltung beilegt. Dies war in den E. II § 2243 Abs. 2 ausdrücklich ausgesprochen und ist auch vom Reichsgerichte für einige Gesetze anerkannt worden, nämlich für die §§ 13 und 14 des RGes. vom 30. Nov. 1874 (Verletzung des inländischen Zeichenschutzes durch einen Deutschen im Ausland: RG. 18 Nr. 7) und für den § 1 des RGes. gegen den unlauteren Wettbewerb vom 27. Mai 1896 (wenigstens dann, wenn die Zuwiderhandlung von einem Inländer gegen einen Inländer in der Hauptsache im Inlande verübt wurde: RG. II 22. Okt. 1901, JW. 1901 S. 881 Nr. 37). Aber auch wo sich das deutsche Gesetz nicht eine solche Geltung für das Ausland beilegt, kann die Geltendmachung eines nach ausländischem Rechte begründeten Anspruchs vor einem deutschen Gerichte gegen die guten Sitten oder den Zweck eines deutschen Gesetzes verstoßen, so z. B. durch Einklagung einer Privatstrafe (gegen einen Ausländer). Die Vorentw. A und B schlossen die Zuerkennung einer nach ausländischem Rechte verwirkten Privatstrafe ausdrücklich aus (A § 13 Abs. 2, B § 12 Abs. 2) und wenn diese besondere Vorschrift später auch nicht aufgenommen worden ist, so wird doch der ihr zugrunde liegende Gedanke durch den Art. 30 gedeckt. Dem entspricht auch die herrschende Meinung: v. Bar 2 S. 118; Gierke 1 S. 234, Anm. 81; Zitelmann 1 S. 111.

V. **Übergangsrecht.** Nach dem Zwecke der Vorschrift ist sie auch anzuwenden, wenn die unerlaubte Handlung vor 1900 begangen ist. Dabei sind jedoch für das Höchstmaß der Ansprüche die erhoben werden dürfen, nicht die früheren deutschen Gesetze (die lex fori vor 1900), sondern das BGB. maßgebend, denn es handelt sich dabei nicht um den Grund des erhobenen Anspruchs, den vielmehr das ausländische Gesetz bildet, sondern um eine Einschränkung des Anspruchs, die der Richter dem gegenwärtigen Rechte seines Landes entnehmen muß. (Übereinst. Kahn in Iherings J. 43 S. 400).

Artikel 13.

Die Eingehung der Ehe wird, sofern auch nur einer der Verlobten ein Deutscher ist, in Ansehung eines jeden der Verlobten

nach den Gesetzen des Staates beurtheilt, dem er angehört. Das Gleiche gilt für Ausländer, die im Inland eine Ehe eingehen.

In Ansehung der Ehefrau eines nach Artikel 9 Abs. 3 für todt erklärten Ausländers wird die Eingehung der Ehe nach den deutschen Gesetzen beurtheilt.

Die Form einer Ehe, die im Inlande geschlossen wird, bestimmt sich ausschließlich nach den deutschen Gesetzen.

Vorentw. A und B: § 16; E. I: § 8; E. IIa: BGB. § 2245; E. IIb: BGB. § 2370; E. III: Art. 12. Prot. VI S. 46 ff.

Literatur: v. Savigny 8 S. 357; v. Bar 1 S. 440 ff., Lehrbuch S. 69 bis 77; Böhm S. 36—43; Barazetti S. 57 ff.; Niemeyer S. 133 bis 141; Gierke 1 S. 235 f.; Meyerowitz, Die Eheschließung von Ausländern im Deutschen Reiche und von Deutschen im Ausland in Böhms Z. 10 S. 1—40; Baisini, Wiederverheiratung einer in Deutschland wegen Ehebruchs geschiedenen Ehefrau mit ihren Mitschuldigen im Ausland, das. 11 S. 180; Pappenheim, Ungültigkeitserklärung einer von Ausländern im Auslande geschlossenen Ehe wegen des Hindernisses der Religionsverschiedenheit, ebenda 15 S. 11; Keidel, Das internationale Eherecht, nach dem BGB. usw., daselbst 7 S. 228; derselbe im Journal de droit internat. privé XXII S. 32 ff.; Mariolle, die Eheschließung der diplomat. Agenten und Konsuln und ihre internationale Gültigkeit im ArchÖffR. 13 (1898) S. 459, 524; derselbe, Auflösung und Ungültigkeitserklärung einer Ehe nach den privatinternationalrechtlichen Bestimmungen des EG. z. BGB. in: SeuffBl. 63 (1898) S. 121 ff.; Maas, Die rechtliche Wirksamkeit der vor ausländischen diplomat. Vertretern in Deutschland abgeschlossenen Ehen (1898); Sartorius, Kommentar zum Personenstandsgesetz (1902) S. 278—294; Schmitz-Wichmann, Die Eheschließung im internationalen Verkehr, 2 Bände (1905); Resolutionen des Instituts für internationales Recht im Annuaire de l'institut de droit internat. Brüssel 1888/89: S. 75 ff.; Arth. Schmidt, Familienrecht S. 13, 32, 94; König, Handbuch des deutschen Konsularwesens 6. Aufl. (Berlin 1902) S. 159 ff.

I. Über **die Grundsätze, nach denen internationalrechtlich die Erfordernisse der Eheschließung zu beurteilen sind,** gehen die Ansichten auseinander. Überwiegend werden die Voraussetzungen der Eheschließung (Fähigkeit dazu, Ehehindernisse, Einfluß von Willensfehlern) nach dem Personalstatute der Eheleute beurteilt, wobei meist die Staatsangehörigkeit (so nach französischem, italienischem, österreichischem, sächsischem Rechte), zum Teil der Wohnsitz (englisches, preußisches, gemeines Recht) das Anknüpfungsmoment bildet. Dabei gehen die Meinungen auseinander, ob nur das Personalstatut des Mannes entscheidet oder auch das der Frau in Betracht kommt. Nur die nordamerikanische Jurisprudenz läßt abweichend hiervon auch über die materiellrechtlichen Erfordernisse der Eheschließung das Gesetz des Ortes der Eheschließung entscheiden.

In den früheren Entwürfen zum BGB. war der Grundsatz, daß die Eingehung der Ehe in Ansehung jedes Verlobten nach den Gesetzen des Staates zu beurteilen sei, dem er angehöre, als eine allgemeine und vollkommene Kollisionsnorm aufgestellt. Durch den Bundesrat ist die Vorschrift so, wie sie jetzt im Abs. 1 lautet, umgestaltet worden. Im Abs. 2 wird eine Ausnahme von der Regel des Abs. 1 festgesetzt, im Abs. 3 eine ausschließliche Vorschrift über die Form der Eheschließung im Inlande gegeben.

II. Der **Abs. 1** schreibt unter gewissen internationalrechtlichen Voraussetzungen vor, nach den Gesetzen welches Staates **die Eingehung der Ehe** beurteilt werden soll. Der Ausdruck „Eingehung der Ehe" begreift die materiellen Erfordernisse für eine gültige Ehe und die Form der Eheschließung (so Planck Anm. 2, während Niedner Anm. 1 nur die materiellen Erfordernisse darunter versteht).

A. Die Eingehung einer Ehe kann von einem doppelten Standpunkt aus beurteilt werden, einmal um festzustellen, ob und unter welchen Voraussetzungen eine beabsichtigte Ehe gültig geschlossen werden kann, und zweitens um festzustellen, ob eine eingegangene Ehe als gültig anzusehen ist. Die Vorschrift des Art. 13 Abs. 1 bezieht sich auf beide Arten der Beurteilung. In der ersteren Beziehung wendet sie sich an die deutschen Standesbeamten und die zur Beurkundung von Eheschließungen im Auslande berufenen deutschen Beamten (diplomatischen Vertreter, Konsuln, Richter der Schutzgebiete) sowie an die Gerichte, die nach § 11 Abs. 3 des Personenstandsgesetzes im Falle der Weigerung des Standesbeamten, die Eheschließung herbeizuführen, von den Beteiligten anzugehen sind; hier handelt es sich also stets um Ehen, die vor einem deutschen Beamten geschlossen werden sollen. Dagegen wendet sich die Vorschrift in der andern Beziehung an die deutschen Prozeßgerichte, und es ist hierbei einerlei, wo die Ehe geschlossen ist. Es bedarf dieser Unterscheidung zum vollen Verständnisse des Abs. 1. Nach dem Tempus der Zeitwörter in den Nebensätzen (die Eingehung der Ehe wird, sofern auch nur einer der Verlobten Deutscher ist, nach den Gesetzen des Staates beurteilt, dem jeder der Verlobte angehört) greift die Vorschrift Platz, wenn die Reichsangehörigkeit eines der Verlobten zur Zeit der Beurteilung vorliegt, und nach den Gesetzen des Staates, dem zu dieser Zeit die Verlobten angehören, soll die Beurteilung erfolgen. Bei dieser Fassung hat man nur den ersten Fall im Auge gehabt, wo die Voraussetzungen einer erst noch zu schließenden Ehe zu prüfen sind, nicht den zweiten Fall, wo ein deutsches Prozeßgericht nachträglich die Gültigkeit einer früher geschlossenen Ehe zu beurteilen hat. In diesem letzteren Falle hängt die Anwendbarkeit der Vorschrift des Art. 13 Abs. 1 davon ab, ob zur Zeit der Eheschließung einer der Verlobten Deutscher gewesen ist, und nach den Gesetzen des Staates, dem damals die Verlobten angehört haben, hat die Beurteilung zu erfolgen. Das ergibt sich aus der Fassung der Vorschrift, indem die Reichsangehörigkeit mindestens eines der Verlobten gefordert wird und die Beurteilung nach den Gesetzen des Staates, dem jeder der Verlobten angehört, erfolgen soll.

Die Voraussetzung für die Anwendbarkeit des Abs. 1 ist also auch dann gegeben, wenn die über die Gültigkeit der Ehe streitenden Gatten jetzt beide Ausländer sind, sofern nur einer von ihnen im Zeitpunkte der Eheschließung Deutscher war, und sie ist anderseits nicht gegeben, wenn etwa die Ehegatten später Deutsche geworden sind, aber zur Zeit der Eheschließung beide Ausländer waren. Das letztere ist von Bedeutung in folgendem Falle: Waren beide Verlobte Ausländer und haben sie infolge einer Weiterverweisung ihres Heimatrechts auf das Recht des Wohnsitzes oder des Eheschließungsorts die Ehe gültig nach diesen letzteren Gesetzen geschlossen, während die Ehe den materiellrechtlichen Vorschriften ihres Heimatstaats nicht entsprach, so würde die Ehe, wenn später die Ehegatten Deutsche geworden sind, bei einer demnächstigen Beurteilung in Deutschland, sofern darauf der Art. 13 Abs. 1 anzuwenden wäre, kraft dieser positiven Vorschrift nicht als gültig angesehen werden können. Nimmt man dagegen an, daß die internationalrechtliche Voraussetzung des Art. 13 Abs. 1 „sobald auch nur einer der Verlobten ein Deutscher ist" in diesem Falle nicht zutrifft, so bleibt die Möglichkeit, der Weiterverweisung des Heimatrechts stattzugeben und eine solche Ehe als gültig zu behandeln, wie dies offenbar ebenso der Logik wie der Billigkeit entspricht. Wegen der Zulässigkeit der Weiterverweisung in solchen Fällen vgl. bei Art. 27. Hier sei nur bemerkt, daß gerade für diese Fälle E. IIa: § 2245 Abs. 1 Satz 2 (E. IIb: § 2370 Abs. 1 Satz 2) obgleich die Kommission die Rück- und Weiterverweisung sonst grundsätzlich verworfen hatte, sowohl der Rück- wie auch der Weiterverweisung seitens des Heimatrechts der Verlobten auf die Gesetze des Wohnsitzes oder des Eheschließungsorts stattgeben wollte.

B. Das für die materiellrechtlichen Erfordernisse der Eingehung einer Ehe maßgebende Statut wird im Abs. 1 unter zwei Voraussetzungen bestimmt, nämlich für den Fall:

a) daß entweder einer der Verlobten ein Deutscher ist

b) oder daß, auch wenn beide Verlobte Ausländer sind, die Ehe im Inlande eingegangen wird.

Die Voraussetzung zu a trifft nicht zu, wenn der eine Verlobte zwar früher Deutscher gewesen ist, aber zur Zeit der Eheschließung keinem Staate angehörte. Doch ist auch in diesem Falle in analoger Anwendung des Art. 29 der Abs. 1 des Art. 13 und demgemäß in Ansehung seiner das deutsche Eherecht anzuwenden. Wegen des Falles, wo die Verlobten nach der Eheschließung ihre Staatsangehörigkeit gewechselt haben, siehe unter A. Die Voraussetzung zu b trifft auch dann zu, wenn zwei Ausländer ihre Ehe in einem Konsulargerichtsbezirk oder einem deutschen Schutzgebiete vor einem deutschen Konsul oder sonstigen Beamten die Ehe eingehen wollen oder eingegangen haben.

1. Liegt eine jener beiden internationalrechtlichen Voraussetzungen vor, dann soll die Eingehung der Ehe in Ansehung eines jeden Verlobten nach den Gesetzen des Staates beurteilt werden, dem er angehört. Das bedeutet zweierlei: einmal es ist zu einer beabsichtigten Eheschließung erforderlich, daß bei einem jeden Verlobten diejenigen Voraussetzungen vorliegen, die sein Heimatrecht als Erfordernis der Eheschließung vorschreibt (Ehefähigkeit, Ehemündigkeit, Zustimmung der Eltern oder sonstigen gesetzlichen Vertreter) und daß bei einem jeden kein Hindernis vorliegt, das nach seinem Heimatrechte der Eheschließung entgegensteht, sei es überhaupt, sei es gerade mit diesem Verlobten (wie bei Verwandtschaft, Schwägerschaft, Ehebruch, das Nähere siehe unter Nr. 2). Und zweitens bedeutet es: wenn eine Ehe geschlossen ist, so soll ihre Gültigkeit oder die Einwirkung von Umständen, die als Mängel gegen ihren Rechtsbestand geltend gemacht werden, nach dem Heimatrechte

desjenigen Ehegatten beurteilt werden, dessen Person durch das Hindernis betroffen sein oder in dessen Person der Mangel vorgelegen haben soll. Unter die Mängel, die auf diese Weise nach dem Heimatrechte eines jeden Verlobten zu beurteilen sind, gehören auch, was nach bisherigem Rechte streitig war (v. Bar 1 S. 459) die Willensmängel, deren Vorhandensein die Gültigkeit der Eheschließung beeinträchtigt (wie Irrtum, Täuschung, Zwang, Drohung). Für das neue Recht herrscht kein Streit, daß auch derartige Mängel nach Art. 13 Abs. 1, d. h. nach dem Heimatrechte desjenigen Verlobten zu beurteilen sind, in dessen Person sie vorliegen.

In jener ersteren Beziehung, für Eheschließungen, die in Deutschland vorgenommen werden sollen, wird der Art. 13 ergänzt durch den **§ 1315 Abs. 2 BGB.:** Ausländer, für die nach den Landesgesetzen zur Eingehung einer Ehe eine Erlaubnis oder ein Zeugnis erforderlich ist, dürfen nicht ohne diese Erlaubnis oder ohne dieses Zeugnis eine Ehe eingehen (vgl. dazu Schmidt, Familienrecht S. 63 bis 69, Anm. 5 zu § 1315; Sartorius, Personenstandsgesetz S. 278—294). Dieses Erfordernis des § 1315 bildet ein aufschiebendes Ehehindernis, gilt aber nur für Eheschließungen innerhalb des Deutschen Reichs und auch da nur je innerhalb des Bundesstaats, der in seinen Landesgesetzen das Erfordernis aufstellt. Es gilt also namentlich nicht für Eheschließungen, die innerhalb der Schutzgebiete, der Konsulargerichtsbezirke oder sonstwo von diplomatischen Vertretern des Reichs oder von Reichskonsuln (auf Grund des Gesetzes betr. die Eheschließung und die Beurkundung des Personenstandes von Bundesangehörigen im Auslande vom 4. Mai 1870, in der Fassung des Art. 40 des EG. z. BGB.) vorgenommen werden. Neben diesem aufschiebenden Ehehindernisse steht selbständig die Vorschrift des Art. 13. Durch jenes Zeugnis wird zwar in der Regel der Standesbeamte von weiterer Prüfung entbunden sein, ob nach dem Heimatrechte des ausländischen Verlobten ein weiteres Ehehindernis für diesen besteht. Hat er aber Grund, ein solches Hindernis anzunehmen, so darf er trotzdem die Eheschließung ablehnen. Ebensowenig wird die materiellrechtliche Ungültigkeit einer Ehe nach dem Heimatgesetze des Ausländers durch die Erlaubnis oder das Zeugnis des § 1315 Abs. 2 BGB. geheilt, es müßte sich denn um ein Ehehindernis handeln, von dem nach dem maßgebenden ausländischen Rechte Befreiung bewilligt werden kann, und diese in dem Zeugnis oder der Erlaubnis der ausländischen Behörde zu finden sein.

2. Bei den Gründen, welche die Abschließung einer Ehe hindern oder ihre Nichtigkeit, Ungültigkeit, Anfechtbarkeit veranlassen, wird durch den Art. 13 Abs. 1 eine Unterscheidung wichtig, die im Falle der Beurteilung einer Ehe nach einer und derselben Rechtsordnung nicht von Belang ist, nämlich die Unterscheidung zwischen Gründen, die aus den Wechselbeziehungen der Verlobten zu einander oder aus gemeinsamen Beziehungen zu derselben Mittelsperson entspringen, und solchen Gründen, die in einseitigen Eigenschaften oder Zuständen eines Verlobten oder in einem einseitigen Verhältnisse desselben zu einer dritten Person bestehen. Die eigentlichen Ehehindernisse (z. B. BGB. §§ 1303—1315) gehören beiden Gruppen an, dagegen die Anfechtungsgründe aus Willensmängeln, die bei der Eheschließung vorhanden waren (z. B. BGB. §§ 1331 bis 1333), nur der letzteren Gruppe. Zu der ersteren Gruppe gehören (von den Ehehindernissen des BGB.) die Verwandtschaft, die Schwägerschaft, die außereheliche Schwägerschaft (affinitas illegitima) und der Ehebruch: BGB. §§ 1310—1312.

Ein Ehehindernis aus dieser Gruppe hindert die Eheschließung und beeinträchtigt, soweit es nicht (nach beiden Rechten) bloß aufschiebend ist, deren Gültigkeit, wenn es auch nur in einem der beiden maßgebenden Heimatrechte aufgestellt ist. Die Ehe eines ausländischen Staatsangehörigen mit einer Deutschen ist also auch dann unzulässig, wenn der Ausländer die Geschlechtsgemeinschaft mit den Eltern oder Abkömmlingen der deutschen Verlobten gepflogen hat, oder wenn er der wegen Ehebruchs geschiedene Ehegatte ist und wenn in seinem Heimatrecht ein gleiches Ehehindernis nicht besteht. Dagegen kommen die Hinderungs- und Anfechtungsgründe, die unter die zweite Gruppe fallen, nur dann in Betracht, wenn sie bei demjenigen Verlobten vorliegen, dessen Heimatrecht diesen Umstand als Ehehindernis oder Anfechtungsgrund kennt. Denn nur „in Ansehung dieses Verlobten" entscheidet sein Heimatrecht. Dahin gehört die Ehemündigkeit, die Einwilligung der Eltern und sonstigen gesetzlichen Vertreter, die Gründe der §§ 1313—1315, 1325, 1331—1335. Streng genommen gehört zu dieser Gruppe auch das Ehehindernis der Bigamie (BGB. § 1309), doch muß man dieser Vorschrift des deutschen Rechtes ausschließliche Bedeutung beilegen, so daß ein Heimatrecht, das die Bigamie erlaubte, nach Art. 30 in Deutschland überhaupt nicht anerkannt werden darf. Zweifelhaft ist es, ob man das Ehehindernis der Adoptivverwandtschaft (BGB. § 1311) der ersten oder der zweiten Gruppe zuzählen soll. Vom Standpunkte des BGB. aus scheint mir das letztere richtiger, denn nach dem Wortlaute des § 1311 ist die Ehe nicht verboten zwischen Personen, von denen die eine die andere an Kindesstatt angenommen hat, sondern sie ist dem Adoptivvater verboten.

Diese Unterscheidung ist, wie für die Zulassung einer Eheschließung, so auch für die Beurteilung der Gültigkeit einer geschlossenen Ehe wichtig. Bei einem Ehehindernis aus der ersteren Gruppe entscheidet durchweg das strengere der beiden Rechte. Ist z. B. der Ehebruch nach einem der beiden Rechte (wie nach deutschem: § 1328) ein trennendes öffentliches, dagegen nach dem Heimatrechte des anderen Ehegatten nur ein aufschiebendes oder überhaupt kein Ehehindernis, so ist für den deutschen Richter die Ehe nach Art. 13 nichtig, und zwar nicht darum, weil es sein materielles Recht ist, das die Nichtigkeit ausspricht; denn die Ehe ist für ihn auch nichtig, wenn etwa das gleiche Verhältnis unter zwei fremden Rechten obwaltete, oder wenn dem deutschen Verlobten Befreiung von diesem Ehehindernis erteilt wäre (§ 1328 Abs. 2), dagegen das Heimatrecht des ausländischen Verlobten keine Befreiung von diesem Ehehindernisse zuließe oder die an sich auch nach diesem zulässige Befreiung dem ausländischen Verlobten nicht erteilt wäre. Ist das Ehehindernis nach deutschem Rechte nur aufschiebend (wie z. B. die affinitas illegitima: § 1310 Abs. 2), dagegen nach ausländischem (wie nach kanonischem) trennend, so ist auch darin das letztere maßgebend. Dagegen entscheidet bei den Hinderungs- und Anfechtungsgründen der zweiten Gruppe auch über die Wirkung des Mangels das Heimatrecht desjenigen Ehegatten, in dessen Person der Mangel vorlag. So ist zwar die Ehe, die ein wegen Geisteskrankheit entmündigter Deutscher mit einer Ausländerin abgeschlossen hat (nachdem er wieder gesund geworden ist, aber ehe seine Entmündigung aufgehoben war) nach § 1325 BGB. nichtig, wenngleich sie nach dem Heimatrechte des andern Ehegatten unanfechtbar wäre; dagegen wäre sie im umgekehrten Falle gültig. Liegt z. B. Mangel der elterlichen Einwilligung bei dem deutschen Verlobten vor, so ist die geschlossene Ehe weder nichtig noch anfechtbar, auch wenn das Heimatrecht des andern Verlobten an diesen Mangel Nichtigkeit oder Anfechtbarkeit knüpfte. Liegt umgekehrt bei dem deutschen Verlobten Beschränkung der Geschäftsfähigkeit vor, so ist die Ehe für ihn nach § 1331 BGB. anfechtbar, mag gleich das Recht des andern Ehegatten die Gültigkeit der Ehe durch diesen Mangel unberührt lassen. Besonders ist dies im Auge zu behalten bei dem Einflusse von Willensmängeln auf die Gültigkeit der Ehe. Ist z. B. der deutsche Verlobte über Vermögensverhältnisse seines ausländischen Verlobten getäuscht worden, so ist für ihn und damit überhaupt die Anfechtung der Ehe nach § 1334 Abs. 2 BGB. ausgeschlossen, wenngleich das Heimatrecht des ausländischen Ehegatten die Anfechtung auf Grund einer solchen Täuschung erlaubte; im umgekehrten Falle, wenn der ausländische Verlobte von dem deutschen über die Vermögensverhältnisse getäuscht worden ist, ist die Anfechtung zulässig. Dies alles gilt auch, wenn das eine Recht an den Mangel Nichtigkeit knüpft, das andere nur Anfechtbarkeit oder ihm überhaupt keine Bedeutung beilegt (z. B. bei Irrtum über das Geschäft oder die Person). Es tritt hier Nichtigkeit nur dann ein, wenn derjenige Verlobte sich geirrt hat, dessen Heimatrecht für diesen Fall die Nichtigkeit bestimmt, nicht, wenn nur der andere Verlobte in diesem Irrtume gewesen ist. Ist aber der Irrtum auf seiten des ersteren vorhanden gewesen, dann bewirkt allerdings die kraft seines Heimatrechts eintretende Nichtigkeit der Ehe, daß auch der andere Ehegatte sich darauf berufen kann, es müßte denn dies durch das Heimatrecht des ersteren ausgeschlossen sein. Dagegen will Niemeyer S. 134, falls in einem der beiden Heimatrechte an einem Willensmangel Nichtigkeit geknüpft ist, diese auch dann eintreten lassen, wenn der Willensmangel bei dem andern Verlobten vorhanden gewesen ist. Ob Planck dasselbe meint (Anm. 2 am Schlusse), ist nicht ganz klar. Er sagt allerdings, die Nichtigkeit wirke begrifflich für beide Teile, aber die Voraussetzung, von der er dabei ausgeht, ist, daß die Ehe nach den Gesetzen des einen Staates wegen des Mangels eines Erfordernisses auf seiten des diesem Staate angehörenden Teiles nichtig sei, und ein Erfordernis zur Ehe mangelt doch nur bei demjenigen Teile, der sich geirrt hat, getäuscht oder betrogen worden ist. Übrigens trifft auch das von Niemeyer gewählte Beispiel nicht zu. Nach österreichischem Rechte ist die Ehe wegen bloßer Drohung nicht nichtig, sondern nur im Falle der Entführung (österr. Allg. BGB. §§ 55, 56, 94) und selbst für den letzteren Fall bestimmt § 96, daß überhaupt nur der schuldlose Teil das Recht hat zu verlangen, daß der Ehevertrag für ungültig erklärt werde. Der Entführer kann also die Nichtigkeitsklage nicht erheben.

3. Dasjenige Recht, von dem aus zu beurteilen ist, ob bei der Eheschließung ein Hindernis oder ein Willensmangel vorgelegen hat, ist selbstverständlich auch maßgebend für die Beurteilung, ob dieser Mangel noch geltend gemacht werden kann (ob er durch Verzicht oder Ablauf einer Ausschlußfrist erloschen, ob er verjährt ist u. dgl.), und wie er, um erhalten zu werden, geltend gemacht werden mußte. Dagegen richtet sich die Art seiner Geltendmachung vor den deutschen Gerichten (Zulässigkeit der Geltendmachung durch Einrede, Widerklage u. dgl.) selbstverständlich nach dem deutschen Prozeßrechte (vgl. OLG. 1 S. 350). Wo das deutsche Prozeßrecht für die Nichtigkeitsklage andere Vorschriften gibt, als für die Anfechtungsklage (z. B. im § 617 Abs. 3 ZPO.), da muß die Frage, ob die erhobene Klage das eine oder das andere ist, nach dem maßgebenden Auslandsrechte beurteilt

werden, wobei als Anfechtungsklage diejenige zu gelten hat, die nach dem Auslandsrechte nur von den benachteiligten Privatpersonen, nicht auch von Amts wegen erhoben werden kann.

4. Entscheidend ist durchweg die Staatsangehörigkeit der Verlobten zur Zeit der Eheschließung. Außer Betracht bleiben muß namentlich der durch die Eheschließung für die Frau eintretende Wechsel der Staatsangehörigkeit, aber auch eine spätere Veränderung kann keinen Einfluß üben, da diese weder eine einmal gültige Ehe in ihrem Bestande, noch auch das Recht der Ehegatten auf Aufhebung beeinträchtigen kann. Zweifeln könnte man nur, ob etwa der Staatsanwalt die Nichtigkeit der Ehe geltend machen kann, wenn weder nach deutschem Rechte noch nach dem jetzigen Heimatrechte der Ehegatten ein Nichtigkeitsgrund vorliegt. Indessen dürfte kein ausreichender Grund bestehen, hier eine Ausnahme zu machen, zumal § 1309, Abs. 1 Satz 2 (Wiederholung der Eheschließung) den Ehegatten ein Mittel an die Hand gibt, die bisherige Nichtigkeit zu beseitigen.

5. Eine Ausnahme von dem Abs. 1 gibt der Abs. 2: In Ansehung der Ehefrau eines nach Art. 9 Abs. 3 für tot erklärten Ausländers wird die Eingehung der Ehe nach den deutschen Gesetzen beurteilt. Ist eine solche Ehefrau auch nach ihrer Verheiratung Deutsche geblieben, so ergibt sich die Anwendung der deutschen Gesetze schon aus Abs. 1; der Abs. 2 hat also nur Bedeutung, wenn die Ehefrau mit oder nach der Verheiratung aufgehört hat, Deutsche zu sein. Zu ihren Gunsten soll dann die von ihr nach Art. 9 Abs. 3 erwirkte Todeserklärung die Wirkung haben, daß sie sich wieder verheiraten kann und daß die Gültigkeit ihrer neuen Ehe nach den deutschen Gesetzen zu beurteilen ist, d. h. die Ehe mit den Verschollenen soll für sie kein Ehehindernis bilden, auch wenn dies nach ihrem jetzigen Heimatrechte der Fall wäre, und außerdem sollen auf die neue Ehe die Vorschriften der §§ 1348 ff. BGB. Anwendung finden. Dagegen sind im übrigen die Voraussetzungen der Eheschließung, die Wirkungen etwaiger Mängel nach dem Rechte des Staates zu beurteilen, dem sie bei der Wiederverheiratung angehörte, wenn auch der Wortlaut des Abs. 2 auf eine weitergehende Anwendung der deutschen Gesetze hinweist (so die herrschende Meinung: Niemeyer S. 138, Riedner S. 39 Nr. 4 und die daselbst angeführten).

6. Der Abs. 1 regelt nicht die Fälle, wo zwei Verlobte, von denen keiner ein Deutscher ist, im Auslande die Ehe eingehen wollen oder eingegangen sind. Auch im ersteren Falle kann der Mangel einer positiven internationalrechtlichen Vorschrift hervortreten, so für ausländische Schutzgenossen in einem Konsulargerichtsbezirke, die vor dem Konsul die Ehe schließen wollen (Konsulargerichtsbark.-Ges. v. 7. April 1900 § 36), wenn man nicht schon annimmt, daß dies eine Eheschließung „im Inlande" sei. Auch andernfalls unterliegt es indessen keinem Zweifel, daß der Grundsatz des Art. 13 Abs. 1 anzuwenden ist. Von größerer Bedeutung ist die Frage, nach welchen Gesetzen die Gültigkeit einer von Ausländern im Auslande geschlossenen Ehe demnächst in Deutschland beurteilt werden soll. Im Ergebnisse stimmt man allseitig überein, daß auch dabei der internationalrechtliche Grundsatz des Abs. 1 Geltung zu beanspruchen hat, d. h. daß die Eingehung der Ehe auch in diesem Falle in Ansehung jedes Verlobten nach dem Rechte des Staates zu beurteilen ist, dem er zur Zeit der Eheschließung angehörte. Streitig ist nur, ob nicht eine Ausnahme für den Fall zuzulassen ist, wo

das Recht des Heimatstaats selbst nicht angewandt sein will, sondern auf eine andere Rechtsordnung verweist; siehe darüber unter Nr. 7b.

7. Der Grundsatz des Abs. 1 wird durchbrochen:

a) wenn die Anwendung des ausländischen Rechtes, die danach geboten wäre, den guten Sitten oder dem Zwecke eines deutschen Gesetzes zuwiderliefe (Art. 30) oder

b) wenn das an sich anwendbare Heimatrecht eines ausländischen Verlobten die Anwendung der deutschen Gesetze gebietet (Rückverweisung Art. 27, vgl. über das dennoch geltende Erfordernis der Beibringung des gemäß § 1315 Abs. 2 BGB. landesgesetzlich vorgeschriebenen Zeugnisses KG. 27. Okt. 1902 in KGJ. 25 S. A. 47). Streitig ist, ob auch eine Weiterverweisung des Heimatrechts auf ein anderes Auslandsrecht, z. B. auf das des Wohnsitzes oder des Ortes der Eheschließung zu beachten ist (vgl. die Erläuterungen zu Art. 27). Hier sei nur folgendes schon vorläufig bemerkt: wenn zwei Ausländer in einem ausländischen Staate (ihrem Wohnsitzstaate), die Ehe eingegangen sind, unter Erfüllung der von ihrem Wohnsitzstaat aufgestellten Erfordernisse, weil ihr Heimatstaat für die Eingehung der Ehe seiner im Auslande wohnenden Angehörigen auf die Erfordernisse der Gesetze des Wohnsitzes verweist und diese genügen läßt, und wenn daraufhin die Ehe zeitlebens sowohl in dem Wohnsitzstaate wie in dem Heimatstaat als gültig angesehen und behandelt worden ist, so kann nicht wohl, wenn etwa nach dem Tode beider Ehegatten die Gültigkeit der Ehe vor einem deutschen Gericht einen Inzidentstreitpunkt bildet (z. B. bei einem Erbschaftsstreite), der deutsche Richter der Ehe die Gültigkeit aberkennen. Man nehme etwa das Eheverbot wegen Ehebruchs. Der Wohnsitzstaat hat dieses Eheverbot überhaupt nicht, dagegen hat es der Heimatstaat, und zwar wie das BGB. als trennendes, läßt aber Befreiung zu, die er indessen nur den in seinem Gebiete wohnhaften Angehörigen erteilt, weil er auf die auswärts wohnenden seine Ehehindernisse überhaupt nicht als anwendbar ansieht. Gesetzt, die Ehegatten hätten während der Ehe immer nur in dem ursprünglichen Wohnsitzstaate gewohnt und nach dem Tode des Mannes sei die Frau nach Deutschland gezogen, sollen dann die Verwandten des Mannes auftreten und von der Frau die Herausgabe der Erbschaft des Mannes verlangen können, weil die Ehe nichtig gewesen sei und deshalb der Frau kein Erbrecht zustehe?

III. Form der Eheschließung.

1. Vom Standpunkte des bürgerlichen Rechtes (jedenfalls des deutschen) aus ist die Eheschließung ein Rechtsgeschäft, wodurch die Ehe begründet wird. Den Gegenstand dieses Rechtsgeschäfts bildet die Ehe als Rechtsverhältnis, denn ein solches ist sie, wenn sich darin ihr Wesen auch nicht erschöpft. Daraus folgt, daß auch für die Eheschließung die Vorschriften des **Art. 11 Abs. 1** gelten, d. h. daß sich ihre Form nach den Gesetzen bestimmt, welche für die Ehe maßgebend sind; daß aber die Beobachtung der Form genügt, die das Gesetz des Ortes der Eheschließung vorschreibt. Diese Grundsätze werden indessen im Art. 13 nach verschiedenen Richtungen hin modifiziert.

2. Der Grundsatz des Art. 11 Abs. 1 Satz 1 wird zunächst durchbrochen durch den **Art. 13 Abs. 3**; danach bestimmt sich die Form einer Ehe, die im Inlande geschlossen wird (richtiger: die Form einer Eheschließung, die im Inlande erfolgt) ausschließlich nach den deutschen Gesetzen.

a) In erster Linie also nach dem BGB. §§ 1316—1321, d. h. sie kann regelmäßig nur vor einem Standesbeamten erfolgen. Nur eine so abgeschlossene Ehe ist für die Beurteilung durch deutsche Behörden oder sonst nach deutschem Rechte gültig, und sie ist anderseits für diese Beurteilung auch dann vollgültig, wenn das Heimatrecht des einen oder der beiden ausländischen Ehegatten dieser Form jede Anerkennung versagt, es müßte denn durch Staatsvertrag dem ausländischen Staate zugestanden sein, daß eine im Inlande abgeschlossene Ehe seiner Untertanen auch seitens der deutschen Gerichte nur dann als gültig anerkannt werden solle, wenn sie in der Form des ausländischen Vertragsstaats abgeschlossen wäre; indessen kommt ein solches Zugeständnis wohl kaum vor. — Wie die Form der Eingehung selbst, so bestimmt sich auch die Wirkung einer Verletzung der Form nach den deutschen Gesetzen, d. h. eine von Ausländern in Deutschland etwa vor einem ausländischen Geistlichen geschlossene Ehe ist derart nichtig, daß sie, selbst ohne für nichtig erklärt zu sein, die Eingehung einer neuen Ehe nicht hindert. (Ist aber in einem solchen Falle die Eingehung der neuen Ehe, wenn sie nach dem Heimatrechte des Ausländers unzulässig wäre, nach Art. 13 Abs. 1 nicht doch auch in Deutschland ausgeschlossen?) Ebenso tritt bei einem Mangel der Form der im Inlande vor dem Standesbeamten geschlossenen Ehe Heilung der Nichtigkeit nach § 1324 Abs. 2 BGB. ein, einerlei ob die Ehegatten die hier verlangte Frist von 10 oder 3 Jahren im Geltungsbereiche des deutschen Rechtes oder anderwärts zugebracht haben.

b) Zu den deutschen Gesetzen im Art 13 Abs. 3 gehört aber nicht bloß das BGB., sondern nach Art. 4 EG. jede deutsche Rechtsnorm, also vor allem auch die Staatsverträge des Reichs und die vor 1900 geschlossenen Staatsverträge der Bundesstaaten (Art. 56). In Betracht kommen hier die Staatsverträge des Reichs mit Brasilien vom 10. Jan. 1882 (RGBl. S. 69) Art. 14 (gekündigt), mit Hawaii vom 25. März/19. Sept. 1879 (RGBl. 1880 S. 121) Art. 2, mit Italien vom 4. Mai 1891 (RGBl. 1891 S. 113) Art. 1, mit Japan vom 4. April 1896 (RGBl. 1896 S. 705) Art. 11, mit Paraguay vom 21. Juli 1887 (RGBl. 1888 S. 178) Art. 3, mit Salvador vom $\frac{13.\ \text{Juni}\ 1870}{12.\ \text{Jan.}\ 1888}$ (RGBl. 1872 S. 377, 1889 S. 191) Art. 8 (vgl. dazu Niemeyer S. 198—203). Diese Verträge räumen den ausländischen Vertragsstaaten das Recht ein, in Deutschland Eheschließungen ihrer Staatsangehörigen, falls beide Verlobte zu diesen gehören, durch ihren Konsul vornehmen zu lassen. Kommt bei einer solchen Eheschließung ein Mangel der Form vor, so bestimmt sich die Folge und die etwaige Heilung des Mangels natürlich nach ausländischem Rechte.

c) Über die Eheschließung exterritorialer Personen in Deutschland vgl. Hinschius, Personenstandsgesetz S. 158 Anm. 49; Sartorius, das. S. 301.

3. Wie für das Inland, so ist auch für die deutschen Schutzgebiete und Konsulargerichtsbezirke der inländischen Eheschließungsform Ausschließlichkeit beigelegt, allerdings mit gewissen Einschränkungen. Nach § 7 Abs. 2 des Schutzgebietsgesetzes vom 25. Juli 1900 bestimmt sich die Form einer Ehe, die in einem Schutzgebiete geschlossen wird, ausschließlich nach den Vorschriften des Gesetzes vom 4. Mai 1870 betr. die Eheschließung und die Beurkundung des Personenstandes von Bundesangehörigen im Auslande, in der Fassung des Art. 40 EG. z.

BGB. Doch unterliegen die Eingeborenen dieser Vorschrift nur insoweit, als dies durch kaiserliche Verordnung bestimmt wird. Den Eingeborenen können durch kaiserliche Verordnung bestimmte andere Teile der Bevölkerung gleichgestellt werden. Diese Ausschließlichkeit der Eheschließung vor dem Standesbeamten gilt also in den Schutzgebieten ebenso, wie in Deutschland selbst, nicht nur für Deutsche, sondern auch für Ausländer aller Art, soweit sie nicht unter die zuletzt genannten Ausnahmen gehören. — Ebenso soll sich nach § 36 des Konsulargerichtsbarkeitsgesetzes vom 7. April 1900 die Form einer Ehe, die in einem Konsulargerichtsbezirke von einem Deutschen oder von einem Schutzgenossen, der keinem Staate angehört, geschlossen wird (mag auch der andere Verlobte des Deutschen oder eines solchen Schutzgenossen einem fremden Staate angehören) ausschließlich nach den Vorschriften jenes Bundesgesetzes vom 4. Mai 1870 bestimmen. Dagegen kann ein Schutzgenosse, der einem fremden Staate angehört (wenn er sich mit einem Schutzgenossen gleicher Art oder einem Nichtschutzgenossen verheiraten will) die Ehe in dieser oder in einer andern, nach den Gesetzen seines Staates zulässigen Form schließen. Durch kaiserliche Verordnung kann bestimmt werden, inwieweit in einem Konsulargerichtsbezirke die Beachtung der Vorschriften genügt, die von der dortigen Staatsgewalt über die Form der Eheschließung erlassen sind. Durch diese neue Vorschrift des Konsulargerichtsbarkeitsgesetzes ist also jetzt eine Eheschließung durch kirchliche Trauung in der Türkei bei deutschen Reichsangehörigen oder deutschen Schutzgenossen ohne fremde Staatsangehörigkeit fortan unzulässig geworden, während sie früher wirksam war (vgl. RG. 27 Nr. 24).

4. Für das übrige Ausland kommen für den deutschen Richter zunächst ebenfalls die Vorschriften des Gesetzes vom 4. Mai 1870 betr. die Eheschließung usw. von Bundesangehörigen im Auslande, sowie die Staatsverträge des Reichs mit auswärtigen Staaten in Betracht. Ist kraft dieses Gesetzes vor einem durch den Reichskanzler dazu ermächtigten diplomatischen Vertreter oder Konsul oder vor einer zwar nicht dazu ermächtigten, aber im § 8 des Ges.| ihm gleichgestellten Person eine Eheschließung vorgenommen, bei der der eine Verlobte Deutscher war, (§ 10 des Ges.), so ist sie für den deutschen Richter gültig, sollte auch das Recht des Staates, in dem sie vorgenommen ist, oder das Heimatrecht des andern Verlobten sie der Form nach nicht anerkennen. Anders als in den deutschen Schutzgebieten und Konsulargerichtsbezirken gilt aber im übrigen Auslande die Eheschließungsform des Ges. vom 4. Mai 1870 auch für deutsche Reichsangehörige nicht ausschließlich. Vielmehr können hier die Verlobten, auch wenn beide Deutsche sind, anstatt der Eheschließung vor dem dentschen Konsul auch diejenige Form der Eheschließung wählen, die durch die Gesetze des Eheschließungsorts vorgeschrieben oder zugelassen ist. Das gilt auch in denjenigen Staaten, in denen durch Staatsvertrag mit dem Reiche den deutschen Vertretern die Befugnis zur Beurkundung von Eheschließungen eingeräumt ist. Denn auch dadurch ist für deutsche Reichsangehörige eine Pflicht zur Vornahme der Eheschließung in dieser Form nicht begründet, sondern nur dem Reiche die Befugnis zur Ermächtigung seiner Vertreter erteilt, die Beurkundung vorzunehmen, und dem andern Vertragsstaate die Verpflichtung auferlegt, solche Eheschließungen bei sich als gültig anzuerkennen. Diese Grundsätze gelten z. B. für Japan. Dort ist durch Art. 20 des Handels- und Schiffahrtsvertrags vom 4. April 1886 die Konsulargerichtsbarkeit aufgehoben, die Ehe-

schließung in Japan fällt also nicht unter den § 36 des Konf.-Gerichtsbark.-Ges., und wenn auch durch Art. 11 des Konsularvertrags mit Japan vom 4. April 1896 den dortigen deutschen diplomatischen Vertretern und Konsuln das Recht eingeräumt ist, Eheschließungen von Deutschen vorzunehmen, so können doch auch dortige Deutsche, selbst wenn beide Verlobte Reichsangehörige sind, die Eheschließung in den Formen der japanischen Gesetze vornehmen und eine solche Eheschließung ist vor dem deutschen Gesetze der Form nach gültig und rechtswirksam.

Im übrigen gilt für Eheschließungen im Ausland in vollem Umfange der Grundsatz des Art. 11 Abs. 1, d. h. die Ehe kann entweder in der Form abgeschlossen werden, die das Gesetz des Eheschließungsorts vorschreibt, oder in derjenigen, die das für die Ehe maßgebende Gesetz verlangt oder zuläßt. Das gilt für Deutsche wie für Ausländer, seien sie Angehörige des Auslandstaats, in dem die Ehe geschlossen wird, oder eines andern Auslandstaats, und gleichviel, ob beide Verlobte Deutsche oder Angehörige desselben Auslandstaats sind oder ob sie verschiedenen Staaten angehören. Auch kommt es nicht darauf an, ob der Auslandstaat, in dem die Ehe geschlossen wird, die in seinem Gebiet in der Form des Heimatrechts der Verlobten abgeschlossene Ehe anerkennt; wenn er das nicht tut, sondern wie der deutsche Gesetzgeber im Art. 13 Abs. 3 seiner inländischen Form Ausschließlichkeit beilegt, muß der deutsche Richter trotzdem die von den Verlobten in ihrer heimatlichen Form eingegangene Ehe als gültig behandeln. Darin liegt allerdings ein Widerspruch; das deutsche Gesetz nötigt den deutschen Richter, den Anspruch auf Ausschließlichkeit, den dieses Gesetz für sein Gebiet erhebt, bei andern Staaten, wenn sie ihn ebenso für ihr Gebiet erheben, nicht anzuerkennen, allein der Widerspruch ist nach Art. 11 Abs. 1 nicht zu beseitigen. Nach demjenigen Gesetze, dessen Form die Verlobten für die Eheschließung gewählt haben, sind auch etwaige Mängel der Form in ihrem Einfluß auf den Rechtsbestand der Ehe und ihre Heilung (durch Zeitablauf usw.) zu beurteilen.

Die Form nach dem Gesetze des Ortes der Eheschließung bleibt auch dann (und zwar auch wenn beide Verlobte Deutsche sind) zulässig, wenn diese Form noch so lax ist, sofern sie nur eben nach unsern Begriffen als Schließung *einer* Ehe (und nicht bloß eines Konkubinats) gelten kann (vgl. über die Form in einigen amerikanischen Staaten: *Meyerowitz* a. a. O. S. 15). Ebensowenig beeinträchtigt der Umstand die Gültigkeit der Ehe, daß sich die Verlobten nur deshalb ins Ausland begeben haben, um den strengeren Formvorschriften ihres Heimatrechtes zu entgehen (vgl. zu Art. 11 Anm. II, 7; v. *Savigny* 8 S. 350; v. *Bar* 1 S. 350; *Regelsberger* Pandekten S. 170; *Zitelmann* 2 S. 151 f.; *Meyerowitz* S. 15 u. a.).

Gehören die beiden Verlobten verschiedenen Staaten an, so können Zweifel entstehen, welches Gesetz nach Art. 11 Abs. 1 Satz 1 als dasjenige anzusehen ist, das für das den Gegenstand der Eheschließung bildende Rechtsverhältnis, d. h. für die Ehe, maßgebend ist, mit andern Worten, ob die Form der Eheschließung (wenn sie nicht dem Gesetze des Ortes der Eheschließung entspricht) in dem Heimatrechte *beider* Verlobten anerkannt sein muß (so *Niemeyer* S. 140; *Niedner* S. 39 unten; *Kuhlenbeck* Anm. 6), oder ob es genügt, wenn sie dem Heimatrecht auch nur *eines* der Verlobten entspricht oder ob das Heimatrecht des *Ehemanns* entscheidet. Das deutsche Gesetz vom 4. Mai 1870 § 10 sowie das Konsulargerichtsbarkeitsgesetz § 36 stehen auf dem Standpunkte, daß, auch wenn nur einer der Verlobten Deutscher ist, die deutsche Eheschließungsform im Auslande zulässig ist, ja das letztere Gesetz schreibt sie auch für diesen Fall in den Konsulargerichtsbezirken ausdrücklich als die einzig zulässige vor. Indessen ist daraus nicht zu entnehmen, daß auch sonst nach deutschem internationalen Rechte eine im Auslande (zwischen Deutschen und Ausländern oder zwischen Angehörigen verschiedener Auslandsstaaten) geschlossene Ehe schon dann gültig sein solle, wenn sie in der Form nur dem Heimatrecht eines Verlobten entspreche. Vielmehr liegt jenen Vorschriften bloß die Absicht einer Begünstigung der deutschen Eheschließungsform zugrunde. Auch dem Heimatrechte des Ehemanns kann bei der Form der Eheschließung kein Vorrang eingeräumt werden. Vielmehr muß nach Art. 13 Abs. 1 Satz 1, wonach für die Eingehung der Ehe in Ansehung eines jeden der beiden Verlobten sein Heimatrecht entscheidet, in betreff der Form der Eheschließung, die ja beide Verlobte gleicherweise betrifft, dem beiderseitigen Heimatrechte Genüge getan werden. Nach deutschen internationalrechtlichen Grundsätzen kann deshalb eine Ehe in einer andern Form als in der des Eheschließungsorts nur dann geschlossen werden, wenn beide Heimatrechte diese Form anerkennen (wenn auch nicht für ihr eigenes Gebiet oder wenn auch nur für die Eheschließung eines ihrer Angehörigen mit einem Ausländer). Für Verlobte, von denen einer Deutscher ist, bedeutet das, daß sie außerhalb Deutschlands (abgesehen von der Eheschließung nach Maßgabe des Gesetzes vom 4. Mai 1870, siehe oben) die Ehe nur in der Form des Eheschließungsorts eingehen können, nicht in der Form, die das Heimatrecht des andern Verlobten für das Ausland zuläßt (also nicht z. B. vor dem Konsul des Heimatstaats des andern Verlobten). Eine Ausnahme hiervon tritt nur dann ein, wenn durch einen für den Eheschließungsort maßgebenden Staatsvertrag etwa den Konsuln des Heimatstaats des andern Verlobten die Befugnis eingeräumt ist, Eheschließungen ihrer Staatsangehörigen nicht nur untereinander, sondern auch mit Angehörigen dritter Staaten gültig vorzunehmen. Denn wenn ein solcher Staatsvertrag Gesetz für den Eheschließungsort ist, so wird eine Eheschließung, die vor dem Konsul des Heimatstaats des andern Verlobten erfolgt, eben in einer derjenigen Formen bewirkt, die das Gesetz des Eheschließungsorts für solche Fälle zuläßt; sie ist also auch für den deutschen Richter gültig nicht auf Grund des Wirkungsstatuts (Art. 11 Abs. 1 Satz 1), sondern nach dem Grundsatze locus regit actum (Art. 11 Abs. 1 Satz 2). Wo diese Ausnahme nicht zutrifft und zugleich das Heimatrecht des andern Verlobten dieselben Grundsätze befolgt wie das deutsche Recht, d. h. zwar die Eheschließung eines seiner Angehörigen mit einem ausländischen Verlobten vor dem eigenen diplomatischen Vertreter oder Konsul, nicht aber auch vor dem diplomatischen Vertreter oder Konsul des Heimatstaats des andern Verlobten anerkennt, da bleibt den beiden Verlobten, wenn sie nicht die Form des Eheschließungsorts wählen wollen oder können, nichts übrig, um die Gültigkeit ihrer Eheschließung nach den beiderseitigen Heimatrechten sicher zu stellen, als daß sie die Eheschließung nacheinander vor den Vertretern ihrer beiden Heimatstaaten vornehmen.

IV. **Prozeßrechtlich** dienen zur Ergänzung des Art. 13 die Vorschriften des § 328 Nr. 3 und der §§ 722, 723 Abs. 2 Satz 2 ZPO. Danach ist die Anerkennung eines ausländischen Urteils und die Zwangsvollstreckung aus einem solchen in

Deutschland ausgeschlossen, wenn in dem Urteile von den Vorschriften des Art. 13 Abs. 1 und 3 oder von der auf Art. 13 Abs. 1 bezüglichen Vorschrift des Art. 27 zum Nachteil einer deutschen Partei oder im Falle des Art. 9 Abs. 3 zum Nachteil der Ehefrau eines für tot erklärten Ausländers von der Vorschrift des Art. 13 Abs. 2 abgewichen ist. Dieser prozeßrechtliche Schutz deckt also die Vorschriften des Art. 13 nicht vollständig, sondern kommt nur deutschen Parteien und der früher deutschen Ehefrau eines verschollenen Ausländers zugute. Haben z. B. Ausländer gemäß Art. 13 Abs. 3 in Deutschland eine Ehe vor dem Standesbeamten geschlossen und wird diese Ehe im Heimatland eines der beiden Ehegatten für formell nichtig erklärt, so wird die Anerkennung dieses Urteils und die Zwangsvollstreckung daraus in Deutschland nicht ausgeschlossen, da man schwerlich die Anerkennung als einen Verstoß gegen den Zweck des Abs. 3 ansehen und darum durch Nr. 4 des § 328 für ausgeschlossen erachten kann. Jedenfalls soll aber der § 328 Nr. 3 nicht bloß solchen Personen zugute kommen, die zur Zeit des Urteils die Eigenschaft von Deutschen hatten (wie Seuffert, Kommentar z. ZPO. § 328 Nr. 5c, Petersen-Anger, ebenda Anm. 9, annehmen), sondern mindestens auch solchen Frauen, die bis zur Eheschließung Deutsche gewesen waren und nur durch die Eheschließung (oder nachher ohne ihre Mitwirkung) diese Eigenschaft verloren haben (vgl. § 13 Nr. 5 des Reichsges. v. 1. Juni 1870 über die Erwerbung und den Verlust der Bundes- und Staatsangehörigkeit). Denn wenn der § 328 Nr. 3 ZPO. die Anerkennung des ausländischen Urteils verbietet bei einer Abweichung von der Vorschrift des Art. 13 Abs. 2 zuungunsten der Ehefrau eines für tot erklärten Ausländers, so läßt er seinen Schutz einer Frau zuteil werden, die nicht einmal zu der Zeit, wo der Art. 13 Abs. 2 für sie anwendbar wurde, die Reichsangehörigkeit besaß. Um so viel mehr muß der gleiche Schutz solchen Frauen zuteil werden, die noch Deutsche waren, als sie die Ehe schlossen, in deren Beurteilung das ausländische Urteil von den Grundsätzen des Art. 13 Abs. 1 und 3 abgewichen ist.

Wegen der Zuständigkeit der deutschen Gerichte für Nichtigkeits- und Anfechtungsklagen bei Ehen zwischen Deutschen und Ausländern siehe ZPO. § 600.

V. **Das Verlöbnis** ist nach dem BGB. ein familienrechtlicher Vertrag (entgegen der im gemeinen und preußischen Rechte herrschenden Auffassung, wonach das Verlöbnis ein obligatorisches Rechtsverhältnis sein sollte, das deshalb dem Rechte des Erfüllungsorts unterstehe, RG. 20 S. 333). Seine Eingehung ist deshalb entsprechend der Vorschrift des Art. 13 Abs. 1 nach dem Heimatrechte jedes der beiden Verlobten zu beurteilen (ebenso Niedner Anm. 2a; Planck Anm. 3; Gierke 1 S. 235 Anm. 87; Barazetti S. 57; Kuhlenbeck S. 33). Doch ist eine Klage auf Eingehung der Ehe auch bei einem Verlöbnis unter Ausländern in Deutschland nicht zulässig, ebensowenig die Anerkennung einer durch ausländisches Urteil ausgesprochenen Verurteilung zur Eingehung einer Ehe oder die Zwangsvollstreckung aus einem solchen Urteil, einerlei, ob das Urteil gegen einen Deutschen oder einen Ausländer gerichtet ist (BGB. § 1297 Abs. 1, EG. Art. 30, ZPO. § 328 Nr. 4, §§ 722, 723 und besonders § 894 Abs. 2). Das gleiche gilt für die Klage und für das Urteil aus einem Strafversprechen für den Fall des Unterbleibens der Eheschließung, mag gleich auch hier das Verlöbnis ausländischem Rechte unterstehen. Ja man muß noch darüber hinausgehen und die in den §§ 1298—1301 BGB. festgesetzten Verpflichtungen als die Grenze dessen betrachten, was überhaupt vor deutschen Gerichten auf Grund des Rücktritts vom Verlöbnisse gefordert werden darf, indem das deutsche Gesetz offenbar auch den mittelbaren Zwang zur Eheschließung verwirft, der mit härteren pekuniären Verpflichtungen aus dem Rücktritte vom Verlöbnisse verbunden ist. Wenn also auch das für das Verlöbnis materiell maßgebende ausländische Recht strengere Folgen an den Rücktritt vom Verlöbnisse knüpft, so wird diese doch der deutsche Richter nicht aussprechen dürfen. Sind dagegen umgekehrt nach dem maßgebenden Auslandsrechte die Verpflichtungen aus dem Rücktritte geringer, so hat es dabei sein Bewenden. Gehören die Verlobten verschiedenen Staaten an, so möchte ich nicht das Heimatrecht des Beklagten (wie Planck Anm. 9; Niedner Anm. 2a; Kuhlenbeck S. 33; Gierke 1 S. 235 Anm. 87; SeuffA. 6 Nr. 306, vgl. auch RG. bei Gruch. 47 S. 135, JW. 1902 S. 448), sondern, ähnlich wie es im Art. 21 mit den Verpflichtungen des unehelichen Vaters der Fall ist, gerade umgekehrt das Heimatrecht des im Stiche gelassenen Verlobten entscheiden lassen. Barazetti S. 58 will, abgesehen von der Form des Verlöbnisses, durchweg das deutsche Recht auf Grund des Art. 30 EG. entscheidend sein lassen.

VI. **Übergangsrecht.** Die Vorschriften des Art. 13, namentlich des Abs. 1 und 3, gelten nur für Ehen, die unter dem neuen Rechte geschlossen werden. Ehen, die vor dieser Zeit, sei es von Deutschen im Ausland oder von Ausländern in Deutschland geschlossen sind, sind in betreff ihrer materiellrechtlichen Voraussetzungen wie in ihrer Form nach den früheren internationalrechtlichen Kollisionsnormen zu beurteilen. Dagegen sind Ehen von Ausländern, die im Auslande geschlossen sind, jetzt nach dem Heimatrechte der Ehegatten zu beurteilen, auch wenn früher das Prozeßgericht andere Grundsätze anzuwenden gehabt hätte.

Ebensowenig haben selbstverständlich die Vorschriften des § 7 des Schutzgebietsgesetzes v. 25. Juli 1900 und des § 36 des Konsulargerichtsbarkeitsgesetzes v. 7. April 1900, in denen die Ausschließlichkeit der inländischen Form der Eheschließung ausgesprochen wird, rückwirkende Kraft auf Eheschließungen, die vor dem Inkrafttreten jener Gesetze in den Schutzgebieten oder Konsulargerichtsbezirken vorgenommen sind (vgl. z. B. den Fall RG. 27 Nr. 24).

VII. **Nach dem Haager Abkommen zur Regelung des Geltungsbereichs der Gesetze auf dem Gebiete der Eheschließung** v. 12. Juni 1902 (vgl. oben S. 48 Vorbm. X, Kahn in Böhms Z. 12 S. 201; Niemeyer in DJZ. 1904 S. 514; Schmitz-Wichmann 2 S. 1ff.) gelten für Ehen, die im europäischen (Art. 9) Gebiete der Vertragsstaaten (d. s. Deutschland, Belgien, Frankreich, Italien, Luxemburg, die Niederlande, Rumänien, Schweden, Norwegen und die Schweiz) von Personen geschlossen sind, von denen mindestens eine Angehöriger einer dieser Staaten ist, die Bestimmungen des bezeichneten Abkommens, welche — abgesehen von den Schlußbestimmungen der Art. 9—12 über Ratifikation, Beitritt, Inkrafttreten, Dauer und Kündigung des Abkommens — im amtlichen deutschen Texte folgendermaßen lauten:

Artikel 1.

Das Recht zur Eingehung der Ehe bestimmt sich in Ansehung eines jeden der Verlobten nach dem Gesetze des Staates, dem er angehört (Gesetz des Heimatstaats), soweit nicht eine Vorschrift dieses Gesetzes ausdrücklich auf ein anderes Gesetz verweist.

Artikel 2

Das Gesetz des Ortes der Eheschließung kann die Ehe von Ausländern untersagen, wenn sie verstoßen würde gegen seine Vorschriften über

1. die Grade der Verwandtschaft und Schwägerschaft, für die ein absolutes Eheverbot besteht;
2. das absolute Verbot der Eheschließung zwischen den des Ehebruchs Schuldigen, wenn auf Grund dieses Ehebruchs die Ehe eines von ihnen aufgelöst worden ist;
3. das absolute Verbot der Eheschließung zwischen Personen, die wegen gemeinsamer Nachstellung nach dem Leben des Ehegatten eines von ihnen verurteilt worden sind.

Ist die Ehe ungeachtet eines der vorstehend aufgeführten Verbote geschlossen, so kann sie nicht als nichtig behandelt werden, falls sie nach dem im Artikel 1 bezeichneten Gesetze gültig ist.

Unbeschadet der Bestimmungen des Artikels 6 Abs. 1 des Abkommens ist kein Vertragsstaat verpflichtet, eine Ehe schließen zu lassen, die mit Rücksicht auf eine vormalige Ehe oder auf ein Hindernis religiöser Natur gegen seine Gesetze verstoßen würde. Die Verletzung eines derartigen Ehehindernisses kann jedoch die Nichtigkeit der Ehe in einem anderen Staate als in dem, wo die Ehe geschlossen wurde, nicht zur Folge haben.

Artikel 3.

Das Gesetz des Ortes der Eheschließung kann ungeachtet der Verbote des im Artikel 1 bezeichneten Gesetzes die Ehe von Ausländern gestatten, wenn diese Verbote ausschließlich auf Gründen religiöser Natur beruhen.

Die anderen Staaten sind berechtigt, einer unter solchen Umständen geschlossenen Ehe die Anerkennung als einer gültigen Ehe zu versagen.

Artikel 4.

Die Ausländer müssen zum Zwecke ihrer Eheschließung nachweisen, daß sie den Bedingungen genügen, die nach dem im Artikel 1 bezeichneten Gesetz erforderlich sind.

Dieser Nachweis kann durch ein Zeugnis der diplomatischen oder konsularischen Vertreter des Staates, dem die Verlobten angehören, oder durch irgendein anderes Beweismittel geführt werden, je nachdem die Staatsverträge oder die Behörden des Landes, in welchem die Ehe geschlossen wird, den Nachweis als genügend anerkennen.

Artikel 5.

In Ansehung der Form ist die Ehe überall als gültig anzuerkennen, wenn die Eheschließung dem Gesetze des Landes, in welchem sie erfolgt ist, entspricht.

Doch brauchen die Länder, deren Gesetzgebung eine religiöse Trauung vorschreibt, die von ihren Angehörigen unter Nichtbeachtung dieser Vorschrift im Ausland eingegangenen Ehen nicht als gültig anzuerkennen.

Die Vorschriften des Gesetzes des Heimatstaats über das Aufgebot müssen beachtet werden; doch kann das Unterlassen dieses Aufgebots die Nichtigkeit der Ehe nur in dem Lande zur Folge haben, dessen Gesetz übertreten worden ist.

Eine beglaubigte Abschrift der Eheschließungsurkunde ist den Behörden des Heimatlandes eines jeden der Ehegatten zu übersenden.

Artikel 6.

In Ansehung der Form ist die Ehe überall als gültig anzuerkennen, wenn sie vor einem diplomatischen oder konsularischen Vertreter gemäß seiner Gesetzgebung geschlossen wird, vorausgesetzt, daß keiner der Verlobten dem Staate, wo die Ehe geschlossen wird, angehört und dieser Staat der Eheschließung nicht widerspricht. Ein solcher Widerspruch kann nicht erhoben werden, wenn es sich um eine Ehe handelt, die mit Rücksicht auf eine vormalige Ehe oder ein Hindernis religiöser Natur gegen seine Gesetze verstoßen würde.

Der Vorbehalt des Art. 5 Abs. 2 findet auf die diplomatischen oder konsularischen Eheschließungen Anwendung.

Artikel 7.

Eine Ehe, die in dem Lande, in welchem sie geschlossen wurde, in Ansehung der Form nichtig ist, kann gleichwohl in anderen Ländern als gültig anerkannt werden, wenn die durch das Gesetz des Heimatstaats eines jeden der Verlobten vorgeschriebene Form beobachtet worden ist.

Artikel 8.

Dieses Abkommen findet nur auf solche Ehen Anwendung, welche im Gebiete der Vertragsstaaten zwischen Personen geschlossen sind, von denen mindestens eine Angehöriger eines dieser Staaten ist.

Kein Staat verpflichtet sich durch dieses Abkommen zur Anwendung eines Gesetzes, welches nicht dasjenige eines Vertragsstaats ist.

Das Abkommen behandelt zunächst die materiellen Erfordernisse der Eheschließung (Art. 1—3) und deren Nachweis (Art. 4), sodann die Form der Eheschließung (Art. 5—7). Über sein Verhältnis zum deutschen Rechte sei an der Hand der dem Reichstage vorgelegten Denkschrift folgendes bemerkt:

1. Zu Art. 1—3. Die im Art. 1 züglich der materiellen Erfordernisse aufgestellte Regel stimmt mit Art. 13 Abs. 1 EG. überein, stellt den in diesem anerkannten Grundsatz aber für alle von Angehörigen eines Vertragsstaats innerhalb des Vertragsgebiets geschlossenen Ehen vertragsmäßig fest. Der Satz „soweit nicht — verweist" enthält gegenüber Art. 27 EG. teils eine Einschränkung, teils eine Erweiterung, indem er nur ausdrückliche Rückverweisungen anerkennt, solche aber auch insoweit, als sie sich auf das Recht eines dritten Vertragstaats beziehen.

Die Art. 2, 3 enthalten Ausnahmen von der Regel des Art. 1 zugunsten des Gesetzes des Eheschließungsorts, und zwar Art. 2 nach der Richtung, daß den Vertragsstaaten gestattet wird, nach Art. 1 ehefähige Ausländer dennoch mit Rücksicht auf bestimmte absolute Eheverbote nicht zur Eheschließung zuzulassen. Von den hier berücksichtigten Eheverboten beruhen die im Abs. 1 aufgeführten auf dem bürgerlichen Eherechte. Ein Verstoß gegen sie macht die Ehe nicht nichtig (Abs. 2); der Vertragsstaat kann wegen eines solchen Verbots aber auch der Eheschließung in diplomatischer Form widersprechen (Art. 6). Der Begriff der Verwandtschaft und Schwägerschaft im Sinne des Abs. 1 Nr. 1 bestimmt sich nach dem Rechte des

Eheschließungsorts. Von den rein kirchlichen Eheverboten berücksichtigt Abs. 3 das der vormaligen Ehe, d. h. das nach dem Gesetze des Eheschließungsorts allgemein oder für Katholiken bestehende Ehehindernis, das sich aus der Unzulässigkeit der Ehescheidung ergibt, sowie Hindernisse religiöser Natur, wie namentlich die der geistlichen Weihen, des Ordensgelübdes und der Religionsverschiedenheit. Die Wirkungen des Verstoßes gegen ein solches Verbot ergeben sich aus Abs. 3 Satz 2 und Art. 6 Abs. 1 Satz 2. Von allen im Art. 2 erwähnten Eheverboten kommt nach deutschem Rechte nur das der Verwandtschaft und Schwägerschaft in Betracht (BGB. §§ 1310, 1311); inwieweit es bei der Eheschließung von Ausländern im Inlande zu berücksichtigen ist, bestimmt sich lediglich nach Art. 30 EG. — Art. 3 gestattet ausnahmsweise die Zulassung einer nach Art. 1 unzulässigen Ehe, wenn die Unzulässigkeit ausschließlich auf Gründen religiöser Natur — nicht auch auf dem Hindernisse der vormaligen Ehe — beruht. Ob Art. 3 bei der Eheschließung von Ausländern in Deutschland Anwendung findet, ist nach Art. 30 EG. zu entscheiden. Die Anerkennung einer gemäß Art. 3 im Auslande geschlossenen Ehe bestimmt sich nach den deutschen Kollisionsnormen.

2. Nach Art. 4 sind die auf Grund des § 1315 Abs. 2 BGB. erlassenen landesgesetzlichen Vorschriften insoweit, als sie die Beibringung von Zeugnissen über das Nichtbekanntsein von Ehehindernissen betreffen, in Kraft geblieben, haben dagegen im übrigen gegenüber den Angehörigen der Vertragsstaaten ihre Geltung verloren (vgl. über die zur Ausstellung jener Zeugnisse zuständigen Behörden ZBlFG. 6 S. 760).

3. Zu Art. 5—7. Die bezüglich der Form der Eheschließung im Art. 5 Abs 1 aufgestellte Regel entspricht dem Art. 11 Abs. 1 Satz 2 EG. z. BGB. und ist nach Art. 13 Abs. 3 daselbst für Eheschließungen im Inland ausschließlich maßgebend. Von jener Regel macht Art. 5 Abs. 2, 3 zwei für die Eheschließung von Deutschen im Auslande nicht in Betracht kommende Ausnahmen nach der Richtung, daß eine nach dem Ortsrechte formgültig geschlossene Ehe im Heimatstaate nicht als gültig anerkannt zu werden braucht. Die Art. 6, 7 bestimmen weitere Ausnahmen, wonach auch eine den Formvorschriften des Ortsrechts nicht entsprechende Ehe als gültig anzuerkennen ist. Art. 6 läßt die sog. diplomatische Ehe unter der dreifachen Voraussetzung zu, daß die Ehe vor dem diplomatischen Vertreter gemäß der Gesetzgebung des Absendestaats, namentlich auch mit dessen Ermächtigung, unter Personen, von denen keine dem Empfangsstaat angehörig ist, ohne Widerspruch des letzteren Staates, sei es seiner Gesetzgebung, sei es seiner Regierung, geschlossen wird. Der Art. 6 läßt für die Eheschließung von Ausländern in Deutschland den Art. 13 Abs. 3 EG. z. BGB. unberührt. Dagegen erleidet bezüglich der Eheschließung von Deutschen im Auslande der § 10 des Gesetzes vom 4. Mai 1870 eine Änderung. Während nach dieser Vorschrift eine Ehe, die von einem hierzu ermächtigten deutschen Gesandten oder Konsul zwischen Deutschen oder zwischen Deutschen und Ausländern geschlossen wird, gültig ist, ist sie nach dem Abkommen nur unter den Voraussetzungen des Art. 6 im ganzen Vertragsgebiet als gültig anzuerkennen und kann ferner unter den Voraussetzungen des Art. 7 in den übrigen Vertragsstaaten außer demjenigen, in welchem sie geschlossen wird, anerkannt werden; mangels dieser Voraussetzungen ist sie aber selbst in Deutschland ungültig. Der Art. 7 hat außer dem Falle der diplomatischen Ehe namentlich

den Fall im Auge, daß das Heimatrecht beider Verlobten die kirchliche Eheschließung, das Recht des Eheschließungsorts aber nur die obligatorische Zivilehe kennt.

4. Zu Art. 8. Nach Abs. 2 ist bei Eheschließungen unter Angehörigen der Vertragsstaaten die Verweisung ihres Heimatrechts auf ein anderes Recht nur dann gemäß Art. 1 zu berücksichtigen, wenn letzteres Recht das eines Vertragsstaats ist. Bei Eheschließungen zwischen Angehörigen eines Vertragsstaats und eines andern Staates findet das Abkommen insoweit Anwendung, als danach entweder unmittelbar oder infolge Verweisung durch das Recht des anderen Staates das Recht eines Vertragsstaats maßgebend ist. Soweit das Abkommen nicht Anwendung findet, bewendet es bei den Kollisionsnormen des einzelnen Vertragsstaats, für Deutschland bei denjenigen des EG. Art. 11, 13, 30.

5. Für die Anwendung des Art. 30 bleibt nach dem Abkommen nur insoweit Raum, als dies vorstehend unter Nr. 1 bezüglich der Art. 2, 3 sowie unter Nr. 4 bemerkt ist.

Artikel 14.

Die persönlichen Rechtsbeziehungen deutscher Ehegatten zu einander werden nach den deutschen Gesetzen beurteilt, auch wenn die Ehegatten ihren Wohnsitz im Auslande haben.

Die deutschen Gesetze finden auch Anwendung, wenn der Mann die Reichsangehörigkeit verloren, die Frau sie aber behalten hat.

Vorentw. A und B: § 17; E. I: § 9; E. IIa: BGB. § 2246; E. IIb: BGB. § 2371; E. III: Art. 13. Prot. VI S. 51, 62.

Literatur: v. Savigny 8 S. 335; v. Bar 1 S. 480 ff., Lehrbuch S. 77; Gierke 1 S. 236; Niemeyer S. 141—145; Barazetti S. 69 ff.; Mariolle, Die persönlichen Rechtsbeziehungen der Ehegatten nach den privatinternat. Bestimmungen des EG., in SeuffBl. 64 (1899) S. 227 ff.

I. **Der Artikel behandelt die persönlichen Rechtsbeziehungen der Ehegatten zueinander.** Das BGB. gebraucht diesen Ausdruck nicht, wohl aber findet er sich nochmals im EG. Art. 199 unter den Übergangsvorschriften. — Das BGB. unterscheidet „Wirkungen der Ehe im allgemeinen" und „eheliches Güterrecht". Die internationalrechtliche Ordnung des ehelichen Güterrechts geben die Art. 15 und 16. Die persönlichen Rechtsbeziehungen der Ehegatten zueinander, von denen Art. 14 spricht, müssen also unter die „Wirkungen der Ehe im allgemeinen" fallen. Bestritten ist aber, ob sich beides deckt. Allgemein anerkannt wird, daß zu den persönlichen Rechtsbeziehungen die Vorschriften der §§ 1353—1356 gehören (Verpflichtung der Gatten zur ehelichen Lebensgemeinschaft, Entscheidungsrecht des Mannes in den Angelegenheiten des gemeinschaftlichen ehelichen Lebens, Übergang des Familiennamens des Mannes auf die Frau, Berechtigung und Verpflichtung der Frau zur Leitung des Hauswesens und zu Arbeiten darin und im Geschäft). Auch die §§ 1360 und 1361 (gegenseitige Unterhaltspflicht) werden allgemein dahin gezählt, da Art. 199 diese Pflicht ausdrücklich als einen Fall der persönlichen Rechtsbeziehungen nennt (a. A. nur Barazetti). Zweifelhaft ist es dagegen für die §§ 1357—1359 (Schlüsselgewalt der Frau, Recht des Mannes, Verpflichtungen der

Frau zu persönlichen Leistungen aufzukündigen, Grad der Sorgfalt, für den sich die Ehegatten einzustehen haben) und namentlich für § 1362 (Vermutung, welchem Gatten die einzelnen Vermögensstücke gehören). — Aus der Entstehungsgeschichte des Gesetzes ist folgendes zu bemerken: Der von dem Redaktor Planck aufgestellte Teilentwurf des Familienrechts unterschied im zweiten Titel (Wirkungen der Ehe) I. Persönliches Verhältnis der Ehegatten (§§ 66—70). II. Rechtsgeschäfte und Vertretung der Ehegatten (§§ 71—73). III. Vermögensverhältnisse der Ehegatten. 1. Allgemeine Bestimmungen (§§ 74-77). 2. Eheliche Nutznießung und Verwaltung (§§ 78 ff.). Aus den §§ 66—70 jenes Teilentwurfs sind die §§ 1353 bis 1356, aus den §§ 71—73 die §§ 1357 und 1358, aus den §§ 74—77 die §§ 1359—1362 BGB. hervorgegangen, und zwar decken sich auch inhaltlich die Bestimmungen des Gesetzes im wesentlichen mit jenen Paragraphen des Redaktorentwurfs. Da nun auch der von dem Redaktor Gebhard aufgestellte erste Entwurf des internationalen Privatrechts im § 7 den Ausdruck gebraucht, „die persönlichen Verhältnisse der Ehegatten untereinander", wofür der Entwurf des Referenten den Ausdruck „die persönlichen Beziehungen der Ehegatten zueinander" einsetzt, so liegt allerdings die Vermutung nahe, daß die Vorschrift des Art. 14 sich ursprünglich nur auf die in den jetzigen §§ 1353—1356 geordneten Beziehungen erstrecken sollte. Indessen dieser Entstehungsgeschichte darf nicht zu viel Bedeutung beigelegt werden. Denn jener Plancksche Teilentwurf ordnete auch die Unterhaltspflicht unter den Ehegatten nicht unter I (persönliches Verhältnis der Ehegatten), sondern unter III (Vermögensverhältnisse der Ehegatten, Allgemeine Bestimmungen); während im Art. 199 EG. die Unterhaltspflicht ausdrücklich unter die persönlichen Rechtsbeziehungen der Ehegatten gezählt wird und, was im Art. 199 dazu gehört, auch im Art. 14 dazu gerechnet werden muß. Auch die in den §§ 1357—1359 und 1362 getroffenen Bestimmungen werden richtiger hierher gezählt. Zwar werden die §§ 1357 und 1362 im Art. 16 Abs. 2 in einer Weise erwähnt, daß man annehmen könnte, man habe sie unter das eheliche Güterrecht gestellt; indes läßt die Verhandlung, wobei die Aufnahme dieser Vorschrift in das Gesetz beschlossen wurde (Prot. VI S. 60 f.), nicht erkennen, daß man sie als Bestandteile des Güterrechts ansah (näheres zu Art. 16 Abs. 2). Nach der Gestaltung des BGB. ist zunächst die Schlüsselgewalt der Frau ein unmittelbarer Ausfluß der ihr vom Gesetze beigelegten persönlichen Stellung in der Ehe und zum Manne und eine Folge ihres Rechtes, das gemeinschaftliche Hauswesen zu leiten. Sie ist auch in erster Linie ein Recht der Frau im Verhältnisse zum Manne und nur folgeweise auch eine Befugnis, die ihre Wirkungen für und gegen dritte äußert. Die Kündigungsbefugnis des Mannes bei Verpflichtung der Frau zu persönlichen Leistungen ist ein Ausfluß der Rechte, die sich für ihn aus den §§ 1353, 1354 ergeben. Auch der § 1362 ist eine Folge der persönlichen Stellung der Ehegatten zueinander, die nach deutschem Rechte unabhängig von jedem Güterstand eintritt. Endlich gehört auch der § 1359 — Grad der gegenseitig zu vertretenden Sorgfalt — nicht nur insoweit zu den persönlichen Beziehungen, als sie sich auf Erfüllung der aus dem persönlichen Rechtsverhältnisse der Ehegatten entspringenden Verpflichtungen bezieht (wie Planck, Anm. 5 will), sondern die Vorschrift ist im vollen Umfange des ehelichen Verhältnisses ein Ausfluß der ungeteilten persönlichen Lebensgemeinschaft der Ehegatten, die nach der Auffassung des deutschen Rechtes jedem von ihnen auferlegt, seinen

Genossen in den durch die Ehe betroffenen Angelegenheiten so hinzunehmen, wie er in seinen eigenen Angelegenheiten ist. Es ist auch nicht einzusehen, warum für deutsche Ehegatten, die im Auslande wohnen oder die früher eine andere Staatsangehörigkeit hatten, diese Vorschrift unangemessen wäre, und nur das könnte ja die Ausschließung dieser Vorschrift von dem Art. 14 rechtfertigen. Denn bei ausländischen Ehegatten, die in Deutschland oder in einem dritten Staate wohnen, hat auch ihr Heimatrecht darüber zu entscheiden, ob es die Vorschriften, die es über Schlüsselgewalt der Frau, Grad der Sorgfalt, Unterhaltspflicht, Eigentumsvermutung gibt, als personenrechtliche oder als güterrechtliche aufgefaßt und letzterenfalls nur bei Eintritt eines bestimmten Güterstandes angewandt wissen will. Zwar wurde nach den Protokollen (Bd. VI S. 51) bei der Beratung des Art. 14 bemerkt: was unter die persönlichen Rechtsbeziehungen falle, sei nach deutschem Eherechte zu beantworten, namentlich sei auch das Recht, Eheverträge während der Ehe abzuschließen, darunter begriffen. Aber nicht bloß dieses Beispiel ist unzutreffend, wie die Behandlung der Eheverträge im jetzigen Art. 16 zeigt, sondern die ganze Bemerkung war irreführend. Der Begriff der persönlichen Rechtsbeziehungen im Art. 14 ist allerdings aus dem deutschen Rechte zu bestimmen; ob aber eine Vorschrift des ausländischen Rechtes, z. B. über die Schlüsselgewalt der Frau, über die Unterhaltspflicht der Ehegatten oder eine Eigentumsvermutung, in jenem Rechte dem ehelichen Güterrecht angehört oder unabhängig von jedem Ehegüterrecht eine Wirkung der Ehe als solcher (im allgemeinen) ist, kann natürlich nur aus dem ausländischen Rechte entnommen werden.

Allgemein werden unter die persönlichen Rechtsbeziehungen des Art. 14 auch die Bestimmungen des BGB. über den Wohnsitz (§ 10) und über die Hemmung der Verjährung von Ansprüchen unter Ehegatten (§ 204) gezählt. Erwirbt also ein ausländisches Ehepaar die deutsche Staatsangehörigkeit, so wird, wenn ihr bisheriges Heimatrecht eine dem § 204 entsprechende Vorschrift nicht hatte, mit dem Zeitpunkte des Erwerbes der Reichsangehörigkeit jede nach ihrem bisherigen Rechte unter ihnen laufende Verjährung gehemmt.

Unter die persönlichen Rechtsbeziehungen der Ehegatten gehört auch die Frage, inwieweit die Ehefrau den Stand, z. B. den Adel, des Mannes teilt. Diese Frage ist zwar nicht im BGB. geregelt, sondern gehört dem Landesrecht an. Soweit dieses aber keine abweichende internationalrechtliche Vorschrift enthält, greift auch hierbei der Art. 14 Platz, d. h. das Gesetz des deutschen Bundesstaats, dem die Ehegatten, d. h. regelmäßig der Mann angehören, entscheidet über die Frage.

II. **Um persönliche Rechtsbeziehungen der Ehegatten zueinander handelt es sich** nicht bloß bei einem Rechtsstreite zwischen den Ehegatten selbst, sondern auch dann, wenn ein Dritter gegen einen der Ehegatten einen Anspruch erhebt, der ihm gegen diesen infolge der persönlichen Rechtsbeziehungen unter den Gatten erwachsen ist. So hat bei Ehegatten mit deutscher Staatsangehörigkeit, auch wenn sie ihren Wohnsitz im Auslande haben, der deutsche Richter die §§ 1360, 1361 auch dann zugrunde zu legen, wenn etwa ein Dritter in auftragloser Geschäftsführung einem der Ehegatten den Unterhalt gewährt hat und seine Aufwendungen gegen den unterhaltspflichtigen anderen Ehegatten einklagt. Denn die gesetzliche Unterhaltspflicht, die die Grundlage bildet, damit überhaupt von einer Geschäftsführung für den beklagten Ehegatten die Rede sein kann (z. B. wenn er der Unterhaltsgewährung widersprochen hat. BGB. § 679), bestimmt sich kraft des Art. 14 für Ehegatten mit deutscher Staatsangehörigkeit nach den §§ 1360, 1361. Das gleiche gilt auch, wenn ein Dritter aus Rechtsgeschäften, die die Frau vorgenommen hat, Ansprüche gegen den Mann erhebt. Hier ist der § 1357 maßgebend, auch wenn die deutschen Ehegatten im Auslande wohnten und das Rechtsgeschäft von der Frau im Auslande vorgenommen ist, gleichviel ob das ausländische Recht eine solche gesetzliche Vertretungsmacht der Frau überhaupt nicht oder nur in geringerem Grade oder umgekehrt noch in größerem Umfange kennt (z. B. bei Verhinderung des Mannes durch Krankheit oder Abwesenheit auch außerhalb des häuslichen Wirkungskreises der Frau). Ebenso bleibt dem Manne die im § 1357 Abs. 2 bestimmte Befugnis, das Recht der Frau zu beschränken oder auszuschließen. Nun fehlt es aber für deutsche Ehegatten, die ihren Wohnsitz im Auslande haben (abgesehen von den Schutzgebieten und Konsulargerichtsbezirken) nach § 1588 BGB. an einem zuständigen Gericht, in dessen Güterrechtsregister die im § 1357 Abs. 2 Satz 3, § 1435 vorgeschriebene Eintragung der Beschränkung oder Ausschließung der Schlüsselgewalt erfolgen könnte und auch der § 3 FGG. schafft Aushilfe nur für Beamte des Reichs oder der Bundesstaaten, die im Ausland angestellt sind. In solchen Fällen muß also die vom Ehemanne vorgenommene Beschränkung oder Ausschließung der Schlüsselgewalt auch ohne Eintragung ins Register gegen dritte wirken, doch muß man von dem deutschen Ehemanne, der seinen Wohnsitz im Auslande hat und darum der Vorschrift des § 1435 nicht genügen kann, verlangen, daß er dafür die an seinem Wohnsitze bestehenden Vorschriften über eine Beschränkung oder Ausschließung der Vertretungsmacht der Frau innehält, widrigenfalls er die Haftung für deren Rechtsgeschäfte, soweit sie sich innerhalb der Schranken des deutschen Rechtes halten, tragen muß. Diese Grundsätze finden dann auch für Rechtsgeschäfte Anwendung, die die Frau eines im Auslande wohnhaften Deutschen im Inlande vornimmt.

III. **Die internationalrechtliche Voraussetzung des Art. 14** ist, daß die Ehegatten, um deren persönliche Rechtsbeziehungen es sich handelt, Deutsche sind. Denn an Stelle der vollkommenen Kollisionsnorm, die die früheren Entwürfe aufgestellt hatten, ist auch hier durch den Bundesrat eine einseitige, auf die Rechtsbeziehungen *deutscher* Ehegatten beschränkte Kollisionsnorm gesetzt worden.

1. Da Art. 14 sagt: „Die persönlichen Rechtsbeziehungen deutscher Ehegatten werden nach den deutschen Gesetzen beurteilt", so bezieht sich diese Vorschrift ihrem Wortlaute nach nur auf solche Ehegatten, aber auch auf alle solche Ehegatten, die *zur Zeit der Beurteilung* ihrer Beziehungen Deutsche sind. Handelt es sich nur um die Regelung eines Zustandes für *die Zukunft* (z. B. die Herstellung oder Ordnung der ehelichen Lebensgemeinschaft, Gewährung des künftigen Unterhalts), so kommt es auch allein darauf an, ob die Ehegatten im Zeitpunkte der Urteilsfällung (erster oder zweiter Instanz) die Reichsangehörigkeit besitzen, mögen sie diese auch früher, selbst noch bei Beginn des Prozesses, nicht besessen haben. Anders ist es, wenn es sich lediglich um die Beurteilung eines in der Vergangenheit liegenden Tatbestandes handelt, z. B. ob die Frau durch ein von ihr vorgenommenes Rechtsgeschäft den Mann gegenüber dem Dritten verpflichtet hat, ob sie dem Manne Unterhalt zu gewähren hatte u. dgl., also namentlich bei Klagen dritter auf Grund der persönlichen Rechtsbeziehungen unter den Ehegatten (siehe oben

unter II). In diesen Fällen soll der Art. 14 nicht etwa eine Beurteilung nach deutschen Gesetzen darum vorschreiben, weil jetzt zur Zeit des Urteils die Ehegatten Deutsche sind, vielmehr muß hier für die Beurteilung die Staatsangehörigkeit der Ehegatten in demjenigen Zeitpunkte maßgebend sein, wo sich der zu beurteilende Tatbestand ereignet hat. Belanglos ist dagegen für den Art. 14 — im Gegensatze zu den Art. 13 und 15 — die Staatsangehörigkeit der Eheleute im Zeitpunkte der Eheschließung.

2. In einem weiteren Gegensatze zu den Art. 13 und 15 setzt der Art. 14 Abs. 1 die Reichsangehörigkeit **beider** Ehegatten, also eine gemeinsame Staatsangehörigkeit, voraus. Da regelmäßig die Frau durch die Eheschließung die Staatsangehörigkeit des Mannes erwirbt und bei einem Wechsel der Staatsangehörigkeit seitens des Mannes diesem folgt, so genügt es für die Anwendung des Art. 14, die Reichsangehörigkeit des Mannes nachzuweisen. Wer behauptet, daß die Frau diese Staatsangehörigkeit nicht teile, hat dies zu beweisen.

3. Außer bei gemeinsamer Reichsangehörigkeit beider Ehegatten findet eine Beurteilung nach deutschen Gesetzen ferner statt:

a) **auf Grund des Art. 29**, wenn beide Ehegatten keinem Staate angehören, aber zuletzt Deutsche waren;

b) **bei ausländischen Ehegatten**, wenn durch das Recht ihres gemeinsamen Heimatstaats oder der beiden Heimatstaaten, dem sie angehören, für die Ordnung ihrer persönlichen Beziehungen zueinander die deutschen Gesetze für maßgebend erklärt sind (z. B. weil die Ehegatten in Deutschland ihren Wohnsitz haben). Im Art. 27 wird zwar der Art. 14 nicht mitaufgeführt, aber nur deshalb, weil im Art. 14 von ausländischen Gesetzen nicht die Rede ist. Doch ist die Anwendung des Grundsatzes des Art. 27 auf diesen Fall unbedenklich (ebenso **Niemeyer** S. 142);

c) kraft der positiven Vorschrift des **Abs. 2**. Danach hat der deutsche Richter die deutschen Gesetze und nur diese auch dann anzuwenden, wenn der Mann zwar die Reichsangehörigkeit verloren, die Frau sie aber behalten hat. Fälle dieser Art sind, wenn der Ehemann oder die Behörde bei der Entlassung des Ehemanns die Frau ausdrücklich ausnimmt, ferner bei Verlust der Staatsangehörigkeit auf seiten des Ehemanns durch Ausspruch der Behörde, und namentlich, wenn bei zehnjährigem ununterbrochenem Aufenthalte des Ehemanns im Auslande die Ehefrau im Inlande zurückbleibt oder sich doch nicht bei ihrem Ehemanne befindet (Bundesges. v. 1. Juni 1870 §§ 19, 20, 21 Abs. 2; EG. Art. 41 § 14 Nr. III und IV). Voraussetzung für die Anwendung des Abs. 2 ist aber, daß der Mann eine andere Staatsangehörigkeit erworben hat; denn solange das nicht der Fall ist, folgt die Geltung der deutschen Gesetze schon aus Art. 27, so daß es für diesen Fall der besonderen Vorschrift des Abs. 2 nicht bedürfte. — Der Abs. 2 dehnt die Anwendung des deutschen Rechtes aus, offenbar zugunsten der deutschen Frau; aber er macht die Anwendung der deutschen Gesetze nicht davon abhängig, daß sie der Frau günstiger sind, als die des Staates, dem nunmehr der Mann angehört. Sie muß also der Bestimmung des Mannes über den Wohnort folgen (§ 1354) oder dem Manne Unterhalt gewähren (§ 1360 Abs. 2), auch wenn sie es nach dem jetzigen Heimatrechte des Mannes nicht brauchte. Die Zweckmäßigkeit der ganzen Vorschrift des Abs. 2 ist zweifelhaft. Man hat um der Möglichkeit willen, daß das Recht des Staates, dem der Mann nunmehr angehört, der Frau vielleicht nachteiliger sein könnte als die deutschen Gesetze, den Grundsatz durchbrochen, obgleich wirklich empfindlichen Härten schon durch Art. 30 EG. genügend vorgebeugt war.

Gegen ausländische Urteile, die der Sondervorschrift des Art. 14 Abs. 2 zuwiderlaufen, ist im § 328 Nr. 3 ZPO. ein prozessualer Schutz nicht geschaffen. Doch wird auch hier der § 328 Nr. 4 ZPO. aushelfen; denn die Anerkennung eines ausländischen Urteils, das der deutschen Frau Rechte abspricht, die ihr das deutsche Gesetz zuerkennt oder umgekehrt Verpflichtungen auferlegt, die ihr nach deutschem Rechte nicht obliegen, verstieße gegen die guten Sitten, jedenfalls aber gegen den Zweck eines deutschen Gesetzes, nämlich eben gegen den Art. 14 Abs. 2.

IV. **Nicht geregelt im Gesetz sind die Fälle:**

1. wo beide Ehegatten Angehörige desselben Auslandsstaats sind und ihren Wohnsitz in Deutschland haben, ohne daß ihr Heimatrecht die deutschen Gesetze für anwendbar erklärt. Nach dem Grundsatze, auf dem Abs. 1 beruht, muß hier die Beurteilung ihrer persönlichen Beziehungen nach dem Gesetz ihres Heimatstaats erfolgen (ebenso jedenfalls bei gleicher Staatsangehörigkeit der Ehegatten RG. 62 S. 400, IV 15. Febr. 1906, ferner OLG. Dresden 10. Mai 1902 in OLG. 5 S. 97, vgl. aber wegen der Unterhaltspflicht abw. OLG. Hamburg 28. Okt. 1904, ebenda 9 S. 445). Doch siehe wegen der Anwendung der §§ 1357, 1362 auch auf sie den Art. 16 Abs. 2 und die Erläuterungen.

2. Dasselbe gilt, wenn beide ausländische Gatten ihren Wohnsitz im Auslande, sei es in ihrem Heimatstaat oder in einem andern Auslandsstaate, haben und ihr Heimatstaat die Beurteilung der persönlichen Rechtsbeziehungen seiner Angehörigen nach seinen Gesetzen gebietet.

3. Dagegen ist es zweifelhaft, wenn die Gatten ihren Wohnsitz in einem fremden Auslandsstaate haben und ihr Heimatrecht auf das Recht des Wohnsitzstaats als maßgebend verweist. Der Fall kann für den deutschen Richter praktisch werden z. B. bei der Klage gegen den Mann aus einem Rechtsgeschäfte, das die Frau für ihn während des Wohnsitzes in dem fremden Staate vorgenommen hat. Die Antwort hängt ab von der Stellung, die man zu der Weiterverweisung einnimmt (vgl. Art 27). Ich würde das Recht des Wohnsitzstaats für anwendbar erachten.

4. Ferner sind im Art. 14 nicht geregelt die Fälle, wo die Ehegatten verschiedenen Staaten angehören, und zwar weder die, wo sie zwei verschiedenen Auslandsstaaten angehören, noch auch (abgesehen vom Abs. 2) die, wo nur einer von ihnen die deutsche Reichsangehörigkeit besitzt, also wenn entweder der Mann ohne die Frau oder die Frau ohne den Mann die Reichsangehörigkeit erworben hat, oder wenn die Frau, nicht aber der Mann sie verloren hat. Nach der einen Ansicht soll in diesen Fällen das Heimatrecht des Mannes entscheiden (so Niemeyer S. 143; Barazetti S. 71; Kuhlenbeck Anm. 1; Neumann Anm. III, 1); nach der andern Ansicht sollen die Gesetze beider Staaten berücksichtigt und ein Recht des einen Ehegatten gegen den andern nur dann anerkannt werden, wenn es in den Gesetzen beider Staaten begründet ist (Niedner Anm. 3c; Planck Anm. 1). Für die letztere Ansicht spricht die positive Regelung des Abs. 1. Es ist kein Grund erkennbar, warum der Gesetzgeber, wenn er das entscheidende Gewicht auf die Staatsangehörigkeit des Mannes gelegt hätte, hier die gemeinschaftliche Reichsan-

gehörigkeit beider Ehegatten gefordert und sich nicht mit der des Mannes begnügt hätte, da dies doch gerade zugunsten der Anwendung des deutschen Rechtes gewesen wäre, die das Gesetz sonst möglichst auszudehnen bestrebt ist. Daß diese Ansicht dem rechtlichen Wesen, nämlich der Einheitlichkeit der Ehe widerstreite, ist nicht zuzugeben. Auch auf diese Weise ergibt sich für die Ehe ein einheitlicher Rechtsinhalt, allerdings mit abgeschwächten gegenseitigen Befugnissen, nämlich nur soweit, als sich die beiden Rechtsordnungen decken. Endlich läßt sich für diesen Standpunkt noch geltend machen, daß es doch, wenn der Ehemann durch die Eheschließung der Frau nicht die Aufnahme in den Staat verschafft, dem er angehört, unbillig wäre, wenn er gleichwohl aus seinem Heimatrechte heraus Rechte gegen die Frau geltend machen könnte, die deren Heimatrecht ablehnt. Daß auf dem Gebiete des ehelichen Güterrechts die Staatsangehörigkeit des Mannes allein entscheidet, hat seinen guten Grund; denn hier kann sich die Frau regelmäßig durch Eheverträge genügend sichern. Auf dem Gebiete der persönlichen Rechtsbeziehungen geht dies dagegen meist nicht, jedenfalls nicht in solchem Umfang an, so daß hier das Gesetz selbst schirmend eintreten muß. Tritt der Mann während der Ehe in eine andere Staatsangehörigkeit ein, so gilt dasselbe, wenn er dabei etwa absichtlich der Frau seine neue Staatsangehörigkeit nicht verschafft. Behält aber die Frau ihre bisherige Staatsangehörigkeit, weil sie dem Wechsel der Staatsangehörigkeit widerstrebt, und läßt dies das öffentliche Recht der in Betracht kommenden Staaten zu, so ist es ebenfalls nicht unangemessen, wenn die Verschiedenheit der staatsrechtlichen Stellung beider Ehegatten auch auf internationalprivatrechtlichem Gebiete Folgen hat.

Stellt jedoch das Heimatrecht der Frau, abweichend von der Vorschrift des Art. 13 den internationalrechtlichen Grundsatz auf, daß die Ehe auch in ihrer Wirkung auf die persönlichen Rechtsbeziehungen dem Heimatrechte des Mannes unterstehe, so ist eben das letztere Recht auch seitens des deutschen Richters allein zu beachten.

Außerdem greift ergänzend auch hier der Art. 30 EG. ein (vgl. darüber OLG. Stuttgart in Böhms Z. 16 S. 283).

V. **In zeitlicher Beziehung** finden die Grundsätze des Art. 14 selbstverständlich auch auf Ehen Anwendung, die schon vor 1900 eingegangen sind. Handelt es sich um die Ordnung des Verhältnisses unter den Ehegatten für die Zukunft, so entscheiden die Grundsätze des Art. 14 ausschließlich ohne Rücksicht auf frühere abweichende internationalrechtliche Grundsätze; handelt es sich dagegen um die Beurteilung eines in der Vergangenheit liegenden abgeschlossenen Tatbestandes, wie bei Klagen dritter auf Ersatz des an einen der Gatten gewährten Unterhalts oder bei Klagen gegen den Ehemann aus Rechtsgeschäften, die die Frau vorgenommen hat, so ist darauf auch jetzt noch diejenige Rechtsordnung anzuwenden, der das Rechtsverhältnis bei seiner Begründung nach den damals geltenden internationalrechtlichen Grundsätzen unterworfen worden ist, so daß in solchen Fällen auch jetzt noch anstatt der Gesetze des Heimatstaats unter Umständen die des damaligen Wohnsitzes der Ehegatten zur Anwendung gebracht werden müssen.

Artikel 15.

Das eheliche Güterrecht wird nach den deutschen Gesetzen beurteilt, wenn der Ehemann zur Zeit der Eheschließung ein Deutscher war.

Erwirbt der Ehemann nach der Eingehung der Ehe die Reichsangehörigkeit oder haben ausländische Ehegatten ihren Wohnsitz im Inlande, so sind für das eheliche Güterrecht die Gesetze des Staates maßgebend, dem der Mann zur Zeit der Eingehung der Ehe angehörte; die Ehegatten können jedoch einen Ehevertrag schließen, auch wenn er nach diesen Gesetzen unzulässig sein würde.

Vorentw. A und B: § 19; E. I: § 11; E. IIa: BGB. § 2250; E. IIb: BGB. § 2372; E. III: Art. 14. Prot. VI S. 57 ff., 73.

Literatur: v. Savigny 8 S. 336 ff.; v. Bar 1 S. 505 ff. Lehrbuch S. 81 bis 85; Böhm S. 48—56; Gierke 1 S. 237—240; Niemeyer S. 141, 145 ff.; Barazetti S. 72 ff., 48; Hasler, Das eheliche Güterrecht im internat. Privatrecht (Zürich 1897, Dissert.); Silberschmidt, Eheliches Güterrecht und Erbrecht, ein Beitrag zur Lehre vom internat. Privatrecht in Böhms Z. 3 (1893) S. 132 ff.; Silberschmidt, Die Kollision zwischen ehelichem Güterrecht und Erbrecht nach deutschem bürgerl. Rechte, daselbst 8 (1898) S. 97 ff.; Mariolle, Das ehel. Güterrecht nach den privatinternationalrechtl. Bestimmungen des EG. z. BGB. in SeuffBl. 65 (1900) S. 85 ff., 103 ff.; Wieruszowski, Handbuch des Eherechts 2 (1904) S. 19 ff.

I. **Über die internationalrechtliche Behandlung des ehelichen Güterrechts** gehen die Ansichten in der Gesetzgebung der verschiedenen Staaten und ebenso in der Rechtsprechung und Rechtslehre weit auseinander. Als maßgebend gilt meist das Personalstatut des Ehemanns, doch wurde dies bisher überwiegend nach dem Wohnsitze, seltener nach der Staatsangehörigkeit des Ehemanns bestimmt, selbst da, wo sonst die Staatsangehörigkeit als Anknüpfungsbeziehung für das Personalstatut vorherrscht, wie in der französischen Praxis (Böhm S. 49) und in dem sächs. BGB. (§ 14). Neben dem Personalstatute kommt noch der lex rei sitae mehr oder minder Bedeutung zu (besonders im englischen und nordamerikanischen Rechte). Eine andere verschieden beurteilte Frage ist die nach der Wandelbarkeit oder Unwandelbarkeit des ehelichen Güterrechts. Von der herrschenden Meinung, namentlich in Deutschland, wurde die Unwandelbarkeit vertreten, die auch in der Mehrzahl der Gesetze angenommen war. Eine Ausnahme bildeten namentlich die beiden Mecklenburg, wo durch Verordn. vom 31. Jan. 1889 die Umwandlung des Güterstandes bei Wechsel des Wohnsitzes gesetzlich festgestellt war.

II. **Entstehung. Grundgedanken.** Die früheren Entwürfe wollten eine allgemeine Kollisionsnorm geben: das eheliche Güterrecht sollte sich nach den Gesetzen des Staates bestimmen, dem der Ehemann zur Zeit der Eheschließung angehört und diese Gesetze sollten auch bei einem Wechsel der Staatsangehörigkeit maßgebend bleiben. Daneben enthielten die Vorentwürfe A und B noch eine Vorschrift über Schenkungen unter Ehegatten. Im Bundesrate wurden jedoch an Stelle dieser vollkommenen Kollisionsnormen die jetzigen Vorschriften gesetzt.

Von diesen enthält der Abs. 1 eine rein einseitige Norm: er beschränkt sich darauf, die Voraussetzungen zu bestimmen, unter denen die deutschen Gesetze anwendbar sein sollen. Dagegen gibt der Abs. 2 eine unvollkommene zweiseitige

Kollisionsnorm, indem er beim Vorhandensein gewisser Inlandsbeziehungen die Anwendung eines bestimmten ausländischen Gesetzes anordnet. Beide Vorschriften führen indessen auf dieselben Grundgedanken zurück, und man ist einig darin, daß diese Grundgedanken über die im Art. 15 geordneten Fälle hinaus für den deutschen Richter maßgebend sind (RG. IV 20. März 1906 in JW. 1906 S. 328). Diese Grundgedanken sind:

a) Das eheliche Güterrecht bestimmt sich nach dem Personalstatute des Ehemanns, auch wenn das der Frau davon verschieden ist oder vor der Eheschließung verschieden war.

b) Das Personalstatut des Mannes wird durch seine Staatsangehörigkeit zur Zeit der Eheschließung bestimmt.

c) Durch einen Wechsel der Staatsangehörigkeit oder des Wohnsitzes wird das eheliche Güterrecht im Verhältnisse der Gatten zueinander nicht berührt (Grundsatz der Unwandelbarkeit des Güterstandes; wegen des Verhältnisses zu dritten vgl. Art. 16).

d) Diese Grundsätze gelten gleichmäßig für gesetzliche wie für vertragsmäßige Güterstände.

III. Um die Gestaltung des ehelichen Güterrechts unter der Herrschaft des Art. 15 zu übersehen, ist zu unterscheiden:

A. Die internationalrechtlichen Anknüpfungsbeziehungen sind seit Eingehung der Ehe unverändert geblieben.

1. An jeder internationalrechtlichen Verknüpfung fehlt es, wenn beide Verlobte Deutsche waren, in Deutschland ihren Wohnsitz hatten und hier ihre Ehe geschlossen haben. Hier kann überhaupt nur deutsches Recht in Frage kommen. Dasselbe gilt auch, wenn die Eheschließung im Auslande stattgefunden hat, weil der Ort der Eheschließung für das eheliche Güterrecht überhaupt ohne Bedeutung ist. Auch wenn der eheliche Wohnsitz zur Zeit der Eheschließung im Auslande war, tritt nach Abs. 1 das deutsche eheliche Güterrecht ein, und zwar selbst dann, wenn etwa das Gesetz des Wohnsitzes einen fremden Güterstand in seinem Gebiete nicht anerkennt, sondern seinen gesetzlichen Güterstand für alle in seinem Gebiet ansässigen Eheleute unter Ausschluß jedes fremden Rechtes für maßgebend erklärte. Eine Besonderheit gilt hier nur für die Abschließung eines Ehevertrags: der Güterstand kann dann nach § 1433 Abs. 2 abweichend von der Regel des Abs. 1 daselbst auch durch Verweisung auf ein an diesem Wohnsitze geltendes Güterrecht bestimmt werden. Dagegen ist die Bestimmung des Güterstandes durch bloße Verweisung auf ein ausländisches Gesetz nicht zulässig, wenn bei inländischem Wohnsitze des Ehemanns der Ehevertrag im Auslande, z. B. am Wohnsitze der ausländischen Braut, geschlossen wird. Haben die im Auslande wohnenden deutschen Ehegatten keinen Ehevertrag geschlossen und ist infolgedessen für sie das deutsche gesetzliche Güterrecht eingetreten, während an ihrem Wohnsitz ein abweichendes Recht gilt, so ist jeder der Ehegatten dem andern verpflichtet, diejenigen Maßregeln zu treffen, die nötig sind, um auch im Auslande die Wirksamkeit des deutschen gesetzlichen Güterstandes gegen dritte zu sichern und, falls infolge dieses ausländischen Güterrechts ein Zugriff seiner Gläubiger in das Vermögen des andern stattgefunden hat, diesem dafür Ersatz zu gewähren.

Alle diese Grundsätze gelten auch, wenn nur der Mann bei der Eheschließung Deutscher war, dagegen die Braut Ausländerin, und zwar gleichviel, ob sie durch die Eheschließung ihre ausländische Staatsangehörigkeit verloren hat oder nicht. Endlich gilt dasselbe, wenn der Mann bei der Eheschließung keinem Staate angehörte, aber zuletzt Deutscher war, und die Braut Ausländerin oder Deutsche ist. Auch hier bestimmt sich nach Art. 29 das Güterrecht nach den deutschen Gesetzen, einerlei, wo die Ehe geschlossen ist, wo der eheliche Wohnsitz war und ob der Mann demnächst eine ausländische Staatsangehörigkeit erwirbt.

2. Ist der Ehemann Ausländer (oder zuletzt Ausländer gewesen) und hatte er zur Zeit der Eheschließung seinen Wohnsitz in Deutschland, so bestimmt sich der Güterstand nach den Gesetzen seines Heimatstaats, auch wenn die Frau bis zur Eheschließung Deutsche oder Angehörige eines dritten Staates war, und auch dann, wenn sie durch die Eheschließung nicht Angehörige des Staates geworden ist, dem ihr Ehemann angehört. Unterwirft jedoch das Heimatsrecht des Mannes einen solchen Güterstand den deutschen Gesetzen als der lex domicilii, so sind diese nach Art. 27 maßgebend.

B. In den internationalrechtlichen Anknüpfungsbeziehungen ist seit Eingehung der Ehe eine Änderung eingetreten.

1. Bei unveränderter Staatsangehörigkeit.

a) Haben Deutsche, die früher ihren Wohnsitz in Deutschland hatten, diesen in einen Auslandsstaat verlegt, so hat das keine Bedeutung für ihren Güterstand, auch nicht, wenn dieser Auslandsstaat den Grundsatz der Wandelbarkeit des Güterrechts befolgt und die in sein Gebiet zuziehenden Eheleute seinem Güterrecht unterwirft. Dies gilt auch dann, wenn das ausländische Gesetz sein Güterrecht für die zuziehenden Eheleute nicht ohne weiteres eintreten läßt, sondern erst dann, wenn die Eheleute nicht innerhalb gewisser Fristen eine abweichende Bestimmung treffen, oder wenn das ausländische Gesetz z. B. die Fiktion aufstellt, daß sich die Eheleute, die keine abweichende Bestimmung treffen, dem an ihrem jetzigen Wohnsitze geltenden Güterrecht unterworfen haben. Denn diese vom ausländischen Gesetz angenommene Vermutung oder Fiktion kann für den deutschen Richter nicht den nach deutschem Rechte erforderlichen tatsächlichen Abschluß eines Ehevertrags ersetzen. Dagegen genügt allerdings nach Art. 11 Abs. 1 Satz 2 auch die bloß mündliche oder durch schlüssige Handlungen geäußerte Vereinbarung der Ehegatten, wodurch sie sich dem Güterrecht ihres neuen Wohnsitzes unterwerfen, wenn das Gesetz dieses Wohnsitzes einen Abschluß des Ehevertrags, sei es überhaupt, sei es gerade mit diesem Inhalt, in solcher erleichterten Form zuläßt.

Der Fall, daß umgekehrt Deutsche, die ihren ursprünglichen ehelichen Wohnsitz außerhalb Deutschlands hatten, ihn nach Deutschland verlegen, bietet keine Besonderheit, sie verbleiben in ihrem bisherigen Güterstande (sei dies der deutsche gesetzliche oder ein vertragsmäßiger deutscher oder ausländischer) und verlieren nur die Möglichkeit, fortan ihren Güterstand durch bloße Verweisung auf ein ausländisches Güterrecht zu regeln (§ 1433 Abs. 2).

b) Verlegen Ausländer, die ursprünglich ihren Wohnsitz in Deutschland hatten, diesen ins Ausland, so bleibt ihr Güterstand dem Gesetz unterworfen, das ihn bisher beherrschte, also in der Regel dem Gesetze des Heimatstaats des Mannes, im Falle des Art. 27 dem deutschen Gesetze. Das letztere gilt auch dann weiter für ihn, wenn etwa das Gesetz des Heimatstaats — von dem Standpunkte der

Wandelbarkeit des Güterstandes ausgehend — nunmehr nicht mehr das deutsche Gesetz, sondern das des neuen Wohnsitzes für anwendbar erklärt.

Verlegen umgekehrt Ausländer ihren Wohnsitz aus dem Auslande nach Deutschland, so verbleiben sie ebenfalls in dem Güterstand, in dem sie bisher lebten, also regelmäßig in demjenigen, der durch das Gesetz des Heimatstaats des Ehemanns vorgeschrieben ist. Hatten sie dagegen ihren ersten ehelichen Wohnsitz nicht in ihrem Heimat-, sondern in einem dritten Staate, und war deshalb kraft Rückverweisung ihres Heimatrechts auf die lex domicilii für sie der Güterstand ihres Wohnsitzes eingetreten, so bleibt ihre Ehe auch ferner in diesem Güterstand und wird nicht infolge der Übersiedelung nach Deutschland in den Güterstand des Heimatstaats übergeleitet.

2. Auch der Erwerb einer andern Staatsangehörigkeit ist auf die Fortdauer des Güterstandes ohne Einfluß, sei es, daß bisherige Deutsche eine ausländische Staatsangehörigkeit oder umgekehrt Ausländer die Reichsangehörigkeit oder die Staatsangehörigkeit eines dritten Staates erwerben. Auch wenn der neue Heimatstaat auf dem Standpunkte der Wandelbarkeit des Güterstandes steht und alle seine Angehörigen seinem gesetzlichen Güterrecht unterwirft, ist dies für den deutschen Richter so lange ohne Bedeutung, als nicht etwa eine Unterwerfung der Ehegatten unter das neue Güterrecht durch Ehevertrag stattfindet.

C. Wird der deutsche Richter vor die Frage gestellt, welches Güterrecht für eine Ehe maßgebend ist, bei der keine der im Art. 15 erwähnten Inlandsbeziehungen (Reichsangehörigkeit des Mannes oder Wohnsitz im Inlande) vorliegt oder vorgelegen hat, so hat er ebenfalls die zuvor dargelegten Grundsätze zu befolgen, d. h. die Staatsangehörigkeit des Mannes zur Zeit der Eheschließung festzustellen und das Güterrecht, das sich aus der Anwendung der Gesetze des damaligen Heimatstaats ergibt, zugrunde zu legen. Regelmäßig wird dies das Güterrecht des Heimatstaats sein, ausnahmsweise kann es auch das Güterrecht des Wohnsitzes sein, falls das Gesetz des Heimatstaats auf dieses verweist.

IV. **Eheverträge.** Im allgemeinen gelten die Grundsätze des Art. 15 gleichmäßig für gesetzliches wie für vertragsmäßiges Güterrecht. Doch kommen für Eheverträge einige Sondervorschriften in Betracht.

1. Wegen des § 1433 Abs. 2 siehe oben S. 124 unter III A 1.

2. Die Form des Ehevertrags bestimmt sich, wenn der Mann bei Eingehung der Ehe Deutscher ist oder war, gemäß Art. 11 Abs. 1 Satz 1 in erster Linie nach dem § 1434, bei Abschluß im Auslande genügt aber auch die Beobachtung der dort für Eheverträge vorgeschriebenen Form (so die herrschende Meinung, a. A. Silberschmidt, Böhms Z. 8 S. 104). Dagegen gilt der § 1437 auch für den Abschluß eines Ehevertrags im Auslande.

3. Die Zulässigkeit eines Ehevertrags muß sich strenggenommen immer nach den Gesetzen bestimmen, nach denen das Güterrecht der Eheleute zu beurteilen ist. Das ist auch nach Art. 15 der Fall, soweit die ausländischen Gesetze den Abschluß eines Ehevertrags zulassen. Ausländische Eheleute also, die in Deutschland wohnen und deren Heimatgesetz Eheverträge unbeschränkt und in erleichterter Form zuläßt, sind darum auch bei einem Ehevertrage, den sie in Deutschland schließen, nicht an die Schranken der §§ 1433, 1434, 1437 gebunden, selbst dann nicht, wenn sie inzwischen Reichsangehörige geworden sind, weil auch dann noch ihr Güterrecht nach

den Gesetzen des früheren Heimatstaats des Mannes zu beurteilen ist. Jener Grundsatz erfährt jedoch im Art. 15 **Abs. 2 Halbs.** 2 eine Einschränkung, indem der Abschluß eines Ehevertrags in zwei Fällen auch dann gestattet wird, wenn die Ehegatten einem Güterrecht unterstehen, das einen Ehevertrag sei es überhaupt nicht, sei es (wie das französische) nicht mehr nach Eingehung der Ehe zuläßt. Die Befugnis tritt ein, wenn der Ehemann nach Eingehung der Ehe die Reichsangehörigkeit erwirbt oder wenn die Ehegatten ihren Wohnsitz im Inlande haben. Die Zulassung des Ehevertrags unter der ersteren Voraussetzung entspricht einem Beschlusse der zweiten Kommission und ist auch innerlich gerechtfertigt, denn das gesetzliche Verbot, die Güterrechtsverhältnisse durch Vertrag zu ordnen, kommt einer Beschränkung der Geschäftsfähigkeit nahe und die Geschäftsfähigkeit einer Person bestimmt sich (Art. 7) nach den Gesetzen des Staates, dem sie jeweilig angehört. Dagegen ist es eine ungerechtfertigte Durchbrechung des Prinzips, daß man auch ausländischen Eheleuten, die nur ihren Wohnsitz im Inlande haben, die Befugnis zum Abschluß eines Ehevertrags entgegen den für ihr Güterrecht maßgebenden Gesetzen verliehen hat. Die Ausnahme ist im Bundesrate beschlossen worden, ohne daß die Gründe dafür bekannt sind. Gewiß hatte der Gesetzgeber beim Vorhandensein eines inländischen Wohnsitzes ausländischer Ehegatten, ebenso wie beim Erwerbe der Reichsangehörigkeit durch solche, Anlaß, dem deutschen Richter eine Kollisionsnorm über das für solche Eheleute maßgebende Güterrecht zu geben, aber darum war es noch keineswegs geboten, auch bei der Zulassung von Eheverträgen diesen Fall mit dem des späteren Erwerbes der Reichsangehörigkeit gleichzustellen, zumal da für die G e s c h ä f t s f ä h i g k e i t zu familienrechtlichen Geschäften im Art. 7 Abs. 3 das Personalstatut der Staatsangehörigkeit ohne Rücksicht auf inländischen Wohnsitz beibehalten ist. Warum hier die Rücksicht auf d e u t s c h e Interessen die Verleihung jener Befugnis gebieten soll (wie P l a n c k Anm. 3b meint), ist nicht einzusehen.

In beiden Fällen tritt die Befugnis zum Abschlusse des Ehevertrags erst ein, sobald die Voraussetzung vorliegt, an die sie geknüpft ist und dauert nur so lange, als diese Voraussetzung besteht. Ein vor dem Erwerbe der Reichsangehörigkeit oder vor der Begründung des inländischen Wohnsitzes geschlossener Ehevertrag wird nicht mit dem Eintritt einer dieser Voraussetzungen wirksam. Dagegen behält ein solcher Vertrag und die durch ihn geschaffene Gestaltung des Güterrechts ihre Wirksamkeit auch über jene Zeit hinaus, also auch dann, wenn z. B. die Eheleute den Wohnsitz wieder in den Heimatstaat zurückverlegen. Ob den Eheleuten auch dann noch die Befugnis zusteht, den geschlossenen Vertrag wieder aufzuheben oder abzuändern, ist bestritten, muß aber vom deutschen Standpunkt aus bejaht werden. Besteht in einem andern Staate eine gleichartige Vorschrift, wie sie Art. 15 am Schlusse gibt, also die Zulassung von Eheverträgen auch für Eheleute, deren Güterrecht den Ehevertrag verbietet, so muß folgerichtig der deutsche Richter auch diese Vorschrift als berechtigt, d. h. einen unter ihrer Herrschaft abgeschlossenen Ehevertrag als wirksam anerkennen. Da die Zulassung des Ehevertrags durch den Schlußsatz des Art. 15 nur durch das deutsche Gesetz auf Grund bestimmter Inlandsbeziehungen erfolgt, so ist die Befugnis in diesem Falle an die Schranken der §§ 1433, 1434 gebunden. Ausländische Eheleute, die im Inlande wohnen, können also in einem Ehevertrage, den sie entgegen ihrem Heimatgesetze schließen, den Güterstand nicht durch Verweisung auf ein in ihrem Heimatstaate geltendes Güterrecht bestimmen. Dagegen gilt auch für sie bei Abschluß des Vertrags in einem dritten Staate die Regel locus regit actum.

Trotz des Abschlusses eines Ehevertrags bleibt das eheliche Güterrecht — auch im Falle des Schlußsatzes des Art. 15 — den Gesetzen des Staates unterworfen, dem der Ehemann bei Eingehung der Ehe angehörte. Auch wenn in dem Ehevertrage der Güterstand durch Verweisung auf ein fremdländisches Gesetz bestimmt ist (z. B. nach § 1433 Abs. 2 oder umgekehrt von ausländischen Eheleuten durch Verweisung auf einen der Güterstände des BGB.), so empfängt damit das Güterrecht zwar seinen Inhalt aus andern als den im Art. 15 bestimmten Gesetzen, und diese beherrschen fortan den Güterstand nicht wie bloße Vertragsbestimmungen (lex contractus), sondern als Rechtsnormen (was z. B. bei Beurteilung eines von Ausländern angenommenen inländischen Güterstandes für die Zulässigkeit der Revision nach § 550 ZPO. von Bedeutung ist). Immerhin bildet aber das durch Art. 15 bestimmte Gesetz den Punkt, von dem die Beurteilung stets ausgehen und den sie stets im Auge behalten muß. Wird z. B. die von Ausländern durch Ehevertrag eingeführte Gütergemeinschaft des BGB. auf Verlangen eines der beiden Gatten aufgehoben, so gelten für die damit eintretende Gütertrennung nicht ohne weiteres die Vorschriften des BGB., sondern das nach Art. 15 maßgebende Recht, die ersteren nur dann, wenn anzunehmen ist, daß nach dem Ehevertrage für den nunmehr eingetretenen Fall auch die Gütertrennung des BGB. vereinbart sein sollte.

V. **Maßgebend sollen** für den Güterstand **die Gesetze des Staates sein, dem der Ehemann zur Zeit der Eingehung der Ehe angehört**, nicht die Gesetze dieses Staates zur Zeit der Eingehung der Ehe. Bei Beurteilung des Güterstandes einer Ehe sind also nicht nur die in jenem Zeitpunkte, sondern auch die jetzt geltenden Gesetze zu berücksichtigen, sofern etwa seitdem der Güterstand der älteren Ehen eine Abänderung durch Gesetz erfahren hat. Regelmäßig wird nicht anzunehmen sein, daß ein Gesetz, das den Güterstand älterer Ehen abändert, auch auf solche Ehen angewandt sein will, die zwar in diesem Güterstande leben, die aber nicht mehr weder durch Wohnsitz noch durch Staatsangehörigkeit in seinem Herrschaftsbereiche stehen. Dagegen kann die Fortdauer auch nur einer dieser beiden Beziehungen bei einer Ehe genügen, um die Anwendbarkeit des neuen Gesetzes auch für sie anzunehmen. Vom Standpunkte des Art. 15 aus wird namentlich die Fortdauer der Staatsangehörigkeit hierzu regelmäßig ausreichen, während ein vor dem neuen Gesetz erfolgter Eintritt in eine andere Staatsangehörigkeit eher die entgegengesetzte Annahme rechtfertigt.

VI. Nach Art. 15 soll **„das eheliche Güterrecht"** nach gewissen Gesetzen beurteilt werden, sie sollen für das eheliche Güterrecht maßgebend sein. Danach versteht der Art. 15 unter „eheliches Güterrecht" nicht einen Inbegriff von Rechtssätzen (wie Planck Anm. 2 meint), sondern einen Inbegriff von Rechtsverhältnissen, die von bestimmten Rechtssätzen geschaffen werden, mit andern Worten dasselbe, was Art. 200 für die einzelne Ehe mit Güterstand bezeichnet, den Inbegriff der Rechtswirkungen, die durch die Ehe in Beziehung auf das Vermögen der Gatten untereinander und zu Dritten entstehen (vgl. Überschriften zu Titel 5 und 6 des 4. Buches des BGB.: „Wirkungen der Ehe im allgemeinen" und „Eheliches Güterrecht"). Allerdings versteht man sonst unter ehelichem Güterrecht auch die Gesamtheit der Rechtssätze, welche jene Wirkungen ordnen. Welche Vorschriften einer Rechtsordnung darunter gehören, läßt sich nur an der Hand der einzelnen Rechtsordnung bestimmen. Zweifelhaft kann die Grenze namentlich in folgenden Richtungen sein:

1. Eine Beschränkung der Geschäftsfähigkeit der Ehegatten, besonders der Ehefrau, läßt das BGB. in keinem seiner Güterstände kraft Güterrechts eintreten (auch durch Ehevertrag kann eine solche nicht eingeführt werden, wohl aber ist dies im Falle des § 1433 Abs. 2 durch Verweisung auf ein ausländisches Güterrecht möglich). Dagegen kann infolge der Anwendbarkeit eines ausländischen Gesetzes, sei es auf Grund der Art. 7 und 14 für einen früher deutschen, jetzt ausländischen Ehegatten als Folge seines maßgebenden jetzigen Heimatrechts oder umgekehrt auf Grund des Art. 15 für einen früher ausländischen, jetzt deutschen Ehegatten als Fortwirkung seines ausländischen Güterrechts, eine Beschränkung der Geschäftsfähigkeit in Frage kommen, und es muß in solchen Fällen das ausländische Recht daraufhin untersucht werden, ob diese Beschränkung der Geschäftsfähigkeit als Wirkung der Ehe als solcher oder als Wirkung des Güterstandes anzusehen ist. Ersterenfalls tritt sie mit dem Wechsel der Staatsangehörigkeit ein und wieder außer Kraft, letzterenfalls bleibt ihr die Ehefrau unterworfen, solange für die Ehe der Güterstand des ausländischen Rechtes dauert, an den sie geknüpft ist. Es besteht also hier ein Unterschied gegenüber dem Art. 200, der für die zeitliche Statutenkollision nicht bloß die infolge des Güterstandes, sondern auch die infolge der Ehe als solcher eingetretene Beschränkung der Frau in der Geschäftsfähigkeit aufrecht erhält. Was von der Geschäftsfähigkeit im allgemeinen, gilt auch von der Testirfähigkeit im besondern, so daß für diese außer dem Personalstatute zur Zeit der Errichtung der Verfügung und demjenigen zur Zeit des Todes (Art. 24, 28) auch das für das eheliche Güterrecht maßgebende Personalstatut in Betracht kommt, sofern dieses die Testirfähigkeit mit Rücksicht auf den Güterstand dieser Ehe einschränkte.

2. Das Verbot von Schenkungen unter Ehegatten ist dem BGB. unbekannt. Auch ein solches Verbot kann, wo es vorkommt, in dem einen Gesetz als eine Wirkung der Ehe, dagegen in einem andern Gesetz als Wirkung eines bestimmten Güterstandes erscheinen und wird jenachdem dem Statute des Art. 14 oder dem des Art. 15 unterliegen, doch kann auch im letzterem Falle die Schenkung unter den Voraussetzungen des Art. 15 Abs. 2 als Ehevertrag gültig vereinbart werden.

3. Auch für die Beerbung eines Ehegatten kann neben den Anwendungsnormen der Art. 24, 25 das durch Art. 15 berufene Statut in Betracht kommen. Das BGB. kennt zwar nur die fortgesetzte Gütergemeinschaft als erbrechtliche Wirkung eines Güterstandes, und diese tritt ohne Zweifel bei ursprünglich deutschen Ehegatten ein, die in einem dazu führenden Güterstande gelebt haben. Aber wichtiger noch kann für ursprünglich ausländische Ehegatten, die später die Staatsangehörigkeit gewechselt haben, die Frage sein, ob eine in ihrem früheren Heimatrechte vorgesehene Gestaltung des Gattenerbrechts Ausfluß des Güterrechts oder gemeines Erbrecht ist. Ohne Zweifel wird stets die Auseinandersetzung des Ehevermögens unter den Gatten oder deren Rechtsnachfolgern und der Anteil, der jedem der Gatten an dem gemeinsamen Vermögen zufällt, dem Statute des Art. 15 unterliegen; dagegen können die Rechte, die dem einen Gatten nach erfolgter Auseinandersetzung an dem dabei ermittelten Vermögen des

andern zugewiesen werden, sowohl Ausfluß des Güterrechts wie allgemein erbrechtlicher Natur sein. Auf diese Weise kann es kommen, daß dem überlebenden Ehegatten gleichzeitig auf doppelter Grundlage ein Erbrecht erwächst: kraft des für das Güterrecht der aufgelösten Ehe nach Art. 15 maßgebenden Statuts des Staates A ein Gütererbrecht (etwa der lebenslängliche Nießbrauch am Vermögen des verstorbenen Gatten) und kraft des für die Beerbung des Verstorbenen nach Art. 24, 25 maßgebenden Statuts des letzten Heimatstaats B das von jedem Güterstand unabhängige gewöhnliche Gattenerbrecht (etwa eine Quote des Nachlasses). Indessen wird eine solche gleichzeitige doppelte Beerbung nach beiden Statuten nicht zuzulassen, sondern dem überlebenden Gatten nur ein Wahlrecht zwischen dem Gütererbrechte des Staates A und dem gewöhnlichen Erbrechte des Staates B einzuräumen sein, es müßte denn sein, daß auch der Staat A den überlebenden Ehegatten nicht auf das aus dem besonderen Güterstand erwachsende Gütererbrecht beschränkte, sondern auch ihm noch das allgemeine, von jedem Güterstand unabhängige Gattenerbrecht beließe.

4. Wegen der Wirkungen der Ehescheidung auf das eheliche Güterrecht vgl. Art. 17.

5. Folgen der Wiederverheiratung. Ob Rechte, die aus einer früheren Ehe hervorgegangen sind (Rechte am Nachlasse des verstorbenen Gatten oder gegen einen geschiedenen Gatten oder gegenüber den Kindern) durch eine Wiederheiratung berührt werden (fortdauern, erlöschen oder sich umwandeln), bestimmt sich regelmäßig nicht nach dem Statut, unter dem die Wiederverheiratung erfolgt (Personalstatut des binubus zur Zeit dieses Ereignisses), sondern nach dem Gesetze, wodurch jene Rechte begründet sind, also nach dem Statute, kraft dessen der überlebende Gatte den verstorbenen beerbt hat (Statut des Erbrechts oder des Ehegüterrechts, Art. 24, 25 oder 15), nach dem Statute, das für die Ehescheidung und deren Wirkungen maßgebend ist (Art. 17), nach dem Statute, das das Eltern- und Kindesverhältnis regelt, also dem jeweiligen Personalstatute des Kindes (Art. 19). Nur wo etwa das Personalstatut des binubus durch die Wiederverheiratung eine Einschränkung für ihn an seinem eigenen Vermögen ohne Rücksicht auf dessen Herkunft eintreten ließe, würde auch dieses Statut als solches in Betracht kommen.

VII. Zeitlich gilt die Vorschrift des Abs. 1 nur für Ehen, die seit 1900 geschlossen sind. Für früher eingegangene Ehen bleiben die damaligen Anknüpfungsbeziehungen entscheidend, d. h. der Güterstand bestimmt sich für Deutsche, die ihren ersten ehelichen Wohnsitz im Auslande hatten, nicht nach deutschem Rechte, sondern nach dem Rechte ihres ersten ehelichen Wohnsitzes. Ausgenommen sind badische Staatsangehörige, für die schon vor 1900 nicht der Wohnsitz, sondern die Staatsangehörigkeit den für den Güterstand maßgebenden Anknüpfungsbeziehung bildete.

Ebenso greift der Abs. 2 dann nicht Platz, wenn ausländische Ehegatten, die vor 1900 die Ehe eingegangen sind und schon ihren ersten ehelichen Wohnsitz in Deutschland hatten, nach den damals auf sie anwendbaren internationalrechtlichen Normen ihres Wohnsitzes in den Güterstand, der an diesem herrschte, eingetreten sind. Auch sie verbleiben in diesem Güterstande (soweit er nicht durch die Ausführungsgesetze der einzelnen Bundesstaaten eine Umwandlung erfahren hat). Dagegen ist der Art. 15 Abs. 2 auf solche ausländische Ehegatten anwendbar, die vor

1900 geheiratet haben, deren Güterstand aber vor diesem Zeitpunkte noch nicht von den damaligen, innerhalb Deutschlands geltenden internationalrechtlichen Normen ergriffen worden ist.

Artikel 16.

Haben ausländische Ehegatten oder Ehegatten, die nach der Eingehung der Ehe die Reichsangehörigkeit erwerben, den Wohnsitz im Inlande, so finden die Vorschriften des § 1435 des Bürgerlichen Gesetzbuchs entsprechende Anwendung; der ausländische gesetzliche Güterstand steht einem vertragsmäßigen gleich.

Die Vorschriften der §§ 1357, 1362, 1405 des Bürgerlichen Gesetzbuchs finden Anwendung, soweit sie Dritten günstiger sind als die ausländischen Gesetze.

Vorentw. A und B: § 20; E. I: § 12; E. IIa: BGB. § 2251; E. IIb: BGB. § 2373; E. III: Art. 15. Prot. S. VI 60ff.

Literatur: siehe bei Art. 15.

I. **Der Art. 16 enthält** eine Einschränkung des Grundsatzes des Art. 15 Abs. 2 und zum Teil auch des aus Art. 14 zu entnehmenden Folgesatzes, wonach die persönlichen Rechtsbeziehungen von Ehegatten sich nach den Gesetzen ihres jeweiligen Heimatstaats richten. Die Vorschrift ist eine Ausnahmebestimmung im Interesse des inländischen Verkehrs, sie ist deshalb keiner analogen Anwendung fähig.

II. 1. **Voraussetzung des Abs.** 1 ist in subjektiver Beziehung, daß die Ehegatten Ausländer sind oder daß es der Ehemann bei Eingehung der Ehe gewesen ist (denn auf die Staatsangehörigkeit des Ehemanns kommt es nach Art. 15 entscheidend an). In objektiver Hinsicht ist Voraussetzung, daß die Ehegatten den Wohnsitz im Inlande haben. Ob dies der Fall, ist nach BGB. §§ 7—11 zu beurteilen. Doch wird man aus § 10 folgern müssen, daß ein Wohnsitz der ausländischen Ehegatten im Inlande dann nicht vorliegt, wenn die Frau ihrem Mann an den von diesem in Deutschland begründeten Wohnsitz nicht gefolgt und nach ihrem Heimatrechte ihn dahin zu folgen nicht verpflichtet ist. Bloßer Aufenthalt beider Ehegatten im Inlande begründet die Anwendung des Art. 16 nicht. Über den Fall, daß von mehreren Wohnsitzen der Ehegatten nur einer im Inlande, der andere im Auslande liegt, vgl. Art. 29 Anm. V.

2. Unter diesen Voraussetzungen sollen zunächst nach Abs. 1 die Vorschriften des § 1435 BGB. entsprechende Anwendung finden; doch die Ehegatten sollen verpflichtet sein, ihren von dem deutschen gesetzlichen Güterrecht abweichenden Güterstand in das Güterrechtsregister des Wohnsitzes des Ehemanns eintragen zu lassen, wobei der ausländische gesetzliche Güterstand einem vertragsmäßigen gleichsteht. Für die Eintragung gelten die Vorschriften der §§ 1558ff. Soweit zu dem Eintrag ein Antrag beider Eheleute erforderlich ist, ist jeder der Gatten dem andern zur Mitwirkung verpflichtet. Die Unterlassung der Eintragung hat zur Folge, daß gegen einen Dritten aus einer Abweichung des für die Ehe bestehenden Güterstandes von dem deutschen gesetzlichen Güterrechte keine Ein-

wendungen hergeleitet werden können, es sei denn, daß dem Dritten diese Abweichung bekannt war.

Auf den Mangel der Eintragung kann sich ein jeder Dritte berufen, nicht bloß ein Deutscher, sondern auch ein Ausländer, einerlei wo er wohnt und wo das Rechtsgeschäft abgeschlossen ist. Nur muß es zu einer Zeit abgeschlossen sein, wo die Eheleute schon ihren Wohnsitz in Deutschland hatten, da erst von da ab der Art. 16 für sie Geltung erhält. Auch die Rechtshängigkeit, auf die es nach § 1435 BGB. ebenfalls ankommen kann, bezieht sich nur auf ein in Deutschland anhängiges Verfahren, also wenn zunächst im Auslande geklagt worden ist, so entscheidet erst die Erhebung der Klage auf Vollstreckungsurteil (ZPO. § 722). Daß jeder Dritte, auch wenn die Eintragung in das Güterrechtsregister unterblieben ist, sich auf den tatsächlich für die Ehe geltenden Güterstand berufen kann, wenn dieser ihm günstiger ist, ist selbstverständlich.

III. Auch der **Abs.** 2 schränkt die Geltung des ausländischen Rechtes im Interesse der Sicherheit des inländischen Verkehrs ein, indem er Dritten erlaubt, sich auf die inländischen Vorschriften der §§ 1357, 1362 und 1405 BGB. zu berufen, wenn sie ihm günstiger sind als die an sich maßgebenden ausländischen. Die Voraussetzungen sind die gleichen wie für den Abs. 1, also namentlich Wohnsitz beider Eheleute im Inlande.

1. Der **§ 1357** legt der Frau die Befugnis bei, innerhalb ihres häuslichen Wirkungskreises die Geschäfte des Mannes für ihn zu besorgen und ihn zu vertreten. Rechtsgeschäfte, die sie innerhalb dieses Wirkungskreises vornimmt, gelten als im Namen des Mannes vorgenommen, wenn sich nicht aus den Umständen etwas anderes ergibt. Der Mann kann dieses Recht der Frau beschränken oder ausschließen, doch ist gegen Dritte die Beschränkung oder Ausschließung nur nach Maßgabe des § 1435, d. h. im Falle der Eintragung ins Güterrechtsregister oder bei Kenntnis des Dritten von der Beschränkung oder Ausschließung, wirksam. Läßt das ausländische Recht aus solchen Geschäften etwa beide Eheleute als Gesamtschuldner haften, so kann sich der Dritte auf die Gesamthaftung berufen. Er kann aber auch, wenn das ausländische Recht nur die Ehefrau haften läßt, diese Haftung geltend machen, wenn sie ihm im Einzelfalle vorteilhafter zu sein scheint, denn es liegt kein Grund vor, die Begünstigung des Art. 16 in einem solchen Falle dem Dritten zum Nachteil ausschlagen zu lassen. Ergibt sich dann, daß die Haftung der Frau ihn nicht zum Ziele führt, so wird er auch noch nachträglich die Haftung des Mannes geltend machen können. Nimmt man dies an, dann liegt aber auch kein Grund vor, einer gleichzeitigen Geltendmachung der Haftung beider Eheleute entgegenzutreten. Die im § 1357 Abs. 2 der Frau beigelegte Befugnis, die Aufhebung der Beschränkung oder Ausschließung durch das Vormundschaftsgericht herbeizuführen, wenn sich diese Maßregeln des Mannes als ein Mißbrauch seines Rechtes darstellen, wird dagegen durch Art. 16 für ausländische Ehegatten nicht anwendbar. Denn jene Vorschrift betrifft nicht das Verhältnis zu Dritten, sondern das unter den Gatten. Ob die Frau einer solchen Beschränkung oder Ausschließung ihrer Schlüsselgewalt widersprechen, wie sie ihre Aufhebung herbeiführen kann, im Prozeßweg oder durch Anrufung des Vormundschaftsgerichts, bestimmt sich nach dem für die Ehegatten maßgebenden Heimatrecht (Art. 14).

2. Die Vermutungen des **§ 1362** gelten zugunsten der Gläubiger des Mannes oder der Frau, einerlei wann das Rechtsgeschäft abgeschlossen ist, für dessen

Wirksamkeit die Vermutung von Bedeutung ist, oder aus welcher Zeit die Schuld herrührt, für welche die Zwangsvollstreckung betrieben wird. Dagegen kann die Vermutung (wie bei deutschen Ehegatten durch Berufung auf ein vertragsmäßiges Güterrecht, BGB. § 1527), so auch durch Berufung auf das maßgebende ausländische Güterrecht entkräftet werden; demgegenüber kann dem Dritten aber wieder der § 1435 Schutz verleihen.

3. Endlich soll zugunsten des Dritten auch der **§ 1405** Anwendung finden. Der § 1405 befreit eine nach dem gesetzlichen Güterrechte des BGB. lebende Ehefrau, die mit Einwilligung oder mit Wissen und ohne Einspruch ihres Mannes selbständig ein Erwerbsgeschäft betreibt von gewissen Beschränkungen und schreibt vor, daß Einspruch des Mannes und Widerruf seiner Einwilligung gegen Dritte nur nach Maßgabe des § 1435, also durch Eintragung ins Güterrechtsregister oder im Falle der Kenntnis des Dritten, wirksam sind. Diese Bestimmung, die durch die §§ 1452, 1519, 1525, 1549 auch auf die sonstigen vom Gesetze geordneten Güterstände übertragen ist, gilt nach Art. 16 auch für die ausländische oder früher ausländische Ehefrau, die nach einem ausländischen Güterrechte lebt, vorausgesetzt, daß sie gemeinsam mit ihrem Manne ihren Wohnsitz im Inlande hat und daß sie ferner (was zwar weder im § 1405 noch im Art. 16 gesagt ist) das Erwerbsgeschäft im Inlande betreibt. Die Einfügung des § 1405 in den Art. 16, die vom Bundesrate bewirkt ist, hat jedoch nicht die Tragweite, die ihr auf den ersten Blick innezuwohnen scheint, denn die Vorschrift wird zum großen Teil überholt durch die weitergehende Vorschrift des durch Art. 36 eingeführten § 11a der GewO.; diese letztere Vorschrift bezieht sich nicht bloß auf ausländische oder früher ausländische Ehefrauen, sondern auch auf deutsche Ehefrauen, die nach einem ausländischen Güterrechte leben (BGB. § 1433 Abs. 2), und sie setzt nicht voraus, daß der Wohnsitz der Frau oder gar beider Eheleute im Inland ist, sondern nur, daß das Gewerbe im Inlande betrieben wird. Wenn deshalb auch im Art. 16 Abs. 2 unter den im Abs. 1 aufgestellten Voraussetzungen der § 1405 für anwendbar erklärt wird, so hat das nur Bedeutung, für die Fälle, wo das von der Frau betriebene Erwerbsgeschäft kein „Gewerbe" im Sinne der GewO. ist, also namentlich, wenn das Geschäft im Betriebe der Landwirtschaft oder in einer der Tätigkeiten des § 6 der GewO. besteht. Warum indes für solche Erwerbsgeschäfte die Vorschrift des § 1405 nicht, wie bei einem „Gewerbe", schon dann gelten soll, wenn die Frau das Geschäft im Inlande betreibt, sondern nur dann, wenn außerdem beide Ehegatten ihren Wohnsitz im Inlande haben, ist nicht einzusehen, und man wird deshalb unbedenklich über den Art. 16 Abs. 2 hinausgehen und die Grundsätze des § 11a der GewO. bei jedem Erwerbsgeschäfte seitens einer Frau, die nach ausländischem Güterrechte lebt, anwenden dürfen. Ist das von der ausländischen Ehefrau betriebene Erwerbsgeschäft ein Handelsgewerbe, so greift außerdem der Art. 4 EG. z. HGB. Platz.

IV. **In zeitlicher Hinsicht** hängt die Anwendung des Art. 16 nicht davon ab, wann die Ehe unter den ausländischen Ehegatten geschlossen ist, vielmehr sind den Vorschriften alle ausländischen Ehegatten unterworfen, die nach dem Inkrafttreten des BGB. nach einem ausländischen Güterrecht in Deutschland leben. Dagegen fallen nicht darunter frühere ausländische Ehegatten, die schon vor 1900 die Reichsangehörigkeit erworben hatten, oder solche ausländische Ehegatten, die vor

1900 die Ehe geschlossen hatten und infolge ihres damaligen Wohnsitzes in Deutschland in einen der damaligen deutschen gesetzlichen Güterstände eingetreten sind. Für die letzteren ergibt dies der Art. 16 Abs. 1 Halbs. 2, der nur den ausländischen gesetzlichen, nicht auch einen Güterstand des früheren deutschen Rechtes dem vertragsmäßigen gleichsetzt.

Artikel 17.

Für die Scheidung der Ehe sind die Gesetze des Staates maßgebend, dem der Ehemann zur Zeit der Erhebung der Klage angehört.

Eine Tatsache, die sich ereignet hat, während der Mann einem anderen Staate angehörte, kann als Scheidungsgrund nur geltend gemacht werden, wenn die Tatsache auch nach den Gesetzen dieses Staates ein Scheidungsgrund oder ein Trennungsgrund ist.

Ist zur Zeit der Erhebung der Klage die Reichsangehörigkeit des Mannes erloschen, die Frau aber Deutsche, so finden die deutschen Gesetze Anwendung.

Auf Scheidung sowie auf Aufhebung der ehelichen Gemeinschaft kann auf Grund eines ausländischen Gesetzes im Inlande nur erkannt werden, wenn sowohl nach dem ausländischen Gesetze als nach den deutschen Gesetzen die Scheidung zulässig sein würde.

Vorentw. A und B: § 18; E. I: § 10; E. IIa: BGB. §§ 2247—2249; E. IIb: BGB. §§ 2374—2376; E. III: Art. 16. Prot. VI S. 51ff.

Literatur: v. Savigny 8 S. 337; v. Bar 1 S. 482ff., Lehrbuch S. 78ff.; Böhm S. 43ff.; Asser-Cohn S. 67ff.; Gierke 1 S. 236; Stobbe-Lehmann 1³ S. 270; Niemeyer S. 150ff.; Barazetti S. 64f.; Davidson, Recht der Ehescheidung 1901 S. 104ff.; Neubauer, Ehescheidung im Auslande, Z. f. vergleich. Rechtswissensch. 5 (1885) S. 286ff., 441ff.; 6 (1886) S. 103ff., 305ff.; 7 (1887) S. 297ff.; 8 (1888) S. 275ff.; Heidecker, Über die materielle Rechtskraft ausländischer Urteile, insbesondere ausländischer Ehescheidungsurteile, in Deutschland, in Buschs Z. 18 (1893) S. 453—505; Sautter, Divorce et séparation de corps en droit internat. privé (Dissert.) Genève 1895; Jung, Die Ehescheidung im internation. Privatrecht, Zürich 1897; Klein, Örtliches Recht in Ehescheidungssachen in Böhms Z. 7 (1897) S. 487ff.; Erler, Verhältnis des deutschen zum ausländ. Ehescheidungsrecht, Posener Jurist. Monatsschr. 1898 S. 124ff.; Graßmann, Ehescheidung und Wiederverehel. eines Bayern in der Schweiz: Bl. f. administrat. Prax. 48 (1898) S. 244; Biberfeld, zu Art. 17 EG. z. BGB., Böhms Z. 8 (1898) S. 384ff.; Mariolle, Auflösung und Ungültigkeitserklärung einer Ehe nach den privatinternationalrechtlichen Bestimmungen des EG. z. BGB. in SeuffBl. 63 S. 121ff.

I. **Der Art. 17 gibt die Kollisionsnorm für die Scheidung der Ehe,** und zwar begreift dieser Ausdruck, wenigstens im Abs. 1, so wie in der Überschrift zu Buch 4 Abschnitt 1 Titel 7 des BGB., sowohl die Voraussetzungen als auch die Wirkungen der Ehescheidung. Anderseits bezieht sich der Ausdruck Scheidung im Abs. 1 nicht bloß auf die beiden Arten, die das deutsche Recht kennt (Scheidung i. e. S. und Aufhebung der ehelichen Gemeinschaft), sondern auch auf Formen der Scheidung nach ausländischem Rechte (zeitweilige und beständige Trennung von Tisch und Bett). Dagegen bezieht sich der Art. 17 nicht auf eine Trennung der güterrechtlichen Gemeinschaft, für die vielmehr das Statut des Art. 15 maßgebend ist, und ebensowenig auf das Scheidungsverfahren einschließlich der Zuständigkeit der dazu berufenen Behörden, das sich lediglich nach der lex fori bestimmt.

II. **Das grundsätzlich maßgebende Statut für die Ehescheidung** ist nach Abs. 1 das durch die Staatsangehörigkeit bestimmte Personalstatut des Ehemanns zur Zeit der Erhebung der Klage. In den Abs. 2 und 4 erfährt dieser Grundsatz Einschränkungen zugunsten eines früheren Personalstatuts des Ehemanns und der lex fori, beide Male im Interesse der Aufrechterhaltung der Ehe; dagegen enthält der Abs. 3 eine direkte Ausnahme von dem Grundsatze des Abs. 1, indem hier unter einer bestimmten Voraussetzung an Stelle des Personalstatuts des Mannes das der Frau gesetzt wird. Internationalrechtlich sind die Vorschriften in Abs. 1 und 2 vollkommene und allgemeine Kollisionsnormen, der Abs. 3 dagegen eine unvollkommene Kollisionsnorm, indem er bestimmte Inlandsbeziehungen voraussetzt, der Abs. 4 wieder eine vollkommene, aber auf Ehescheidungen im Inlande beschränkte Norm.

III. **Nach der grundlegenden Norm des Abs. 1 entscheiden die Gesetze des Staates, dem der Ehemann zur Zeit der Erhebung der Klage angehört.** Gemeint ist diejenige Klage, über die in dem Urteil erkannt wird. Ist etwa früher schon die gleiche Klage erhoben, aber wegen Unzuständigkeit des Gerichts oder aus sonstigen prozessualen Gründen abgewiesen worden, so ist für die später neu erhobene Klage die Staatsangehörigkeit bei Erhebung der früheren ohne Belang. Die Ladung zum Sühnetermine (ZPO. § 608) steht für den Art. 17 Abs. 1 der Erhebung der Klage nicht, wie im Falle des § 1472 BGB., gleich. Unter Erhebung der Klage ist im Art. 17, wenn von vornherein auf Scheidung geklagt worden ist, der im § 253 ZPO. bezeichnete prozessuale Akt der Zustellung der Klageschrift zu verstehen. Ein nach diesem Zeitpunkt eingetretener Wechsel der Staatsangehörigkeit ist ohne Einfluß, und zwar nicht bloß für die Klagegründe, die in der Klageschrift geltend gemacht sind, sondern auch für solche, die vom Kläger erst im Laufe des Rechtsstreits vorgebracht werden (ZPO. § 614), ja die erst nachher für ihn entstanden sind. Zwar wird auch die Ansicht vertreten (RG. IV Urt. v. 21. April 1902, Gruch. Beitr. 46 S. 959; Kammergericht, OLG. 4 Nr. 251), im Art. 17 Abs. 1 sei unter Klageerhebung mit Rücksicht auf die besondere Eigentümlichkeit des Verfahrens in Ehesachen die Geltendmachung des einzelnen Klagegrundes zu verstehen, denn nach ZPO. § 614 könnten in Ehesachen auch noch im Laufe des Rechtsstreits andere als die in der Klage vorgebrachten Klagegründe geltend gemacht und neue Klagen und Widerklagen erhoben werden. Allein diese Gründe sind nicht stichhaltig, sie verwechseln die Geltendmachung neuer Klagegründe mit der Erhebung neuer Ansprüche. Die letztere steht allerdings der Klageerhebung in gewissen Beziehungen gleich (§ 281), nicht aber die Geltendmachung neuer Klagegründe. Daß nach dem Sprachgebrauche des BGB. und demgemäß auch des EG. unter der Klageerhebung im Ehescheidungsprozesse nicht auch die im Laufe eines Prozesses stattfindende Geltendmachung eines Scheidungsgrundes zu verstehen ist, zeigt deutlich der § 1572 BGB., wo die Geltendmachung eines Scheidungsgrundes im Laufe eines Rechtsstreits der Erhebung der Scheidungsklage gerade entgegengesetzt wird. Demgegenüber kommt die Zweckmäßigkeit der Vermeidung doppelter Prozesse nicht in Betracht. Bei der hier vertretenen Auffassung steht anderseits selbstverständlich der § 616 ZPO. einer neuen Klage nicht entgegen, wenn die im Laufe des früheren Rechtsstreits, aber erst nach dem Wechsel der Staatsangehörigkeit entstandenen Scheidungsgründe mit Rücksicht auf den Art. 17 damals nicht mit Erfolg geltend gemacht werden konnten. Anders ist es dagegen, wenn die Scheidungsklage überhaupt erst im Laufe eines andern Rechtsstreits (betreffend eine Klage auf Herstellung des ehelichen Lebens oder eine Anfechtungsklage, ZPO. § 615) oder gegenüber einer Ehescheidungsklage als Widerklage erhoben wird. Hier entscheidet für den erst später erhobenen Scheidungsanspruch des Klägers oder Widerklägers, falls nach Erhebung der ursprünglichen Klage oder der Vorklage ein Wechsel der Staatsangehörigkeit beim Manne stattgefunden hat, die Staatsangehörigkeit zur Zeit, wo jener Anspruch rechtshängig geworden, also in der mündlichen Verhandlung geltend gemacht ist (ZPO. § 281).

Gehört der Ehemann bei Erhebung der Klage keinem Staate an, so entscheiden (unbeschadet der Sondervorschrift des Abs. 3, doch siehe unter V) die Grundsätze des Art. 29. Besitzt er in diesem Zeitpunkt eine mehrfache Staatsangehörigkeit und darunter die Reichsangehörigkeit, so sind die deutschen Gesetze allein maßgebend. Besitzt er gleichzeitig die Angehörigkeit in mehreren ausländischen Staaten, so kann man zweifeln, ob nur dann auf Scheidung erkannt werden darf, wenn sie nach den Gesetzen der sämtlichen Heimatstaaten, oder schon dann, wenn sie nach den Gesetzen nur eines von ihnen zulässig ist. Das letztere dürfte richtiger sein; denn wenn der Grundgedanke des Art. 17 und des § 606 Abs. 4 ZPO. ist, daß auf Scheidung eines Ausländers in Deutschland nur erkannt werden soll, falls Aussicht besteht, daß sie auch im Heimatstaate des Ehemanns anerkannt wird, so wird diesem Grundgedanken genügt, wenn die Scheidung auch nur in einem der mehreren ausländischen Heimatstaaten Anerkennung findet. Wenn das deutsche Gesetz verlangte, daß die Scheidung in allen Heimatstaaten, die für die Ehegatten in Betracht kommen, Anerkennung finden müsse, so hätte es auch bei verschiedener Staatsangehörigkeit des Mannes und der Frau vorschreiben müssen, daß die Scheidung nur erfolgen dürfe, wenn sie sowohl nach den Gesetzen des Heimatstaats des Mannes wie nach denen des Heimatstaats der Frau zulässig sei.

IV. **Die Regel des Abs. 2 wird in den Abs. 2 und 4 in zweifacher Beziehung eingeschränkt;** doch wirken beide Einschränkungen in derselben Richtung, sie verschärfen die Voraussetzungen für die Ehescheidung.

1. Der **Abs.** 2 regelt den Fall, wo zwischen dem Eintritte des Ehescheidungsgrundes und der Erhebung der Klage die Staatsangehörigkeit des Ehemanns gewechselt hat. Tatsachen, die sich vor diesem Wechsel ereigneten, sollen für die Ehescheidung nur dann geltend gemacht werden können, wenn sie auch nach den

Gesetzen des damaligen Heimatstaats des Mannes einen Scheidungs- oder Trennungsgrund bildeten. Die Vorschrift entspricht der Übergangsbestimmung im Art. 201 Abs. 2, nur daß dort von Verfehlungen die Rede ist, während Art. 17 Abs. 2 allgemeiner von Tatsachen spricht, die sich während einer andern Staatsangehörigkeit des Ehemanns ereignet haben. Da der deutsche Richter nach Abs. 4 die Ehescheidung nur aussprechen darf, wenn auch nach den deutschen Gesetzen die Ehescheidung zulässig ist, und nach dem BGB., abgesehen von der Geisteskrankheit, nur Verfehlungen einen Ehescheidungsgrund bilden, so hat für ihn die vom Art. 201 Abs. 2 abweichende Ausdrucksweise im Art. 17 Abs. 2 nur insoweit Bedeutung, als es sich fragt, ob auch Geisteskrankheit der Frau einen Scheidungsgrund bildet, wenn sie eingetreten ist, solange der Mann einem Staate angehörte, dessen Gesetz sie nicht als Scheidungs- oder Trennungsgrund anerkennt, während er jetzt einem Staate angehört, der sie als solchen gelten läßt, namentlich also, wenn der Ehemann inzwischen Deutscher geworden ist. Der innere Grund für die Zulassung der Ehescheidung bei unheilbarer Geisteskrankheit ist nun nach deutschem Rechte weder der Ausbruch der Krankheit noch auch ihre dreijährige Dauer, sondern die Aussichtslosigkeit einer Wiederherstellung der geistigen Gemeinschaft unter den Gatten, und diese kann nicht wohl als eine Tatsache bezeichnet werden, die sich früher einmal ereignet hat, sondern sie ist ein fortdauernder Zustand, der darum nicht unter Abs. 2 fällt (a. A. Niedner S. 52).

Die Tatsache, die sich vor dem Wechsel der Staatsangehörigkeit ereignet hat, braucht jedoch nach dem Gesetze des damaligen Heimatstaats nicht ein Scheidungsgrund gewesen zu sein, es genügt, wenn sie danach auch nur ein Trennungsgrund ist, also die beständige oder zeitweilige Trennung der ehelichen Gemeinschaft ohne Lösung des Bandes der Ehe rechtfertigt.

Auf der andern Seite genügt es nicht, daß die Tatsache, als sie sich ereignete, nach den Gesetzen des damaligen Heimatstaats einen Scheidungs- oder Trennungsgrund bildete, sondern sie muß diese Eigenschaft noch in dem Zeitpunkte besessen haben, wo der Ehemann in die neue Staatsangehörigkeit übertrat, sie darf also nicht durch inzwischen eingetretene Ereignisse (Verzeihung, Zeitablauf, Kompensation) den Charakter als Scheidungs- oder Trennungsgrund eingebüßt haben. M. a. W. es kommt darauf an, ob im Zeitpunkte des Wechsels der Staatsangehörigkeit ein Tatbestand gegeben war, der so, wie er lag, nach dem bisherigen Heimatgesetze die Scheidung oder Trennung gerechtfertigt hätte. Ist das der Fall, dann geht der Tatbestand in das neue Recht als wirksamer Scheidungsgrund über, und nunmehr bestimmt dieses über seine fernere Geltung. Weichen etwa das alte und das neue Recht in der Bestimmung der Fristen für die Geltendmachung eines solchen Grundes voneinander ab, so wird auf eine beim Wechsel der Staatsangehörigkeit laufende Frist der Art. 169 Abs. 2 EG. entsprechend anzuwenden sein.

Während der Abs. 2 verhindert, daß einer Tatsache nachträglich durch einen Wechsel der Staatsangehörigkeit die Eigenschaft eines Scheidungsgrundes verschafft wird, kann umgekehrt der Ehemann einer von ihm begangenen Verfehlung, die der Frau einen Anspruch auf Scheidung gibt, die Eigenschaft als Scheidungsgrund und damit der Ehefrau den Scheidungsanspruch entziehen, indem er die Staatsangehörigkeit wechselt. Nur die deutsche Frau wird hiergegen durch den Abs. 3 geschützt, falls sie ihrerseits von dem Wechsel der Staatsangehörigkeit unberührt bleibt.

2. Der Abs. 4 besagt ein doppeltes:

a) Einmal gibt er neben dem Personalstatute des Mannes der lex fori Raum. Während früher in Ehescheidungssachen vielfach die ausschließliche Geltung der lex fori behauptet wurde (z. B. RG. 9 S. 191, 16 S. 138), ein Standpunkt, der auch jetzt noch in manchen, namentlich außereuropäischen, Staaten vertreten wird (Niemeyer S. 152ff.), setzt der Abs. 4 die lex fori für den Fall, daß die Ehescheidungsklage im Inland erhoben ist, gleichberechtigt neben das Personalstatut des Mannes. Der deutsche Richter (und zwar auch der in den Konsulargerichtsbezirken und Schutzgebieten) darf die Scheidung oder die Aufhebung der ehelichen Gemeinschaft nur dann aussprechen, wenn der vorliegende Tatbestand sowohl nach ausländischem wie nach dem deutschen Rechte die Scheidung rechtfertigt, es muß also einer der Gründe der §§ 1565—1569 BGB. vorliegen, und das Recht auf Scheidung nicht durch Verzeihung oder Zeitablauf (§§ 1570 bis 1573) erloschen sein.

b) Nach Abs. 4 kann ferner auch bei Ausländern auf Aufhebung der ehelichen Gemeinschaft (BGB. § 1575) erkannt werden, wenngleich das maßgebende Heimatrecht diese eigentümliche Einrichtung des deutschen Rechtes nicht kennt. Auch dafür ist aber Voraussetzung, daß auf Grund des vorliegenden Tatbestandes nach dem Auslandgesetze die Scheidung zulässig ist, es genügt nicht, daß danach im Auslande nur die — wenn auch beständige — Trennung von Tisch und Bett erfolgen könnte (RG. 47 S. 126, 48 S. 145; Planck Anm. 6; Niedner S. 52; Sartorius, Personenstandsgesetz S. 451).

c) Streitig ist, ob der deutsche Richter nach Abs. 4 bei Ausländern, deren Heimatsgesetz die Trennung von Tisch und Bett, aber nicht die Scheidung der Ehe zuläßt, auf zeitweilige oder beständige Trennung von Tisch und Bett erkennen darf. Unter der Herrschaft des § 77 Abs. 1 des Personenstandsgesetzes vom 6. Febr. 1875 hatte das Reichsgericht dies verneint (RG. 3 S. 14, 11 S. 29). Bei Beratung des Art. 17 in der zweiten Kommission entschied sich die Mehrheit dahin, daß dieser Ansicht vom Standpunkte des Gesetzgebers aus nicht beizutreten sei (Prot. VI S. 51 ff.). In dem E. II § 2375 wurde deshalb im Abs. 1 und 4 hinter Scheidung die beständige oder zeitweitlige Trennung der Ehegatten von Tisch und Bett ausdrücklich angeführt. Der Bundesrat beseitigte jedoch an beiden Stellen diese Erwähnung, und in der Reichstagskommission wurde nur infolge des von ihr beschlossenen § 1575 im Abs. 4 neben der Scheidung die Aufhebung der ehelichen Gemeinschaft erwähnt. Die vom Bundesrate vorgenommene Änderung läßt sich nicht anders auffassen, als daß in Deutschland auch für Ausländer nur die Scheidung nicht die Trennung von Tisch und Bett soll ausgesprochen werden können, und durch die Einführung der Aufhebung der ehelichen Gemeinschaft ist hieran nichts geändert worden. Denn wenngleich diese Einrichtung mit der Trennung von Tisch und Bett verwandt ist, indem sie das Band der Ehe bestehen läßt, aber die Verpflichtung zur Lebensgemeinschaft beseitigt, so ist sie doch dadurch wesentlich verschieden, daß sie jedem der Ehegatten die Befugnis gibt, ohne weiteres die Scheidung der Ehe zu verlangen. Allerdings wird dadurch solchen Ausländern, denen ihr Heimatsgesetz nicht die Scheidung gestattet, in Deutschland überhaupt jede Klage auf Scheidung oder Trennung unmöglich gemacht. (Gegen Zulassung der beständigen Trennung von Tisch und Bett auch bei Ausländern und besonders bei Österreichern Planck

Anm. 7; Neumann Nr. I 1; Niemeyer S. 153; Endemann 2 S. 674 f.; Davidson, Recht der Ehescheidung nach BGB. (1900) S. 217; Sartorius, Personenstandsgesetz S. 451; Frantz in Böhms Z. 11 S. 345 ff.; Vereinigte Zivilsenate Beschl. 12. Okt. 1903 in RG. 55 S. 345; VI 17. Dez. 1903, JW. 1904 S. 86 Nr. 2; für Zulässigkeit: Barazetti S. 65, 69; Erler, Ehescheidungsrecht 2. Aufl. S. 93, im „Recht" 1900 S. 95; Keidel in Böhms Z. 7 S. 243; Mariolle in SeuffBl. 63 S. 126 ff., RG. VI 13. Dez. 1900, RG. 47 S. 138, III 30. April 1901 RG. 48 S. 144, IV 23. Okt. 1902, Böhms Z. 13 S. 160, JW. 1903 Beil. S. 19, Dresden OLG. 2 S. 413, Böhms Z. 11 S. 75; Jena OLG. 2 S. 413; Köln Rhein. Arch. 98 Nr. 211).

d) Wenn hiernach auch bei Ausländern die Zulässigkeit der Scheidung von dem deutschen Rechte mit abhängt, so erfolgt doch, wie der Wortlaut des Abs. 4 zeigt, die Scheidung auch hier nicht auf Grund des deutschen Gesetzes, sondern auf Grund des Personalstatuts des Ehemanns gemäß Abs. 1. Nach diesem richtet sich deshalb auch hier sowohl die Ordnung der Schuldfrage wie der Rechtsfolgen der Entscheidung. Dasselbe müßte eigentlich auch für die Aufhebung der ehelichen Gemeinschaft gelten, denn auch auf diese wird nach der wenig glücklichen Fassung, die der Abs. 4 in der Reichstagskommission erhalten hat, „auf Grund des ausländischen Gesetzes" erkannt. Da aber wohl kaum ein ausländisches Gesetz diese besondere Einrichtung des deutschen Rechtes kennt, so wird man auch die damit verknüpften Folgen nach deutschem Rechte beurteilen müssen. Nur wenn die Aufhebung der Gemeinschaft bis zum Tode fortgedauert hat, wird man sie wohl in erbrechtlicher Beziehung der beständigen Trennung von Tisch und Bett nach dem einschlägigen Auslandsrechte gleichstellen müssen.

V. Im Gegensatze zu den Vorschriften in den Abs. 2 und 4, die nur die ausschließliche Geltung des im Abs. 1 bestimmten Statuts einschränken, **stellt der Abs. 3 eine direkte Ausnahme von dem Grundsatze des Abs. 1 dar.** Diese Vorschrift schließt (ähnlich wie Art. 14 Abs. 2, Art. 19 Satz 2, Art. 20 Satz 2, vgl. auch Art. 9 Abs. 3) bei einer Ehescheidung, wenn der Mann die Reichsangehörigkeit eingebüßt hat, während die Frau zur Zeit der Klageerhebung noch Deutsche ist, die Anwendung des Personalstatuts des Mannes vollständig aus und schreibt statt dessen die Anwendung der deutschen Gesetze vor. Die Bestimmung setzt voraus, daß auch der Ehemann früher Deutscher gewesen ist. Hat er die Reichsangehörigkeit verloren, ohne eine andere Staatsangehörigkeit zu erwerben, so folgt die Anwendbarkeit der deutschen Gesetze schon aus Abs. 1 in Verbindung mit Art. 29. Die Bedeutung des Abs. 3 besteht also darin, daß die deutschen Gesetze auch dann anwendbar sind, wenn der Mann inzwischen eine andere Staatsangehörigkeit erworben hat. Die Gesetze dieses neuen Heimatlandes des Mannes bleiben also ganz außer Betracht, und zwar auch für die Beurteilung solcher Tatsachen, die sich erst nach dem Erwerbe der neuen Staatsangehörigkeit ereignet haben. Von Bedeutung ist dies namentlich für den Scheidungsgrund der böslichen Verlassung. Auch wenn etwa nach dem jetzigen Heimatrechte des Mannes eine Scheidung überhaupt unzulässig ist, hindert das nicht, auf Scheidung zu erkennen. In dem Falle des Abs. 3 bestimmen sich auch sowohl die Schuldfrage wie die Folgen der Ehescheidung durchaus nach deutschem Rechte (wegen der Wiederverheiratung des Mannes siehe Nr. IX, 4).

VI. **Weitere Ausnahmen von den Regeln der Abs.** 1 **und** 2 können eintreten durch die Vorschriften der **Art.** 27 **und** 30. Verweist das durch Abs. 1 bestimmte Personalstatut des Ehemanns in betreff der Scheidung auf die deutschen Gesetze als auf die lex domicilii oder die lex fori, so bestimmt sich die Zulässigkeit und Wirkung der Scheidung nach deutschem Rechte. Zweifelhaft ist, wieweit neben den Sondervorschriften des Art. 17 noch den Bestimmungen des Art. 30 Bedeutung einzuräumen ist. Die Scheidung kann schon auf Grund des Art. 17 Abs. 4 in Deutschland nur ausgesprochen werden, wenn sie nach deutschen Gesetzen zulässig ist. Es kann sich also nur fragen, ob die Anwendung des ausländischen Personalstatuts des Mannes auch dann auszuschließen ist, wenn nach deutschen Gesetzen die Scheidung gerechtfertigt, dagegen nach dem Personalstatut unzulässig ist. So nimmt Niemeyer (S. 152) an, es verstoße gegen den Zweck des § 1569 BGB. und § 606 ZPO. (?), wenn bezüglich eines in Deutschland wohnhaften englischen Ehepaars die Ehescheidung wegen Geisteskrankheit mit Rücksicht auf das abweichende englische Recht abgelehnt würde. Diese Auffassung ist nicht zu billigen, sie widerspricht dem Grundgedanken des Art. 17, indem sie an Stelle des Personalstatuts des Mannes, das nach Abs. 1 in erster Linie maßgebend sein soll, die lex fori zur fast ausschließlichen Anwendungsnorm erhebt. Im Art. 17 bringt der Gesetzgeber gerade zum Ausdrucke, daß die im BGB. aufgestellten Scheidungsgründe zwar bei Reichsangehörigen stets und allein zur Scheidung ausreichen sollen, daß aber die Frage, ob sie auch bei Ausländern genügen, sich nach deren Heimatrechte bestimmen soll. Von dem Standpunkte Niemeyers aus müßte folgerichtig der deutsche Richter in jedem Falle, wo einer der Scheidungsgründe des BGB. vorliegt, bei Ausländern auf Scheidung erkennen, auch dann, wenn ihr Heimatrecht die Scheidung überhaupt nicht zuläßt, sondern etwa nur Trennung von Tisch und Bett. Denn dem Zwecke des deutschen Gesetzes widerspricht es offenbar noch mehr, daß trotz der ärgsten Zerrüttung des ehelichen Verhältnisses durch Verschulden des einen Gatten der andere das Band, das ihn an den Schuldigen fesselt, nicht soll zerreißen können. Immerhin wird der Grundsatz des Art. 30 auch über den Art. 17 hinaus in Ehescheidungssachen unter Umständen Geltung beanspruchen können. So wenn der Ehemann z. B. einem nur halbzivilisierten Staate angehört, dessen Gesetzgebung der Frau in einer für unser Rechtsgefühl unerträglichen Weise überhaupt jeden Anspruch auf Scheidung der Ehe, auch bei den gröblichsten Mißhandlungen, Lebensnachstellungen, u. dgl. vorenthält. Dabei wird auch der Umstand zu beachten sein, ob die Frau bis zur Eheschließung Deutsche war. Denn wenn auch der Art. 17 den Fall, wo die Ehefrau bis zur Verheiratung Deutsche war, im Abs. 3 nicht (wie Art. 9 Abs. 3) demjenigen gleichstellt, wo die Reichsangehörigkeit des Mannes erloschen, die der Frau aber bestehen geblieben ist, so daß in jenem Falle die deutschen Gesetze nicht wie in dem letzteren ohne weiteres anzuwenden sind, so verdient doch dieser Umstand bei der Frage der Anwendung des Art. 30 berücksichtigt zu werden (vgl. über die Nichtanerkennung einer türkischen Willkürscheidung in Deutschland die U. des LG., des OLG. und des ObLG. München, in Böhms Z. 14 S. 585; 16 S. 34, 286).

VII. Um für deutsche Ehegatten die Durchführung der Grundsätze des Art. 17 zu sichern, **hat die ZPO. § 606 einen Gerichtsstand bei Scheidungsklagen für alle Fälle geschaffen**, wo der Ehemann entweder Deutscher ist oder wo er es gewesen ist und die Reichsangehörigkeit der Frau noch fortdauert, auch wenn die Ehegatten sonst keinen Gerichtsstand in Deutschland haben. Dieser Gerichtsstand ist ausschließlich, sobald der Ehemann seinen allgemeinen Gerichtsstand im Inlande hat; sonst ist er nur fakultativ, also namentlich dann, wenn die Eheleute ihren Wohnsitz im Auslande haben. Dagegen besteht für **Ausländer** in Ehesachen überhaupt kein ausschließlicher Gerichtsstand im Inland; im Gegenteil ist für sie die Klage im Inlande nur zulässig, wenn das Heimatgesetz des Mannes auch die Zuständigkeit des inländischen Gerichts anerkennt. **Es fragt sich, welche Bedeutung ein im Auslande geführter Ehescheidungsprozeß für das Inland hat.**

1. Nach § 328 ZPO. ist einem ausländischen Urteil in einer Ehescheidungssache (abgesehen von den formalen Voraussetzungen der Nr. 1 und 2) die Anerkennung im Inlande zu versagen, wenn dabei von den Vorschriften des Art. 17 zum Nachteil einer deutschen Partei abgewichen ist oder wenn die Anerkennung des Urteils gegen die guten Sitten oder gegen den Zweck eines deutschen Gesetzes verstieße. Von den Vorschriften des Art. 17 können dabei nur die in Abs. 1—3 in Betracht kommen, denn der Abs. 4 enthält, wie gezeigt, nur eine Anweisung für Ehescheidungssachen im Inlande. Hat der ausländische Richter seine lex fori nicht angewandt, sondern lediglich das nach Art. 17 Abs. 1—3 maßgebende Personalstatut, so kann zwar diese Unterlassung vielleicht der beklagten Partei zum Nachteile gereichen, indem der Klage stattgegeben ist, während sie nach der lex fori hätte abgewiesen werden müssen; sie bildet aber keinen Grund, dem Urteil die Anerkennung zu versagen. Auch eine Scheidung deutscher Ehegatten, die im Ausland auf Grund gegenseitiger Einwilligung oder dem übereinstimmenden Antrag beider Teile entsprechend auf einen sonstigen dem deutschen Rechte fremden Grund hin erfolgt ist, indem das Gericht ausschließlich die lex fori oder die lex domicilii angewandt hat, fällt überhaupt nicht unter Nr. 3 des § 328, und auch einen Verstoß gegen die guten Sitten oder gegen den Zweck eines deutschen Gesetzes würde die Anerkennung nur dann bilden, wenn etwa die Ehegatten nur zu dem Zwecke ihren Wohnsitz ins Ausland verlegt hätten, um auf diese Weise gegen den Willen des deutschen Gesetzes die Ehescheidung zu erlangen. In ähnlicher Weise verweigert das amerikanische Recht, das allerdings für die Ehescheidung die lex domicilii als maßgebend ansieht, einer Wohnsitzverlegung, die in fraudem legis erfolgt, die Anerkennung (**Niemeyer** S. 151 f.). Abgesehen von den Fällen, wo ein Handeln in fraudem legis vorliegt, wird bei Beanstandung ausländischer Ehescheidungsurteile wegen Verstoßes gegen die Grundsätze des Art. 17 große Zurückhaltung geboten sein. Bei der Anwendung des § 328 Nr. 4 ist vor allem zu berücksichtigen, daß es sich nicht darum handelt, ob die durch das Urteil herbeigeführte Ehescheidung, sondern darum, ob jetzt die Anerkennung dieses Urteils und des dadurch geschaffenen Zustandes gegen die guten Sitten oder gegen den Zweck eines deutschen Gesetzes verstößt. Für die Anwendung des § 328 Nr. 3 kommt in Betracht, daß selbstverständlich die Anerkennung nur zu versagen ist auf Verlangen der durch die Nichtbeachtung des Art. 17 benachteiligten Partei, daß dagegen die Gegenpartei, auf deren Antrag hin das Urteil im Ausland ergangen ist, auch die darin liegende Abweichung von den Grundsätzen des Art. 17 in den Kauf nehmen muß. Aber selbst die durch das Urteil benachteiligte Partei muß es im Inlande

gegen sich gelten lassen, wenn sie von der Lösung des Ehebandes durch das ausländische Urteil demnächst Gebrauch gemacht hat, etwa indem sie eine neue Ehe eingegangen ist. Ist z. B. eine Scheidung deutscher Ehegatten im Ausland auf Grund der lex domicilii oder fori aus einem dem deutschen Rechte fremden Grunde erfolgt, so kann der beklagte Gatte, der der Ehescheidung widersprochen hatte, aber sich demnächst auf Grund des ausländischen Urteils wieder verheiratet hat, beim Tode seines früheren Gatten nicht das Gattenerbrecht nach BGB. § 1931 vor einem deutschen Gerichte geltend machen.

2. Eine im Ausland unter Ausländern erfolgte Scheidung wird im Inlande keinesfalls ohne weiteres wegen Verstoßes gegen die Grundsätze des Art. 17 zu beanstanden sein, also namentlich nicht schon deshalb, weil bei der Ehescheidung anstatt der lex patriae die lex domicilii oder die lex fori zugrunde gelegt ist. Nur wenn das Heimatrecht des Mannes seinerseits die auf solche Weise erfolgte Ehescheidung nicht anerkennt, könnte dies auch dem deutschen Richter Anlaß geben, der Ehescheidung auch seine Anerkennung (nach § 328 Nr. 4) zu versagen.

IX. **Verhältnis der Eheleute während des Scheidungsprozesses und Wirkungen der Scheidung.**

Nach dem Statute, das für die Scheidung der Ehe maßgebend ist, bestimmt sich auch das Verhältnis unter den Ehegatten während des Scheidungsprozesses, namentlich die Unterhaltspflicht (Kammergericht OLG. 3 Nr. 94a) und die Pflicht zur Leistung von Vorschüssen zum Zwecke der Prozeßführung. Desgleichen bestimmen sich nach dem Statut, auf Grund dessen die Scheidung erfolgt ist, ihre Wirkungen (so schon für das frühere Recht die Plenarentscheidung des Reichsgerichts RG. 41 S. 181). In den Fällen des Art. 17 Abs. 1, 2 und 4 ist also auch für die Wirkungen der Scheidung das Personalstatut des Mannes zur Zeit der Erhebung der Klage, dagegen im Falle des Abs. 3 das deutsche Gesetz maßgebend.

1. Bestimmen sich die Folgen nach den deutschen Gesetzen, so regeln sich jedenfalls die in den §§ 1577—1587 geordneten Verhältnisse nach diesen Vorschriften (Namensrecht, Unterhaltspflicht, Widerruf von Schenkungen, Beitragspflicht zum Unterhalte gemeinschaftlicher Kinder). Beruht freilich die Anwendung der deutschen Gesetze bei der Scheidung nur auf einer Verweisung seitens des an sich zuständigen Heimatrechts des Mannes (Art. 27), so hängt es von dem letzteren ab, inwiefern es auch für die Folgen der Scheidung das Recht gelten lassen will, auf das es für die Scheidung verwies. Namentlich kann dies für das Namensrecht wegen seines Zusammenhanges mit dem öffentlichen Rechte von Bedeutung sein, indem nach dem Heimatrechte die Wiederannahme des Familiennamens seitens der Frau oder die Untersagung der Führung des Namens seitens des Mannes (§ 1577 Abs. 2 und 3) unzulässig sein kann. Ist die Scheidung im Inland oder Ausland auf Grund eines ausländischen Gesetzes erfolgt, so ist auch aus diesem zu entnehmen, welche Wirkungen an die Ehescheidung geknüpft werden, namentlich ob den schuldigen Gatten zugunsten des andern Teiles oder der vorhandenen Kinder vermögensrechtliche Nachteile (Unterhaltspflicht oder Ehescheidungsstrafen und dgl.) treffen.

2. Nicht nach dem Statute des Art. 17, sondern nach dem des Art. 15 bestimmt sich der Einfluß der Scheidung auf die Güterrechtsverhältnisse, namentlich die Auseinandersetzung unter den Ehegatten. Doch können Normen, die ein Gesetz in seinem System in das Güterrecht eingestellt hat, in Wahrheit Ehe-

scheidungsnormen sein, z. B. eine reine Ehescheidungsstrafe darstellen. In diesem Falle ist natürlich nicht die äußere Stellung, sondern das innere Wesen der Norm entscheidend; über ihre Anwendung entscheidet das Statut des Art. 17, nicht das des Art. 15.

3. Bei den Beziehungen zu den gemeinschaftlichen Kindern ist zu unterscheiden, ob es sich um Rechte der geschiedenen Ehegatten gegeneinander handelt, deren Gegenstand die Kinder (ihre Person, besonders ihr Vermögen) bilden, oder um Rechte der Eltern gegen die Kinder, wobei sich wieder rein elternrechtliche Vorschriften mit solchen des Vormundschaftsrechts durchkreuzen können. Für die ersteren ist das Scheidungsstatut maßgebend, dagegen bestimmen sich die elternrechtlichen nach dem Statute des Art. 19, also nach dem jeweiligen Personalstatute des Vaters oder möglicherweise nach dem des Kindes, und die vormundschaftsrechtlichen nach der für die Vormundschaftsbehörde maßgebenden lex fori. Meist werden allerdings diese verschiedenartigen Vorschriften derart verschmolzen sein, daß es nicht leicht ist, sie nach diesen Gesichtspunkten zu zerlegen (wegen der §§ 1635, 1636 vgl. Art. 19 Anm. III 3).

4. Wiederverheiratung geschiedener Ehegatten.

a) Ob das in einer Ehescheidungssache ergangene Urteil das Band der Ehe unter den Gatten getrennt hat, so daß der Wiederverheiratung nicht der Fortbestand der früheren Ehe entgegensteht, muß selbstverständlich zunächst aus dem Urteile selbst entnommen, also nach demjenigen Statute beurteilt werden, das das erkennende Gericht seinem Ausspruche zugrunde gelegt hat. Aber auch wenn danach das Gericht die Ehe dem Bande nach geschieden hat, kann doch die Wiederverheiratung unzulässig sein, nämlich dann, wenn das Gericht (namentlich ein ausländisches), etwa seiner Kollisionsnorm folgend die lex fori oder die lex domicilii zugrunde gelegt hat, die die Scheidung dem Bande nach erlaubten, während das Personalstatut des Mannes nur die Trennung von Tisch und Bett gestattet und auch ein davon abweichendes ausländisches Urteil nicht anerkennt. Stehen die getrennten Ehegatten auch bei der Wiederverheiratung noch unter dem Statute dieses Heimatstaats, so ergibt sich aus Art. 13 Abs. 1 die Unzulässigkeit einer Wiederverheiratung in Deutschland. — Es fragt sich aber, wie in dieser Hinsicht die Vorschriften des Art. 17 Abs. 1 und 3 zu Art. 13 Abs. 1 Satz 2 stehen, d. h. wenn der Ehemann der zur Zeit der Erhebung der Scheidungsklage einem Staate angehörte, dessen Gesetze die Scheidung des Bandes gestatteten, während des Scheidungsprozesses Angehöriger eines andern Staates geworden ist, dessen Gesetze dies nicht erlauben und auch die demzuwider im Ausland erfolgte Scheidung nicht anerkennen, oder wenn (im Falle des Art. 17 Abs. 3) der früher reichsangehörige Ehemann etwa schon zur Zeit der Erhebung der Klage einem solchen Staate angehörte. Ist die Ehescheidung durch ein ausländisches Gericht erfolgt, so liegt kein Anlaß vor, dem Scheidungsurteile vor dem Statute der neuen Staatsangehörigkeit und dessen Vorschriften den Vorrang einzuräumen und die Eheschließung nach ihrer Zulassung im Inlande der Gefahr auszusetzen, daß sie von dem Heimatstaate des Mannes nicht anerkannt wird. Aber auch wenn die Scheidung durch ein deutsches Gericht ausgesprochen worden ist, bleibt mindestens für den Ehemann, der während des Prozesses oder im Falle des Art. 17 Abs. 3 schon vorher die Staatsangehörigkeit gewechselt hatte, die Nichtanerkennung der Ehescheidung durch sein neues, von ihm selbst gewähltes Personalstatut durchaus mit Recht ein Hindernis für eine neue Eheschließung. Dagegen kann die Rechtsstellung der Frau allerdings nicht dadurch beeinträchtigt werden, daß der Mann nach Erhebung der Scheidungsklage, auf die hin es demnächst zur Scheidung kommt, die Staatsangehörigkeit gewechselt hat. Daß es im Fall des Art. 17 Abs. 3 für die deutsch gebliebene Ehefrau und deren Wiederverheiratung nicht darauf ankommt, ob das jetzige Personalstatut des Mannes die Auflösung der Ehe anerkennt, folgt schon daraus, daß für sie dieses Statut überhaupt nicht maßgebend ist.

b) Nicht nach dem Scheidungsstatute, sondern nach dem Personalstatute des geschiedenen Ehegatten zur Zeit der Wiederverheiratung bestimmt sich die Frage, ob und unter welchen Voraussetzungen die Eheschließung zulässig ist zwischen dem wegen Ehebruchs geschiedenen Gatten und demjenigen, mit dem er den Ehebruch begangen hat. Ist z. B. ein Deutscher wegen Ehebruchs geschieden, darauf aber Angehöriger eines Staates geworden, der ein dem § 1312 BGB. entsprechendes Verbot nicht kennt, so kann er nunmehr mit derjenigen, mit der er den Ehebruch begangen hat, (vorausgesetzt, daß auch deren Heimatrecht das Verbot nicht kennt) die Ehe eingehen und diese Ehe ist auch in Deutschland als gültig anzuerkennen. Fraglich ist allerdings, ob auch die Eingehung der Ehe in Deutschland stattfinden kann oder ob nicht Art. 30 entgegensteht. Dabei ist jedoch zu beachten, daß auch § 1312 BGB. die Eingehung einer solchen Ehe nicht unbedingt verbietet, sondern Befreiung von dem Hindernisse gestattet, und daß eben der Erwerb einer fremden Staatsangehörigkeit als eine ipso jure eintretende Befreiung von dem Hindernis aufgefaßt werden kann. Es müssen deshalb besondere Umstände hinzutreten, die in einem solchen Falle die Anwendung der ausländischen Gesetze bei Zulassung der Ehe hindern.

c) Dagegen bestimmt sich nach dem Scheidungsstatut allgemein der Einfluß späterer Ereignisse, mithin auch der Wiederverheiratung, auf solche Rechtsverhältnisse, die als Wirkung der Ehescheidung auf Grund des Scheidungsstatuts eingetreten sind, z. B. auf die Unterhaltspflicht oder auf das Eigentum an der Ehescheidungsstrafe. Läßt das Scheidungsstatut mit der Wiederverheiratung des unschuldigen Gatten die Unterhaltspflicht des Schuldigen erlöschen (wie BGB. § 1581) oder etwa das Eigentum an der Ehescheidungsstrafe auf die gemeinsamen Kinder übergehen, so treten diese Folgen ein, auch wenn der Unterhaltsberechtigte oder der parens binubus bei seiner Wiederverheiratung unter einem andern Personalstatute steht, das diese Folgen nicht kennt.

X. Zeitliche Geltung des Art. 17.

Nach Art. 201 ist seit dem Inkrafttreten des BGB. für die Ehescheidung das BGB., also das neue Recht maßgebend. Es sind also seitdem auch die neuen Kollisionsnormen des Art. 17 anzuwenden. Jedoch sind bei Verfehlungen, die vor 1900 liegen, die bisherigen Gesetze und deshalb auch die früheren Kollisionsnormen zu berücksichtigen (RG. 47 S. 136; Planck Art. 201 Anm. 9, Habicht S. 604f.).

XI. Nach dem Haager Abkommen vom 12. Juni 1902 zur Regelung des Geltungsbereichs der Gesetze und der Gerichtsbarkeit auf dem Gebiete der Ehescheidung und der Trennung von Tisch und Bett (oben S. 48 Vorbem. X) gelten für Scheidungs- und Trennungsklagen, die in dem europäischen Gebiete eines der Vertragsstaaten (s. oben S. 112 Nr. VII) erhoben werden, falls mindestens eine der Parteien einem dieser Staaten angehört, die Bestimmungen des Abkommens, welche, abgesehen von den Schlußbestimmungen der Art. 10—13, im amtlichen deutschen Texte folgendermaßen lauten:

Artikel 1.

Die Ehegatten können eine Scheidungsklage nur dann erheben, wenn sowohl das Gesetz des Staates, dem sie angehören (Gesetz des Heimatstaats), als auch das Gesetz des Ortes, wo geklagt wird, die Scheidung zulassen.

Das gleiche gilt für die Trennung von Tisch und Bett.

Artikel 2.

Auf Scheidung kann nur dann geklagt werden, wenn sie in dem zu beurteilenden Falle sowohl nach dem Gesetze des Heimatstaats der Ehegatten als auch nach dem Gesetze des Ortes, wo geklagt wird, sei es auch aus verschiedenen Gründen, zulässig ist.

Das gleiche gilt für die Trennung von Tisch und Bett.

Artikel 3.

Ungeachtet der Bestimmungen der Artikel 1, 2 ist das Gesetz des Heimatstaats allein maßgebend, wenn das Gesetz des Ortes, wo geklagt wird, dies vorschreibt oder gestattet.

Artikel 4.

Das in den vorstehenden Artikeln bezeichnete Gesetz des Heimatstaats kann nicht angerufen werden, um einer Tatsache, die sich ereignet hat, während die Ehegatten oder einer von ihnen einem anderen Staate angehörten, die Wirkung eines Scheidungs- oder Trennungsgrundes zu verleihen.

Artikel 5.

Die Klage auf Scheidung oder auf Trennung von Tisch und Bett kann erhoben werden:

1. vor der nach dem Gesetze des Heimatstaats der Ehegatten zuständigen Gerichtsbarkeit;
2. vor der zuständigen Gerichtsbarkeit des Ortes, wo die Ehegatten ihren Wohnsitz haben. Wenn die Ehegatten nach der Gesetzgebung ihres Heimatstaats nicht denselben Wohnsitz haben, so ist die Gerichtsbarkeit des Wohnsitzes des Beklagten zuständig. Im Falle der böslichen Verlassung oder im Falle einer Verlegung des Wohnsitzes nach dem Eintritte des Scheidungs- oder Trennungsgrundes kann die Klage auch vor der zuständigen Gerichtsbarkeit des letzten gemeinsamen Wohnsitzes erhoben werden. — Die Gerichtsbarkeit des Heimatstaats ist allein berufen, soweit sie für die Scheidungs- oder Trennungsklage ausschließlich zuständig ist. Doch bleibt die fremde Gerichtsbarkeit zuständig für eine Ehe, in Ansehung deren die Scheidungs- oder Trennungsklage vor der zuständigen Gerichtsbarkeit des Heimatstaats nicht erhoben werden kann.

Artikel 6.

Falls die Ehegatten nicht berechtigt sind, eine Scheidungs- oder Trennungsklage in dem Lande ihres Wohnsitzes zu erheben, kann sich gleichwohl jeder von ihnen an die zuständige Gerichtsbarkeit dieses Landes wenden, um die vorläufigen Maßnahmen zu erwirken, die in dessen Gesetzgebung für die Aufhebung der ehelichen Lebensgemeinschaft vorgesehen sind. Diese Maßnahmen bleiben aufrecht erhalten, wenn sie innerhalb eines Jahres durch die Gerichtsbarkeit des Heimatstaats bestätigt werden; sie bleiben nicht länger bestehen, als es das Gesetz des Wohnsitzes gestattet.

Artikel 7.

Die Scheidung und die Trennung von Tisch und Bett, die durch ein nach Artikel 5 zuständiges Gericht ausgesprochen werden, sind überall anzuerkennen, vorausgesetzt, daß die Bestimmungen dieses Abkommens beobachtet worden sind, und daß im Falle eines Versäumnisurteils die Ladung des Beklagten entsprechend den besonderen Vorschriften erfolgt ist, die das Gesetz seines Heimatstaats für die Anerkennung ausländischer Urteile erfordert.

In gleicher Weise sind überall anzuerkennen die Scheidung und die Trennung von Tisch und Bett, die vor einer Verwaltungsgerichtsbarkeit ausgesprochen werden, vorausgesetzt, daß das Gesetz eines jeden der Ehegatten eine solche Scheidung oder Trennung anerkennt.

Artikel 8.

Wenn die Ehegatten nicht dieselbe Staatsangehörigkeit besitzen, so ist ihr letztes gemeinsames Gesetz als das Gesetz ihres Heimatstaats im Sinne der vorstehenden Artikel anzusehen.

Artikel 9.

Dieses Abkommen findet nur anf solche Scheidungs- und Trennungsklagen Anwendung, welche in einem der Vertragsstaaten erhoben werden, und zwar nur dann, wenn mindestens eine der Parteien einem dieser Staaten angehört.

Kein Staat verpflichtet sich durch dieses Abkommen zur Anwendung eines Gesetzes, welches nicht dasjenige eines Vertragsstaats ist.

Über das Verhältnis des Abkommens zum deutschen Rechte ist folgendes zu bemerken:

1. Zu Art. 1—4. Diese behandeln das für die Scheidung und die Trennung von Tisch und Bett maßgebende materielle Recht. Die im Art. 1 aufgestellte Regel, wonach die Scheidung oder Trennung nur zulässig ist, wenn sie sowohl den Gesetzen des Heimatstaats der Ehegatten als auch denen des Ortes, wo geklagt wird, entspricht, stimmt im übrigen mit Art. 17 Abs. 1, 4 EG. überein; jedoch entscheidet bei verschiedener Staatsangehörigkeit der Ehegatten nicht, wie nach Art. 17 Abs. 1, das Heimatrecht des Mannes, sondern nach Art. 8 des Abkommens, entsprechend dem Art. 17 Abs. 3, das letzte gemeinsame Heimatrecht der Ehegatten.

Haben die Ehegatten ein solches überhaupt nicht oder nicht in einem Vertragsstaate gehabt, so bewendet es bei den Kollisionsnormen der einzelnen Vertragsstaaten, für Deutschland also bei Art. 17 Abs. 1 EG. Die Trennung von Tisch und Bett ist nach Art. 1 weder für Ausländer in Deutschland noch für Deutsche in einem anderen Vertragsstaate durch das Abkommen eingeführt. Der Art. 2 fordert auch für die Scheidung oder Trennung im einzelnen Falle, daß sie sowohl nach dem Heimatrecht als auch nach dem Ortsrechte, wenn auch aus verschiedenen Gründen, zulässig ist. Der Art. 3 macht eine Ausnahme von der in den Art. 1, 2 vorgesehenen Mitberücksichtigung des Ortsrechts für den Fall, daß dieses die ausschließliche Beurteilung nach dem Heimatrechte vorschreibt oder gestattet, was nach Art. 17 Abs. 4 in Deutschland für die Scheidung von Ausländern nicht zutrifft. Die im Art. 27 EG. gegenüber Art. 17 Abs. 1 vorgesehene Rückverweisung auf das deutsche Recht ist für den Geltungsbereich des Abkommens stillschweigend außer Kraft gesetzt. Der Art. 4 enthält eine weitere Ausnahme von den Art. 1, 2 für den Fall des Wechsels der Staatsangehörigkeit; er entspricht dem Art. 17 Abs. 2 EG., erweitert diese Vorschrift aber insofern, als er auch das frühere Heimatrecht der Frau berücksichtigt.

2. Zu Art. 5—7. Die Vorschriften des Art. 5 über die Zuständigkeit für Klagen auf Scheidung oder Trennung ändern die Bestimmungen der ZPO. § 606 Abs. 1, 2, 4 nur unerheblich ab. Für Scheidungsklagen von Deutschen vor deutschen Gerichten bleiben die Gerichtsstände des § 606 Abs. 1, 2 Satz 1 bestehen und müssen im ganzen Vertragsgebiet anerkannt werden, und zwar im Falle des § 606 Abs. 1 als ausschließliche. Für Scheidungsklagen von Deutschen vor ausländischen Behörden muß bei verschiedenem Wohnsitze der Ehegatten außerhalb Deutschlands die Gerichtsbarkeit des Wohnsitzes der beklagten Ehefrau nach dem Abkommen als zuständige Gerichtsbarkeit im Sinne der deutschen Gesetze angesehen werden. Für Klagen von Ehegatten, die einem anderen Vertragsstaat angehören und keinen gemeinsamen Wohnsitz haben, ist der § 606 Abs. 1 ZPO. insofern geändert, als der in Deutschland wohnende Mann nicht mehr in seinem allgemeinen Gerichtsstande klagen, die in Deutschland wohnende Frau dagegen in dem Gerichtsstand ihres Wohnsitzes verklagt werden kann. Weitere Abweichungen können sich aus Art. 5 Nr. 2 Satz 3 und Art. 8 des Abkommens ergeben. Die Vorschriften des Art. 6 über die Zuständigkeit für die in betreff der Aufhebung der ehelichen Lebensgemeinschaft vorgesehenen Maßnahmen finden nach deutschem Rechte auf Maßnahmen im Sinne der ZPO. §§ 627, 942 Anwendung. Die Bestimmungen des Art. 7 über die Verpflichtung zur Anerkennung einer von den Behörden der Vertragsstaaten ausgesprochenen Scheidung oder Trennung lassen die Erfordernisse der ZPO. § 328 im wesentlichen bestehen. Die Anerkennung einer Scheidung deutscher Ehegatten durch Verwaltungsbehörden bleibt nach dem Schlußsatze des Art. 7 Abs. 2 ausgeschlossen.

Artikel 18.

Die eheliche Abstammung eines Kindes wird nach den deutschen Gesetzen beurteilt, wenn der Ehemann der Mutter zur Zeit der

Geburt des Kindes Deutscher ist oder, falls er vor der Geburt des Kindes gestorben ist, zuletzt Deutscher war.

Vorentw. A u. B § 21; E. I § 13; E. IIa: BGB. § 2252; E. IIb: BGB. § 2378; E. III Art. 17. Prot. VI S. 62, 227 f.

Literatur: v. Savigny 8 S. 338 ff.; Stobbe-Lehmann 1[3] S. 279; v. Bar 1 S. 533 ff., Lehrbuch 85 ff.; Böhm S. 56 ff.; Gierke 1 S. 240; Niemeyer S. 155 ff.; Barazetti S. 84 ff.; Mariolle, Das Rechtsverhältnis zwischen den Eltern und den ehelichen Kindern nach den privatinternationalrechtl. Bestimmungen des EG. z. BGB., SeuffBl. 63 (1898) S. 309 f.

I. **Der Art. 18 gibt die Kollisionsnorm für die Frage, nach welchen Gesetzen sich die Ehelichkeit eines Kindes bestimmt.** Die Kollisionsnorm ist nur einseitig, sie regelt den Fall nur unter der Voraussetzung, daß eine bestimmte Inlandsbeziehung vorliegt; sie ist aber unbedenklich zu der vollkommenen Kollisionsnorm zu erweitern, die die Entwürfe II (IIa § 2252, IIb § 2378) enthielt, wonach sie lauten würde:

> Die eheliche Abstammung eines Kindes wird nach den Gesetzen des Staates beurteilt, dem der Ehemann der Mutter zur Zeit der Geburt des Kindes angehört oder, wenn er vor der Geburt des Kindes gestorben ist, zuletzt angehört hat,

unvorgreiflich der Rück- oder Weiterverweisung seitens der auf diese Weise berufenen Heimatstaatsgesetze auf ein anderes Statut, wie die lex domicilii (übereinst. Neumann und, abgesehen von der Zulassung der Weiterverweisung, Niemeyer, Barazetti, Planck).

II. **Der Ausdruck: eheliche Abstammung,** schließt sich an die Überschrift des Buches 4 Abschn. 2 Titel 2 des BGB. an und begreift, dem Inhalte dieses Titels entsprechend, die Voraussetzungen, unter denen ein Kind als ehelich geboren zu gelten hat, sowie diejenigen, unter denen, trotzdem jene vorliegen, die Annahme der Ehelichkeit beseitigt werden kann.

Maßgebend für diese Frage soll die Staatsangehörigkeit des Ehemanns der Mutter sein. Dies setzt voraus, daß die Mutter einen Ehemann hat oder gehabt hat, also verheiratet ist oder gewesen ist. Ob das Verhältnis, in dem die Mutter zu einem Manne gestanden hat, eine Ehe ist, muß sich zunächst nach dem Statute des Art. 13 bestimmen, also möglicherweise nicht bloß nach dem Personalstatute der Eheleute, sondern auch (z. B. Art. 13 Abs. 3) nach der lex loci actus. Ist eine Ehe vorhanden, die Ehe aber nichtig, so entscheidet dagegen das Statut des Art. 18 (Niemeyer S. 156). Entscheidend ist diejenige Staatsangehörigkeit, die zur Zeit der Geburt des Kindes der Ehemann der Mutter hat, nicht die Staatsangehörigkeit dessen, der zur Zeit der Geburt des Kindes der Ehemann der Mutter ist. Hat die Mutter sich so kurz nach Auflösung der einen Ehe wiederverheiratet, daß ein in der letzteren geborenes Kind möglicherweise der früheren Ehe entstammen kann, so entscheidet über die Frage, welcher der beiden Ehen das Kind zuzuweisen ist, falls einer der beiden Ehemänner Deutscher ist, der § 1600 BGB. Sind beide Ehemänner Ausländer und weichen ihre Heimatgesetze in ihren einschlägigen Vorschriften voneinander ab, so wird der deutsche Richter, falls nicht die Reife des

Kindes und die Umstände des Falles eine andere Auffassung rechtfertigen, ebenfalls den § 1600 anwenden dürfen.

Der Art. 18 hat nur die Fälle im Auge, wo die Mutter zur Zeit der Geburt des Kindes einen Ehemann hat oder wo der Ehemann vor der Geburt des Kindes verstorben ist, nicht den Fall, wo die Ehe vor der Geburt des Kindes auf andere Weise als durch den Tod des Mannes, also besonders durch Scheidung, gelöst worden ist. In diesem Falle kann nicht die Staatsangehörigkeit des früheren Ehemanns zur Zeit der Geburt, sondern muß diejenige zur Zeit der Auflösung der Ehe entscheiden.

Der Art. 18 schreibt nicht (wie die Art. 14 Abs. 2, Art. 17 Abs. 3) die Anwendung der deutschen Gesetze auch dann vor, wenn zur Zeit der Geburt des Kindes der Ehemann der Mutter seine frühere Reichsangehörigkeit verloren und eine andere Staatsangehörigkeit erworben hat, dagegen die Mutter Deutsche geblieben ist. Man muß deshalb auch in diesem Falle die Gesetze des nunmehrigen Heimatstaats des Ehemanns als maßgebend ansehen.

Hat der Ehemann der Mutter in den maßgebenden Zeitpunkten überhaupt keine Staatsangehörigkeit, so entscheiden die Grundsätze des Art. 29. Hat er eine mehrfache Staatsangehörigkeit und darunter die deutsche, so gehen die deutschen Gesetze vor; andernfalls wird der deutsche Richter dasjenige Gesetz anzuwenden haben, das dem deutschen am nächsten kommt.

III. **Die deutschen Gesetze, die unter den im Art. 18 aufgestellten Voraussetzungen anwendbar sind**, sind in den §§ 1591—1600 BGB. enthalten. Sie erhalten ihre prozessuale Ergänzung in der ZPO. §§ 640—643. Durch § 642 ist auch für den Fall, daß es sich um Deutsche handelt und der Beklagte im Inlande keinen allgemeinen Gerichtsstand hat, ein besonderer inländischer Gerichtsstand für die Filiationsklage geschaffen, der allerdings nicht alle Fälle deckt, wo nach Art. 18 deutsches Recht zur Anwendung kommt (Niedner Anm. 5, Niemeyer S. 156).

Das deutsche Recht kennt, solange der Ehemann der Mutter und das Kind leben, eine Anfechtung der Ehelichkeit nur durch den ersteren. Das Kind selbst oder die Mutter oder Dritte können, solange der Ehemann lebt, oder wenn er nach Erlöschen seines Anfechtungsrechts gestorben ist, die Ehelichkeit nicht anfechten. Nach ausländischem Rechte kann dies anders sein, also auch dem Kinde oder der Mutter oder jedem Dritten die Befugnis zur Anfechtung der Ehelichkeit gegeben sein. Eine Klage dieser Art ist deshalb, wenn z. B. der Beklagte in Deutschland wohnt, auch in Deutschland möglich. Die ZPO. hat nun im § 641 nur das deutsche Recht (die Anfechtung der Ehelichkeit durch den Ehemann der Mutter) vor Augen. Doch muß man die Vorschriften dieses Paragraphen auch für solche Klagen gelten lassen, bei denen ausländisches Recht anzuwenden ist, mindestens dann, wenn nach diesem Rechte das zwischen den Prozeßparteien ergehende Urteil den Familienstand des Kindes nach allen Richtungen hin festlegt, also für und gegen alle wirkt. Dagegen ist bei einem Streite über die Ehelichkeit zwischen dem Vater oder dem Kinde und Dritten, der nach dem maßgebenden ausländischen Rechte diese allgemeine Wirkung nicht hat, auch der § 641 nicht anwendbar, ebensowenig wie bei einem gleichartigen Rechtsstreite nach deutschem Rechte, wenn nämlich die Unehelichkeit eines Kindes von andern als dem Ehemanne der Mutter geltend gemacht wird, weil der Ehemann vor Erlöschen seines Anfechtungsrechts gestorben ist.

Neben der Anfechtungsklage kommt bei der Anfechtung nach dem Tode des Kindes die Erklärung gegenüber dem Nachlaßgericht (§ 1597) in Betracht. Die Zuständigkeit des Gerichts ist durch § 73 FGG. geregelt. Der Abs. 2 des § 73 kommt für die Anfechtung auch dann zur Anwendung, wenn das Kind nur als eheliches die Reichsangehörigkeit besitzt, während es als uneheliches einem andern Staate angehörte.

Streitig ist, ob die Anfechtung der Ehelichkeit oder der Anerkennung der Ehelichkeit, für die nach Art. 18 die deutschen Gesetze maßgebend sind, nach dem Tode des Kindes auch im Auslande nur durch Erklärung gegenüber dem Nachlaßgericht erfolgen kann (Planck Anm. 4) oder gemäß Art. 11 Abs. 1 Satz 2 auch in der durch die lex loci actus vorgeschriebenen Form (Niedner Anm. 4). Es ist zuzugeben, daß die erstere Ansicht zu Härten führen kann, doch verdient sie den Vorzug (siehe zu Art. 11 Anm. II 3, S. 88). Jedoch bedarf es nicht der Erklärung gegenüber dem deutschen Nachlaßgerichte, sondern es genügt die Abgabe der Erklärung an die nach den ausländischen Vorschriften für das Kind zuständige Nachlaßbehörde (vgl. zu Art. 24).

IV. **Prozeßrechtlich** greifen die §§ 640—642 und 328 ZPO. ein. Der § 640 gilt auch für Klagen, in denen es sich um Feststellung des Bestehens oder Nichtbestehens eines Eltern- oder Kindesverhältnisses unter Ausländern handelt, wobei dann die Sachnormen nach den unter II entwickelten Grundsätzen zu finden sind. Der § 641 hat nur die Anfechtung der Ehelichkeit eines Kindes oder der Anerkennung der Ehelichkeit im Wege der Anfechtungsklage von seiten des Ehemanns zum Gegenstande, setzt also die Anwendbarkeit der deutschen Sachnormen der §§ 1596, 1599 voraus, doch wird er entsprechend auch bei Anfechtungsklagen von ausländischen Ehemännern anzuwenden sein. Der § 642 schafft gegen Deutsche oder frühere Deutsche für solche Rechtsstreitigkeiten einen Gerichtsstand im Inland, auch wenn sonst ein solcher nicht begründet ist, doch ist dieser Gerichtsstand nicht ausschließlich. Hat also der beklagte Deutsche seinen allgemeinen Gerichtsstand im Auslande, so kann auch dort gegen ihn geklagt werden und der § 328 Nr 1 hindert alsdann nicht die Anerkennung des ausländischen Urteils. Dagegen ist zur Wahrung der Grundsätze des Art. 18 gegenüber ausländischen Urteilen der § 328 Nr. 3 ZPO. bestimmt. Er soll eine Benachteiligung der deutschen Partei, die durch Abweichung von den Grundsätzen des Art. 18 herbeigeführt ist, vermeiden, kommt aber auch einem Kinde zugute, dessen Reichsangehörigkeit gerade dadurch beseitigt ist, daß in dem ausländischen Urteile von den Grundsätzen des Art. 18 abgewichen ist.

V. **Zeitlich** gilt der Art. 18 nur für Kinder, die nach dem Inkrafttreten des BGB. geboren sind. Für früher geborene Kinder gelten, wie sich mittelbar aus Art. 203 ergibt, auch die früheren Kollisionsnormen über eheliche Abstammung.

Artikel 19.

Das Rechtsverhältnis zwischen den Eltern und einem ehelichen Kinde wird nach den deutschen Gesetzen beurteilt, wenn der Vater und, falls der Vater gestorben ist, die Mutter die Reichsangehörigkeit besitzt. Das gleiche gilt, wenn die Reichsangehörigkeit des Vaters

oder der Mutter erloschen, die Reichsangehörigkeit des Kindes aber bestehen geblieben ist.

Vorentw. A u. B § 28; E. I § 15; E. IIa BGB. § 2255; E. IIb BGB. § 2379; E. III Art. 18. Prot. VI S. 62.

Litteratur: siehe S. 148 bei Art. 18.

I. **Der Artikel gibt die Kollisionsnorm für die Frage, nach welchen Gesetzen das Rechtsverhältnis zwischen den Eltern und einem ehelichen Kinde zu beurteilen ist.** Er setzt also die eheliche Abstammung des Kindes voraus, für deren Feststellung zuvor das aus Art. 18 sich ergebende Statut maßgebend ist. (Über die Frage, inwieweit die Vorschrift des Art. auch bei legitimierten und adoptierten Kindern anwendbar ist, vgl. Art. 22).

Die Kollisionsnorm ist nur unvollkommen, sie ordnet nur beim Vorhandensein gewisser Inlandsbeziehungen die Anwendung der deutschen Gesetze an und schweigt darüber, welches Gesetz beim Fehlen dieser Inlandsbeziehungen maßgebend sein soll. Indessen herrscht Einverständnis darüber, daß in solchen Fällen das im Satz 1 ausgesprochene Prinzip anzuwenden ist, wonach das Gesetz des Staates entscheidet, dem der Vater, und nach dessen Tode das Gesetz des Staates, dem die Mutter angehört.

II. **Die Beurteilung des Rechtsverhältnisses zwischen Eltern und Kind soll** zunächst **nach deutschen Gesetzen erfolgen,** wenn der Vater die Reichsangehörigkeit besitzt. Das Rechtsverhältnis unterliegt danach nicht dauernd einem und demselben Statute, sondern es kann mit dem jeweiligen Statute des Vaters wechseln. Für die Beurteilung entscheidet jedoch nicht allein, wie man nach dem Wortlaut annehmen könnte, die Staatsangehörigkeit zur Zeit der Beurteilung, sondern daneben auch, wenn es sich um die Beurteilung des Rechtsverhältnisses in der Vergangenheit handelt, die Staatsangehörigkeit in demjenigen Zeitpunkte, für den das Rechtsverhältnis beurteilt werden soll, so z. B. bei Beurteilung der Frage, ob ein bestimmter Erwerb des Kindes in der Vergangenheit (etwa Nutzungen seines Vermögens) in das Eigentum des Kindes oder kraft elterlicher Nutznießung in das Eigentum der Eltern gefallen sind (vgl. S. 119 Anm. III 1 zu Art. 14). Der Art. 19 läßt schlechthin die Reichsangehörigkeit des Vaters entscheiden, ohne Rücksicht darauf, ob er die elterliche Gewalt über das Kind besitzt oder ob er sie verwirkt hat, ob ihm die Sorge für die Person des Kindes zusteht, ja auch dann, wenn er überhaupt in keinem Gewaltverhältnisse zu dem Kinde mehr steht. Der Art. 19 findet also auch im Verhältnisse zwischen den Eltern und dem volljährigen Kinde Anwendung, sobald der Vater die Reichsangehörigkeit erwirbt, und auch dann, wenn das Kind diese Reichsangehörigkeit nicht teilt. Der Artikel macht endlich die Anwendung der deutschen Gesetze bei Reichsangehörigkeit des Vaters nicht davon abhängig, ob die Ehe zwischen den Eltern noch besteht oder geschieden ist, und ob letzterenfalls dem Vater oder der Mutter die Sorge für das Kind zusteht. (Das Weitere unter III 3).

Nach dem Tode des Vaters kommt es auf die Reichsangehörigkeit der Mutter an, gleichviel ob sie diese schon bei Lebzeiten des Mannes besessen hat oder erst nach seinem Tode erwirbt. Auch hierbei ist es unerheblich, ob die Mutter nach ihrem bisherigen Heimatrecht irgend eine Gewalt über die Kinder besaß.

An Stelle des Personalstatuts der Eltern wird dagegen das des Kindes maßgebend, wenn die Reichsangehörigkeit des Vaters oder der Mutter erloschen, dagegen die des Kindes bestehen geblieben ist. Ein besonders häufiger Fall dieser Art wird sein, daß die bisherige deutsche Mutter durch Wiederverheiratung mit einem Ausländer die Reichsangehörigkeit verliert. Die Anwendung der deutschen Gesetze ist in diesem Falle unabhängig davon, ob die deutschen Gesetze dem Kinde günstiger sind als das neue Heimatgesetz des Vaters oder der Mutter. Nicht anwendbar sind aber auch nach Satz 2 die deutschen Gesetze, wenn nur das bisher ausländische Kind die Reichsangehörigkeit erwirbt, dagegen die Eltern Ausländer bleiben. Auch dem Satz 2 liegt also nicht eine einseitige Bevorzugung der deutschen Gesetze, sondern der tiefere Gedanke zugrunde, daß ein Wechsel der Staatsangehörigkeit bei den Eltern, an dem das Kind nicht teilnimmt, die Anwendbarkeit des bisherigen Personalstatuts auf das Verhältnis zwischen Eltern und Kind nicht beseitigen darf, daß es unter solchen Umständen bei dem alten Rechte bleiben muß, ohne daß es darum dem Kinde günstiger zu sein braucht. Danach enthält in Wahrheit nicht sowohl der Satz 2 eine Ausnahmevorschrift, vielmehr steckt eine solche im Satz 1, indem dieser die Anwendung der deutschen Gesetze auch dann vorschreibt, wenn nur der Vater oder die Mutter, nicht auch das Kind die Reichsangehörigkeit erwirbt; eine Abweichung von dem allgemeinen Grundsatze zugunsten des deutschen Rechtes, die vom deutschen Standpunkt aus ohne weiteres gerechtfertigt ist.

III. **Das Rechtsverhältnis zwischen Eltern und Kind** begreift, wenn es sich nach deutschen Gesetzen bestimmt, jedenfalls die in den §§ 1616—1698 BGB. geordneten Beziehungen (wegen der §§ 1635, 1636 siehe unter III 3). Auch wo sonst Rechtsfolgen aus diesem Verhältnis abgeleitet sind, wie in den §§ 11, 204, 1305—1308, 1747, sind diese Vorschriften auf Grund des Statuts des Art. 19 anwendbar, wobei jedoch nicht ausgeschlossen ist, daß einzelne davon (so z. B. §§ 11 und 204) auch dann anzuwenden sind, wenn das Rechtsverhältnis zwischen Eltern und Kind sich nach ausländischem Rechte bestimmt.

Die Unterhaltspflicht regelt das BGB. zwar nicht in dem Abschnitt über die rechtliche Stellung der ehelichen Kinder, sondern in einem diesem vorangehenden Abschnitte, weil diese Pflicht nicht auf Eltern und Kinder beschränkt ist, sondern allgemein zwischen Verwandten in gerader Linie gilt. Darin liegt indes kein Grund, die Unterhaltspflicht von dem Statute des Art. 19 auszunehmen, da auch die Aussteuerpflicht zwischen Eltern und Tochter, die sich als eine besonders geartete Unterhaltspflicht darstellt, darunter fällt (übereinst. Planck Anm. 4, Barazetti S. 86, Neumann Anm. 1c; a. A. Niedner für die Unterhaltspflicht des Kindes, die sich nach dessen Personalstatute bestimmen soll). Übrigens wird der deutsche Richter auch bei ausländischer Staatsangehörigkeit von Eltern und Kind ein ausländisches Gesetz, das den unterhaltsbedürftigen Eltern den Unterhaltsanspruch gegen das unterhaltsfähige Kind vorenthält, nach Art. 30 nicht anwenden dürfen und die Anerkennung eines demgemäß im Ausland ergangenen Urteils nach § 328 Nr. 4 ZPO. ablehnen müssen.

Im einzelnen ist noch folgendes zu bemerken:

1. Erwirbt der Vater oder nach seinem Tode die Mutter die Reichsangehörigkeit, so tritt bei minderjährigen Kindern vor allem die elterliche Gewalt des Vaters oder der Mutter mit allen nach dem BGB. darin vereinigten Befug-

nissen und Pflichten ein, namentlich für die Mutter auch dann, wenn das bisherige Heimatrecht eine solche Gewalt für sie nicht kannte. Die damit eintretenden vermögensrechtlichen Befugnisse erstrecken sich sofort auf das gesamte, noch von früher her vorhandene Vermögen des Kindes, wobei selbst die Unterscheidung zwischen freiem und nichtfreiem Vermögen nicht nach Maßgabe des bisherigen sondern des deutschen Rechtes durchzuführen ist. Doch bleiben natürlich solche Erträgnisse des Kindesvermögens, die schon unter dem bisherigen Rechte gewonnen und nach ihm in das Eigentum des Kindes gefallen sind, während sie nach deutschem Rechte dem elterlichen Gewalthaber zugekommen wären, im Eigentume des Kindes. — Überhaupt hat die eintretende Geltung des deutschen Rechtes nicht in dem Sinne rückwirkende Kraft, daß sie auch Ereignissen, die noch unter dem bisherigen Rechte eingetreten sind, und bereits abgeschlossenen Rechtsgestaltungen ihre Wirksamkeit entzöge. So behält ein Kind, das auf Grund des bisherigen Heimatsrechts der Eltern als Familiennamen den verbundenen Familiennamen von Vater und Mutter erhalten hat, diesen, ein Kind, das nach ausländischem Rechte bereits durch Erreichung des dort bestimmten geringeren Alters, durch Verheiratung u. dgl. volljährig geworden war, seine Volljährigkeit (Art. 7 Abs. 2) und, da das deutsche Recht keine elterliche Gewalt über Volljährige kennt, tritt sie auch für ein solches Kind nicht wieder ein. Eine unter dem bisherigen Rechte bewirkte Emanzipation des minderjährigen Hauskindes behält ihre Wirksamkeit wenigstens, soweit sie die Nutznießung des elterlichen Gewalthabers am Kindesvermögen ausschließt. Auch die Grundsätze der Art. 204, 205, die an und für sich nur Übergangsbestimmungen vom früheren zum neuen deutschen Rechte geben, sind bei einer Verschiebung der elternrechtlichen Befugnisse, die auf internationalrechtlichem Gebiete durch einen Wechsel der Staatsangehörigkeit eintritt, entsprechend anzuwenden. Denn die Unterwerfung des Verhältnisses als Ganzes unter das deutsche Recht kann nicht dazu führen, rechtsgeschäftliche Veränderungen oder Anordnungen der bisher für das Verhältnis zuständigen ausländischen Behörden, die nach bisherigem Rechte gültig getroffen sind, ohne weiteres ihrer Wirksamkeit zu berauben. Nur solche Veränderungen, die nach deutschem Rechte überhaupt unzulässig und mit dem sittlichen Wesen des Verhältnisses nach unserer Auffassung unvereinbar sind, können, sobald das Verhältnis unter das deutsche Recht tritt, nicht mehr anerkannt werden, indessen werden dies regelmäßig solche Gestaltungen sein, die selbst, solange das Verhältnis noch dem ausländischen Rechte unterstand, nach Art. 30 im Inlande nicht anzuerkennen waren. Noch weniger hat die Unterwerfung unter das deutsche Recht rückwirkende Kraft für Tatbestände, die bereits in der Vergangenheit abgeschlossen sind. Hat sich z. B. vor dem Erwerbe der Reichsangehörigkeit seitens des Vaters eine Tochter verheiratet, so kann sie nicht nachträglich unter Berufung auf § 1620 BGB. eine Aussteuer fordern.

2. Scheidet bei Fortdauer der Reichsangehörigkeit der Eltern das Kind aus dieser aus und erwirbt eine ausländische Staatsangehörigkeit, so hat dies nach Art. 19 an sich keinen Einfluß auf sein Verhältnis zu den Eltern. Hat jedoch der Vater oder die Mutter die Einwilligung zu einer solchen Veränderung (besonders zur Verheiratung der Tochter) gegeben, die zur Folge hat, daß sich nunmehr die Rechtsstellung des Kindes nach einem ausländischen Statute bestimmt (z. B. in betreff seiner Volljährigkeit, Übergang der gesetzlichen Vertretung oder der Verwaltung und Nutznießung am Kindesvermögen

auf den Ehemann), so muß der Vater die damit für ihn verbundene Schmälerung seiner Befugnisse auch dann gegen sich gelten lassen, wenn etwa das Statut des Art. 19 (also regelmäßig sein eigenes Personalstatut) diese Folgen nicht kennt. Ist dagegen ein derartiges Ereignis von dem Kinde ohne oder gegen den Willen des Vaters herbeigeführt worden, so wird ihm auch Einfluß auf die Befugnisse des Vaters nur insoweit einzuräumen sein, als diese auch nach deutschem Rechte (vgl. §§ 1633, 1661) dadurch beeinflußt werden (siehe dazu Planck Anm. 5; Niedner S. 57; Niemeyer S. 157).

3. Wie unter II erwähnt ist, gilt auch im **Verhältnisse zu Kindern aus geschiedenen Ehen** das deutsche Recht, sobald nur der Vater die Reichsangehörigkeit besitzt, einerlei, ob dem Vater oder der Mutter die Sorge für die Kinder zusteht. Denn der Art. 19 macht keine Ausnahme für diesen Fall und der § 1635 Abs. 2 BGB. zeigt, indem er dem Vater die gesetzliche Vertretung auch derjenigen Kinder beläßt, für welche die Sorge der Mutter zusteht, das fortdauernde Übergewicht des Vaters für die Gestaltung der Rechtsverhältnisse des Kindes. Selbst wenn also der Vater erst nach der Scheidung der Ehe die Reichsangehörigkeit erwirbt, bewirkt er damit, daß das Rechtsverhältnis zu den Kindern den deutschen Gesetzen unterworfen wird. Allerdings wird man in diesem Falle die Geltung der deutschen Gesetze auf das Verhältnis zwischen Vater und Kind beschränken müssen. Denn im Verhältnisse zwischen dem ausländisch gebliebenen Kinde und der ebenfalls ausländisch gebliebenen Mutter des letzteren, entgegen ihrem gemeinsamen Heimatgesetze, z. B. die Aussteuerpflicht nach § 1620 Abs. 1 Satz 2 aufzubürden, wenn der Vater zur Gewährung der Aussteuer außerstande ist, geht nicht wohl an.

Auch die Vorschriften des § 1684 Nr. 2 und § 1685 Abs. 2 sind in einem solchen Falle nur anwendbar, wenn der Mutter auch nach ihrem ausländischen Heimatrechte die elterliche Gewalt über die Kinder und die Nutznießung an deren Vermögen zukommt. Denn jene Vorschriften setzen voraus, daß der Mutter kraft eigenen Rechtes die elterliche Gewalt zukommt, sobald die elterliche Gewalt des Vaters wegfällt, und sie antizipieren nur unter den besonderen Umständen, die sie voraussetzen, den Eintritt der elterlichen Gewalt der Mutter, die sonst erst beim Tode des Mannes eintreten würde. Sie sind deshalb nicht anwendbar, wenn der Mutter auch nach dem Tode des Mannes die elterliche Gewalt nicht zukäme, weil alsdann ihr nach Art. 19 maßgebendes Heimatrecht maßgebend wird, das sie nicht kennt.

Aus der Anwendung des deutschen Rechtes auf das Rechtsverhältnis zwischen den Eltern und den Kindern aus einer geschiedenen Ehe folgt indessen noch nicht auch die Geltung der in den §§ 1635, 1636 aufgestellten Vorschriften, wenn die Scheidung auf Grund eines anderen als des deutschen Statuts erfolgt ist. Wie schon zu Art. 17 Anm. IX 3 bemerkt ist, ist bei den Beziehungen der geschiedenen Ehegatten zu den gemeinschaftlichen Kindern zu unterscheiden zwischen den Rechten der geschiedenen Ehegatten gegeneinander, deren Gegenstand die Kinder bilden, und den Rechten der Eltern gegen die Kinder, wobei die letzteren wieder in rein elternrechtliche und in mehr vormundschaftsrechtliche zerfallen. Die ersteren bestimmen sich nach dem Scheidungsstatute, die elternrechtlichen nach dem Statute des Art. 19 die vormundschaftsrechtlichen nach der für die Vormundschaftsbehörde maßgebenden lex fori.

In den §§ 1635, 1636 sind diese drei verschiedenartigen Vorschriften miteinander verschmolzen.

Das Recht der geschiedenen Ehegatten gegeneinander ordnet der § 1635 Abs. 1 Satz 1, er verteilt die Sorge für die Person der Kinder je nach der Schuldfrage, setzt also ein Scheidungsurteil auf Grund des § 1574 voraus, in dem die Schuldfrage von Amts wegen geordnet ist. Ist das Scheidungsurteil auf Grund eines ausländischen Gesetzes ergangen, das abweichende Bestimmungen enthält, so ist dieses und nicht § 1635 Abs. 1 Satz 1 maßgebend, auch wenn demnächst der Vater die Reichsangehörigkeit erwirbt. Das ergibt sich schon daraus, daß das ausländische Scheidungsurteil auf Grund ganz anderer Scheidungsgründe ergangen sein kann. Dagegen haben die §§ 1635 Abs. 2 und 1636 Satz 1 einen elternrechtlichen Charakter, sie treten also, auch entgegen einem abweichenden Rechte des Scheidungsstatuts, ein, sobald der Vater die Reichsangehörigkeit erwirbt. Der § 1635 Abs. 1 Satz 2 endlich, der dem Vormundschaftsgerichte die Befugnis beilegt, eine von den durch die Scheidung begründeten Befugnissen der Eltern abweichende Anordnung zu treffen, wenn eine solche aus besonderen Gründen im Interesse des Kindes geboten ist, ist vormundschaftsrechtlicher Natur; eine solche Anordnung kann deshalb von einem deutschen Gerichte getroffen werden, mag auch das Scheidungsurteil auf Grund ausländischer Gesetze ergangen und auch für das Rechtsverhältnis im übrigen kraft des Art. 19 nicht das deutsche Gesetz maßgebend sein. Überhaupt hat der deutsche Richter davon auszugehen, daß die durch das Scheidungsstatut geschaffenen Rechte der Eltern gegeneinander zurückzutreten haben, wenn sie nicht vereinbar sind mit den Interessen der Kinder. (Im Ergebnis übereinstimmend Niedner S. 54, 58, Niemeyer S. 157; a. A. Planck S. 77 Anm. 4 z. Art. 19, der auch den § 1635 Abs. 1 Satz 1 gegenüber dem abweichenden Rechte des Scheidungsstatuts für maßgebend ansieht.)

IV. **Die unter III entwickelten Grundsätze sind auch anzuwenden**, wenn infolge der ausländischen Staatsangehörigkeit des Vaters oder der Mutter ausländisches Recht für das Rechtsverhältnis maßgebend ist. Über die Frage, ob bei einseitigem Übertritte der Eltern von einer ausländischen Staatsangehörigkeit zu einer andern der Art. 19 Satz 2 analog anzuwenden ist, vgl. unter II.

Erwirbt nur das Kind die Reichsangehörigkeit oder die Angehörigkeit in einem andern ausländischen Staate, z. B. durch Verheiratung, während die Eltern in ihrer bisherigen Staatsangehörigkeit bleiben, so ist der Einfluß, den dieses Ereignis auf die Befugnisse der Eltern ausübt (Untergang der elterlichen Gewalt, der Nutznießung am Kindesvermögen) nach den Grundsätzen unter III 2 zu beurteilen (übereinstimmend in dem von ihm gewählten Beispiele Niemeyer S. 156).

V. **Die Grundsätze des Art. 19 werden eingeschränkt** durch die Vorschrift des **Art.** 28, wonach Gegenstände, die sich im Gebiet eines anderen Staates befinden und nach dessen Gesetzen besonderen abweichenden Vorschriften unterliegen, von der Geltung der Vorschriften des Art. 19 ausgenommen werden. Erwirbt z. B. ein unter der elterlichen Gewalt der Mutter nach BGB. stehendes Kind eine Erbschaft in einem ausländischen Staate (z. B. in Nordamerika), dessen Gesetz die Vertretung des Hauskindes durch die Mutter nicht anerkennt und deshalb eine besondere Vertretung durch einen behördlich bestellten Vormund verlangt, so gelten in bezug auf jene Erbschaft die §§ 1686, 1630 BGB. nicht.

Da der Art. 19 nur den Geltungsbereich der deutschen Gesetze ordnet, nicht auch die Anwendung eines ausländischen Gesetzes verfügt, so wird er im Art. 27 nicht erwähnt. Doch gilt der **Grundsatz der Rückverweisung** (und der Weiterverweisung) auch gegenüber der aus Art. 19 sich ergebenden Folgerung, daß bei ausländischer Staatsangehörigkeit des Vaters oder der Mutter ihr Heimatgesetz für das Rechtsverhältnis zu den Kindern maßgebend ist. Verweist also das Gesetz des Heimatstaats auf die Gesetze des Wohnsitzes, so sind die letzteren anzuwenden.

Ebenso wird die Anwendung ausländischen Rechtes durch Art. 30 eingeschränkt.

VI. **Die prozessuale Ordnung** für Rechtsstreitigkeiten, die die Feststellung des Bestehens oder Nichtbestehens eines Eltern- und Kindesverhältnisses zwischen den Parteien oder die Feststellung des Bestehens oder Nichtbestehens der elterlichen Gewalt der einen Partei über die andere zum Gegenstande haben, enthalten die §§ 640, 642—644 ZPO. Sie gelten auch bei Streitigkeiten von Ausländern, deren Heimatgesetz zwar nicht die elterliche Gewalt, aber ein ihr analoges Verhältnis kennt.

Der § 642 schafft einen Gerichtsstand in Deutschland auch für die Klagen solcher Reichsangehöriger, die keinen allgemeinen Gerichtsstand im Inlande haben. Doch können Rechtsstreitigkeiten dieser Art zwischen Deutschen auch im Auslande geführt werden, und die Anerkennung eines ausländischen Urteils durch den deutschen Richter ist in diesem Falle nur unter den Voraussetzungen des § 328 Nr. 1, 2 und 4 zu versagen, nicht auch dann, wenn das Urteil zum Nachteil einer deutschen Partei von den Vorschriften des Art. 19 abgewichen ist, da die Nr. 3 des § 328 den Art. 19 nicht mitaufzählt. Eine solche Abweichung von den Grundsätzen des Art. 19 kann auch nicht ohne weiteres als ein Verstoß gegen die guten Sitten oder gegen den Zweck eines deutschen Gesetzes gelten (so z. B., wenn der Mutter auf Grund des ausländischen Rechtes die während der Minderjährigkeit des Kindes aus dessen Vermögen gezogenen Erträgnisse aberkannt oder ihr umgekehrt trotz Wiederverheiratung zugesprochen sind).

VII. **In zeitlicher Hinsicht** gilt der Art. 19 seit dem Inkrafttreten des BGB. für die Rechtsbeziehungen zwischen Eltern und Kindern, mögen sie zu dieser Zeit im Inland oder im Auslande leben, und auch für dasjenige Vermögen, das die Kinder schon vorher erworben haben (Art. 203). Keineswegs wird aber damit die Geltung der neuen Kollisionsnorm des Art. 19 auch auf solche Tatbestände ausgedehnt, die bereits vor 1900 abgeschlossen sind. Wohnte der Vater vor 1900 im Ausland und entschied nach bisherigen Kollisionsnormen — wie nach gemeinem oder preußischem Rechte — die lex domicilii des Vaters über das Rechtsverhältnis zu den Kindern, so ist auch jetzt noch das Rechtsverhältnis, soweit es vor 1900 liegt, nach der lex domicilii zu beurteilen, so z. B. die Aussteuerpflicht bei einer vor 1900 erfolgten Verheiratung oder die Zuweisung von Erträgnissen des Kindesvermögens aus jener Zeit, wenn sie damals nach der lex domicilii in das Eigentum des Kindes fielen, während sie nach dem damaligen Heimatrechte dem elterlichen Gewalthaber zufielen.

VIII. Die Grundsätze des Art. 19 greifen nicht Platz bei **Rechtsgebieten, die der Landesgesetzgebung vorbehalten sind**, z. B. nicht bei den Familienverhältnissen des hohen Adels und im Lehen- und Fideikommißrechte. Die negative Filiationsklage der Lehens- und Fideikommißanwärter ist deshalb nach Maßgabe der lex rei sitae auch dann zulässig, wenn das Gesetz des Staates, dem Vater und Kind angehören, sie nicht kennt, sondern wie das BGB. nur die Anfechtung der Ehelichkeit durch den Vater zuläßt. Besonders gilt der Art. 19 nicht im Bereiche des Art. 134 (religiöse Erziehung der Kinder).

Artikel 20.

Das Rechtsverhältnis zwischen einem unehelichen Kinde und dessen Mutter wird nach den deutschen Gesetzen beurteilt, wenn die Mutter eine Deutsche ist. Das gleiche gilt, wenn die Reichsangehörigkeit der Mutter erloschen, die Reichsangehörigkeit des Kindes aber bestehen geblieben ist.

Vorentw. B § 25 Abs. 1; E. I § 17 Abs. 1; E. IIa BGB. § 2256; E. IIb BGB. § 2380; E. III Art. 19. Prot. VI S. 68.

Literatur: v. Roth 1 § 51 Anm. 81; Stobbe-Lehmann 1³ S. 280; Gierke 1 S. 241; v. Bar 1 S. 556ff., Lehrbuch S. 85ff.; Böhm S. 63ff.; Niemeyer S. 160ff.; Barazetti S. 84f.; Mariolle, Rechtsverhältnisse zwischen einem unehelichen Kinde, seiner Mutter und seinem Erzeuger nach den privatinternationalrechtlichen Bestimmungen des EG. z. BGB., SeuffBl. 63 S. 477ff.

I. Während die Entwürfe eine allgemeine Kollisionsnorm dahin geben, daß das Rechtsverhältnis zwischen einem unehelichen Kinde und seiner Mutter nach den Gesetzen des Staates beurteilt werden solle, dem die Mutter angehört, und hiervon nur eine dem jetzigen Satz 2 dieses Artikels entsprechende Ausnahme zugunsten der Anwendung der deutschen Gesetze bei Fortdauer der Reichsangehörigkeit des Kindes bestimmen, ist durch den Bundesrat **die jetzige einseitige Kollisionsnorm** eingestellt worden, die angibt, unter welchen Voraussetzungen das Rechtsverhältnis nach den deutschen Gesetzen zu beurteilen ist. Doch herrscht Einstimmigkeit darüber, daß aus dem Art. 20 der Grundsatz zu entnehmen ist, daß für die Beurteilung des Rechtsverhältnisses zwischen einem unehelichen Kinde und seiner Mutter die Gesetze des Staates maßgebend sind, dem die Mutter angehört. Zweifelhaft ist, ob auch der Satz 2 einer Ausdehnung dahin fähig ist, daß die Staatsangehörigkeit des Kindes dann maßgebend wird, wenn die Mutter diese ihr bisher mit dem Kinde gemeinsame Staatsangehörigkeit verloren, das Kind sie behalten hat.

II. **Die Beurteilung des Rechtsverhältnisses nach deutschen Gesetzen** hängt zunächst nach **Satz** 1 davon ab, daß die Mutter eine Deutsche ist. Wie in den Art. 14 und 19 ist auch hier nicht der Zeitpunkt angegeben, in dem die Reichsangehörigkeit der Mutter vorhanden sein soll (im Gegensatze zu Art. 15, 17, 18, 21). Danach ist insbesondere nicht die Staatsangehörigkeit der Mutter zur Zeit der

Geburt dauernd für die Beurteilung des Rechtsverhältnisses maßgebend, sondern den Ausschlag gibt der Umstand, ob zur Zeit der Beurteilung des Rechtsverhältnisses die Mutter reichsangehörig ist. Der Zeitpunkt der Beurteilung ist im Prozesse regelmäßig der, wo das Urteil erster oder zweiter Instanz ergeht, so insbesondere, wenn es sich um das Vorhandensein des Kindesverhältnisses und dessen Gestaltung für die Zukunft handelt. Handelt es sich dagegen um die Beurteilung des Rechtsverhältnisses für die Vergangenheit, so kommt es auf die Staatsangehörigkeit der Mutter in demjenigen Zeitraum an, für den das Verhältnis beurteilt werden soll. Hatte z. B. die Mutter während ihrer Zugehörigkeit zu einem Staate, nach dessen Gesetzen sie die gesetzliche Vertreterin des Kindes war, Rechtsgeschäfte für dieses vorgenommen, so kann deren Wirksamkeit für das Kind nicht deshalb verneint werden, weil die Mutter jetzt Reichsangehörige ist und das BGB. eine solche Vertretungsbefugnis nicht kennt. Oder wenn die Mutter nach den Gesetzen ihres früheren Heimatstaats die Nutznießung am Vermögen des Kindes hatte, so gebühren ihr die während ihrer Angehörigkeit zu diesem Staate aufgelaufenen Nutzungen des Kindesvermögens, und der deutsche Richter hat sie ihr für jene Zeit auch dann zuzusprechen, wenn sie später Reichsangehörige geworden ist.

Außerdem sollen die deutschen Gesetze nach **Satz** 2 anwendbar bleiben, wenn die Mutter die Reichsangehörigkeit früher besessen, aber verloren hat, dagegen das Kind Deutscher geblieben ist. Hat die Mutter nach dem Verluste der Reichsangehörigkeit keine andere Staatsangehörigkeit erworben, so folgt dieser Grundsatz schon aus Art. 29. Die Vorschrift des Art. 20 Satz 2 bezieht sich also auf Fälle, wo die Mutter Angehörige eines anderen Staates geworden ist, also namentlich durch ihre Verheiratung. Die Vorschrift ist zugunsten des Kindes getroffen, dem sie den Schutz des Heimatrechts belassen will, sie ist aber unabhängig davon, ob die deutschen Gesetze dem Kinde günstiger sind als das neue Heimatrecht der Mutter.

III. Soweit **die deutschen Gesetze** auf das Rechtsverhältnis anzuwenden sind, gelten dafür die §§ 1705—1707, ferner die §§ 11, 204; dagegen bestimmt sich die Anwendbarkeit des § 1305 nach dem Statute des Art. 13, die der §§ 1747, 1765 nach dem des Art. 22, die der §§ 1778 Abs. 3 und 1900 Abs. 3 nach dem Heimatgesetze des Vormundschaftsgerichts. Die Beerbung zwischen Mutter und Kind richtet sich nach dem Statute des Art. 24, 25, es entscheidet also, wenn das Kind Erblasser ist, sein Heimatgesetz, nicht das der Mutter.

Der Familienname des Kindes unterliegt an sich auch dem Statute des Art. 20; hat aber das Kind durch die Geburt die Befugnis zur Führung eines bestimmten Namens erworben, so kann ihm diese Befugnis nicht durch einen Wechsel der eigenen Staatsangehörigkeit, und noch weniger durch einen solchen Wechsel auf seiten der Mutter entzogen werden. Wohl aber gilt, wenn die Mutter Reichsangehörige geworden ist, der § 1706 Abs. 2 Satz 2 auch für ein Kind, dessen Heimatrecht diese Befugnis nicht kennt. Bei dem Übergreifen des Namensrechts in das Gebiet des öffentlichen Rechtes ist es allerdings nicht unzweifelhaft, ob eine solche Namensänderung auch bei einem Kinde wirksam ist, das in der fremden Staatsangehörigkeit geblieben ist. Innerhalb des deutschen Rechtsgebiets wird dies aber zu bejahen sein.

IV. Der Artikel bestimmt nicht, daß auch für **das Rechtsverhältnis zwischen dem unehelichen Kinde und den mütterlichen Verwandten** das hier aufgestellte Statut maßgebend sein soll. Man wird deshalb den Artikel darauf nicht ausdehnen dürfen. Jedenfalls gilt das Statut nicht für die beiden Hauptfälle, wo dieses Verhältnis Wirkungen erzeugt: für die Unterhaltspflicht zwischen Verwandten der Mutter und dem Kinde und für das Erbrecht unter ihnen. Die erstere hängt, wie die Unterhaltspflicht überhaupt, sowohl von dem Heimatstatute des Verpflichteten wie von dem des Berechtigten ab, wobei jedoch der Art. 30 bei Bestimmung des Mindestmaßes der Unterhaltspflicht von erheblicher Bedeutung ist. Das Erbrecht bestimmt sich nach Art. 24, 25, also nach dem Heimatstatute des Erblassers, so daß es, wenn dieses ein Erbrecht anerkennt, nicht darauf ankommt, ob das Heimatgesetz der unehelichen Mutter oder selbst des Erben dieses Erbrecht und selbst eine Verwandtschaft zwischen dem unehelichen Kinde und den Verwandten der Mutter nicht kennt. Entscheidend ist in solchen Fällen die Tatsache der Geburt des Kindes von dieser Mutter; ob auch die übrigen Heimatrechte dieser Tatsache eine rechtliche Bedeutung beilegen, darauf kommt es nicht an, wenn nur das Heimatrecht des Erblassers durch diese Tatsache Verwandtschaft und Erbrecht begründen läßt.

V. **Ist die Mutter Angehörige eines anderen Staates,** so ist das Rechtsverhältnis zu dem Kinde nach den Gesetzen des Staates zu beurteilen, dem sie angehört (siehe unter I). Die Staatsangehörigkeit des Kindes ist im allgemeinen bedeutungslos, nur im Falle des Abs. 2 gibt die fortdauernde Reichsangehörigkeit des Kindes gegenüber der neuerworbenen fremden Staatsangehörigkeit der Mutter den Ausschlag. Über die Frage, ob auch dem Satz 2 ein tieferer Gedanke zugrunde liegt, der bei einer Kollision zwischen zwei fremden Heimatgesetzen von Mutter und Kind zu beachten ist, vgl. S. 152 Anm. II zu Art. 19. Jedenfalls gilt auch bei einem Wechsel unter ausländischen Staatsangehörigkeiten der Grundsatz, daß dadurch von einem Teile bereits fest erworbene Rechte nicht rückwärts wieder beseitigt werden können.

VI. **Ihre prozeßrechtliche Ergänzung** finden die Vorschriften des Art. 20 durch die §§ 640, 642, 643 ZPO., sofern es sich um einen Rechtsstreit handelt, der die Feststellung des Bestehens oder Nichtbestehens eines Eltern- und Kindesverhältnisses zwischen der angeblichen Mutter und dem Kinde oder die Feststellung des Bestehens oder Nichtbestehens der elterlichen Gewalt der ersteren über das Kind zum Gegenstande hat. Diese Vorschriften der Prozeßordnung finden auch dann Anwendung, wenn das Verhältnis materiellrechtlich unter ausländischem Gesetze steht, also z. B., wenn nach dem Heimatgesetze der Mutter diese eine mütterliche Gewalt über das Kind hat. Die Ausdehnung der Rechtskraft des Urteils für und gegen alle, die § 643 bestimmt, unterliegt natürlich, soweit materiell ausländisches Recht maßgebend ist, der Beschränkung, daß der Dritte die im Prozesse festgestellte Tatsache der Geburt des Kindes von dieser Mutter zwar gegen sich gelten lassen muß, daß er aber dadurch nicht behindert wird, rechtliche Folgerungen aus dieser Tatsache, z. B. Erbrecht, Unterhaltspflicht, eine Verwandtschaft zwischen dem Kinde und ihm, im Rechtssinne abzulehnen, weil das für diese Beziehungen maßgebende ausländische Recht an die Tatsache der unehelichen Geburt solche Folgerungen nicht knüpft.

VII. **Zeitlich** findet der Art. 20 auch Anwendung, wenn das Kind schon vor 1900 geboren ist (Art. 208). Soweit es sich aber um Wirkungen des Verhältnisses handelt, die vor diesem Zeitpunkte liegen, hat ihre Beurteilung nach demjenigen Gesetze zu erfolgen, das durch die damaligen internationalrechtlichen Grundsätze als maßgebend bestimmt war.

VIII. Die Grundsätze des Art. 20 greifen an sich nicht Platz, bei der **Kollision der Landesgesetze der deutschen Bundesstaaten** untereinander, vielmehr ist aus diesen selbst zu entnehmen, welche internationalrechtliche Anknüpfungsbeziehung (Staatsangehörigkeit oder Domizil) sie zugrunde und welche Tragweite sie sich beilegen wollen. Wenn z. B. Art. 44 des S.-Koburg.-Goth. AG. z. BGB. vom 20. Nov. 1899 (Ges.-Samml. f. das Herzogt. Gotha 1899 Nr. 29 S. 199) vorschreibt, daß das uneheliche Kind der adligen Mutter das Adelsprädikat führt, so ist anzunehmen, daß diese Vorschrift für die unehelichen Kinder solcher adligen Mütter gilt, die zur Zeit der Geburt des Kindes die Koburg-Gothaische Staatsangehörigkeit besitzen, ohne Rücksicht, wo sie ihren Wohnsitz haben. Ein uneheliches Kind, das auf diese Weise durch die Geburt den Namen mit dem Adelsprädikat erworben hat, behält ihn, auch wenn etwa die Mutter oder das Kind später die Staatsangehörigkeit wechseln.

Artikel 21.

Die Unterhaltspflicht des Vaters gegenüber dem unehelichen Kinde und seine Verpflichtung, der Mutter die Kosten der Schwangerschaft, der Entbindung und des Unterhalts zu ersetzen, wird nach den Gesetzen des Staates beurteilt, dem die Mutter zur Zeit der Geburt des Kindes angehört; es können jedoch nicht weitergehende Ansprüche geltend gemacht werden, als nach den deutschen Gesetzen begründet sind.

Vorentw. A: § 25; Vorentw. B: § 25 Abs. 2; E. I: § 17 Abs. 2; E. IIa: BGB. § 2257; E. IIb: BGB. § 2381; E. III: Art. 20. Prot. VI S. 68. Komm.Ber. S. 2109. Sten.Ber. S. 3024.

Literatur: Siehe bei Art. 18; ferner Böhm S. 63; Zitelmann 1 S. 376; Niemeyer S. 160ff.; Barazetti S. 88ff.; Voigt, Die räumliche Kollision der Gesetze bei Feststellung der Rechtsverhältnisse zwischen einem außerehel. Kind und seinem natürlichen Vater, unter Zugrundelegung des Allgem. Preuß. Landrechts, BöhmsZ. 1 (1891) S. 304ff., 461ff.; Bolten, Nach welchem örtlichen Recht ist zu entscheiden, ob ein uneheliches Kind von seinem Vater Alimente zu fordern hat (Diss.) 1894; Mariolle, Seuff.Bl. 63 S. 477ff.

I. Der Artikel ist, neben dem Art. 17, der einzige aus dem Gebiete des Familienrechts, der **eine vollkommene Kollisionsnorm** gibt. Wohl mit Rücksicht darauf daß die Frage, nach welchem Gesetze das Rechtsverhältnis aus dem außerehelichen Beischlafe zu beurteilen sei, in Deutschland außerordentlich bestritten war (vgl. die Zusammenstellung bei Böhm a. a. O.), ist der Bundesrat hier von seiner sonstigen Methode, sich auf einseitige Kollisionsnormen zu beschränken, abgewichen, und hat eine internationalrechtlich umfassende Regelung vorgenommen. Er hat sich dabei im ersten Halbsatze den früheren Entwürfen angeschlossen, im zweiten Halbsatz aber eine materiellrechtliche Einschränkung hinzugefügt.

II. **Die maßgebende Anknüpfungsbeziehung** ist die Staatsangehörigkeit der Mutter zur Zeit der Geburt des Kindes, auch wenn sie nicht mit der Staatsangehörigkeit zur Zeit der Empfängnis zusammenfällt. Selbst ein Wechsel der Staatsangehörigkeit, der vor der Geburt nur zu dem Zwecke herbeigeführt ist, das günstigere Recht des neuen Heimatstaats für Mutter und Kind geltend zu machen, kann die Anwendung des neuen Heimatrechts nicht hindern. Regelmäßig wird die Staatsangehörigkeit der Mutter zur Zeit der Geburt auch die des unehelichen Kindes sein, doch greift der Art. 21 auch Platz, wo dies nicht der Fall ist, so z. B. bei dem im Auslande geborenen unehelichen Kinde einer Engländerin, das nach englischem Rechte heimatlos ist. Gehört die Mutter zur Zeit der Geburt keinem Staate an, so entscheiden nach Art. 29 die Gesetze des Staates, dem sie zuletzt angehört hat, und zwar über die Ansprüche der Mutter wie des Kindes, wenngleich Art. 29 unmittelbar nur von dem Rechtsverhältnisse der ersteren spricht (Planck Anm. 4).

III. Die Ansprüche, von denen Art. 21 handelt, sind, wenn danach **deutsches Recht** anzuwenden ist, in den §§ 1708—1718 BGB. geordnet, nämlich in den §§ 1708—1714 der Inhalt der Unterhaltspflicht gegen das Kind, in den §§ 1715, 1716 die Verpflichtungen gegen die Mutter, in den §§ 1717, 1718 die Voraussetzungen, unter denen jemand als außerehelicher Vater in Anspruch genommen werden kann. Wegen des § 1716 vgl. unten. Bei der Anwendung des § 1712 Abs. 2, wonach der Erbe des außerehelichen Vaters das Kind für seinen Unterhaltsanspruch mit dem Betrag abfinden kann, der ihm, wenn es ein eheliches Kind wäre, als Pflichtteil gebührte, ist, auch wenn der Vater Ausländer ist, der Pflichtteil nicht etwa auf Grund des Art. 25 nach dem Heimatrechte des Verstorbenen, sondern nach deutschem Rechte zu berechnen. Dagegen entscheidet über die Anwendung des § 1714 überhaupt nicht das Statut des Art. 21; denn der § 1714 Abs. 1 ist eine vormundschaftsrechtliche Bestimmung, deren Anwendung davon abhängt, ob für die Vormundschaft das deutsche Recht maßgebend ist. Ist also das uneheliche Kind einer zur Zeit der Geburt deutschen Mutter später Ausländer geworden und die Vormundschaft von seinem Heimatstaat übernommen oder infolge der nach Art. 20 eingetretenen elterlichen Gewalt der Mutter erloschen, so greift auch der § 1714 Abs. 1 nicht mehr Platz, sondern es entscheidet das jetzige Heimatrecht des Kindes.

IV. **War die Mutter Ausländerin**, so ist bei Beurteilung der Ansprüche von Mutter und Kind zunächst von dem Heimatrechte der Mutter zur Zeit der Geburt oder im Falle des Art. 29 von ihrem letzten früheren Heimatrecht auszugehen. Gewährt dieses Recht der Mutter und dem Kinde überhaupt keine Ansprüche, so können ihnen solche auch von dem deutschen Richter nicht zugebilligt werden. Knüpft das ausländische Recht die von ihm gewährten Ansprüche an besondere materiellrechtliche Voraussetzungen (z. B. Unbescholtenheit der Mutter oder Anerkennung durch den Vater), so sind auch diese zu berücksichtigen, nicht aber prozessuale Beschränkungen des ausländischen Rechtes (z. B. Ausschluß der Eideszuschiebung über die Beiwohnung). Dabei wird z. B. den Vorschriften des französischen Rechtes c. c. Art. 334, 335, 338, 340 materiellrechtliche Bedeutung beizulegen sein, während die Anwendbarkeit des Art. 337 kraft des Art. 21 EG. zweifelhaft ist.

Die Anwendung des ausländischen Rechtes wird jedoch eingeschränkt durch Art. 21 Halbs. 2, wonach Mutter und Kind vor deutschen Gerichten keine weitergehenden Ansprüche geltend machen können, als nach deutschen Gesetzen begründet sind. Diese Vorschrift ist vom Bundesrat eingefügt und, trotzdem in der Reichstagskommission und im Reichstag ihre Streichung beantragt wurde, beibehalten worden. Sie schließt sich in ihrer Fassung an den Art. 12 an, greift jedoch über diese Vorschrift hinaus, indem sie nicht bloß, wie Art. 12, weitergehende Ansprüche gegen einen Deutschen ausschließt, sondern die Geltendmachung weitergehender Ansprüche allgemein verbietet, also der Fassung nach sich unzweifelhaft auch auf Ansprüche bezieht, die gegen Ausländer erhoben werden. Demgemäß wird auch in der Literatur überwiegend die Ansicht vertreten, daß die Bestimmung auch außerdeutschen Erzeugern zugute komme (so ausdrücklich Niemeyer S. 162, Neumann Nr. 2, Wagner Nr. 4 und wohl auch Planck Nr. 5 Abs. 2). Dagegen sind Niedner Nr. 3, Endemann 2 § 192 S. 829, Crome 1 § 28 S. 157 anscheinend anderer Ansicht, indem sie nur von Ansprüchen gegen deutsche Erzeuger sprechen, ohne aber die Einschränkung gegenüber der Fassung des Gesetzes zu begründen.

Für die letztere Ansicht spricht einmal die Entstehungsgeschichte des Gesetzes. In dem Vorentwurf A (des Redaktors Gebhard), der allein eine solche Einschränkung des Grundsatzes enthielt, während sie in den späteren Entwürfen bis zur Reichstagsvorlage fehlt, lautete die Vorschrift in § 25 Abs. 2: „Deutsche können nicht zu etwas mehrerem angehalten werden, als wozu sie nach deutschem Rechte verpflichtet sind". Über die Gründe, die den Bundesrat zur Aufnahme der jetzigen Vorschrift veranlaßten, ist nichts bekannt, aber in der Reichstagskommission wurde die Vorschrift gegen den Antrag auf Streichung regierungsseitig ausschließlich damit verteidigt, daß durch sie deutsche Untertanen gegen weitergehende Verpflichtungen aus ausländischen Gesetzen gesichert werden sollten. Sodann führt die Vorschrift, wenn man sie ihrem Wortlaute gemäß ohne Rücksicht auf die Staatsangehörigkeit der Erzeuger anwenden will, zu höchst auffälligen Ergebnissen. Denn dann wäre auch in dem Falle, wo der außereheliche Vater und die Mutter demselben Auslandsstaat angehörten und dieser der Mutter und dem Kind weitergehende Ansprüche einräumte, als die deutschen Gesetze tun, die Geltendmachung dieser weitergehenden Ansprüche ausgeschlossen. Da man nun nicht unterstellen kann, daß der deutsche Gesetzgeber die Einräumung größerer Ansprüche an Mutter und Kind, die ein Auslandsstaat gegen die ihm angehörigen oder die sonstigen nicht deutschen Erzeuger gewährt, für einen Verstoß gegen die guten Sitten ansehe, und da auch kein sonstiger Grund für eine solche Begünstigung außerdeutscher Erzeuger erfindlich ist, so wird man die Vorschrift dahin einschränken müssen, daß die Worte „gegen einen Deutschen" zu ergänzen sind.

Die Ansprüche können nach den ausländischen Gesetzen weitergehen, indem diese entweder dem Erzeuger größere Verpflichtungen auferlegen (z. B. den Unterhalt nach der besseren Lebensstellung des Vaters bemessen, dem Erben nicht das Abfindungsrecht nach § 1712 Abs. 2 geben) oder indem sie die Ansprüche an geringere Voraussetzungen knüpfen (z. B. die Empfängniszeit, wenn auch nur nach einer Seite hin, weiter ausdehnen, oder die exceptio plurium concumbentium ausschließen: Komm.Ber. S. 2109). Dagegen fällt es nicht unter diese Bestimmung, wenn etwa nach ausländischem Rechte nicht das Kind, sondern die Mutter kraft eigenen Rechtes den Anspruch auf Gewährung des Unterhalts für das Kind hat.

Der § 1716 (Anspruch der Mutter auf Hinterlegung gewisser Beträge schon vor der Geburt) gilt auch zugunsten einer ausländischen Mutter, soweit nach ihrem Heimatrecht ihr oder dem Kinde ein Unterhalts- oder Entschädigungsanspruch zusteht. Ob dabei auch das ausländische Recht dem § 1716 entsprechend eine Pflicht zur Hinterlegung schon vor der Geburt kennt, darauf kommt es nicht an. Maßgebend ist dabei die Staatsangehörigkeit zur Zeit der einstweiligen Verfügung (übereinst. Planck Anm. 3a; Niemeyer S. 162f.; Niedner Nr. 5; Neumann Nr. 3; Barazetti S. 90f., der nur offenbar irrig die Staatsangehörigkeit zur Zeit der Empfängnis für maßgebend erklärt).

Wegen des § 1714 vgl. oben Nr. III.

Die Vorschrift des zweiten Halbsatzes schließt übrigens, wo es sich um Ansprüche gegen deutsche Erzeuger handelt, auch die Anerkennung eines ausländischen Urteils oder doch die Erlassung eines Vollstreckungsurteils aus einem solchen aus, wenn in dem ausländischen Urteile weitergehende Ansprüche gegen einen deutschen Erzeuger zugebilligt sind. Es gilt auch hier das oben S. 97 zu Art. 12 Anm. III 4 namentlich über die Entstehungsgeschichte Gesagte.

Vgl. auch Art. 30 Nr. VII.

V. Der Artikel behandelt nur **die Rechtsbeziehungen, die sich aus der außerehelichen Schwängerung als solcher ergeben**, unabhängig von den Nebenumständen, unter denen diese erfolgt ist. Anstatt aber, wie die Art. 19 und 20, allgemein von dem „Rechtsverhältnis" zwischen dem unehelichen Kinde und seiner Mutter einerseits und dem Vater anderseits oder allgemein von den Verpflichtungen des letzteren gegen jene Personen zu sprechen, führt er nur die einzelnen Verpflichtungen auf, die das BGB. aus der unehelichen Schwängerung entstehen läßt und in denen sich nach deutschem Rechte (abgesehen von dem Ehehindernisse des § 1310 Abs. 2 u. 3) ihre Wirkungen auf privatrechtlichem Gebiet erschöpfen. Damit entsteht eine Lücke. Der Eingang hat nur das deutsche Recht vor Augen und die Regelung, die dieses dem Verhältnisse gibt; im Fortgange des Satzes wird aber nicht bloß eine einseitige Norm für die Anwendung des deutschen Rechtes, sondern eine vollkommene Kollisionsnorm auch für die Wahl unter den verschiedenen Auslandsrechten gegeben, obgleich von diesen möglicherweise das eine oder andere aus der außerehelichen Schwängerung ganz andere Verpflichtungen, als die Unterhaltspflicht gegen das Kind und die Pflicht zur Erstattung gewisser Kosten an die Mutter für den Schwängerer entstehen läßt. Doch ist unbedenklich der Artikel dahin aufzufassen, daß nach dem darin festgesetzten Statut alle Ansprüche beurteilt werden sollen, die aus der außerehelichen Schwängerung für das uneheliche Kind und dessen Mutter gegen den Schwängerer hervorgehen, auch wenn sie nicht als Unterhaltsanspruch des Kindes und als Kostenerstattungsanspruch der Mutter, sondern als ein weitergehender Entschädigungs- oder Abfindungsanspruch gestaltet sind. Das Heimatrecht der Mutter ist also auch dann anzuwenden, wenn es an die außereheliche Schwängerung (sei es nur an diese, sei es schon an die außereheliche Beiwohnung), ohne daß es irgend eines besonderen Umstandes dabei bedarf, indem es diese als ein Delikt auffaßt, eine

Entschädigungspflicht gegen die Geschwängerte knüpft. Voraussetzung für die Anwendung des Art. 21 ist dabei nur, daß es nicht bei der Beiwohnung geblieben ist, sondern daß eine Schwängerung stattgefunden hat.

Aus der bloßen außerehelichen Beiwohnung läßt das BGB. (abgesehen vom Brautstand und den Fällen der §§ 823, 825) keinen Anspruch entstehen. Kennt ein ausländisches Recht einen solchen, insbesondere den sogen. Deflorationsanspruch, d. h. den Anspruch aus außerehelicher Beiwohnung mit einer bis dahin unbescholtenen Frauensperson, so kann seine internationalrechtliche Behandlung verschieden sein, je nachdem er als familienrechtlicher Anspruch oder als solcher aus einer unerlaubten Handlung aufzufassen ist. Er kann also in Deutschland geltend gemacht werden, wenn das Gesetz des Ortes der Beiwohnung ihn als Deliktsanspruch auffaßt, oder wenn das Personalstatut der Frau zur Zeit der Beiwohnung ihn dieser als einen familienrechtlichen Anspruch einräumt. In beiden Fällen kann er jedoch im Inlande nicht gegen einen Deutschen erhoben werden, als Deliktsanspruch nicht nach Art. 12, als familienrechtlicher nicht nach Art. 21. Ob er im letzteren Falle auch in Deutschland nicht gegen Ausländer geltend gemacht werden kann, hängt von der Auslegung ab, die man der Schlußbestimmung des Art. 21 gibt.

Bei Ansprüchen von Mutter und Kind, die nicht auf der bloßen außerehelichen Schwängerung beruhen, sondern darauf, daß die Beiwohnung, die zu dieser geführt hat, unter besonderen Umständen erfolgt ist, die ihr einen eigenen rechtlichen Charakter verleihen, als unerlaubte Handlung infolge von Zwang, Drohung, Entführung, Mißbrauch eines Gewaltverhältnisses (§§ 823, 825), oder Beiwohnung in einem Verlöbnisse, gilt die lex loci delicti commissi, bei letzterer dasjenige Statut, das für die Ansprüche aus dem Verlöbnisse maßgebend ist, was regelmäßig das Personalstatut der Braut sein wird. Auch hier greift zugunsten deutscher Beklagter der Art. 12 und der Schlußsatz des Art. 21 ein, so daß auch aus einer Beiwohnung und Schwängerung im Brautstande weitergehende Ansprüche als nach §§ 1300, 1708 ff. ausgeschlossen sind. Bei Ansprüchen von Brautkindern ist endlich zu berücksichtigen, daß sie für das deutsche Recht lediglich uneheliche Kinder sind, daß mithin auch sie nach dem Schlußsatze des Art. 21 keine weitergehenden Ansprüche erheben können, als sich aus den §§ 1708—1718 ergeben, mag ihnen auch ihr Heimatrecht oder das ihrer Mutter solche einräumen.

Das letztere gilt auch für anerkannte uneheliche Kinder.

VI. Der Artikel spricht nicht von der **Unterhaltspflicht der Verwandten des außerehelichen Vaters**. Für sie gilt einmal das Statut des Art. 21; sie hängt also in erster Linie von dem Heimatgesetze der Mutter des Kindes zur Zeit der Geburt ab, weiter aber, wie die Unterhaltspflicht überhaupt, davon, daß auch das Heimatgesetz des in Anspruch Genommenen sie anerkennt. Daraus folgt, daß gegen einen Deutschen ein solcher Unterhaltsanspruch nicht erhoben werden kann. Läßt man den zweiten Halbsatz des Art. 21 auch für außerdeutsche Erzeuger gelten, dann wäre folgerichtig in Deutschland auch die Geltendmachung der Unterhaltspflicht eines ausländischen Verwandten des außerehelichen Vaters auszuschließen.

VII. **Das Erbrecht** zwischen dem Kinde und seinem außerehelichen Vater und dessen Verwandten untersteht nicht dem Statute des Art. 21, sondern hängt nach Art. 24 und 25 von den Gesetzen des Staates ab, dem der Erblasser bei seinem

Tode angehörte. Doch bestimmt sich die Vorfrage, ob zwischen zwei Personen überhaupt das Verhältnis einer außerehelichen Vaterschaft vorliegt, nach Art. 21. Näheres bei Art. 25.

VIII. Über die Frage, ob im Bereiche des Art. 21 **Rückverweisung** stattfindet, wenn das durch Art. 21 berufene Heimatgesetz der Mutter das deutsche Gesetz, als das des Wohnsitzes der Mutter zur Zeit der Geburt, für maßgebend erklärt, vgl. Art. 27.

IX. **Übergangsrecht.** Nach Art. 208 ist auch dem Art. 21 nur in den Fällen Geltung beizulegen, wo das Kind nach dem 1. Jan. 1900 geboren ist. Ist das Kind vor 1900 geboren, so sind für die Ansprüche von Mutter und Kind auch die früheren Kollisionsgrundsätze maßgebend. Nur der Halbsatz 2 ist auch in diesen Fällen maßgebend, wobei sich jedoch das Höchstmaß der Ansprüche nicht etwa nach der früheren (bis 1900 gültigen) lex fori, sondern nach dem BGB. bestimmt (so auch Kahn in Iherings J. 43 S. 400).

Artikel 22.

Die Legitimation eines unehelichen Kindes sowie die Annahme an Kindesstatt bestimmt sich, wenn der Vater zur Zeit der Legitimation oder der Annehmende zur Zeit der Annahme die Reichsangehörigkeit besitzt, nach den deutschen Gesetzen.

Gehört der Vater oder der Annehmende einem fremden Staate an, während das Kind die Reichsangehörigkeit besitzt, so ist die Legitimation oder die Annahme unwirksam, wenn die nach den deutschen Gesetzen erforderliche Einwilligung des Kindes oder eines Dritten, zu dem das Kind in einem familienrechtlichen Verhältnisse steht, nicht erfolgt ist.

Vorentw. A und B § 22; E. I § 14; E. IIa BGB. § 2253; E. IIb BGB. § 2382; E. III Art. 21. Prot. VI S. 63ff.

Literatur: v. Savigny 8 S. 338ff.; v. Roth 1 S. 290ff.; Gierke 1 S. 240f.; v. Bar 1 S. 533ff., Lehrbuch S. 85ff.; Böhm S. 56ff.; Niemeyer S. 158ff.; Barazetti S. 91f.; Despagnet, De la légitimation en droit internat. privé, Journ. du droit intern. privé 15. Année 1888 p. 592ff.; Hinrichsen, Die Legitimation durch nachfolgende Ehe im internat. Privatrecht (Diss.) 1894; Schwab, Legitimation ausländischer unehel. Kinder in Württemberg, Böhms Z. 4 (1894) S. 130ff.; Ritter, Ehelichkeitserklärung und Adoption im deutschen internationalen Privatrecht, Böhms Z. 14 S. 435.

I. **Der Artikel gibt die Kollisionsnorm für die Legitimation unehelicher Kinder und die Annahme an Kindesstatt.** Die Fassung der Vorschrift hat in den Entwürfen mehrfach gewechselt. Während nach dem E. I die Voraussetzungen beider Akte in Ansehung des Vaters oder des Annehmenden nach den Gesetzen seines Heimatstaats, in Ansehung des Kindes nach dessen Heimatgesetze, dagegen die Wirkungen wieder nach den ersteren Gesetzen beurteilt werden sollten und auch für die Form der Erklärungen der Beteiligten ausschließlich das Heimatgesetz des Vaters maßgebend sein sollte, wurde in den Entwürfen IIa und b die Kollisionsnorm dahin abgeändert, daß grundsätzlich auch für die Voraussetzungen der Akte das Heimatrecht des Vaters zur Zeit ihrer Vornahme entscheidend und nur das Erfordernis der Einwilligung des Kindes und derjenigen Personen, zu denen das Kind in einem familienrechtlichen Verhältnisse steht, sich nach dem Heimatgesetze des Kindes bestimmen sollte. Auch hier wurde die Vorschrift beibehalten, daß sich die Form der Erklärung der Beteiligten ausschließlich nach dem Heimatgesetze des Vaters bestimmen solle. Vom Bundesrate wurden diese vollkommenen Kollisionsnormen eingeschränkt zu der einseitigen Norm, die das Gesetz gibt, und auch die besondere Formvorschrift beseitigt. So bestimmt der Artikel jetzt nur einseitig, unter welchen Voraussetzungen die deutschen Gesetze anwendbar sein sollen, und zwar im Abs. 1 den Fall, unter dem sich die Rechtsakte im ganzen nach den deutschen Gesetzen bestimmen, im Abs. 2 einen Fall, in dem diese wenigstens nach einer gewissen Richtung hin berücksichtigt werden sollen. Es wird indessen allgemein anerkannt, daß aus diesen einseitigen Kollisionsnormen nach Maßgabe der Entwürfe IIa und b vollkommene zu entwickeln sind.

II. 1. **In ihrem ganzen Umfange sind die beiden Rechtsverhältnisse nach deutschen Gesetzen zu beurteilen**, wenn der Vater oder der Annehmende zur Zeit der Legitimation oder der Annahme an Kindesstatt die Reichsangehörigkeit besitzen. Diese Eigenschaft muß also bei der Legitimation durch nachfolgende Ehe im Zeitpunkte der Eheschließung vorliegen, bei der Legitimation durch Ehelichkeitserklärung in dem Zeitpunkte, wo die Verfügung der Staatsgewalt ergeht, durch die die Ehelichkeitserklärung erteilt wird (BGB. § 1723), nicht in dem Zeitpunkte, wo diese Verfügung den Beteiligten zugeht, bei der Annahme an Kindesstatt nach BGB. § 1754, FGG. § 67 in dem Zeitpunkte, wo der Beschluß des Gerichts, durch den die Bestätigung erteilt wird, dem Annehmenden bekannt gemacht wird. Über die Frage, ob auch durch eine Wiederholung der Eheschließung (BGB. § 1309 Abs. 1 Satz 2) die Legitimation herbeigeführt werden kann, vgl. unter IV.

Ist der Vater oder der Annehmende vor der Ehelichkeitserklärung oder dem Bestätigungsbeschlusse gestorben, so kommen die deutschen Gesetze zur Anwendung, wenn er zur Zeit seines Todes Deutscher war. Dasselbe gilt in den Fällen des Art. 29, wenn die hier angegebenen Anknüpfungsbeziehungen zu dem Inlande vorliegen.

2. **Unter diesen internationalrechtlichen Vorbedingungen** untersteht das gesamte Verhältnis der Herrschaft der deutschen Sachnormen, sowohl nach seinen materiellrechtlichen Voraussetzungen wie nach seiner Form, seinen Wirkungen und in betreff der Aufhebung.

a) Daß sich die Voraussetzungen auf seiten des Vaters nach den deutschen Gesetzen bestimmen, ist selbstverständlich. Darunter gehört bei der Legitimation durch nachfolgende Ehe auch die Vermutung des § 1720, und zwar bestimmt sich die Empfängniszeit auch dann nach deutschem Rechte, wenn zur Zeit der Empfängnis oder der Geburt der Vater wie die Mutter einem Auslandsstaat angehörten, der in der Berechnung der Empfängniszeit abwich. Aber auch die Voraussetzungen auf seiten des Kindes bestimmen sich in diesem Falle ausschließlich nach deutschem Rechte, auch wenn das Kind Ausländer ist und (wie bei der Annahme an Kindesstatt) trotz des Rechtsakts Ausländer bleibt. Es sind in dieser Hinsicht nur diejenigen Einwilligungserklärungen erforderlich, die das BGB. verlangt, diese aber auch stets, ohne Rücksicht, ob das Heimatrecht des Kindes in seinen Vorschriften weiter geht oder nicht.

Nur die Frage, inwieweit die Einwilligungserklärungen der gesetzlichen Vertreter des Kindes einer Ergänzung durch Genehmigung des Vormundschaftsgerichts bedürfen (§ 1728 Abs. 2, § 1729 Abs. 2, § 1750 Abs. 1 Satz 2, § 1751 Abs. 2), entscheidet nicht das deutsche Recht, sondern das Heimatrecht des Kindes oder das Gesetz des Staates, von dessen Behörden die Vormundschaft geführt wird. Fehlt es in dem Heimatstaate des Kindes überhaupt an einer einschlägigen Vorschrift über den Umfang der Vertretungsmacht des gesetzlichen Vertreters in dieser Beziehung, weil das Auslandsrecht den ganzen Rechtsakt (z. B. Legitimation durch Ehelichkeitserklärung) nicht kennt, und weigert deshalb das ausländische Vormundschaftsgericht seine Mitwirkung nicht aus sachlichen Gründen, sondern mangels einer gesetzlichen Vorschrift, die ihm einzugreifen erlaubt, so wird nach Art. 23 ein deutsches Vormundschaftsgericht die Fürsorge in dieser Beziehung übernehmen können. Bei der Ehelichkeitserklärung kann die Staatsgewalt, da der Akt von ihrem freien Ermessen abhängt, selbstverständlich auch Erfüllung der weitergehenden ausländischen Vorschriften verlangen, dagegen kann dies nicht das Gericht bei der Annahme an Kindesstatt, weil dieses hier die Bestätigung nur versagen darf, wenn ein gesetzliches Erfordernis der Annahme an Kindesstatt fehlt (§ 1754 Abs. 2 Satz 1) und zu diesen gesetzlichen Erfordernissen nach Art. 21 Abs. 1 die des ausländischen Heimatrechts des Kindes nicht gehören. Bedarf es dagegen für den Annehmenden einer Befreiung von den Erfordernissen des § 1744, so gilt für diese wieder das für die Ehelichkeitserklärung Gesagte; sie kann also auch verweigert werden, weil auf seiten des Kindes die von dessen Heimatrechte geforderten Bedingungen für die Annahme an Kindesstatt nicht erfüllt sind.

b) Die Form der Rechtsakte.

Bei der Legitimation durch nachfolgende Ehe entscheidet über die Eheschließung das Statut des Art. 11 in Verbindung mit Art. 13 Abs. 3 (vgl. die Bemerkungen hierzu). Bei der Ehelichkeitserklärung und der Annahme an Kindesstatt fallen die behördlichen Akte unzweifelhaft nicht unter den Art. 11, kommen also nicht in Wegfall, wenn das Rechtsgeschäft etwa von Deutschen in einem Auslandsstaate vorgenommen wird, der abweichende Erfordernisse hat. Und zwar kann, wenn der Vater oder der Annehmende Deutscher ist, der behördliche Akt nur von einer deutschen Behörde, nämlich der durch § 1723 Abs. 2 BGB., § 66 FGG. und § 7 Nr. 2 (in Verbindung mit § 2) des KonsulargerichtsbarkGes. v. 7. April 1900 berufenen, stattfinden. Insbesondere gilt dies für die Bestätigung der Annahme an Kindesstatt. Für sie schafft deshalb der § 66 Abs. 2 FGG. ein zuständiges Gericht auch in solchen Fällen, wo der annehmende Deutsche im Inlande weder Wohnsitz noch Aufenthalt hat. Personen, die ihre frühere Reichsangehörigkeit eingebüßt und keine andere Staatsangehörigkeit erworben haben, sind nach Art. 29 zu einer Legitimation mittelst Ehelichkeitserklärung außerstande, weil es nach § 1723 Abs. 2 an einer dazu zuständigen Behörde fehlt; man müßte denn diese letztere Vorschrift dahin ausdehnen, daß in den Fällen des Art. 29 dessen Anknüpfungsbeziehungen — letzte Staatsangehörigkeit, Wohnsitz, Aufenthalt — auch die Zuständigkeit des Bundesstaats oder Reichskanzlers begründen. Für die Annahme an Kindesstatt fehlt es dagegen auch solchen heimatlosen Personen, wenn sie im Inlande Wohnsitz oder Aufenthalt haben, an einem zur Bestätigung zuständigen Gerichte nicht (§ 66 Abs. 1 FGG.).

Streitig ist, ob auch für die Einwilligungserklärungen der Beteiligten und den Annahmevertrag (§§ 1730, 1748 Abs. 3, § 1750 Abs. 2) ausschließlich die Formvorschriften des deutschen Rechtes maßgebend sind, so daß Art. 11 Abs. 1 Satz 2 (locus regit actum) hier nicht gilt. Die früheren Entwürfe bestimmten dies ausdrücklich; nachdem aber der Bundesrat die dahingehende Bestimmung beseitigt hat, liegt kein Grund vor, hier eine Ausnahme von jenem Grundsatze des Art. 11 Abs. 1 Satz 2 zu machen (übereinst. Planck Nr. 4, Niedner Nr. 4c, Wagner Nr. 5; a. A. Niemeyer S. 159, nach dem sich nur die Modalitäten der gerichtlichen oder materiellen Beurkundung nach der lex loci actus richten sollen). Die Ehelichkeitserklärung und die Befreiung von den Erfordernissen des § 1744 kann natürlich auch hier nach Belieben der Staatsgewalt versagt werden, weil für die zur Ehelichkeitserklärung und Annahme erforderlichen Erklärungen die inländische Form nicht gewährt ist. Dagegen kann das Gericht die Bestätigung der Annahme an Kindesstatt nicht versagen, wenn die Einwilligungserklärungen und der Annahmevertrag in der Form der lex loci actus vorliegen. Kennt das Gesetz des Errichtungsorts z. B. eine Annahme an Kindesstatt überhaupt nicht, so kann natürlich nur die deutsche Form in Betracht kommen.

c) Die Wirkungen der Rechtsakte bestimmen sich durchweg nach deutschen Gesetzen, auch dann, wenn etwa die nach dem Heimatrechte des Kindes bestehenden weitergehenden Erfordernisse nicht beobachtet sind. Es tritt also Nutznießung am Kindesvermögen ein, die bisherige elterliche Gewalt erlischt (§ 1765), das legitimierte oder angenommene Kind hat die rechtliche Stellung eines ehelichen Kindes (§§ 1719, 1736, 1757), es gelten also auch die Vorschriften des BGB. über das Rechtsverhältnis der Eltern zu den ehelichen Kindern, soweit nicht in den §§ 1719—1772 Abweichungen bestimmt sind.

d) Auch die Aufhebung des Rechtsverhältnisses untersteht dem deutschen Rechte. Sie ist also bei der Annahme an Kindesstatt durch Vertrag nach § 1768 zulässig und erfolgt durch die Eheschließung zwischen dem Annehmenden und dem Angenommenen kraft Gesetzes (§ 1771).

III. Gehört der Vater oder der Annehmende einem fremden Staate an, so fehlt es im Art. 22 an einer ausdrücklichen Anwendungsnorm darüber, nach welchen Gesetzen die Rechtsverhältnisse im allgemeinen zu beurteilen sind, doch folgt aus Abs. 1 und 2, daß hierfür das Gesetz des Staates maßgebend ist, dem der Vater oder der Annehmende zur Zeit der Legitimation oder der Annahme an Kindesstatt angehört. Dieses Gesetz bestimmt über die Zulässigkeit der Rechtsakte, über die Voraussetzungen, unter denen sie eintreten, über ihre Form (wobei jedoch für den deutschen Richter der Grundsatz des Art. 11 Abs. 1 Satz 2 maßgebend bleibt), ihre Wirkungen und die Wiederaufhebung. Heiratet z. B. ein Engländer eine Frau, mit der er ein uneheliches Kind gezeugt hat, so tritt dadurch, auch wenn der Vater das Kind anerkannt hat, keine Legitimation ein, weil das englische Recht diese Art der Legitimation nicht kennt (Prot. VI S. 16). Doch wird die Anwendung des Heimatrechts des Vaters oder Annehmenden eingeschränkt, wenn das Kind unter einem anderen Heimatrechte stand.

a) Ist das Kind zur Zeit der Legitimation oder Adoption ein Deutscher, so ist nach der ausdrücklichen Vorschrift das Abs. 2 zur Rechtswirksamkeit dieser Akte nötig, daß die nach deutschen Gesetzen erforderliche Einwilligung des Kindes und derjenigen Personen erfolgt ist, zu denen das Kind in einem familienrechtlichen Verhältnisse steht. Über die Einwilligung des Kindes vgl. §§ 1726, 1750. Der Ausdruck: „Personen, zu denen das Kind in einem familienrechtlichen Verhältnisse steht," entstammt noch den früheren Entwürfen, wo die Kollisionsnorm sich auch auf ausländische Rechte bezog, und sollte z. B. die nach diesen etwa erforderliche Einwilligung von Pflegeeltern umfassen (Prot. VI S. 65). Nach dem Rechte des BGB. (in dem dieser Ausdruck übrigens nicht vorkommt) gehören hierher die Eltern des ehelichen Kindes (§ 1747), die Mutter des unehelichen (§ 1726 Abs. 1, § 1747) und bei der Annahme an Kindesstatt der Ehegatte des Kindes (§ 1746). [Da der Ehegatte kein Verwandter des Kindes ist (§ 1589), so ist auch die Beibehaltung jenes allgemeinen Ausdrucks, nicht wie Wagner Nr. 6 annimmt, ein Versehen, sondern geboten gewesen.] Soweit das BGB. die Einwilligung des gesetzlichen Vertreters erfordert (§ 1728 Abs. 2, § 1729 Abs. 2, § 1750 Abs. 1 Satz 2, § 1751 Abs. 1) muß ihr Mangel als Mangel der Einwilligung des Kindes gelten. Dagegen ist die Notwendigkeit der Genehmigung des Vormundschaftsgerichts zur Einwilligung des gesetzlichen Vertreters (§§ 1729, 1751) nicht stets nach deutschem Rechte, sondern nach dem Rechte des Staates, von dem die Vormundschaft geführt wird, zu beurteilen.

Der Abs. 2 bestimmt, daß der Mangel der nach deutschem Rechte erforderlichen Einwilligung des Kindes und seiner Angehörigen die Legitimation oder Annahme an Kindesstatt unwirksam macht. Sie wirkt also auch nicht zugunsten des Kindes, verschafft ihm insbesondere auch kein Erbrecht am Nachlasse des Vaters oder Annehmenden, es sei denn, daß der Annahmevertrag als Erbvertrag aufrecht zu erhalten wäre, was dann die Zulässigkeit eines Erbvertrags nach dem Heimatrechte des Adoptierenden voraussetzt. Auf der andern Seite verlangt aber der Abs. 2 die Einwilligung des Kindes und seiner Angehörigen nur zur Wirksamkeit der Legitimation und Adoption. Liegt die Einwilligung vor, so ist das Rechtsverhältnis der Beurteilung nach deutschem Rechte entrückt. Die übrigen Voraussetzungen, die Form der Einwilligungserklärungen und des Annahmevertrags und die sämtlichen Wirkungen bestimmen sich nach dem Heimatrechte des Vaters oder des Annehmenden, desgleichen Zulässigkeit, Form und Wirkung der Wiederaufhebung (a. A. in betreff der Form der Einwilligungserklärungen und des Annahmevertrags Planck Note 6a und b; doch verlangt Abs. 2 nur, daß jene nach deutschem Rechte erforderlichen Erklärungen vorliegen, nicht, daß sie in der nach deutschem Rechte erforderlichen Form vorliegen; es ist deshalb kein Anlaß, von dem Grundsatze des Art. 11 Abs. 1 Satz 2 abzuweichen).

b) Ist das Kind nicht Deutscher, sondern Angehöriger eines dritten Staates, so wird nach Analogie des Abs. 2 der in dem E. II aufgestellte Grundsatz anzuerkennen sein, daß es zur Wirksamkeit der nach dem Heimatrechte des Kindes erforderlichen Einwilligung des Kindes selbst und seiner Angehörigen bedarf, ausgenommen wenn der Vater oder der Annehmende Deutscher ist, in welchem Falle nach dem zu II Gesagten ausschließlich die deutschen Gesetze entscheiden. Im übrigen gilt auch hier das zuvor unter a) Gesagte.

IV. **Ein Wechsel der Staatsangehörigkeit**, der nach erfolgter Legitimation oder Annahme an Kindesstatt auf seiten des Vaters oder Annehmenden eintritt, hat keine Rückwirkung auf die Gültigkeit der Akte und der dadurch begründeten Verhältnisse, weder in positiver noch in negativer Richtung. Erwirbt der Engländer, nachdem er die Frau geheiratet hat, mit der er ein uneheliches Kind gezeugt hatte (siehe oben unter III), oder ein Franzose, der ohne vorherige Anerkennung des unehelichen Kindes (c. c. Art. 331), dessen Mutter geheiratet hatte, demnächst die Reichsangehörigkeit, so tritt damit nicht nachträglich auf Grund der bestehenden Ehe die Legitimation des Kindes ein, sondern das Kind bleibt unehelich und der Vater kann nunmehr die Legitimation nur noch durch Ehelichkeitserklärung nach §§ 1723 ff. mit den beschränkteren Wirkungen dieser Form herbeiführen, man müßte es denn für zulässig erachten, durch eine Wiederholung der Eheschließung, die allerdings nach § 1309 Abs. 1 Satz 2 zulässig wäre, und nunmehr nach deutschem Rechte erfolgte, die Legitimation nach §§ 1719 ff. herbeizuführen. (Über eine gleiche Frage auf dem Gebiete des zeitlichen Übergangsrechts vgl. Habicht, Einwirkung § 57 I S. 647 Anm. 1).

Zweifelhaft ist dagegen, inwieweit ein Wechsel der Staatsangehörigkeit auf seiten des Vaters oder des Annehmenden auf die Gestaltung des Rechtsverhältnisses zwischen ihm und dem Kinde einwirkt. Wenn gesagt wird, über dieses Rechtsverhältnis entscheide das Statut des Art. 19 (Planck Nr. 3a u. b, Niedner Nr. 1, Niemeyer S. 160) und darunter verstanden wird, bei einem Wechsel der Staatsangehörigkeit richte sich das Rechtsverhältnis zu dem Kinde nach dem neuen Personalstatute des Vaters oder Annehmenden, so ist das nur unter Einschränkungen richtig. Ist die Legitimation oder Annahme an Kindesstatt unter deutschen Gesetzen erfolgt, so hat allerdings nach den §§ 1719, 1736, 1757 das legitimierte oder angenommene Kind die rechtliche Stellung eines ehelichen Kindes erlangt. Gleichwohl ist bei Anwendung der Vorschrift des Art. 19 auf diese Fälle Vorsicht geboten. Bei der Legitimation sind die Bedenken geringer, denn bei legitimierten Kindern handelt es sich wenigstens regelmäßig um leibliche Kinder (vgl. allerdings § 1735), es besteht also das natürliche Verhältnis zwischen Vater und Kind und die nachträgliche Eheschließung oder die Verfügung der Staatsgewalt holt nur nach oder ergänzt nur einen Rechtsakt, der zur Zeit der Geburt fehlte Dagegen fehlt bei der Annahme an Kindesstatt das natürliche Band der leiblichen Abkunft, und dieser Mangel kann durch die Fiktion des Gesetzes vollständig nie beseitigt werden. Das Rechtsverhältnis aus der Adoption beruht deshalb (abgesehen von besonderen Fällen, wie der Annahme von Enkeln oder sonstigen nahen Verwandten) ausschließlich auf dem Rechtsakte, durch den es begründet ist. Mit ihm bleibt es darum auf das engste verknüpft und dadurch auch mit dem Gesetz, unter dem jener Akt erfolgt ist. Jedenfalls kann deshalb die Anwendung des Art. 19 auf diese Rechtsverhältnisse nur soweit reichen, als nach dem Gesetz, unter dem die Legitimation und Adoption erfolgt ist, die legitimierten oder angenommenen Kinder mit den ehelichen gleichgestellt sind. Dies ist besonders zu beachten, wenn die Legitimation oder Adoption unter einem ausländischen Gesetz erfolgt ist, das z. B. dem Annehmenden nicht den Nießbrauch am Vermögen des Kindes einräumte, oder den leiblichen Eltern weitergehende Befugnisse beließ, als es das deutsche Recht tut. Erwirbt in solchen Fällen später der Adoptivvater die Reichsangehörigkeit, so können die deutschen Gesetze auf das Rechtsverhältnis zu dem Angenommenen in diesen Beziehungen keine Anwendung finden, vielmehr muß dann auch hier der im Art. 209 für das Übergangsrecht zum BGB. aufgestellte Grundsatz gelten, daß bei einem unter dem früheren Rechte legitimierten oder angenommenen Kinde sich auch künftig nach den bisherigen Gesetzen bestimme, inwieweit das Kind die Rechtsstellung eines ehelichen und inwieweit der Vater und die Mutter die Rechte und die Pflichten ehelicher Eltern haben. Wegen des Einflusses derartiger Veränderungen auf das Erbrecht vgl. Art. 24 und 25. Auch die Zulässigkeit, die Voraussetzungen und die Wirkungen einer Wiederaufhebung der Annahme an Kindesstatt sind dauernd nach dem Statute zu bestimmen, unter dem die Annahme erfolgt ist. Nur wird eine Aufhebung durch Vertrag, auch wenn sie das hiernach maßgebende Statut nicht zuließ, dann statthaft, wenn sie das neue Personalstatut erlaubt.

V. **Über die Anwendbarkeit der Art.** 27—30 im Bereiche des Art. 22 vgl. die Anmerkungen zu diesen Artikeln.

VI. **Aus dem Prozeßrechte** kommen für den Art. 22 die §§ 640, 642 und 328 ZPO. in Betracht. Der § 640 gilt auch für Rechtsstreitigkeiten, bei denen es sich um Feststellung des Bestehens oder Nichtbestehens eines durch Legitimation oder Annahme an Kindesstatt begründeten Eltern- und Kindesverhältnisses oder der auf solche Rechtsakte zurückgeführten elterlichen Gewalt handelt, und zwar auch dann, wenn diese Rechtsakte unter einem ausländischen Gesetz erfolgt sind. Der § 642 schafft für derartige Rechtsstreitigkeiten einen inländischen Gerichtsstand auch gegen solche Deutsche oder frühere Deutsche, die im Inlande keinen allgemeinen Gerichtsstand haben. Doch ist der Gerichtsstand des § 642 kein ausschließlicher. Die Anerkennung eines ausländischen Urteils ist deshalb (nach § 328 Nr. 1 ZPO.) nicht schon darum ausgeschlossen, weil auch im Inland ein Gerichtsstand nach § 642 begründet war, vielmehr genügt es, wenn der Beklagte seinen allgemeinen Gerichtsstand (Wohnsitz) in dem betreffenden Auslandsstaate hat (übereinst. Planck Nr. 9, and. Ans. anscheinend Niedner Nr. 7). Dagegen schließt § 328 Nr. 3 ZPO. die Anerkennung eines ausländischen Urteils aus, wenn darin zum Nachteil einer deutschen Partei von den Vorschriften des Art. 22, sei es des Abs. 1 oder des Abs. 2, abgewichen ist, einerlei, ob es sich dabei um die Feststellung des Legitimations- oder Adoptionsverhältnisses selbst oder um eine daraus abgeleitete Rechtswirkung (z. B. Erbrecht) handelt. Die benachteiligte deutsche Partei braucht deshalb auch nicht eine der an der Legitimation oder Adoption unmittelbar beteiligten Personen zu sein.

VII. **Zeitlich** gilt der Art. 22 nur für Legitimationen und Adoptionen, die seit 1900 erfolgt sind. Die Wirksamkeit früherer Rechtsakte dieser Art und der Inhalt der daraus hervorgegangenen Rechtsverhältnisse ist, wie aus Art. 209 zu entnehmen, auch fernerhin nach denjenigen Sachnormen zu beurteilen, denen sie bisher unterstanden, so daß sie auch von einem auf Grund des Art. 22 eintretenden Wechsel der Anknüpfungsbeziehungen des Personalstatuts unberührt bleiben. Nur soweit schon auf Grund der bisher maßgebend gewesenen Sachnormen eine Gleichstellung des legitimierten oder adoptierten Kindes mit einem ehelichen eingetreten ist und den Eltern die Rechte und Pflichten leiblicher Eltern zustanden, gilt dafür fortan nach Maßgabe des Art. 19 (vgl. jedoch unter IV) das Heimatrecht des Vaters oder der Annehmenden.

Artikel 23.

Eine Vormundschaft oder eine Pflegschaft kann im Inland auch über einen Ausländer, sofern der Staat, dem er angehört, die Fürsorge nicht übernimmt, angeordnet werden, wenn der Ausländer nach den Gesetzen dieses Staates der Fürsorge bedarf oder im Inland entmündigt ist.

Das deutsche Vormundschaftsgericht kann vorläufige Maßregeln treffen, solange eine Vormundschaft oder Pflegschaft nicht angeordnet ist.

Vorentw. A §§ 26, 27. Vorentw. B §§ 26, 27, 27 a; E. I §§ 19, 20; E. II a: BGB. §§ 2259, 2260; E. II b: BGB. §§ 2384, 2385; E. III Art. 22. Prot. VI S. 68 ff.

Literatur: v. Savigny 8 S. 340 ff.; v. Bar I S. 564 ff., Lehrbuch S. 92 ff.; Böhm S. 70 ff.; Gierke 1 S. 242; Niemeyer S. 164 ff.; Barazetti S. 46, 92 ff.; Lehr, De la tutelle des mineurs en droit internat. privé: Revue de droit internat. 21 (1889) S. 140 ff.; Schäuffler, Zur Frage der Bevormundung fremder Staatsangehöriger in Böhms Z. 1 (1891) S. 181 ff.; Wilsdorf, Zu Art. 23, Übernahme der Vormundschaft über österr. Staatsangehörige ꝛc., Sächs. Arch. f. Rechtspfl. 2 S. 97 ff.

I. **Der Art. 23 gibt keine Kollisionsnorm über die Anwendung deutschen oder ausländischen Rechtes, sondern enthält Fremdenrecht.** Auf die Fürsorge, die der Staat durch die Einrichtung der Vormundschaft (im weiteren Sinne) eintreten läßt, hat an sich nur der Staatsangehörige, in Deutschland der Reichsangehörige, Anspruch. Für ihn muß deshalb von Amts wegen die erforderliche Fürsorge geschaffen werden (BGB. §§ 1774, 1897, 1915). Dies gilt auch zugunsten eines Deutschen, der seinen Wohnsitz oder Aufenthalt im Auslande hat (vgl. FGG. § 36 Abs. 2), und, was die Pflegschaft angeht, für Angelegenheiten, die im Auslande zu erledigen sind. Doch erfährt dabei dieser Grundsatz aus Zweckmäßigkeitsgründen eine Einschränkung. Nach FGG. § 47 kann über einen Deutschen, der im Auslande seinen Wohnsitz oder Aufenthalt hat, und über den die nach den Vorschriften des BGB. erforderliche Vormundschaft im Ausland angeordnet ist, die Anordnung der Vormundschaft im Inland unterbleiben, wenn dies im Interesse des Mündels liegt, und es kann ferner eine im Inland angeordnete Vormundschaft unter den gleichen Voraussetzungen an den ausländischen Staat abgegeben werden. Diese Vorschriften gelten auch für die Pflegschaft. Indessen unterzieht sich das Inland auch der vormundschaftlichen Fürsorge für Ausländer, aber ohne hierzu eine Rechtspflicht zu übernehmen, sondern nach seinem freien Ermessen.

II **Demgemäß können folgende internationalrechtlich abgestufte Fälle unterschieden werden:**

A. Die Person, zu deren Gunsten die Fürsorge bestimmt ist, ist Deutscher.

1. Hier ist ohne jede internationalrechtliche Beziehung der Fall der Vormundschaft über einen Deutschen, der im Inlande Wohnsitz oder Aufenthalt hat,

und der der Pflegschaft für einen solchen, wenn auch die Angelegenheit, um die es sich handelt, im Inlande zu erledigen ist.

2. Auch der Fall einer Pflegschaft für einen im Inlande befindlichen Deutschen zur Besorgung einer Angelegenheit, die im Auslande zu erledigen ist, bietet regelmäßig keine internationalrechtlichen Besonderheiten. Erwähnenswert ist nur der Fall, der sich an die dem Art. 28 zugrunde liegenden Voraussetzungen anschließt, wenn es sich nämlich bei der Pflegschaft um Gegenstände handelt, die sich im Gebiet eines Auslandstaats befinden und nach dessen Gesetzen besonderen Vorschriften unterliegen. Das ist z. B. der Fall, wenn ein Kind in Deutschland unter elterlicher Gewalt der Mutter steht, der Auslandstaat aber, wie manche amerikanische Staaten, die Befugnis der elterlichen Gewalthaberin über die in seinem Machtbereiche befindlichen Gegenstände nicht anerkennt, sondern eine besondere obrigkeitlich angeordnete Vertretung fordert. Diese ist dann nach § 1909 von dem deutschen Vormundschaftsgericht anzuordnen; denn der elterliche Gewalthaber ist hier als solcher an der Besorgung dieser Angelegenheit verhindert, doch kann er — und darin zeigt sich die aus der internationalrechtlichen Beziehung hervorgehende Besonderheit — zum Pfleger bestellt werden. Außerdem greift hier der § 47 FGG. ein, d. h. die Anordnung einer Pflegschaft im Inlande kann unterbleiben oder die angeordnete an das Ausland abgegeben werden, wenn im Auslande die erforderliche Fürsorge geschaffen ist und die Unterlassung einer besonderen Fürsorge im Inland oder die Abgabe an das Ausland im Interesse des Pfleglinges liegt. Erkennt der Auslandstaat für die in seinem Bereiche befindlichen Gegenstände überhaupt keine durch fremde Organe, sondern nur eine durch seine eigenen Behörden angeordnete und geleitete Vertretung an, so ist das in analoger Ausdehnung des Art. 28 auch im Inlande zu berücksichtigen, und die von dem ausländischen Vertreter vorgenommenen Rechtsgeschäfte, soweit sie sich auf die im Auslande befindlichen Gegenstände beschränken, werden auch bei uns als wirksam anzuerkennen sein.

3. Die Vormundschaft über einen Deutschen, der im Auslande Wohnsitz oder Aufenthalt hat, braucht nach Maßgabe des § 47 FGG. nicht angeordnet oder kann abgegeben werden. Ebenso eine Pflegschaft in den Fällen der §§ 1909—1913, wenn diejenigen, für welche die Fürsorge eintreten soll, Deutsche sind und im Auslande wohnen oder sich aufhalten oder von dort aus verschollen sind (vgl. bayer. Oberstes Landesgericht in OLG. 10 S. 17) oder wenn die Leibesfrucht bei ihrer Geburt Deutscher sein würde und die Mutter sich im Ausland aufhält. Dies gilt auch im Falle des § 1913, indem möglicherweise die Ungewißheit nur darin besteht, wer aus einem engbegrenzten Kreise der Beteiligte ist, und dieser Kreis nur aus Deutschen besteht, die sämtlich im Auslande wohnen oder sich aufhalten. Ausgeschlossen von dem § 47 FGG. ist dagegen die Realkuratel des § 1914 und die Nachlaßpflegschaft (FGG. § 75, wo § 47 nicht angezogen wird).

B. Die Person, zu deren Gunsten die Fürsorge bestimmt ist, ist Ausländer.

1. Eine Vormundschaft über einen solchen kann im Inlande nur dann eingeleitet werden, wenn er im Inland entweder Wohnsitz oder Aufenthalt hat, denn nur dann ist nach FGG. § 36 ein zur Anordnung der Vormundschaft zuständiges Gericht vorhanden. Dagegen kann eine Pflegschaft für einen Ausländer auch ohne diese Vorbedingung eingeleitet werden, wenn im Inlande das

Bedürfnis nach einer Fürsorge für ihn hervortritt (§ 37 Abs. 2, §§ 38, 39, 41 FGG.).

Außerdem müssen die Voraussetzungen des Art. 23 vorliegen, nämlich:

a) der Ausländer muß

α) entweder nach den Gesetzen seines Heimatstaats fürsorgebedürftig sein. Ausgeschlossen ist also die Anordnung einer Vormundschaft wegen Minderjährigkeit über einen Ausländer, der zwar noch nicht 21 Jahre alt, aber nach seinem Heimatrechte volljährig ist, oder die Anordnung einer Pflegschaft über einen Tauben, Blinden, Stummen, Abwesenden, wenn sein Heimatrecht ein Fürsorgebedürfnis für ihn nicht anerkennt. Soweit die Fürsorgebedürftigkeit ihren Grund hat in einem Mangel der Geschäftsfähigkeit, deckt sich das Statut, auf das im Art. 23 verwiesen wird, mit dem des Art. 7. Läßt das Gesetz des Heimatstaats über die Geschäftsfähigkeit das deutsche Gesetz entscheiden (Art. 27), so wird damit zugleich für den Art. 23 die Fürsorgebedürftigkeit verneint. Auch muß das Bedürfnis nach dem Heimatrechte gerade auf Fürsorge durch eine von der Obrigkeit eingeleitete vormundschaftliche Obhut gehen. Ist für den an sich Fürsorgebedürftigen kraft seines Heimatgesetzes schon ohne weiteres eine Fürsorge eingetreten (z. B. elterliche Gewalt über ein uneheliches Kind, gesetzliche Vormundschaft), so ist ein Fürsorgebedürfnis jedenfalls dann zu verneinen, wenn die Träger einer solchen Schutzgewalt sich im Inlande befinden oder sich der Fürsorge unterziehen.

β) Oder er muß im Inland entmündigt sein (vgl. Art. 8). In diesem Falle kommt es nicht darauf an, ob durch den Zustand des Entmündigten ein Fürsorgebedürfnis nach dem Heimatrechte des Entmündigten begründet ist. Die Entmündigung muß aber erfolgt sein, es genügt nicht, daß sie bloß eingeleitet ist.

b) Die zweite Voraussetzung ist, daß der Heimatstaat des Fürsorgebedürftigen oder Entmündigten die Fürsorge nicht übernimmt. Dem Heimatstaate steht also in erster Linie die Befugnis zur Übernahme der Fürsorge zu, und nur, wenn er davon keinen Gebrauch macht, ist die Anordnung einer Vormundschaft oder Pflegschaft im Inlande zulässig. Dies gilt für Pflegschaften ganz allgemein, also auch dann, wenn die Angelegenheit, zu deren Besorgung die Pflegschaft bestimmt ist, im Inlande zu erledigen und das Bedürfnis zur Fürsorge hier hervorgetreten ist, so z. B., wenn ein Deutscher seinem ausländischen Enkel sein in Deutschland befindliches Vermögen mit der Bestimmung zugewendet hat, daß dem Vater des Bedachten die Verwaltung nicht zustehen soll (BGB. § 1913). Übernimmt der ausländische Staat in einem solchen Falle die Fürsorge, so muß sich das deutsche Gericht der Einleitung einer Pflegschaft enthalten. Auch steht dem inländischen Gerichte keine Prüfung zu, ob die von dem Heimatstaate getroffenen Maßregeln eine nach inländischen Vorschriften genügende Fürsorge enthalten und wie sie gehandhabt wird. Darin unterscheidet sich der Art. 23 von dem § 47 FGG. Dort wird die Nichtanordnung einer Vormundschaft über einen Deutschen im Inlande nur dann zugelassen, wenn im Auslande die nach den deutschen Vorschriften erforderliche Fürsorge angeordnet ist. Dagegen verlangt Art. 23 nur, daß der Auslandstaat die Fürsorge übernimmt. Will in dem eben erwähnten Falle der Erblasser diesen Übergang der Verwaltung an den Auslandstaat vermeiden, so muß er eine Testamentsvollstreckung anordnen. Für die Befugnisse des Nachlaßgerichts in einem solchen Falle gilt der Art. 23 nicht.

2. Ob jene Voraussetzungen gegeben sind, hat das deutsche Vormundschaftsgericht von Amts wegen zu prüfen (OLG. 6 S. 309; KGJ. 27 S. A 164 = RJA. 4 S. 78; KGJ. 31 S. A 45; a. A. OLG. Hamburg, Hans. GZ. 1903 Beibl. S. 55), und erst, nachdem es ihr Vorhandensein festgestellt hat, darf es eine Vormundschaft oder Pflegschaft anordnen; doch ist die vorhergegangene Ermittelung nicht Voraussetzung der Gültigkeit der Inlandsvormundschaft (OLG. Hamburg a. a. O.). Dagegen darf das inländische Gericht vorher nach Abs. 2 vorläufige Maßregeln treffen. Als solche kommen in Betracht (vgl. § 1960 Abs. 2) die Anlegung von Siegeln, die Hinterlegung von Geld, Wertpapieren und Kostbarkeiten, die Aufnahme eines Vermögensverzeichnisses, auch die Bestellung eines Verwahrers u. dgl. Die Bestellung eines Vormundes oder Pflegers ist als vorläufige Maßregel ausgeschlossen, weil in ihr eben die Anordnung einer Vormundschaft oder Pflegschaft läge. Doch wird unter Umständen die Berufung einer Person, die mit Wirksamkeit für den Pflegling Rechtsgeschäfte vornehmen kann, geboten sein, um von dem Fürsorgebedürftigen erhebliche Nachteile abzuwenden. Auf einen solchen Vertreter werden sinngemäß die Vorschriften über den Pfleger anzuwenden sein, so daß das Verhältnis tatsächlich einer vorläufigen Pflegschaft gleichsteht (so auch KGJ. 27 S. A 164 = RJA. 4 S. 78). Auch die vorläufige Vormundschaft des § 1906 BGB. (über einen Volljährigen, dessen Entmündigung beantragt ist) ist an sich nur unter den Voraussetzungen des Art. 23 Abs. 1 zulässig (so auch Kammergericht KGJ. 21 S. A 209). Doch ist sie nicht bloß eine vormundschaftliche Maßregel, sondern eine solche, die zugleich in die Geschäftsfähigkeit des Betroffenen eingreift (vgl. BGB. § 114). Sie ist eine antizipierte und abgeschwächte Entmündigung und darum für zulässig zu erachten, sobald nur unter den Voraussetzungen des Art. 7 die Entmündigung beantragt ist, wenn auch noch nicht festzustellen gewesen ist, ob die Bedingungen des Art. 23 zutreffen.

3. Aber auch, wenn jene Voraussetzungen des Art. 23 vorliegen, hängt es von dem freien Ermessen des deutschen Vormundschaftsgerichts ab, ob es eine Vormundschaft oder Pflegschaft anordnen und vorläufige Maßregeln treffen will. Der Ausländer, zu dessen Gunsten die Fürsorge dienen soll, hat also keinen Anspruch darauf, es besteht also auch wegen Unterlassung solcher Anordnungen keine Ersatzpflicht des Vormundschaftsrichters nach § 1848 und § 823 BGB., sondern nur bei absichtlicher Schadenszufügung die Ersatzpflicht aus § 826. Erfolgt die Ablehnung der Anordnung einer Vormundschaft oder Pflegschaft oder von vorläufigen Maßregeln aus Rechtsgründen (weil die Voraussetzungen des Art. 23 nicht vorliegen), so ist dagegen die Beschwerde nach § 57 FGG. und auch die weitere Beschwerde gegeben; dagegen wird das Vormundschaftsgericht in der Frage, ob es sich einer Fürsorge für den Ausländer als solchen zu unterziehen hat, der Weisung der Justizverwaltungsbehörden nachzukommen haben.

4. Wird die Vormundschaft oder Pflegschaft angeordnet, so untersteht sie den Vorschriften des deutschen Rechtes. Jeder Deutsche ist zur Übernahme der Vormundschaft oder Pflegschaft verpflichtet, aber auch nur ein

solcher, nicht ein in Deutschland wohnhafter Landsmann des Bevormundeten; doch kann die Weigerung seiner Angehörigen oder Landsleute, die Vormundschaft zu übernehmen, das Gericht veranlassen, von der Anordnung einer solchen abzusehen. Für die Beendigung gelten zunächst die Grundsätze des deutschen Rechtes in Verbindung mit den Vorschriften des Art. 23; die Vormundschaft oder Pflegschaft erlischt also, sobald nach dem Heimatgesetze des Ausländers seine Fürsorgebedürftigkeit aufhört oder sein Heimatrecht die Fürsorge übernimmt. Das Gericht kann aber auch, wenn es die fernere Fortführung nicht mehr für zweckmäßig erachtet, sie ablehnen, z. B. wenn der bisherige ausländische Vormund weggefallen ist und sich kein anderer ausländischer Angehöriger zur Übernahme bereit findet.

5. Verliert ein Deutscher, für den eine Vormundschaft oder Pflegschaft angeordnet ist, seine Reichsangehörigkeit und erwirbt er eine ausländische Staatsangehörigkeit, so gelten ebenfalls die Grundsätze des Art. 23. Das Vormundschaftsgericht hat also auf Verlangen des neuen Heimatstaats die Fürsorge an diesen abzugeben (KGJ. 21 S. A 203 = RJA. 2 S. 55).

6. Auch gegenüber einer Person, die keinem Staate angehört, besteht keine Verpflichtung der deutschen Behörden zur Übernahme vormundschaftlicher Fürsorge; die Grundsätze des Art. 23 sind hier entsprechend anzuwenden. Über seine Fürsorgebedürftigkeit entscheiden nach Art. 29 die Gesetze seines letzten Heimatstaats, eventuell die seines Wohnsitzes oder Aufenthalts. Doch haben diese Staaten keinen Vorrang zur Übernahme der Fürsorge, vielmehr kann sie hier von dem deutschen Gericht ohne weiteres angeordnet werden.

III. Anerkennung ausländischer Vormundschaften.

1. Die über einen Ausländer in seinem Heimatstaate geführte Vormundschaft oder Pflegschaft ist, wie sich aus Art. 23 ergibt, in Deutschland als maßgebend anzuerkennen, und zwar auch für solches Vermögen, das sich in Deutschland befindet. Eine Ausnahme, wie sie Art. 28 zugunsten ausländischer Vorschriften für Gegenstände macht, die sich in einem ausländischen Staate befinden und nach dessen Gesetzen besonderen Vorschriften unterliegen, besteht für Deutschland im Bereich des Vormundschaftsrechts reichsrechtlich nicht. Wohl aber kann landesgesetzlich (z. B. für Fideikommisse, Lehengüter u. dgl.) die Anerkennung einer ausländischen Vormundschaft oder Pflegschaft ausgeschlossen sein.

2. Auch in betreff von Deutschen ist eine im Auslande geführte Vormundschaft usw. anzuerkennen. Einmal im Falle des § 47 FGG. und sodann, soweit es sich um Gegenstände handelt, die sich im Auslande befinden und nach den Gesetzen des Staates, in dessen Gebiete sie sich befinden, von der Einwirkung einer fremden Vormundschaft u. dgl. ausgeschlossen sind. Dagegen haben eine Vormundschaft oder Pflegschaft über einen Deutschen, die im Ausland ohne Zulassung des deutschen Richters und im Widerspruche mit einer im Inland angeordneten Fürsorge über inländisches Vermögen des Mündels geführt wird und die Rechtsgeschäfte, die innerhalb einer solchen Vormundschaft von dem ausländischen Vormund oder Pfleger vorgenommen sind, keinen Anspruch auf Anerkennung im Inlande.

3. Soweit überhaupt einer im Auslande geführten Vormundschaft im Inlande Geltung zukommt, sind auch die dortigen Gesetze als für sie maßgebend anzu-

erkennen. Dahin gehört namentlich der Umfang der Vertretungsmacht des Vormundes und die Notwendigkeit ihrer Ergänzung durch andere Organe (Gegenvormund, Vormundschaftsgericht usw.). Ob der Vormund eines Deutschen zum Verkauf und zur Auflassung eines in Deutschland belegenen Grundstücks selbständig ohne Genehmigung des Vormundschaftsgerichts befugt ist, bestimmt sich, wenn die Vormundschaft im Auslande geführt wird, nicht nach § 1821 Nr. 1, 3 BGB., sondern nach dem Rechte des Auslandsstaats, in dem die Vormundschaft geführt wird. Lassen Rechtsgeschäfte dieser Art, die der Vormund vornimmt, seine nach ausländischem Rechte weitergehende Vertretungsmacht für den deutschen Mündel bedenklich erscheinen, so kann der deutsche Vormundschaftsrichter daraus Anlaß nehmen, noch nachträglich eine Vormundschaft oder Pflegschaft im Inland anzuordnen und damit der ausländischen die Wirksamkeit für das Inland zu entziehen; doch behalten auch dann die bis dahin von dem ausländischen Vormund abgeschlossenen Rechtsgeschäfte ihre Wirksamkeit.

IV. **Der Art. 23 bezieht sich nicht auf solche Anordnungen,** die dem deutschen Vormundschaftsgerichte nach dem BGB. außerhalb des eigentlichen Vormundschaftsrechts (4. Buch 3. Abschnitt) zukommen. So bei Erweiterung der Geschäftsfähigkeit (§§ 112, 113), im Gebiete des Ehe- und des Elternrechts (z. B. §§ 1304, 1308, 1314, 1357, 1358, 1379, 1447, 1451, 1635, 1640, 1643, 1645, 1665—1675, 1677, 1685, 1687, 1690 u. a.). Inwieweit auch in Fällen dieser Art das deutsche Vormundschaftsgericht gegenüber Ausländern zum Eingreifen befugt ist, ist nach dem Personalstatute zu beurteilen, das sich aus dem Art. 7, 13—17, 19, 20, 22 ergibt. Dabei sind aber die Art. 27 und 30 zu berücksichtigen. Namentlich wird ein Einschreiten des deutschen Vormundschaftsgerichts gegen Mißbrauch der elterlichen Gewalt auf Grund des Art. 30 auch bei Ausländern für zulässig zu erachten sein, auch soweit es sich nicht bloß um vorläufige Maßregeln im Sinne des Art. 23 Abs. 2 handelt (vgl. Anm. zu Art. 30).

V. In zahlreichen **Verträgen des Reichs mit ausländischen Staaten** wird den beiderseitigen Konsuln die Befugnis zur Wahrnehmung vormundschaftlicher Funktionen über die Angehörigen ihres Staates eingeräumt; vgl. für Brasilien: Vertr. 10. Januar 1882 Art. 21 (RGBl. 1882 S. 69); Griechenland: 26. November 1881 Art. 22 Abs. 4 (RGBl. 1882 S. 101); Guatemala: 20. September 1887 Art. 25 (RGBl. 1888 S. 238); Honduras: 12. Dezember 1887 Art. 25 (RGBl. 1888 S. 268); Italien: 21. Dezember 1868, 7. Februar 1872 Art. 11 Z. 7 (BGBl. 1869 S. 113, RGBl. 1872 S. 134); Japan: 4. April 1896 Art. 13 (RGBl. 1896 S. 732); Nicaragua: 4. Februar 1896 Art. 25 (RGBl. 1897 S. 171); Salvador: 13. Juni 1890 Art. 27 (RGBl. 1892 S. 377); Serbien: 6. Januar 1883 Art. 18 Abs. 4 (RGBl. 1883 S. 66); Spanien: 22. Februar 1870, 12. Januar 1872 Art. 11 Z. 8 (BGBl. 1870 S. 105, RGBl. 1872 S. 211); Südafrikanische Republik: 22. Januar 1885 Art. 24 (RGBl. 1886 S. 220).

Davon abgesehen steht den deutschen Konsuln im Auslande keine Befugnis zur Verrichtung vormundschaftsgerichtlicher Funktionen zu; nur in den Konsulargerichtsbezirken hat nach dem Konsulargerichtsbarkeitsgesetze vom 7. April 1900 (RGBl. S. 213) § 7 Ziffer 2 der Konsul auch die Obliegenheiten des Vormundschaftsrichters.

VI. Übergangsrecht.

Der Art. 23 greift auch gegenüber früheren Vormundschaften Platz. Auch bei ihnen ist zu prüfen, ob die Voraussetzungen des Art. 23 vorliegen, namentlich ob der ausländische Staat zur Übernahme der Vormundschaft bereit ist (Kammergericht 23. Februar 1903: OLG. 6 S. 309).

VII. **Nach dem Haager Abkommen vom 12. Juni 1902 zur Regelung der Vormundschaft über Minderjährige** (oben S. 48 Vorbem. X) gelten gemäß Art. 9 für Vormundschaften über Minderjährige, die Angehörige eines der Vertragsstaaten (d. h. der oben S. 112 unter VII genannten Staaten und Spanien) sind und ihren gewöhnlichen Aufenthalt im europäischen Gebiet eines dieser Staaten haben, die Art. 1—6 und unabhängig von dem letzteren Erfordernisse die Art. 7, 8 des Abkommens, dessen Bestimmungen ohne die Schlußbestimmungen im amtlichen deutscheu Texte folgendermaßen lauten:

Artikel 1.

Die Vormundschaft über einen Minderjährigen bestimmt sich nach dem Gesetze des Staates, dem er angehört (Gesetz des Heimatstaats).

Artikel 2.

Sieht das Gesetz des Heimatstaats für den Fall, daß der Minderjährige seinen gewöhnlichen Aufenthalt im Auslande hat, die Anordnung einer Vormundschaft im Heimatlande nicht vor, so kann der von dem Heimatstaate des Minderjährigen ermächtigte diplomatische oder konsularische Vertreter gemäß dem Gesetze dieses Staates die Fürsorge übernehmen, sofern der Staat, in dessen Gebiete der Minderjährige seinen gewöhnlichen Aufenthalt hat, dem nicht widerspricht.

Artikel 3.

Falls eine Vormundschaft gemäß den Bestimmungen des Artikel 1 oder des Artikel 2 nicht angeordnet ist oder nicht angeordnet werden kann, so ist für die Anordnung und die Führung der Vormundschaft über einen Minderjährigen, der seinen gewöhnlichen Aufenthalt im Auslande hat, das Gesetz des Aufenthaltsorts maßgebend.

Artikel 4.

Ist die Vormundschaft gemäß der Bestimmung des Artikel 3 angeordnet, so kann gleichwohl eine neue Vormundschaft auf Grund des Artikel 1 oder des Artikel 2 angeordnet werden.

Hiervon ist der Regierung des Staates, in welchem die Vormundschaft zuerst angeordnet wurde, so bald wie möglich Nachricht zu geben. Diese Regierung hat davon entweder die Behörde, welche die Vormundschaft angeordnet hat, oder in Ermangelung einer solchen Behörde den Vormund selbst zu benachrichtigen.

In dem Falle, den dieser Artikel vorsieht, bestimmt sich der Zeitpunkt, in welchem die ältere Vormundschaft endigt, nach der Gesetzgebung des Staates, in dessen Gebiete diese Vormundschaft angeordnet war.

Artikel 5.

In allen Fällen bestimmen sich der Zeitpunkt für den Beginn sowie für die Beendigung der Vormundschaft nach dem Gesetze des Heimatstaats des Minderjährigen.

Artikel 6.

Die vormundschaftliche Verwaltung erstreckt sich auf die Person sowie auf das gesamte Vermögen des Minderjährigen, gleichviel an welchem Orte sich die Vermögensgegenstände befinden.

Von dieser Regel sind Ausnahmen zulässig in Ansehung solcher Grundstücke, welche nach dem Gesetze der belegenen Sache einer besonderen Güterordnung unterliegen.

Artikel 7.

Solange die Vormundschaft nicht angeordnet ist, sowie in allen dringenden Fällen können die zuständigen Ortsbehörden die Maßregeln treffen, die zum Schutze der Person und der Interessen eines minderjährigen Ausländers erforderlich sind.

Artikel 8.

Liegt Anlaß vor, für einen minderjährigen Ausländer die Vormundschaft anzuordnen, so haben die Behörden des Staates, in dessen Gebiet er sich befindet, von dem Sachverhalte, sobald dieser ihnen bekannt wird, die Behörden des Staates zu benachrichtigen, dem der Minderjährige angehört.

Die in solcher Art benachrichtigten Behörden sollen den Behörden, die ihnen die Mitteilung gemacht haben, so bald wie möglich Kenntnis geben, ob die Vormundschaft angeordnet ist oder angeordnet werden wird.

Die Bestimmungen des Abkommens stehen im wesentlichen mit den Grundsätzen des deutschen Rechtes (EG. Art. 23, FGG. § 47) im Einklange. Soweit nach dem Abkommen ausländisches Recht maßgebend ist, bleibt für die Anwendung des Art. 30 EG. kein Raum. Außerhalb des Anwendungsbereichs des Abkommens bewendet es bei den deutschen Kollisionsnormen.

Nach Art. 1 gilt das Gesetz des Heimatstaats des Mündels sowohl für die Zuständigkeit der Behörden, die ihnen obliegende Aufsicht und die Formen des Verfahrens als auch für die Führung der Vormundschaft, die Verpflichtungen des Vormundes und alle sonstigen Fragen, für deren gesetzliche Regelung wesentlich das Interesse des Mündels entscheidend ist, nicht dagegen für die Verpflichtung zur Übernahme des Amtes eines Vormundes. Wechselt der Minderjährige während der Dauer der Vormundschaft die Staatsangehörigkeit, so gilt für die Vormundschaft nach Art. 1 fortan das Gesetz des neuen Heimatstaats; es bedarf somit der Anordnung einer neuen Vormundschaft, und die alte Vormundschaft ist bis dahin fortzuführen, wenn sie nicht gemäß Art. 3 überhaupt bestehen bleibt. Für das Verfahren wird Art. 4 entsprechend anzuwenden sein.

Eine Übersicht der in den übrigen Vertragsstaaten geltenden vormundschaftsrechtlichen Vorschriften enthalten die Bekanntmachungen des preuß. Justizministers v. 21. Juni, des bayer. vom 20. Juni und des sächs. v. 12. Juli 1906.

Die Vorschrift des Art. 2 kommt für minderjährige Deutsche, die im Vertragsgebiet ihren gewöhnlichen Aufenthalt haben, nicht in Betracht, da den auswärtigen Beamten des Reichs, abgesehen von den Gebieten der Konsulargerichtsbarkeit, die Obliegenheiten der Vormundschaftsbehörde gesetzlich nicht übertragen sind.

Für die im Art. 3 aushilfsweise zugelassene Vormundschaft nach dem Gesetze des gewöhnlichen Aufenthaltortes ist dieses Gesetz mit der im Art. 5 vorgesehenen

Ausnahme ausschließlich maßgebend. Ob die Anordnung der Vormundschaft durch die Heimatbehörde wegen rechtlicher Hindernisse oder infolge Säumnis oder unbegründeter Weigerung oder auch auf Grund einer Verständigung mit der Aufenthaltsbehörde unterbleibt, ist gleichgültig. Die Zulässigkeit der Abgabe einer von der Heimatbehörde angeordneten Vormundschaft an die Aufenthaltsbehörde hängt von der inneren Gesetzgebung der beteiligten Staaten ab. Für Deutschland kommen Art. 23 EG. und § 46 FGG. in Betracht, die den deutschen Behörden sowohl die Abgabe als auch die Übernahme einer Vormundschaft im Falle des Einverständnisses der Behörden des anderen Staates ermöglichen.

Für die Bestimmung des im Art. 4 Abs. 3 bezeichneten Zeitpunkts bewendet es nach deutschem Rechte bei den allgemeinen Grundsätzen des BGB. und des FGG.; im Verhältnisse zu Dritten kommt namentlich § 1693 Abs. 1 BGB. zur Anwendung.

Der Art. 5 soll den Unzuträglichkeiten vorbeugen, die sich ergeben würden, wenn sich der Beginn und die Beendigung der Vormundschaft nach einem anderen Rechte bestimmen würden als die Geschäftsfähigkeit. Die Vorschriften des Art. 7 Abs. 3 EG. läßt er unberührt. Auf die Gründe, aus denen nur das Amt des Vormundes endigt (BGB. §§ 1885ff.), bezieht er sich nicht.

Die Ausnahmevorschrift des Art. 6 Abs. 2 gibt namentlich für Familienfideikommisse und Lehen (vgl. EG. Art. 28).

Der Art. 7 geht über Art. 23 Abs. 2 EG. insofern hinaus, als er auch dann, wenn eine Vormundschaft im Ausland angeordnet ist, ein Eingreifen der Ortsbehörden in dringenden Fällen, insbesondere bei tatsächlicher oder rechtlicher Behinderung des ausländischen Vormundes, gestattet. Zu den zulässigen Maßregeln kann unter Umständen die Bestellung eines Pflegers (BGB. § 1909) gehören. Für die Zuständigkeit der deutschen Gerichte sind die §§ 37, 44 FGG. maßgebend.

Die im Art. 8 vorgesehenen Mitteilungen werden regelmäßig im diplomatischen Wege erfolgen. Für die Mitteilungen an die niederländischen Behörden in den Fällen des Art. 4 Abs. 2 und des Art. 8 schreibt diesen Weg ausschließlich vor die Allg. Vfg. des preuß. Justizministers v. 12. Oktober 1906 (JMBl. S. 301).

Vorbemerkung zu den Artikeln 24—26 (Erbrecht).

An Stelle der vollkommenen Kollisionsnorm der früheren Entwürfe, wonach die erbrechtlichen Verhältnisse allgemein nach den Gesetzen des Staates beurteilt werden sollten, dem der Erblasser zur Zeit seines Todes angehörte, hat der Bundesrat zwei unvollkommene Kollisionsnormen gesetzt, eine einseitige für den Fall, wo der Erblasser zur Zeit seines Todes Deutscher ist (Art. 24), und eine andere für den Fall, wo der Erblasser Ausländer ist, aber zur Zeit seines Todes seinen Wohnsitz im Inlande hat (Art. 25). Für diese beiden Fälle hat der Bundesrat, dessen Vorlage demnächst zum Gesetze geworden ist, die in den Entwürfen angenommene Anknüpfungsbeziehung der Staatsangehörigkeit des Erblassers zur Zeit seines Todes als Grundlage des Erbstatuts beibehalten, im Gegensatze zu der bisher in Deutschland überwiegend herrschenden Auffassung, wonach der Wohnsitz des Erblassers zur Zeit seines Todes für seine Beerbung maßgebend war (gemeines, preußisches, rheinisches Recht, sächs. BGB. § 17; nur das badische Recht ließ schon die Staatsangehörigkeit entscheiden; wegen der ausländischen Gesetze vgl. Art. 25, 27, 28). Dagegen stimmt das Gesetz mit dem bisherigen deutschen Rechte darin überein, daß die Erbschaft als Ganzes, ohne Unterscheidung nach beweglichem und unbeweglichem Vermögen und ohne Rücksicht darauf, wo sich die einzelnen Vermögensstücke befinden, einem einheitlichen Erbstatut unterworfen wird; doch wird hiervon zugunsten fremder Rechte eine Ausnahme durch Art. 28 zugelassen. Ferner hat das Gesetz auch, gleichfalls im Anschluß an die bisherige deutsche Rechtsentwickelung, nicht bloß die materielle Erbfolge (die Frage, wer Erbe wird), sondern die gesamten durch die Beerbung entstehenden Rechtsverhältnisse unter das Personalstatut des Erblassers gestellt, allerdings mit einigen Einschränkungen zugunsten anderer Statuten (Art. 24 Abs. 2 und 3, von denen der Abs. 2 durch den Bundesrat hinzugefügt ist, während der Abs. 3 im wesentlichen Sonderbestimmungen enthält, die schon in den früheren Entwürfen enthalten waren).

Der Art. 26 enthält eine besonders geartete aus Erwägungen der Zweckmäßigkeit hervorgegangene Bestimmung zugunsten deutscher Behörden, wenn durch ihre Vermittelung Nachlaßvermögen aus dem Ausland ins Inland gelangt.

Artikel 24.

Ein Deutscher wird, auch wenn er seinen Wohnsitz im Auslande hatte, nach den deutschen Gesetzen beerbt.

Hat ein Deutscher zur Zeit seines Todes seinen Wohnsitz im Auslande gehabt, so können die Erben sich in Ansehung der Haftung für die Nachlaßverbindlichkeiten auch auf die an dem Wohnsitze des Erblassers geltenden Gesetze berufen.

Erwirbt ein Ausländer, der eine Verfügung von Todes wegen errichtet oder aufgehoben hat, die Reichsangehörigkeit, so wird die Gültigkeit der Errichtung oder der Aufhebung nach den Gesetzen des Staates beurteilt, dem er zur Zeit der Errichtung oder der Aufhebung angehörte; auch behält er die Fähigkeit zur Errichtung einer Verfügung von Todes wegen, selbst wenn er das nach den deutschen Gesetzen erforderliche Alter noch nicht erreicht hat. Die Vorschrift des Artikel 11 Abs. 1 Satz 2 bleibt unberührt.

Vorentw. A und B § 29; E. I § 21; E. IIa BGB. § 2261; E. IIb BGB. § 2386; E. III Art. 23. Prot. VI S. 72ff.

Literatur: v. Savigny 8 S. 295ff.; v. Roth 1 S. 294ff.; Stobbe-Lehmann 1 S. 283; Gierke 1 S. 243ff.; v. Bar 2 S. 295ff., Lehrbuch S. 157ff.; Böhm S. 174ff.; Asser-Cohn S. 717; Niemeyer S. 167ff.; Barazetti S. 96ff.; Böhm, Handbuch der internat. Nachlaßbehandlung 2. Aufl. 1895; Champ communal, Étude sur la succession ab intestat en droit internat. privé, Paris 1892; Inhülsen, Deutschland in praktischer Berührung mit dem englischen Erbrecht, Böhms Z. 3 S. 1ff.; Schwab, Einige Fälle internationaler Nachlaßbehandlung, das. S. 375; Pfizer, Einfluß der Wohnsitzänderung auf das Erbrecht, das. 5 S. 548ff.; Barazetti, Zur Erläuterung des Art. 24 Abs. 3 EG. z. BGB., das. 7 S. 1ff.; Schnell, Zur Erläuterung des Art. 24 Abs. 3 EG. z. BGB., das. 7 S. 113ff.; Barazetti, Einzelne Fragen des internat. Privatr. auf dem Gebiet des Erbrechts nach dem BGB., das. S. 313ff.; Klein, Zur Auslegung des Art. 24, das. Bd. 12 S. 444ff. (betr. Erbschaftskauf); Köhler, Erbenhaftung für Nachlaßverbindlichkeiten nach neuem deutschen internationalen Privatrecht; Wahl, Des principes de compétence dans les conflits internationaux, spécialement en matière de succession, Journ. du droit internat. privé, 22e Année 1895 p. 705ff.

I. **Den allgemeinen Grundsatz** spricht der **Abs.** 1 dahin aus, daß ein Deutscher nach den deutschen Gesetzen beerbt wird. Die deutschen Gesetze sind maßgebend, auch wenn der Erblasser seinen Wohnsitz im Auslande hatte, auch wenn er früher einem anderen Staate angehörte, und endlich ohne Rücksicht darauf, wo sich der Nachlaß im ganzen oder einzelne Stücke daraus befinden. In ersterer Beziehung hebt der Abs. 1 ausdrücklich hervor, daß der ausländische Wohnsitz des Deutschen ohne Bedeutung ist. Diese ungewöhnliche Betonung erklärt sich aus der Absicht, dem bisher in Deutschland gerade auf dem Gebiete des Erbrechts fast allgemein maßgebenden Personalstatute des Wohnsitzes ausdrücklich entgegenzutreten. Eine Einschränkung des allgemeinen Grundsatzes, die bei ausländischem Wohnsitz eintritt, gibt jedoch der Abs. 2; den Einfluß eines Wechsels der Staatsangehörigkeit auf die Beerbung regelt der Abs. 3, und endlich gibt der Art. 28 für den Fall, daß sich Nachlaßstücke im Auslande befinden, auch der lex rei sitae unter bestimmten Voraussetzungen Raum. Wie ein Deutscher, so wird nach Art. 29 auch ein früherer Deutscher, der nach Verlust seiner Reichsangehörigkeit keine andere Staatsangehörigkeit mehr erworben hat, nach den deutschen Gesetzen beerbt, desgleichen ein Erblasser, der überhaupt keinem Staate angehört hatte, wenn er bei seinem Tode seinen Wohnsitz und beim Mangel eines Wohnsitzes seinen Aufenthalt in Deutschland hatte.

Die früheren Entwürfe hatten die Fassung: „Die erbrechtlichen Verhältnisse werden beurteilt". Danach könnte die Fassung des Gesetzes: „Ein Deutscher wird beerbt" als eine Einschränkung erscheinen dahin, daß die deutschen Gesetze nur dafür maßgebend sein sollen, wer Erbe wird und wie er es wird. Allein Abs. 2 zeigt, daß auch die Stellung der Erben nach außen hin — gegen die Nachlaßgläubiger — sich in erster Linie nach den deutschen Gesetzen bestimmen soll. Es sind deshalb für die Beurteilung der gesamten durch die Beerbung eines Deutschen veranlaßten Rechtsverhältnisse die Vorschriften des 5. Buches des BGB. (§§ 1922 bis 2385) für maßgebend zu erachten, also für die Erbfolge, die rechtliche Stellung des Erben (Annahme und Ausschlagung der Erbschaft, Fürsorge des Nachlaßgerichts, Haftung für Nachlaßverbindlichkeiten, Erbschaftsanspruch, Mehrheit von Erben), ferner für Testament und Erbvertrag, Pflichtteil, Erbunwürdigkeit, Erbverzicht, Erbschein und Erbschaftskauf. Wenn der Abs. 1 sagt, daß ein Deutscher nach den deutschen Gesetzen beerbt werde, so folgt daraus, daß für die Beurteilung der erbrechtlichen Verhältnisse, die nach dem Tode des Erblassers stattfindet, die deutschen Gesetze dann maßgebend sind, wenn er zur Zeit seines Todes Deutscher war. Eine solche Beurteilung kann aber auch schon bei Lebzeiten des Erblassers nötig werden (so bei einer Klage auf Feststellung der Gültigkeit oder Ungültigkeit eines Erbvertrags oder Erbverzichts). Hier entscheiden die deutschen Gesetze, wenn der Erblasser zur Zeit des Urteils Deutscher ist. Wegen des Einflusses, den dabei nach Art. 24 Abs. 3 eine frühere ausländische Staatsangehörigkeit des Erblassers haben kann, vgl. unter Nr. II.

Im einzelnen ist folgendes zu bemerken:

1. Erbfolge. Die deutschen Gesetze entscheiden vor allem darüber, wer Erbe wird, sowohl über die Person des Berufenen wie über seine Erbfähigkeit, über Erbunwürdigkeit u. dgl. Doch können hierbei neben den deutschen Gesetzen auch ausländische in Betracht kommen, insofern sich nach ihnen die Voraussetzungen bestimmen, von denen das BGB. die Erbfolge abhängig macht, so z. B. ob zwischen dem Erblasser und dem Erbprätendenten (durch eheliche oder uneheliche Geburt) Verwandtschaft besteht (Art. 18, 20) oder durch Legitimation oder Adoption begründet ist (Art. 22). Diese Fragen sind besonders zu prüfen, wenn der Erblasser früher einem anderen Staate angehörte (darüber siehe unten II A), doch können sie auch dann eintreten, wenn das nicht der Fall ist, aber die Verwandtschaft zwischen dem Erblasser und dem Erbprätendenten durch eine Person vermittelt wird, die einem andern Staate angehört oder angehört hat. Nach deutschem Rechte ist auch zu beurteilen, ob ein Ausländer, der verschollen ist, Erbe werden kann. Die Feststellung, ob ein solcher Verschollener den Erblasser überlebt hat, erfolgt nötigenfalls durch ein inländisches Verfahren auf Todeserklärung nach Art. 9 Abs. 2, doch genügt auch eine im Heimatstaate des Verschollenen etwa früher schon erfolgte Todeserklärung, um den Tod des Verschollenen anzunehmen, allerdings vorbehaltlich der Befugnis eines Beteiligten, das Ergebnis des ausländischen Verfahrens durch Einleitung eines inländischen zu modifizieren, z. B. in betreff des Zeitpunktes des Todes des Verschollenen (vgl. Art. 7 Anm. III B 2). Beruht die Erbfolge auf einer Verfügung von Todes wegen, so kann für deren Gültigkeit und Auslegung ein ausländisches Gesetz von Bedeutung sein (Art. 11 Abs. 1 Satz 2, Art. 27 Abs. 3), wenn sie im Ausland errichtet ist oder der Erblasser seinen Wohnsitz im Auslande hatte. (Näheres unter Nr. II B zu Abs. 3.)

2. Für die Ausschlagung der Erbschaft trifft der § 1944 Abs. 2 BGB. besondere Fürsorge für den Fall, wo der Erblasser seinen letzten Wohnsitz nur im Auslande gehabt hat oder der Erbe sich bei Beginn der Frist im Ausland aufhält.

3. Ein Nachlaßgericht schafft FGG. § 122 für die Hinterlassenschaft eines Deutschen auch dann, wenn er seinen Wohnsitz und selbst seinen Aufenthalt nicht im Inlande hatte, und auch der Nachlaß sich im Auslande befindet. Die Obliegenheiten, die das Nachlaßgericht zu erfüllen hat (Fürsorge für den Nachlaß, Nachlaßpflegschaft, Erbschein usw.), können daher stets von einem deutschen Gericht ausgeführt werden. Ebenso schafft der § 27 ZPO. für erbrechtliche Streitigkeiten über den Nachlaß eines Deutschen ein zuständiges Prozeßgericht innerhalb Deutschlands, auch wenn der Erblasser sonst keinen inländischen Gerichtsstand hatte. Dagegen fehlt es an einem für den Nachlaßkonkurs zuständigen Konkursgerichte, wenn der Erblasser im Inlande weder Wohnsitz noch Aufenthalt hatte (KO. § 224). Der Erbe ist deshalb, soweit ihm nicht das ausländische Recht nach Abs. 2 Hilfe ge-

währt, auf die Herbeiführung einer Nachlaßverwaltung im Inlande beschränkt. Der Nachteil des § 1980 kann ihn unter solchen Umständen nicht treffen.

4. Auch die Haftung der Erben für Nachlaßverbindlichkeiten bestimmt sich in erster Linie im vollen Umfange nach den deutschen Gesetzen. Doch bestehen hiervon Ausnahmen:

a) Besonders geregelt ist diese Haftung im Abs. 2 des Art. 24 für den Fall, daß der deutsche Erblasser seinen Wohnsitz im Auslande hatte. Im E. I war ausdrücklich gesagt, daß zu den erbrechtlichen Verhältnissen, die sich nach den Gesetzen des letzten Heimatstaats des Erblassers bestimmen sollten, auch die erbrechtlichen Schuldverhältnisse gehörten. Dies wurde in der zweiten Kommission als selbstverständlich gestrichen. Die dabei geäußerte Ansicht, daß sich die persönliche Haftung des Erben nach seinem Heimatgesetze bestimme, ist nicht zu billigen und wird gerade auch durch den Abs. 2 widerlegt, der zwar der lex domicilii des Erblassers, nicht aber der lex patriae oder domicilii des Erben einen Einfluß auf die Haftung des Erben einräumt. Der Abs. 2 verlangt nicht ausdrücklich, wie der § 1944 Abs. 2 BGB., daß der Erblasser seinen letzten Wohnsitz nur im Auslande gehabt habe, doch bedeutet dies inhaltlich keine Abweichung (vgl. Art. 29 Anm. V). Denn auch nach Art. 24 Abs. 2 genügt es nicht, daß der Erblasser zur Zeit seines Todes einen Wohnsitz im Auslande hatte, sondern er muß seinen Wohnsitz im Auslande, darf also im Inland überhaupt keinen gehabt haben. Ein bloßer Aufenthalt im Auslande begründet, auch wenn der Erblasser überhaupt keinen inländischen Wohnsitz hatte, die Anwendung des Abs. 2 nicht. — Unter jener Voraussetzung, daß der Erblasser seinen Wohnsitz nur im Auslande hatte, sollen sich die Erben in Ansehung der Haftung für die Nachlaßverbindlichkeiten auch auf die am Wohnsitze des Erblassers geltenden Gesetze berufen dürfen. Die Fassung dieser Vorschrift kann zu Zweifeln Anlaß geben. Es herrscht jedoch Einigkeit darüber, daß unter diese Vorschrift nicht die Frage fällt, ob die Erben eine Verbindlichkeit als Nachlaßverbindlichkeit müssen gelten lassen. Diese Frage ist vielmehr, soweit die Verbindlichkeit selbst auf erbrechtliche Normen gestützt wird, wie beim Pflichtteilsanspruche, beim Vermächtnisse, bei der Auflage, bei Ansprüchen unter Miterben, zwischen Vor- und Nacherben, gemäß Abs. 1 ausschließlich nach den deutschen Gesetzen zu beurteilen. Ein nach dem BGB. begründeter Pflichtteilsanspruch z. B. kann also vom Erben nicht mit Berufung auf die ausländische lex domicilii des Erblassers, die einen solchen Anspruch nicht kennt, abgelehnt werden. — Auch die Frage, ob eine Schuld, die schon gegen den Erblasser bestand, auf den Erben übergeht, hängt einesteils von dem Erbstatut ab, und, soweit das der Fall ist, kommt allein das deutsche Gesetz in Betracht. Da dieses einen Wegfall der Verbindlichkeit durch den Tod des Schuldners auf Grund erbrechtlicher Normen überhaupt nicht kennt, so ist erbrechtlich eine jede Verbindlichkeit eines deutschen Erblassers auch eine Nachlaßverbindlichkeit. Trotzdem kann aber der Übergang einer einzelnen Schuld des Erblassers auf die Erben darum ausgeschlossen sein, weil das Gesetz, unter dem dieses Schuldverhältnis zwischen dem Gläubiger und dem Erblasser obligationenrechtlich stand, die Vererblichkeit auf der Schuldnerseite ausschließt, so z. B., wenn die lex loci delicti commissi einem bestimmten Deliktsanspruch Unvererblichkeit auf der Passivseite beilegt, oder wenn die nach Art. 17 oder 21 berufenen ausländischen Gesetze den Unterhaltsanspruch der geschiedenen Ehefrau oder des unehelichen Kindes — abweichend vom BGB. §§ 1582 Abs. 1, 1712 — mit dem Tode des Verpflichteten erlöschen lassen. Derartige Beschränkungen greifen ganz unabhängig von der Vorschrift des Art. 24 Abs. 2 Platz, also auch bei inländischem Wohnsitze des Erblassers, sie nehmen einer bestimmten einzelnen Schuld kraft deren besonderen Natur den Charakter einer Nachlaßverbindlichkeit (vgl. über die einschlägigen Fragen des zeitlichen Übergangsrechts Habicht, Einwirkung S. 199ff.).

Wenn der Abs. 2 den Erben das Recht gibt, sich in Ansehung der Haftung für die Nachlaßverbindlichkeiten auch auf die Gesetze des Wohnsitzes des Erblassers zu berufen, so bezieht sich dies nur auf den Umfang und auf die Art und Weise der Haftung, wie sie für den Bereich des deutschen Rechtes in den §§ 1967 Abs. 1, 1970—2017 geordnet sind, also auf die Frage, ob die Erben nur mit dem Nachlaß oder auch persönlich, ob mehrere Erben solidarisch oder anteilsmäßig, ob sie cum viribus oder pro viribus des Nachlasses haften und dergleichen, unter welchen Voraussetzungen die eine oder andere Art der Haftung eintritt oder abzuwenden ist. Nicht unter den Abs. 2 fällt an sich die Frage, ob jemand durch Unterlassung der Ausschlagung innerhalb der Fristen des § 1944 Erbe geworden ist (wie auch das BGB. diese Frage nicht in dem zweiten Titel von der „Haftung des Erben für die Nachlaßverbindlichkeiten", sondern im ersten Titel erörtert). Da aber die wesentliche Bedeutung des Ausschlagungsrechts gerade in der vollständigen Abweisung jeder Haftung für die Nachlaßverbindlichkeiten besteht, so muß man den Erben auch die Befugnis einräumen, sich auf die lex domicilii des Erblassers dafür zu berufen, daß sie nach dieser überhaupt noch nicht Erben geworden seien, also aus diesem Grunde eine Haftung für die Erbschaftsschulden nicht eingetreten sei (and. Ans. Planck Nr. 4b, Niedner S. 697). Zweifelhaft wird die Tragweite des Abs. 2, wenn auch das ausländische Recht ähnliche Bestimmungen für die persönliche Haftung der Erben hat wie das BGB. §§ 1940ff., d. h. sie nach Ablauf einer von der Nachlaßbehörde zu bestimmenden Frist zur Inventarerrichtung eintreten läßt. In diesem Falle wird die Bestimmung der Frist durch das deutsche Nachlaßgericht nicht ausreichen, sondern es wird außerdem eine Inventarfrist durch die ausländische Behörde erfolgen müssen, deren Erwirkung allerdings unter Umständen schwer sein kann, wenn das ausländische Gesetz, streng den Nationalitätsstandpunkt innehaltend, die Anwendung seines Rechtes auf Ausländer ablehnt. Kommt nach dem ausländischen Rechte die Liquidation des Nachlasses einem besonderen Verwalter — wie unter Umständen nach englischem und amerikanischem Rechte — zu, dem auch die Befriedigung der Gläubiger obliegt, so kann der Erbe nach Abs. 2 die Gläubiger wegen ihrer Befriedigung an diesen verweisen, aber jedenfalls nur insoweit, als der Nachlaß unter der Verfügungsgewalt des im Ausland eingesetzten Administrators steht, also nicht soweit der Anspruch der Gläubiger auf Befriedigung aus dem im Inlande befindlichen, zur Verfügung der Erben stehenden Nachlasse geht. Dagegen fällt es nicht unter den Abs. 2, wenn etwa das ausländische Recht — wie das römische — dem Erben oder gewissen Erben die Befugnis gibt, eine bestimmte Quote der Erbschaft, unberührt von Vermächtnissen und Auflagen, zu behalten (wegen der Einwirkung des Art. 28 vgl. unter b).

Der Abs. 2 gibt, wie das Wort „auch" zeigt, dem Erben die Wahl unter den beiden Gesetzen. Der Erbe braucht also z. B. einer Fristbestimmung des deutschen Nachlaßgerichts zur Errichtung des Inventars nach § 1944 BGB. nicht Folge zu leisten, ohne daß durch diese Unterlassung seine unbeschränkte Haftung (§ 1944 Abs. 1 Satz 2) eintritt, wenn dies nicht auch nach dem ausländischen Gesetze der Fall ist. Leistet er jedoch Folge und führt dabei absichtlich eine Unrichtigkeit des Inventars zum Nachteile der Nachlaßgläubiger herbei, so haftet er nach § 2005 unbeschränkt, ohne daß er sich etwa darauf berufen kann, er sei nach dem ausländischen Rechte zur Errichtung des Inventars überhaupt nicht verpflichtet gewesen. Auch einem sonstigen etwaigen Mißbrauche des Abs. 2 wird durch Anwendung des Art. 30 entgegenzutreten sein.

Übrigens gilt die Vorschrift des Abs. 2 zugunsten inländischer wie ausländischer Erben und ebenso umgekehrt sowohl gegen inländische wie gegen ausländische Gläubiger, einerlei auch, wo die einen oder anderen ihren Wohnsitz haben und wo sich das in Anspruch genommene Vermögensstück befindet.

b) Über die Frage, inwieweit auch durch Art. 28 die Haftung der Erben für Nachlaßverbindlichkeiten eingeschränkt wird, m. a. W. ob die Erben sich darauf berufen können, daß ein in einem fremden Staate befindliches Vermögensstück für den gegen den Nachlaß erhobenen Anspruch aus diesem ausscheide, weil es nach den Gesetzen des Staates, wo es sich befindet, besonderen Vorschriften unterliegt, vgl. zu Art. 28 unter IV. Die Frage ist von Bedeutung für Nachlaßverbindlichkeiten, deren Umfang von dem des Nachlasses abhängt, so namentlich für den Pflichtteilsanspruch. Von anderen Nachlaßverbindlichkeiten kommt die Abfindung für den Unterhaltsanspruch des außerehelichen Kindes nach § 1712 Abs. 2, außerhalb der Nachlaßverbindlichkeiten der Auseinandersetzungsanspruch unter Miterben in Betracht. Dagegen gehört nicht hierher die Frage, wie weit der Unterhaltsanspruch der geschiedenen Frau beim Tode des Verpflichteten nach § 1582 Abs. 2 herabgesetzt werden kann, denn dies bestimmt sich nicht nach dem Nachlasse, sondern nach der Höhe der Einkünfte der Erblassers, wobei inländisches oder ausländisches Vermögen keinen Unterschied macht.

II. **Wechsel der Staatsangehörigkeit.**

A. Die Anwendung der deutschen Gesetze tritt nach Art. 24 ein, sobald der Erblasser zur Zeit seines Todes Deutscher ist, mag er auch früher einem anderen Staate angehört haben. Indessen kann eine frühere ausländische Staatsangehörigkeit nicht ganz ohne Einwirkung auf solche erbrechtliche Verhältnisse bleiben, die ihre Grundlage in einem Tatbestande haben, der vor dem Wechsel der Staatsangehörigkeit liegt. Hier greift der Abs. 3 ein. Er regelt jedoch nur die Einwirkung, die ein solcher Wechsel in Hinsicht auf Verfügungen von Todes wegen hat, während die Nachwirkung der früheren Staatsangehörigkeit weiter reicht. Namentlich kann sie für die Frage in Betracht kommen, ob die Voraussetzungen der gesetzlichen Erbfolge nach dem BGB., Verwandtschaft oder Ehe, vorliegen, indem die eheliche Abstammung, die Tatsache der Eingehung oder Fortdauer einer Ehe (also die Eigenschaft als Ehegatte) auf Grund der Art. 13, 17, 18 nach den Gesetzen des früheren Heimatstaats des Erblassers zu bestimmen ist. Auch für Legitimation und Annahme an Kindesstatt gilt dies. Namentlich kann bei der letzteren ein Wechsel der Staatsangehörigkeit weder ein bisher nicht vorhandenes Erbrecht begründen noch ein bestehendes (durch Anwendung des § 1759) beseitigen. Begründet z. B. der Adoptionsvertrag nach dem Gesetz, unter dessen Herrschaft er geschlossen wurde, ein Erbrecht für den Annehmenden, so wird man in dem Adoptionsvertrage zugleich einen Erbvertrag sehen müssen, dessen Wirkungen auch nach Erwerb der Reichsangehörigkeit durch das Kind fortdauern.

B. Die Vorschriften des **Abs. 3** bestimmen, von einer einheitlichen Voraussetzung ausgehend, ein Doppeltes. **Die Voraussetzung ist**, daß der Erblasser vor dem Erwerbe der Reichsangehörigkeit, also als Ausländer, eine Verfügung von Todes wegen, ein Testament oder einen Erbvertrag, errichtet oder aufgehoben hat. Unter den Begriff der Verfügung von Todes wegen fällt auch die Schenkung auf den Todesfall, nicht aber der Erbverzicht.

1. Ist das der Fall, so soll einmal **die Gültigkeit der Errichtung oder Aufhebung** nach dem Gesetze des Staates beurteilt werden, dem der Erblasser zur Zeit des Aktes angehörte.

a) Die Vorschrift deckt sich mit der Übergangsvorschrift des Art. 214 Abs. 1 (nur daß es dort nicht heißt: die Gültigkeit der Errichtung oder Aufhebung, sondern: die Errichtung oder Aufhebung). Wie im Art. 214 bedeutet es auch hier, daß sich die Gültigkeit des Errichtungs**geschäfts**, nicht der materielle Inhalt der Verfügung, nach dem früheren Heimatgesetze bestimmen soll, nämlich die Frage, ob eine Verfügung in dieser Form — z. B. als Erbvertrag — zulässig, ob der Erblasser zu einer solchen Verfügung fähig und ob die für ein solches Geschäft vorgeschriebene äußere Form gewahrt ist. Die Unfähigkeit des Erblassers zu einem solchen Geschäfte kann nach dem früheren Heimatgesetze sowohl durch Einschränkungen seiner Rechtsfähigkeit (z. B. als Ordensperson) wie seiner Geschäftsfähigkeit (Minderjährigkeit, Entmündigung, Eigenschaft als Haussohn oder Ehefrau) herbeigeführt sein. Unter das Errichtungs- oder Aufhebungsgeschäft gehört auch die Zulässigkeit der Vertretung dabei, sei es, daß der Vertreter den Inhalt der Verfügung bestimmt oder nur das Errichtungsgeschäft besorgt hat (vgl. dazu **Habicht**, Einwirkung S. 726, wegen der Pupillarsubstitutionen S. 732). Was die **Form** anlangt, so schränkt jedoch der **Satz 2 des Abs. 3** die Geltung des früheren Heimatgesetzes dahin ein, daß daneben die Vorschrift des Art. 11 Abs. 1 Satz 2 unberührt bleiben soll, d. h. daß die Verfügung seitens des deutschen Richters auch dann als gültig anzusehen ist, wenn bei der Errichtung oder Aufhebung die Gesetze des Ortes beobachtet sind, wo diese Akte stattfanden, mag auch das damalige Heimatgesetz des Erblassers für Verfügungen seiner Staatsangehörigen die Geltung der lex loci actus nicht anerkennen, sondern die Beobachtung des Heimatgesetzes verlangen (wie z. B. das französische Recht für letztwillige Verfügungen von Franzosen, die nicht in einer authentischen Urkunde errichtet werden). Nach dieser Vorschrift ist insbesondere das Testament eines jeden früheren Ausländers, das in Deutschland als Privattestament in der Form des § 2231 Nr. 2 errichtet ist, anderseits aber auch das in irgend einem Auslandstaat in dessen noch erleichterter Form errichtete als gültig anzuerkennen. Durch diese Vorschrift tritt also unter Umständen eine nachträgliche Konvaleszenz ein. Eine Verfügung, die nach dem Rechtszustande zur Zeit ihrer Errichtung auch für den deutschen Richter — auf Grund des Art. 25 — ungültig wäre, wird durch den Erwerb der Reichsangehörigkeit seitens des Erblassers gültig. Aber auch nur insoweit tritt ein Konvaleszenz ein. In allen übrigen Beziehungen bleibt eine Verfügung, die nach dem Heimatgesetze des Erblassers zur Zeit der Errichtung ungültig war, auch nach Erwerb der Reichsangehörigkeit ungültig, wäre sie auch nach deutschen Gesetzen gültig. Dasselbe gilt für die Aufhebung. Auf der anderen Seite deckt jedoch das frühere Heimatgesetz nur die Form der während der ausländischen Staatsangehörigkeit tatsächlich errichteten Verfügungen. Läßt jenes Heimatgesetz auch formlose Kodizille zu, wenn sie in einem Testamente zum voraus bestätigt waren, so vermag eine solche Bestätigung doch nur diejenigen formlosen Kodizille in Kraft zu erhalten, die selbst noch unter der Herrschaft jenes Heimatgesetzes errichtet wurden; mit dem Erwerbe der Reichsangehörigkeit verliert zugleich mit dem früheren Heimatgesetz auch die darauf gegründete Bestätigung ihre Kraft (a. A. Niedner S. 71 Note 4β, Gierke S. 246 Anm. 148; die von ihnen angezogene Entsch. des Bayr. Obersten Landesgerichts in SeuffA. 39 Nr. 118 hat einen anders gearteten Fall zum Gegenstande; v. Bar, Lehrbuch S. 162).

b) Auch bei der von einem Erblasser unter fremdem Heimatgesetz errichteten Verfügung ist für deren Inhalt das BGB. in vollem Umfange maßgebend. Nach ihm bestimmt sich, was als Inhalt der Verfügung zu gelten hat und inwieweit dieser Inhalt wirksam ist. Es finden also sowohl die zwingenden wie die ergänzenden Vorschriften und die Auslegungsregeln des BGB. Anwendung. Da aber für die Auslegung als der oberste Grundsatz der § 133 BGB. gilt, d. h. vor allem der wahre Wille des Erblassers zu erforschen ist, so ist bei der Auslegung von den tatsächlichen Verhältnissen und dem Rechtszustand auszugehen, unter denen die Verfügung errichtet ist. Ob und inwieweit danach der Sprachgebrauch und die Auslegungsregeln des früheren Heimatgesetzes des Erblassers oder die der lex domicilii oder des Errichtungsorts zur Erforschung des Willens des Erblassers heranzuziehen ist, ist eine Frage der Auslegungskunst (vgl. dazu die ausgezeichneten Erörterungen von Zitelmann, Internat. Privatrecht 2 S. 212—221, und über die ähnlich liegenden Grundsätze im Übergangsrechte Habicht, Einwirkung § 74 S. 740 ff.).

Nicht unter die Gültigkeit der Errichtung gehört auch die Frage nach der Gebundenheit des Erblassers an die von ihm errichtete Verfügung, eine Frage, die besonders für die vertragsmäßigen Verfügungen von Bedeutung ist. Für das Übergangsrecht gibt Art. 214 Abs. 1 die Vorschrift, daß sich die Bindung des Erblassers nach den früheren Gesetzen bestimmt; im internationalen Rechte fehlt es an einer ähnlichen Bestimmung. Danach steht einem Ausländer, der die Reichsangehörigkeit erwirbt, das Anfechtungsrecht nach den §§ 2281 ff. BGB. zu, auch wenn er es nach seinem bisherigen Heimatgesetze nicht hatte. Zweifelhaft ist es dagegen, ob er ein weitergehendes Anfechtungsrecht, das er nach seinem bisherigen Heimatgesetze hatte, mit dem Erwerbe der Reichsangehörigkeit verliert. Man wird es verneinen dürfen, mindestens wird für die Frist des § 2283 der Art. 169 EG. analog anzuwenden sein, wenn nach dem früheren Heimatgesetze sein Anfechtungsrecht zeitlich weniger beschränkt war.

c) Die Vorschrift des Abs. 3 bezieht sich nicht auf Erbverzichte. Für diese gilt keine Ausnahme von dem Grundsatze des Abs. 1. Ihre Voraussetzungen und Wirksamkeit bestimmen sich also ausschließlich nach deutschen Gesetzen, auch wenn das Heimatgesetz des Erblassers zur Zeit des Abschlusses des Erbverzichts einen solchen nicht zuließ. Für die Form gelten ebenfalls die deutschen Gesetze, und daneben nach Art. 11 Abs. 1 Satz 2 die lex loci actus, doch bleibt die Notwendigkeit persönlichen Abschlusses auf seiten des Erblassers (§ 2347 Abs. 2).

auch wenn sie die lex loci actus nicht fordert, da dies nicht bloße Formvorschrift ist. Ob auch ein Erbverzicht, der in der Form des damaligen Heimatgesetzes des Erblassers geschlossen ist, wirksam bleibt, wenn er weder der Form des BGB. (§ 2348) noch der lex loci actus genügt, ist zweifelhaft, dürfte aber zu bejahen sein.

2. Erwirbt der Ausländer, der eine Verfügung von Todes wegen errichtet hat, die Reichsangehörigkeit, so soll er ferner nach **Abs. 3 Satz 1 Halbs. 2** die Fähigkeit zur Errichtung einer Verfügung von Todes wegen behalten, selbst wenn er das nach den deutschen Gesetzen erforderliche Alter noch nicht erreicht hat. Die Vorschrift schließt sich an den Art. 7 Abs. 2 und an die Übergangsbestimmung des Art. 215 Abs. 1 an.

Voraussetzung ist, daß der nunmehrige Deutsche als Ausländer eine Verfügung von Todes wegen — eine letztwillige oder vertragsmäßige — errichtet oder aufgehoben hat (so die herrschende Meinung: Planck Nr. 4d, Niedner S. 70, Wagner Nr. 2a α, Schnell, Böhms Z. 7 S. 114, Zitelmann 2 S. 76ff.; a. A. Barazetti, Böhms Z. 7 S. 2, Niemeyer S. 171). Daß die Verfügung nach dem bisherigen Rechte gültig war, ist nicht erforderlich (so auch Wagner a. a. O.), wohl aber muß sie in der von diesem vorgeschriebenen Form errichtet sein. Aufgehoben haben kann er eine solche nur, wenn er sie zuvor errichtet hatte. Der Zusatz „oder aufgehoben hat", hat also hier die Bedeutung, daß der Erblasser die Fähigkeit auch behält, wenn er die zuvor errichtete Verfügung bereits wieder aufgehoben hatte, bevor er Deutscher wurde. Die Aufrechterhaltung der Testierfähigkeit des früheren Ausländers, auch wenn er die von ihm unter seinem früheren Heimatrecht errichtete Verfügung bereits vor dem Erwerbe der Reichsangehörigkeit wieder aufgehoben hatte, entbehrt allerdings eines hinreichenden Grundes, wird aber bei der Fassung des Gesetzes nicht abgelehnt werden können. Den Beweis, daß die Voraussetzung vor Erwerb der Reichsangehörigkeit erfüllt gewesen, also zulässigerweise unter dem früheren Heimatrecht eine Verfügung errichtet, demnächst aber aufgehoben worden ist, hat derjenige zu führen, der sich für seinen Anspruch auf die Verfügung beruft, die von dem nunmehrigen Deutschen vor Eintritt des im BGB. vorgeschriebenen Alters errichtet ist. Der nunmehrige Deutsche behält alsdann die Fähigkeit zur Errichtung einer Verfügung, und damit erst recht die zur Aufhebung eines früher errichteten, d. h. diese Fähigkeit bleibt ihm in dem Umfang, in dem er sie bisher besaß. Hatte er also nach bisherigem Rechte die Fähigkeit zur Errichtung einer letztwilligen Verfügung, nicht aber einer vertragsmäßigen, z. B. weil das ausländische Gesetz den Erbvertrag überhaupt nicht zuließ, so erwirbt er auch mit der Reichsangehörigkeit die Fähigkeit zu einem Erbvertrage nicht, sondern diese kommt ihm erst zu, wenn er nach deutschen Gesetzen dazu fähig wird. Hatte er dagegen nach seinem bisherigen Heimatrechte die Fähigkeit sowohl zu einem Testamente wie zu einem Erbvertrag, und hatte er ein Testament errichtet, so kann er auch noch als Deutscher einen Erbvertrag errichten, wenngleich er das nach den deutschen Gesetzen dazu erforderliche Alter noch nicht besitzt. Gab ihm das frühere Heimatrecht die Fähigkeit nur mit Beschränkungen, so bleiben auch diese bestehen.

Die Vorschrift bezieht sich, wie aus dem Nebensatz „selbst wenn usw." hervorgeht, nur auf die durch das Alter bedingte Fähigkeit zur Errichtung einer Verfügung von Todes wegen, ebenso wie der Art. 215 Abs. 1 und die allgemeine Vorschrift des Art. 7 Abs. 2. Andere Beschränkungen der

Testierfähigkeit, die nach deutschem Rechte bestehen, z. B. für entmündigte Verschwender, Trunksüchtige, Geistesschwache, treten für einen Ausländer, sobald er Deutscher wird, sofort in Kraft, auch wenn er ihnen nach seinem bisherigen Heimatrechte nicht unterlag. Er kann also eine Verfügung von Todes wegen fortan nicht mehr errichten, wenn er auch zuvor eine solche errichtet hatte (so die herrschende Meinung: Niedner S. 70, Neumann II, 2a β, Wagner Anm. 2a, Barazetti S. 100; a. A. Planck Anm. 4d, der ausführt, daß sich die Wirkungen der im Auslande nach den ausländischen Gesetzen erfolgten Entmündigung eines Ausländers, auch wenn dieser nachher die Reichsangehörigkeit erwirbt, gemäß den in Deutschland geltenden internationalrechtlichen Grundsätzen nach dem bisherigen Heimatrechte des Entmündigten bestimme). Wohl aber kann er, nicht kraft des Art. 24 Abs. 3, sondern kraft des § 2252 Abs. 2 BGB. ein früher errichtetes Testament widerrufen, oder nach § 2290 einen früheren Erbvertrag (mit Zustimmung des andern Vertragsteils) aufheben. Diese letztere Befugnis hat der nunmehrige Deutsche als solcher, mithin auch dann, wenn sie ihm sein bisheriges Heimatrecht versagte. Überhaupt fallen alle Beschränkungen des früheren Heimatrechts in der Testierfähigkeit mit dem Erwerbe der Reichsangehörigkeit hinweg und dafür treten die des deutschen Rechtes an die Stelle. Zweifelhaft ist, ob auch solche Beschränkungen der Testierfähigkeit, die nach dem bisherigen Heimatgesetz eine Folge des ehelichen Güterrechts waren, das für den Erblasser galt, außer Kraft treten oder nach Art. 15 Abs. 2 bestehen bleiben. Man wird annehmen müssen, daß auch sie, soweit es formale Beschränkungen der Testierfähigkeit sind, außer Kraft treten und nur, soweit sie materielle Beschränkungen der Verfügungsbefugnis des Ehegatten enthalten, wirksam bleiben.

IV. **Seine prozessuale Ergänzung** findet der Art. 24 in dem § 27 ZPO., der für alle Fälle erbrechtlicher Streitigkeiten über den Nachlaß eines Deutschen, auch wenn dieser im Inlande keinen allgemeinen Gerichtsstand hatte, ein zuständiges deutsches Prozeßgericht schafft, und in dem § 73 FGG., der in gleicher Weise für ein zuständiges Nachlaßgericht sorgt. Doch erstreckt sich diese umfassende Fürsorge nicht (wie z. B. § 606 Abs. 2, § 642 ZPO.) auf solche Fälle, wo der Erblasser zwar früher Deutscher gewesen war, zur Zeit seines Todes aber keinem Staate angehörte, Fälle, in denen nach Art. 29 ebenfalls materiell deutsches Recht für die Beerbung maßgebend ist. Hier kommen vielmehr die allgemeinen Zuständigkeitsnormen zur Anwendung.

V. **Wegen der Staatsverträge des Reichs mit ausländischen Staaten,** die erbrechtliche Bestimmungen enthalten, vgl. Art. 25 Nr. VIII. An dieser Stelle ist namentlich die Nachlaßkonvention mit Rußland vom $\frac{\text{12. November}}{\text{13. Oktober}}$ 1874 (RGBl. 1875 S. 136) hervorzuheben, weil sie im Gegensatze zu dem sowohl im Art. 24 wie in dem in den übrigen Verträgen aufgestellten Prinzipe den Grundsatz der Universalsukzession nach einem einheitlichen Rechte (nämlich dem der Staatsangehörigkeit des Erblassers) auch für Reichsangehörige durchbricht. Nach Art. 10 der Konvention richtet sich die Erbfolge in die unbeweglichen Güter nach den Gesetzen des Landes, in dem die Immobilien belegen sind, während für die Erbfolge in das sonstige Vermögen die Gesetze des Staates maßgebend sind, dem der Erblasser angehört. Die Frage, was dabei als unbewegliche Güter anzusehen sind, ist nach demjenigen

Gesetze zu entscheiden, in dem sich das Vermögensstück befindet, also bei dinglichen Rechten an fremden Grundstücken nach dem Gesetze desjenigen der beiden Staaten, wo das belastete Grundstück liegt.

VI. **Zeitlich** ist der Art. 24 nur anwendbar auf Erbfälle, die seit dem Inkrafttreten des BGB. eingetreten sind. Bei älteren Erbfällen von Deutschen ist dasjenige Erbstatut anwendbar, das nach den früheren Kollisionsnormen zugrunde zu legen war, also im allgemeinen die lex domicilii, im badischen Rechtsgebiete die lex patriae. Dies gilt sowohl bei der Kollision zwischen Deutschen und Außerdeutschen wie bei einer solchen unter verschiedenen deutschen Gesetzen (vgl. Kohn in Jherings J. 43 S. 417ff., der jedoch dem Art. 24 Abs. 2 auch Geltung bei älteren Erbfällen beilegt, sofern die Erbschaftsliquidation nicht schon abgeschlossen ist).

Artikel 25.

Ein Ausländer, der zur Zeit seines Todes seinen Wohnsitz im Inlande hatte, wird nach den Gesetzen des Staates beerbt, dem er zur Zeit seines Todes angehörte. Ein Deutscher kann jedoch erbrechtliche Ansprüche auch dann geltend machen, wenn sie nur nach den deutschen Gesetzen begründet sind, es sei denn, daß nach dem Rechte des Staates, dem der Erblasser angehörte, für die Beerbung eines Deutschen, welcher seinen Wohnsitz in diesem Staate hatte, die deutschen Gesetze ausschließlich maßgebend sind.

Vorentw. A und B § 29; E. I § 21; E. IIa BGB. § 2261; E. IIb BGB. § 2386; E. III Art. 24. Prot. VI S. 72ff.

Literatur: siehe S. 181 bei Art. 24; ferner Niemeyer, Beerbung von Franzosen und Nordamerikanern, welche mit deutschem Wohnsitz sterben, in Böhms Z. 11 S. 362—372; dazu Scherer in Puchelts Z. 33 S. 692ff.; v. d. Pfordten, Die Behandlung des Nachlasses von Ausländern mit besonderer Rücksicht auf die bayerischen Verhältnisse, 1904.

I. **Der Artikel gibt die Kollisionsnorm für die Beerbung von Ausländern,** jedoch nur für den Fall, daß der Ausländer zur Zeit seines Todes seinen Wohnsitz im Inlande hatte. Der Ausländer muß seinen Wohnsitz im Inlande gehabt haben; es genügt also nicht, daß der Erblasser beim Fehlen eines Wohnsitzes zur Zeit seines Todes seinen Aufenthalt oder seinen letzten Wohnsitz im Inlande hatte. Über den Fall mehrfachen Wohnsitzes, wobei nur einer im Inland ist, vgl. Art. 29 Anm. V. Wo jene Voraussetzung nicht vorliegt, fehlt es an einer ausdrücklichen Bestimmung darüber, welches Gesetz für die Beerbung maßgebend sein soll. Indessen ist außer Zweifel, daß auch in solchen Fällen die Staatsangehörigkeit des Erblassers zur Zeit seines Todes diejenige Anknüpfungsbeziehung bildet, von der der deutsche Richter auszugehen hat, um das maßgebende Erbstatut zu finden. Erklärt auch der Heimatstaat des Erblassers für die Beerbung seiner Angehörigen, einerlei, wo sie ihren Wohnsitz haben, sein Erbrecht für maßgebend, so hat sich der deutsche Richter daran zu halten. Zweifelhaft ist es dagegen, ob die lex patriae oder die lex domicilii auch dann anzuwenden ist, wenn sowohl der Heimatstaat des Erblassers wie der ausländische Staat des Wohnsitzes die lex domicilii angewandt wissen wollen. Die Entscheidung hängt davon ab, ob in diesem Falle der deutsche Richter einer solchen Weiterverweisung von seiten des Heimatgesetzes zu folgen hat; vgl. darüber Art. 27.

II. **Gehörte der Erblasser zur Zeit seines Todes keinem Staate an,** so greift Art. 29 Platz. Es entscheiden also die Gesetze des Staates, dem er zuletzt angehört hat. Verweisen die Gesetze des letzten Heimatstaats wegen der Beerbung wieder auf die des Wohnsitzes, so greifen diese letzteren Platz. Für Deutschland ist dies besonders von Bedeutung bei früheren Deutschen, die nach den Vereinigten Staaten von Amerika ausgewandert sind und das dortige Bürgerrecht erworben, demnächst aber wieder ihren Wohnsitz in Deutschland genommen haben. Nach Art. 4 des Vertrags zwischen dem Norddeutschen Bunde und den Vereinigten Staaten vom 22. Februar 1868 (BGBl. S. 228) wird alsdann bei solchen Personen nach zweijährigem Wohnsitz in Deutschland angenommen, daß sie auf die Naturalisation in den Vereinigten Staaten verzichten. Damit verlieren sie also die amerikanische Staatsangehörigkeit, werden aber nicht wieder Deutsche. Sie besitzen mithin überhaupt keine Staatsangehörigkeit, und die letzte, die sie besaßen, ist die amerikanische. Nach Art. 29 finden mithin auf ihre Beerbung in erster Linie die nordamerikanischen Gesetze Anwendung, doch verweisen diese in betreff der Beerbung regelmäßig auf die Gesetze des Wohnsitzes, so daß nach Art. 27 hierfür doch die deutschen Gesetze maßgebend sind. Hat der Erblasser überhaupt keinem Staate angehört, so entscheiden die Gesetze des Wohnsitzes und hilfsweise des Aufenthalts.

III. **In welchem Umfange sich die erbrechtlichen Verhältnisse nach dem Heimatgesetze des Erblassers bestimmen,** ist nach den S. 182ff. zu Art. 24 unter Nr. I erörterten Grundsätzen zu beurteilen. Es fallen also darunter die gesetzliche, letztwillige und vertragsmäßige Erbfolge sowie das Pflichtteilsrecht, die Art des Erbschaftserwerbes, Art und Umfang der Haftung des Erben für die Nachlaßverbindlichkeiten, das Verhältnis von Miterben zueinander und gegenüber Nachlaßgläubigern, das Verhältnis zwischen Vor- und Nacherben, von Vermächtnisnehmern, Testamentsvollstreckern, die Gültigkeit und die Bestimmung des Inhalts von Verfügungen von Todes wegen, von Erbverzichten. So kann z. B. nach dem maßgebenden Auslandsrecht ein Vindikationslegat zulässigerweise angeordnet sein, ein Umstand, der auch für das Inland von Bedeutung sein kann, indem er z. B., wenn ein inländisches Grundstück vermacht ist, eine Auflassung der Erben an den Vermächtnisnehmer, die nach deutschem Erbrecht erforderlich wäre, überflüssig macht.

Das letzte Heimatgesetz des Erblassers entscheidet auch über die formelle wie materielle Gültigkeit solcher Verfügungen von Todes wegen, die vom Erblasser unter der Herrschaft eines anderen Statuts, also namentlich, wenn er einmal seine Staatsangehörigkeit gewechselt hat, vor diesem Wechsel errichtet sind. Im Art. 24 Abs. 3 ist allerdings bestimmt, daß in einem solchen Falle die deutschen Sachnormen zugunsten der ausländischen, unter denen die Verfügung errichtet ist, zurücktreten sollen. Allein diese Vorschrift ist nicht ohne weiteres auf den Geltungsbereich des Art. 25 zu übertragen; denn im Falle des Art. 24 ist eben das deutsche Gesetz das Erbstatut und der Gesetzgeber spricht im Abs. 3, als einem Grundsatze dieses Erbstatuts, aus, daß sich die Gültigkeit der von einem früheren Ausländer errichteten Verfügungen nach seinem damaligen Heimatgesetze bestimmt. Im Art. 25 ist dagegen das Erbstatut ein ausländisches Gesetz. Wollte man auch hier die Vorschrift des Art. 24 Abs. 3 ausnahmslos anwenden, so würde man damit die Geltung des ausländischen Erbstatuts, falls dieses einen anderen Standpunkt einnimmt, durchbrechen. Wäre eine solche Durchbrechung gewollt, so hätte das im Art. 25 zum Ausdrucke gebracht werden müssen. Da das nicht geschehen ist, dürfen die Grundsätze des Art. 24 Abs. 3 im Geltungsbereiche des Art. 25 nur dann angewandt werden, wenn das durch Art. 25 berufene Erbstatut, das letzte Heimatgesetz des Erblassers, die gleichen Grundsätze aufstellt (übereinst. Planck Nr. 4f., wohl auch Zitelmann 2 S. 170ff.). Verwirft also das letzte Heimatgesetz des Erblassers die Gültigkeit einer Verfügung, die dieser als früherer Angehöriger eines anderen Staates, obgleich nach dessen Gesetzen gültig, errichtet hatte, so ist die Verfügung nach Art. 25 von dem deutschen Richter als ungültig zu behandeln, selbst dann, wenn der Erblasser früher Deutscher war und die Verfügung während seiner Reichsangehörigkeit den deutschen Gesetzen gemäß errichtet hat. So werden z. B. Erbverträge, die jemand unter der Herrschaft eines Heimatgesetzes geschlossen hat, das sie zuläßt, hinfällig durch Erwerb der Staatsangehörigkeit in einem Staate, dessen Gesetz sie verwirft und auch den Grundsatz des Art. 24 Abs. 3 nicht gelten läßt. Dasselbe gilt von Erbverzichten (vgl. RG. 8 S. 145ff., wo für das frühere Recht anerkannt wird, daß ein durch Veränderung des Wohnsitzes herbeigeführter Wechsel des Erbstatuts die Hinfälligkeit des Erbverzichts herbeiführen kann, ferner Zitelmann 2 S. 169ff.). Nur äußerstenfalls kann hier durch Anwendung des Art. 30 offenbaren Ungerechtigkeiten und einer von dem Erblasser vielleicht beabsichtigten Entziehung erworbener Rechte entgegengetreten werden. Keinesfalls kann die Bestimmung im Art. 24 Abs. 3, daß ein Ausländer, der die Reichsangehörigkeit erwirbt, seine bisherige und schon betätigte Testiermündigkeit behalte, auf den Fall ausgedehnt werden, wo der Erblasser eine andere ausländische Staatsangehörigkeit erworben hat und als Ausländer gestorben ist.

Zweifelhaft ist, ob der Grundsatz des Art. 25 Abs. 1 durch den Art. 11 Abs. 1 Satz 2 eingeschränkt wird, d. h., ob eine Verfügung von Todes wegen als gültig anzusehen ist, die ein Ausländer in den leichteren Formen des Errichtungsorts (sei es in Deutschland oder in einem dritten Staate) errichtet hat, während sein Heimatgesetz, das das Erbstatut bildet, für solche Verfügungen die Regel locus regit actum nicht anerkennt, sondern die Beobachtung der heimischen Form verlangt (für die Gültigkeit Planck Nr. 3). Bedenken erregt aber der Umstand, daß der Gesetzgeber nötig gefunden hat, im Art. 24 Abs. 2 die Geltung der Vorschrift des Art. 11 Abs. 1 Satz 2 gegenüber einem etwa abweichenden früheren Heimatgesetze des Erblassers ausdrücklich aufrecht zu erhalten, während im Art. 25 eine solche Bestimmung fehlt. Wenn der Gesetzgeber in jenem Falle eine solche ausdrückliche Bestimmung für nötig erachtet hat, wo doch ohnehin das deutsche Gesetz das Erbstatut bildet und das frühere ausländische Heimatgesetz nur in beschränktem Umfange herangezogen wird, so wäre im Art. 25, wo das ausländische Heimatgesetz grundsätzlich und uneingeschränkt zum Erbstatut erklärt wird, eine gleiche Bestimmung zugunsten der Vorschrift des Art. 11 Abs. 1 Satz 2 noch mehr geboten gewesen.

IV. Von der Regel des Satz 1 bestehen folgende Ausnahmen:

A. Nach **Art.** 27 finden auf die Beerbung eines Ausländers die deutschen Gesetze Anwendung, wenn das Recht seines Heimatstaats diese Gesetze für anwendbar erklärt. Die Art dieser Verweisung auf die deutschen Gesetze kann verschieden sein.

1. Das Heimatgesetz des Ausländers läßt für die Beerbung seiner Angehörigen durchweg nicht die lex patriae, sondern die lex domicilii maßgebend sein, ohne Rücksicht darauf, wo sich die Nachlaßstücke befinden, also auch für die Erbfolge in die im eigenen Staate befindlichen Grundstücke. Hier bestimmt sich die Beerbung im ganzen, als Universalsukzession, nach den deutschen Gesetzen; es gelten alsdann die zu Art. 24 erörterten Grundsätze. Dies gilt für die Erbschaften in Deutschland wohnhaft gewesener Dänen, Norweger, Schweizer, Argentinier, Chilenen, Ecuadorener, Salvadorener (Niemeyer S. 168; ders., Vorschläge und Materialien 1 S. 264). Dabei können möglicherweise wieder auf Grund des Art. 28 Ausnahmen von der Anwendbarkeit der deutschen Gesetze dadurch eintreten, daß zum Nachlaß eines solchen Ausländers Grundstücke gehören, die sich in einem anderen Auslandsstaate (z. B. Österreich, England, Nordamerika) befinden und nach dessen Gesetzen besonderen Vorschriften über die Beerbung, nämlich der lex rei sitae, unterliegen.

2. Das Heimatgesetz eines im Inlande wohnhaften Ausländers kann ferner zwischen der Mobiliar- und der Immobiliarerbfolge unterscheiden und für die erstere das Personalstatut (lex patriae oder lex domicilii), für die letztere die lex rei sitae maßgebend sein lassen (österreichisches, französisches, englisches, russisches, nordamerikanisches Recht; Niemeyer S. 168f., Vorschläge und Materialien 1 S. 266f.; wegen des österr. Rechtes s. RG. 63 S. 356). Bestimmt sich die Mobiliarerbfolge nach der lex patriae (wie nach österreichischem Rechte, Jettel, Handbuch des internat. Privat- und Strafrechts S. 64ff., und nach französischem Rechte Niemeyer, Böhms Z. 11 S. 362ff., dagegen allerdings Scherer a. a. O. S. 692), so ist der inländische Wohnsitz des Erblassers für die Erbfolge belanglos, wohl aber ist für die inländischen Grundstücke eines solchen Erblassers das deutsche Erbrecht maßgebend. Bestimmt sich dagegen die Mobiliarerbfolge nach der lex domicilii (englisches, nordamerikanisches Recht, Niemeyer a. a. O. S. 369), so kommt für diese Erbfolge auf Grund des inländischen Wohnsitzes das deutsche Recht in Anwendung, während sich die Immobiliarerbfolge, wenn die Grundstücke im Heimatstaate liegen, nach dessen Gesetzen vollzieht. Nur, wenn auch die Grundstücke im Inlande liegen, tritt eine Universalsukzession in den gesamten Nachlaß gemäß den deutschen Gesetzen ein. Von diesem letzteren Falle abgesehen, müssen also die deutschen Vorschriften zur Regelung der Erbfolge in einen realen Teil des Nachlasses (nicht einen Bruchteil) zur Anwendung kommen, obwohl ihr ganzer Aufbau nicht hierfür, sondern nur für eine Universalsukzession berechnet ist. Die Ordnung muß dabei so erfolgen, als ob es sich um zwei völlig verschiedene Nachlässe handle. Namentlich kann ein Miterbe, der auf Grund der Anwendbarkeit des inländischen Rechtes berufen, dagegen von dem ausländischen Nachlaß ausgeschlossen ist, nicht etwa wegen dieser Ausschließung von den ausländischen Nachlaßstücken eine Ausgleichung aus dem inländischen Nachlasse beanspruchen. Dies gilt selbst für einen nach inländischem

Rechte Pflichtteilsberechtigten, der von der ausländischen Nachlaßmasse ausgeschlossen ist. Die Gründe, die bei der Beerbung eines Deutschen eine abweichende Regelung für den Pflichtteilsberechtigten gebieten (Art. 24 Nr. I 4 b), treffen hier nicht zu. Denn die Beerbung eines Ausländers steht in erster Linie unter seinem ausländischen Heimatgesetz, und das deutsche Recht, also auch das Pflichtteilsrecht, greift nur in bezug auf diejenigen Nachlaßstücke Platz, bei denen die ausländischen Kollisionsnormen den deutschen Sachnormen Raum geben.

Dagegen muß, wenn zur Erbfolge in den inländischen und den ausländischen Nachlaß ganz oder teilweise verschiedene Personen gelangen, eine Ausgleichung wegen der Nachlaßverbindlichkeiten eintreten, soweit sie nicht kraft des Gesetzes oder Bestimmung des Erblassers der einen oder anderen Masse ausschließlich zur Last fallen.

B. Nach **Art.** 28 findet das allgemeine Erbstatut, also hier das Heimatgesetz des ausländischen Erblassers, keine Anwendung auf Gegenstände, die sich in einem anderen als dem Heimatstaate des Erblassers befinden, wenn sie nach den Gesetzen dieses anderen Staates besonderen Vorschriften über ihre Vererbung unterliegen. Dieser andere Staat kann ein anderer Auslandstaat sein (darüber siehe oben IV A 2; z. B. ein Österreicher mit deutschem Wohnsitze stirbt mit Hinterlassung von Grundstücken, die in England, Frankreich, Rußland liegen); es kann aber auch Deutschland sein. Zwar kennt das BGB. solche besondere Vorschriften, wie sie Art. 28 voraussetzt (abgesehen von dem besonderen Erbschein, siehe unten VI 3), bei der Erbfolge nicht. Für die Erbfolge nach bürgerlichem Rechte kann deshalb das Vorhandensein von Nachlaßstücken in Deutschland eine Ausnahme von dem Grundsatze des Art. 25 Satz 1 vermöge des Art. 28 nicht herbeiführen (wegen des Art. 27 vgl. vorher unter A 2). Wohl aber können solche Sondervorschriften, wie sie Art. 28 voraussetzt, in den der Landesgesetzgebung vorbehaltenen Rechtsgebieten (Familienfideikommisse, Lehen und Stammgüter: Art. 59, Rentengüter: Art. 62, Erbpachtrechte: Art. 63, Anerbengüter: Art. 64) vorkommen. Nur ist dabei zu prüfen, ob kraft dieser besonderen Vorschriften überhaupt der Gegenstand zum Nachlasse des Erblassers gehört, und ob nicht vielmehr das Recht des Erblassers an dem Gegenstand (Eigentum, Nutzungsrecht) durch seinen Tod erloschen ist, und das Recht auf den neuen Inhaber nicht kraft Erbfolge von dem bisherigen übergeht, sondern in seiner Person aus einem anderen Rechtstitel neu auflebt.

C. Die Anwendung des ausländischen Erbstatuts kann ferner auch durch **Art.** 30 eingeschränkt werden. So wird der mittellosen Witwe oder dem erwerbsunfähigen Kinde ein Pflichtteilsrecht innerhalb der Schranken des deutschen Gesetzes nicht zu versagen sein auch gegenüber einem ausländischen Gesetze, das ein solches Pflichtteilsrecht nicht kennt.

D. Eine besondere Ausnahme schafft endlich der **Art.** 25 **Satz** 2.

1. Danach kann ein Deutscher bei der Beerbung eines Ausländers erbrechtliche Ansprüche auch dann geltend machen, wenn sie nur nach deutschen Gesetzen begründet sind. Der *Begriff der erbrechtlichen Ansprüche* deckt sich selbstverständlich nicht mit dem des Erbschaftsanspruchs (§§ 2018 ff.), sondern begreift alle Ansprüche, die dem Deutschen entweder unmittelbar kraft einer erbrechtlichen Gesetzesnorm oder auf Grund einer Verfügung des Erblassers oder infolge eines

auf diese Weise entstandenen Zustandsverhältnisses zustehen würden, wenn die Beerbung nach deutschem Rechte zu beurteilen wäre, also außer dem Erbschaftsanspruche den Anspruch aus Vermächtnissen und Auflagen, den Pflichtteilsanspruch, ferner unter Miterben den Anspruch auf Auseinandersetzung und Ausgleichung (§ 2050), im Verhältnisse des Nacherben zum Vorerben den Anspruch auf Inventarisation, Sicherheitsleistung u. dgl. (§§ 2121, 2123, 2128f.). Dagegen gehören nicht hierher Ansprüche Dritter, die schon gegen den Erblasser bestanden, oder die umgekehrt erst durch ein Rechtsgeschäft des Erben mit diesem Dritten (z. B. Erbschaftskauf) entstanden sind. Die Ausnahme gilt nur zugunsten eines Deutschen (vgl. RG. 63 S. 356, IV 31. Mai 1906), und zwar muß der erbrechtliche Anspruch in der Person eines Deutschen entstanden sein. In der Person eines Ausländers entsteht überhaupt ein solcher nur in den deutschen Gesetzen begründeter Anspruch nicht, kann deshalb auch nicht durch Übertragung auf einen Deutschen einer Geltendmachung fähig werden. Dagegen macht umgekehrt die Übertragung des in der Person eines Deutschen entstandenen Anspruchs auf einen Ausländer den Anspruch weder zu nichte, noch nimmt sie ihm die Fähigkeit zur Geltendmachung. Einerlei ist, ob auch der Gegner dessen, der den Anspruch auf Grund der deutschen Gesetze erhebt, Deutscher ist (Planck Nr. 4 d). Der Satz 2 gilt aber nur, wenn der Erblasser seinen, d. h. seinen ausschließlichen, Wohnsitz im Inlande hatte; eine Ausdehnung der Vorschrift auf Fälle, wo das nicht der Fall ist, mag auch der Nachlaß sich im Inlande befinden, ist bei dem Charakter der Vorschrift als einer Ausnahme ausgeschlossen (Planck Nr. 4 d). Noch weniger ist eine analoge Anwendung dieser Vorschrift zulässig, wenn ein ausländischer Erblasser seinen letzten Wohnsitz in einem anderen ausländischen Staate hatte, um Angehörigen dieses letzteren Staates oder auch Deutschen die Geltendmachung erbrechtlicher Ansprüche auf Grund der Gesetze des Wohnsitzstaats, entgegen der lex patriae des Erblassers, zu ermöglichen (Niedner Nr. 4).

2. Die Ausnahmevorschrift des Satz 2 unterliegt einer Einschränkung. Sie soll nicht gelten, wenn nach dem Rechte des Staates, dem der Erblasser angehörte, für die Beerbung eines Deutschen, der seinen Wohnsitz in diesem Staate hatte, die deutschen Gesetze ausschließlich maßgebend sind. Damit wird die Vorschrift als eine Retorsionsmaßregel gekennzeichnet, die nicht, wie es die allgemeine Retorsionsvorschrift des Art. 31 vorsieht, einer vorgängigen Anordnung durch den Reichskanzler bedarf, sondern vom Richter kraft Gesetzes anzuwenden ist. Und zwar ist, wie aus der Fassung „es sei denn" hervorgeht, der von dem Deutschen auf Grund der deutschen Gesetze geltend gemachte Anspruch ohne weiteres zuzulassen, bis gemäß § 293 ZPO. der Beweis erbracht ist, daß nach dem Rechte des Heimatstaats des Erblassers die Voraussetzung für den Wegfall des Retorsionsrechts vorliegt. Zweifelhaft ist, wie weit die ausschließliche Geltung der deutschen Gesetze für die Beerbung eines Deutschen gehen soll. Hält man sich streng ans Wort, so wird es kaum einen Staat geben, für den die Voraussetzung des Wegfalls der Retorsionsvorschrift zutrifft. Denn der Nachweis ist schwerlich zu erbringen, daß ein Staat bei der Beerbung eines Deutschen nach allen Richtungen hin nur die deutschen Gesetze gelten läßt und auf die Anwendung der eigenen völlig verzichtet. Will man also der Einschränkung nicht von vornherein jede praktische Bedeutung nehmen, so muß man ihr nach Zusammenhang und Zweck eine engere

Auslegung dahin geben, daß die Vergeltungsmaßregel wegfallen soll, wenn in dem Auslandsstaate die Gegenseitigkeit gesichert ist, d. h. wenn auch in dem Auslandsstaate bei der Beerbung eines Deutschen erbrechtliche Ansprüche nicht durch Berufung auf die dortigen Gesetze erhoben werden können, insbesondere auch nicht (und darauf dürfte sich das Wort „ausschließlich" beziehen) seitens der Angehörigen jenes Auslandsstaats. Es genügt also, wenn das ausländische Recht für die materiellen Erbrechtsverhältnisse (gesetzliche Erbfolge, Gültigkeit und Wirksamkeit der Verfügungen von Todes wegen, Pflichtteilsrecht, Zulässigkeit der Nacherbfolge, Fähigkeit der Erben zum Erwerbe der Erbschaft u. dgl.) das deutsche Gesetz entscheiden läßt. Und auch dabei muß man auf die Anwendbarkeit der wesentlichen Grundzüge sehen und darf sich nicht an Einschränkungen in Nebenpunkten stoßen. Ebenso kommt es nicht darauf an, welche Normen das ausländische Recht für die Stellung des Erben oder der sonst mit einem erbrechtlichen Anspruche Bedachten nach außen hin, so in betreff der Haftung für Nachlaßverbindlichkeiten oder beim Erbschaftsanspruche, sowie für Einzelheiten, namentlich solchen, die in das Verfahren hinüberspielen, maßgebend sein läßt. Daraus ergibt sich, daß die Retorsionsvorschrift des Satz 2 nicht Platz greift, wenn das ausländische Recht die Haftung der Erben eines Deutschen durch die am Wohnsitze des Erblassers geltenden Gesetze bestimmen läßt, und noch weniger, wenn es, wie dies Art. 24 Abs. 2 tut, dem Erben die Wahl zwischen der lex patriae und der lex domicilii des Erblassers läßt (übereinst. Planck Anm. 4d; a. A. Niedner Anm. 3a δ). Niedner will sogar die Retorsion dann eintreten lassen, wenn der Auslandsstaat für die Beerbung des Deutschen zwar grundsätzlich das Staatsangehörigkeitsprinzip anerkenne, von diesem Prinzip aber die Ausnahme bestimme, die der Abs. 3 des Art. 24 bestimme (Berücksichtigung des früheren Heimatgesetzes eines Deutschen, der früher Ausländer war, bei Beurteilung der Gültigkeit einer von ihm als Ausländer errichteten oder aufgehobenen Verfügung von Todes wegen). Nun ist richtig, daß das EG., wenn es in den Art. 7—31 von deutschen Gesetzen spricht, damit regelmäßig nur die Sachnormen des deutschen Rechtes meint, nicht auch wieder dessen Kollisionsnormen, wozu Art. 24 Abs. 3 gehört. Gleichwohl ist im Art. 25 Satz 2 unter den deutschen Gesetzen auch die Vorschrift des Art. 24 Abs. 3 inbegriffen. Denn offenbar will der deutsche Gesetzgeber von einem ausländischen Rechte nichts anders verlangen, als daß dieses die Beerbung eines Deutschen nach denselben Grundsätzen beurteilen läßt, die der deutsche Richter anzuwenden hätte, wenn der Fall im Machtbereiche des deutschen Rechtes läge und seinem Urteil unterstände. Es wäre deshalb unverständlich, wenn das deutsche Gesetz einen Retorsionsgrund daraus entnehmen wollte, daß das ausländische Recht für die Beerbung eines Deutschen die Befolgung eines Grundsatzes vorschreibt, den das deutsche Gesetz selbst für diesen Fall aufstellt, und zwar nicht etwa aus Nachgiebigkeit gegen ein fremdes Recht, weil es in dessen Machtbereich doch nicht hinüberzugreifen vermag, sondern weil es ihn als ein Gebot des Rechtes und der Zweckmäßigkeit anerkennt. Die Bemerkung Niedners, für die Frage nach der verbürgten Gegenseitigkeit komme es nicht darauf an, was das deutsche Recht für die Beerbung eines Deutschen vorschreibe, sondern darauf, was es für die Beerbung eines Ausländers vorschreibe, also nicht auf Art. 24 mit seinen Ausnahmen, sondern auf Art. 25, ist mir unverständlich geblieben. Wenn das deutsche Gesetz sagt: Für die Beerbung eines in meinem Gebiete wohnhaften Ausländers soll sein Heimatgesetz maßgebend sein, wenn sein Heimatstaat für die Beerbung eines dort wohnhaften Deutschen die deutschen Gesetze maßgebend sein läßt, so läßt sich doch die Frage, welches sind denn diese deutschen Gesetze, die maßgebend sein sollen, gewiß nicht aus Art. 25, sondern abgesehen von den deutschen Sachnormen, jedenfalls nur aus Art. 24 beantworten, und auch das Wort „ausschließlich" spräche gegen diese Auslegung nur dann, wenn feststände, daß im Art. 25 Satz 2 unter dem deutschen Gesetze nur die deutschen Sachnormen, nicht auch die — doch ebenfalls deutschen — Kollisionsnormen des Art. 25 zu begreifen sind, was erst noch des Beweises bedürfte.

Der Anwendungsbereich des Satz 2 ist danach folgender:

a) Schreibt der Heimatstaat des Erblassers allgemein für seine eigenen Angehörigen wie für Ausländer als Erbstatut nicht die lex patriae, sondern die lex domicilii vor, so treten schon nach Art. 27 für die Beerbung eines Ausländers, der im Inlande seinen Wohnsitz hatte, anstatt des Heimatgesetzes die deutschen Gesetze als Erbstatut ein. Die Beerbung bestimmt sich dann durchweg, nicht nur für erbrechtliche Ansprüche Deutscher, nach den deutschen Gesetzen, ohne daß überhaupt die Sondervorschrift des Art. 25 Satz 2 herangezogen zu werden braucht.

b) Dagegen greift diese Sondervorschrift Platz, wenn der Heimatstaat des ausländischen Erblassers zwar für seine Angehörigen, auch wenn sie ihren Wohnsitz im Auslande haben, sein eigenes Gesetz, also die lex patriae, dagegen für die in seinem Gebiete wohnenden Ausländer nicht deren lex patriae, sondern sein Gesetz als lex domicilii zum Erbstatut erklärt.

c) Zweifelhaft ist der Fall, wenn der Auslandstaat auch für die in seinem Gebiete wohnhaften Ausländer, besonders Deutsche, nicht die lex domicilii, sondern die lex patriae, also die deutschen Gesetze, als Erbstatut anerkennt, aber eine Ausnahme macht für die in seinem Gebiete belegenen Grundstücke, indem er für die Erbfolge in diese die lex rei sitae als Erbstatut aufstellt. Das ist z. B. der Fall nach österreichischem Rechte. Hier gilt an sich bei Ausländern ihr Heimatgesetz als Erbstatut, aber die Erbfolge in Grundstücke, die in Österreich liegen, bestimmt sich ausschließlich nach österreichischem Rechte; umgekehrt wird aber auch anerkannt, daß bei Grundstücken, die im Auslande liegen, auch wenn sie Österreichern gehören, nicht das österreichische Recht, sondern die ausländische lex rei sitae als Erbstatut maßgebend ist. Der Art. 28 läßt in Fällen dieser Art sowohl den Art. 24 wie den Art. 25, und zwar nicht nur den Satz 1, sondern auch den Satz 2, auf die im Auslande befindlichen Grundstücke keine Anwendung finden. Danach kann ein Deutscher bei der Beerbung eines Ausländers, z. B. eines Österreichers, erbrechtliche Ansprüche auf Grund der deutschen Gesetze nicht geltend machen auf die Grundstücke, die in dem Heimatstaate des Ausländers (z. B. in Österreich) oder in einem andern Auslandsstaate liegen und nach den Gesetzen dieses Staates der Erbfolge nach der lex rei sitae unterliegen. Eine andere Frage ist aber, ob ein Deutscher nicht erbrechtliche Ansprüche auf den in Deutschland befindlichen Nachlaß des Ausländers (Österreichers) gemäß Art. 25 Satz 2 erheben kann mit Berufung darauf, daß für die Beerbung eines Deutschen, der in dem Auslandsstaate seinen Wohnsitz hatte, nicht ausschließlich die deutschen Gesetze maßgebend seien, sondern in Beziehung auf die dort belegenen Immobilien die lex rei sitae als Erbstatut (dafür Niedner Nr. 3a β). Der Wortlaut spricht für diese Auffassung, wenn man nicht auch hier unter den „deutschen Gesetzen“ zugleich die deutsche Kollisionsnorm des Art. 28 mit einbegreifen darf. Aber als Ausnahmevorschrift ist der Satz 2 auch in dieser Beziehung einschränkend auszulegen. Der Satz ist gerichtet gegen diejenigen Staaten, die an Stelle der lex patriae die lex domicilii als Erbstatut aufstellen. Das ist zum Ausdrucke gebracht durch den Zusatz am Schlusse: für die Beerbung eines Deutschen, welcher seinen Wohnsitz in diesem Staate hatte. Dieser Zusatz wäre vom Standpunkte der Auffassung Niedners durchaus überflüssig. Er gibt aber den Fingerzeig für Grund und Tragweite der Vorschrift. Nicht daß überhaupt ein ausländischer Staat für die Beerbung eines Deutschen andere als die deutschen Gesetze maßgebend sein läßt, gibt den Grund für die Ausnahmevorschrift ab, sondern daß er dies tut mit Rücksicht darauf, daß der Deutsche seinen Wohnsitz in seinem Gebiete hatte. Denn daß ein Staat für die in seinem Gebiete belegenen Grundstücke die Erbfolge nach seinen eigenen Vorschriften ordnen darf, erkennt der deutsche Gesetzgeber im Art. 28 als gerechtfertigt an, denn er schreibt dem deutschen Richter vor, daß er diese ausländische Ordnung anzuerkennen hat, auch wenn es sich um die Beerbung eines Deutschen handelt, und er macht auch diese abweichende ausländische Ordnung nicht zum Anlasse für ein Wiedervergeltungsrecht, indem er etwa den nach den inländischen Vorschriften Berechtigten, von dem ausländischen Vermögen Ausgeschlossenen eine Ausgleichung aus dem inländischen Vermögen gewährte. Sodann kommt in betracht, daß die Staaten, die für die Erbfolge in die Grundstücke ihres Gebiets die Geltung ihrer lex rei sitae beanspruchen, auch umgekehrt wohl ausnahmslos für die im Auslande belegenen Grundstücke ihrer Staatsangehörigen die Beerbung nach der dortigen lex rei sitae zugestehen (so Österreich, Frankreich, Rußland, England, Nordamerika), so daß ihnen gegenüber für die Immobiliarerbfolge schon Gegenseitigkeit durch die Art. 27 und 28 geschaffen ist, ohne daß es der Heranziehung der Ausnahmevorschrift des Art. 25 Satz 2 bedarf. Die Heranziehung der letzteren würde vielmehr grade zu Unbilligkeiten führen, nämlich zu einer Einschränkung des Heimatgesetzes bei der Beerbung von Ausländern, die weit hinausginge über diejenige, der das deutsche Gesetz in dem Auslandsstaat unterliegt. Stirbt ein in Österreich wohnhafter Deutscher, ohne dort Grundstücke zu hinterlassen, so regelt sich seine Beerbung auch in Österreich ausschließlich nach deutschen Gesetzen, und auch ein österreichischer Staatsangehöriger kann erbrechtliche Ansprüche auf Grund des österreichischen Erbrechts selbst in das dort befindliche Vermögen nicht geltend machen. Stirbt dagegen ein in Deutschland wohnhafter Österreicher, so würde nach der Auffassung Niedners ein Deutscher gemäß Art. 25 Satz 2 erbrechtliche Ansprüche auf Grund des deutschen Erbrechts gegen den gesamten Nachlaß, soweit er nicht aus Grundstücken in Österreich besteht, erheben können.

V. **Erbrecht des Fiskus** (vgl. Niemeyer in Böhms Z. 13 S. 21—64). Auch bei der Beerbung eines Ausländers kann entweder unmittelbar auf Grund seines ausländischen Heimatgesetzes oder nach Art. 27 auf Grund der deutschen Gesetze ein Erbrecht des Fiskus eintreten. Im Falle des Art. 27 würde beim Fehlen von Verwandten und eines Ehegatten der § 1936 Platz greifen, der jedoch für die Beerbung von Reichsangehörigen berechnet ist. Bei Ausländern würde an Stelle des hier bezeichneten Fiskus sinngemäß der ihres Heimatstaats, dagegen bei solchen Erblassern, die keinem Staate angehören, der des Wohnsitzstaats treten. Bei letzteren auf Grund des Art. 29 etwa dem Fiskus des Staates ein Erbrecht beizulegen, dem sie zuletzt angehört haben, wäre wohl nicht gerechtfertigt, da das Band, das beim Mangel einer verwandtschaftlichen und ehelichen Beziehung den Staat als die äußerste gesellschaftliche Organisation erbberechtigt eintreten läßt, mit Aufhören der Zugehörigkeit des Erblassers gelöst ist. So würde also bei früheren Deutschen, die nach Amerika ausgewandert sind und dort das Bürgerrecht erworben, demnächst aber wieder ihren Wohnsitz in Deutschland genommen haben, wenn sie ohne Verwandte und Ehegatten starben, nicht ihr früherer amerikanischer Heimatstaat, sondern der deutsche Wohnsitzstaat erbberechtigt sein. — Indessen kommen für die Frage, wieweit ein deutscher Staat das Recht eines ausländischen Staates auf den im Inlande befindlichen Nachlaß eines Angehörigen anzuerkennen hat, nicht bloß privatrechtliche, sondern in erster Linie völkerrechtliche Gesichtspunkte, besonders die Verbürgung der Gegenseitigkeit, in Betracht, ohne daß es zur Ausschließung des Erbrechts des fremden Staates einer besonderen Bestimmung nach Art. 31 bedarf. Danach hat der deutsche Richter einen ausländischen Staat überhaupt nur nach Zustimmung der Regierung seines Staates als Erben gelten zu lassen. Jedenfalls greift in privatrechtlicher Hinsicht auch einem ausländischen Fiskus gegenüber der Art. 86 EG. Platz, wonach es zum Erwerb einer Erbschaft von über 5000 Mark, wenn die Landesgesetze dies anordnen, der staatlichen Genehmigung bedarf. Fällt hiernach der ausländische Staat als Erbe hinweg, so tritt der deutsche Bundesstaat, wo der Erblasser seinen Wohnsitz hatte oder wo sich die Nachlaßstücke befinden, als Erbe ein. Die letzteren Grundsätze gelten auch, wenn etwa ein ausländischer Staat durch Verfügung von Todes wegen zum Erben berufen ist, nur daß hier beim Wegfall des ausländischen Fiskus die sonst berufenen Erben eintreten.

VI. Tätigkeit des Nachlaßgerichts, Verwahrung und Eröffnung von Testamenten, Erbschein (vgl. Niemeyer, Sind deutsche Nachlaßgerichte unzuständig, wenn materiell für den Erbfall ausländisches Recht maßgebend ist? Böhms Z. 12 S. 21—64).

1. Die im BGB. dem Nachlaßgericht übertragenen Verrichtungen haben zur Voraussetzung, daß es sich um eine Erbschaft handelt, worauf deutsches Erbrecht anwendbar ist. Sie beziehen sich also unmittelbar nur auf den Nachlaß von Deutschen (Art. 24) und von solchen Ausländern, für deren Beerbung nach Art. 27, 29 die deutschen Gesetze maßgebend sind. Doch genügt es bei Ausländern, daß nach ihrem Heimatrechte die deutschen Gesetze nur für einen Teil des Nachlasses, z. B. für das in Deutschland befindliche Vermögen oder für die hier belegenen Grundstücke des Erblassers, das Erbstatut bilden, um auch die Zuständigkeit eines deutschen Nachlaßgerichts für diesen Teil des Nachlasses zu begründen. Dagegen gibt es für den Nachlaß von Ausländern, deren Heimatrecht für die Beerbung seiner Angehörigen durchweg und ausschließlich nur die eigenen Gesetze maßgebend sein läßt, in Deutschland ein Nachlaßgericht auf Grund der Vorschriften des BGB. nicht und demgemäß auch nicht im Sinne des FGG., da das letztere Gesetz, wenn es in den §§ 73ff. die Zuständigkeit und das Verfahren der Nachlaßgerichte ordnet, lediglich das BGB. in prozessualer Richtung ergänzen will, also die Anwendbarkeit des BGB. in materieller Hinsicht voraussetzt. (Übereinst. Kammergericht Böhms Z. 13 S. 155; OLG. Rostock das. S. 174; a. A. Niemeyer a. a. O., der sogar die Vorschriften der §§ 86—98 FGG. über Erbauseinandersetzung und Kontumazialbefugnisse des Nachlaßgerichts auf alle Nachlassenschaften

von Ausländern anwenden will.) Dasselbe gilt streng genommen selbst von der Vorschrift des **BGB.** § **1960**, wonach das Nachlaßgericht im Falle des Bedürfnisses für die Sicherung des Nachlasses, durch Anlegung von Siegeln, Hinterlegung von Geld, Wertpapieren, Kostbarkeiten, Aufnahme eines Nachlaßverzeichnisses, Einleitung einer Nachlaßpflegschaft zu sorgen hat. Wenn § 74 FGG. zu diesen Maßregeln jedes Amtsgericht für zuständig erklärt, in dessen Bezirke das Bedürfnis der Fürsorge hervortritt, so wird damit die materielle Voraussetzung für die Tätigkeit eines Gerichts als Nachlaßgericht an sich nicht verschoben. Indessen darf, soweit nicht ein Staatsvertrag mit dem Heimatstaate des Erblassers (vgl. unter VII) etwas anderes bestimmt, angenommen werden, daß das Heimatrecht des Erblassers beim Mangel eigener zu solchen Maßregeln an Ort und Stelle zuständiger Behörden, wie der Konsuln usw., den nach der lex rei sitae berufenen Behörden die geeignete Fürsorge anvertraut und in bezug auf solche vorläufige Sicherungsmaßregeln deren Gesetz für maßgebend erklären will. Natürlich kann aber durch Landesgesetz oder Verwaltungsanordnung den Gerichten die Verpflichtung auferlegt werden, auch bei Nachlässen von Ausländern ohne Rücksicht auf das für diese maßgebende materielle Recht die erforderlichen Sicherungsmaßregeln anzuwenden. Damit wird gerade bestätigt, daß reichsgesetzlich den Nachlaßgerichten diese Verpflichtung nicht obliegt. So Bayern, Bekanntmachung vom 20. März 1903 das Nachlaßwesen betr. §§ 134f. (Bayer. JMBl. 1903 S. 111; Böhms Z. 13 S. 207); Württemberg, Nachlaßordnung § 45, Anw. v. 11. Juni 1901 mit Anhang betr. die internat. Nachlaßbehandlung (Amtsbl. d. Justizminist. 1901 S. 43; Böhms Z. 11 S. 489ff.).

2. Auch die Vorschriften des BGB. über die Behandlung von Testamenten nach der Errichtung und besonders nach dem Tode des Erblassers gelten zunächst nur für solche Erblasser, auf deren Beerbung die deutschen Gesetze, sei es ganz, sei es wenigstens in bezug auf einzelne Nachlaßteile anwendbar sind. Besonders gilt dies von den materiellen Rechtsnormen der §§ 2258, 2259 Abs. 1, 2263, an deren Stelle bei Ausländern die Bestimmungen ihres Heimatrechts treten. Die Vorschrift des § 2246, wonach ein vor Gericht oder Notar errichtetes Testament in besondere amtliche Verwahrung zu nehmen ist, enthält eine Dienstanweisung für alle deutschen Gerichte und Notare, die Platz greift, sobald das Testament vor ihnen errichtet ist, ohne Rücksicht darauf, von wem es errichtet ist. Dagegen setzen die §§ 2259 Abs. 2, 2260, 2261 Satz 2, 2262 BGB. voraus, daß ein Nachlaßgericht im Sinne des BGB., und zwar ein deutsches Nachlaßgericht, vorhanden ist, an das die Ablieferung oder Übersendung und durch das die Eröffnung erfolgt. Hat also ein deutsches Gericht das Testament eines Ausländers in Verwahrung, auf dessen Beerbung die deutschen Gesetze keine Anwendung finden (z. B. weil er in Deutschland weder Wohnsitz noch Aufenthalt hatte und auch kein Vermögen hinterlassen hatte), so erfolgt die Eröffnung nicht gemäß § 2260, sondern gemäß § 2261 Satz 1, wobei indessen möglicherweise eine Anordnung des Erblassers, durch die er die Eröffnung seines Testaments alsbald nach seinem Tode verbietet, entgegen dem § 2263 zu befolgen ist, wenn sie nämlich sein Heimatrecht zuläßt. Indessen wird regelmäßig anzunehmen sein, daß das Heimatrecht des Ausländers, wenn es auch für die Beerbung seiner Angehörigen durchweg die eigenen Gesetze maßgebend sein läßt, doch wegen der Behandlung der von seinen Angehörigen im Ausland errichteten oder dort befindlichen Testamente auf dieses Auslandsrecht, also in concreto auf die deutschen Gesetze,

verweisen will, so daß also mittelbar doch wieder die §§ 2259—2262 anwendbar werden und die Zuständigkeit des Gerichts, das dabei die Stelle des Nachlaßgerichts vertritt, sinngemäß nach § 73 FGG. zu bestimmen ist. Hatte also der ausländische Erblasser weder Wohnsitz noch Aufenthalt noch Vermögen im Inlande, so ist im Sinne des § 2259 dasjenige Gericht Nachlaßgericht, in dessen Gebiete das Testament von dem Besitzer, der Behörde, dem Notar verwahrt wird. Auch die Zwangsgewalt und Strafbefugnis des Nachlaßgerichts gegen den Besitzer eines Testaments gemäß § 83 FGG. greift, wenn es sich um das Testament eines Ausländers handelt, nur dann Platz, wenn für die Beerbung dieses Ausländers die deutschen Gesetze maßgebend sind oder wenn in betreff der Herausgabepflicht eine Verweisung des Heimatrechts auf die deutschen Gesetze anzunehmen ist, also letzterenfalls nicht, wenn das Heimatrecht des Erblassers die Ablieferung an die eigene Behörde des Heimatstaats fordert.

3. Als ein Teil des deutschen Erbrechts sind endlich auch die Vorschriften des BGB. über den Erbschein (§§ 2353—2370) zunächst nur anwendbar bei Erbfällen solcher Ausländer, für deren Beerbung nach den Art. 27 und 29 die deutschen Gesetze maßgebend sind, während sie nicht Platz greifen, sobald nach Art. 25 das Heimatgesetz des Ausländers entscheidet. Jedenfalls ist im letzteren Falle die Erteilung eines allgemeinen Erbscheins (§ 2353ff.) nicht zulässig, selbst dann nicht, wenn der ausländische Erblasser seinen Wohnsitz oder Aufenthalt in Deutschland hatte, also diese formale Voraussetzung für die Zuständigkeit eines deutschen Nachlaßgerichts zur Erteilung eines solchen Erbscheins gegeben ist (a. A. anscheinend Planck Anm. 2a zu § 2369; Niemeyer in Böhms Z. 12 S. 21ff.). Dagegen ist die Erteilung eines beschränkten Erbscheins nach § 2369 unabhängig davon, ob für die Erbfolge, um die es sich handelt, ausländisches Erbrecht maßgebend ist (vgl. Bode in DJZ. 1905 S 1164). Denn diese Bestimmung, die überhaupt nur für Erbfälle von Ausländern von Bedeutung ist, weil bei der Beerbung von Deutschen stets die Voraussetzungen zur Erteilung eines allgemeinen Erbscheins gegeben sind, bezweckt offensichtlich für die im Inlande befindlichen Nachlaßstücke dem Verkehr eine sichere Rechtsgrundlage zu bieten. Schon danach ist anzunehmen, daß die Anwendung der Vorschrift unabhängig davon sein soll, nach welchem Gesetze die Erbfolge in diese Gegenstände stattfindet. Vielmehr ist der § 2369 als eine „besondere Vorschrift" des BGB. aufzufassen, der die im Gebiete des deutschen Reichs befindlichen Gegenstände eben mit Rücksicht auf diese ihre örtliche Lage unterliegen sollen, mithin als eine Vorschrift, die nach Art. 28 in Beziehung auf diese Gegenstände das nach Art. 25 maßgebende ausländische Recht einschränkt (vgl. Art. 28 Anm. V). Das gleiche ist der Fall mit den Bescheinigungen über die Erbfolge, die nach § 11 des Gesetzes betr. das Reichsschuldbuch vom 31. Mai 1891 (RGBl. S. 321; EG. z. BGB. Art. 50) zum Nachweise der Berechtigung an eingetragenen Forderungen beizubringen sind (ebenso für das Preußische Staatsschuldbuch, Ges. v. 20. Juli 1883, GS. S. 120; Preuß. AG. z. BGB. Art. 16 II). Für die Eintragungen im Reichs- und im Preußischen Staatsschuldbuche sind diese letzeren Bescheinigungen ausschließlich zulässig, ebenso für Eintragungen im Grundbuche nach § 36 GO. der deutsche Erbschein der §§ 2353 oder 2369 BGB. Im übrigen ist dagegen auch eine Erblegitimation nach Maßgabe des Heimatrechts des Erblassers statthaft.

VII. **Zeitlich** gilt die Vorschrift des Art. 25 Satz 1 nur für solche Erbfälle, die sich seit dem 1. Januar 1900 ereignet haben, für frühere Erbfälle gelten auch die früheren Kollisionsgrundsätze. Nur wenn vor 1900 die damals maßgebende Anknüpfungsbeziehung zum Inlande fehlte (also namentlich, wenn der Erblasser bei seinem Tode seinen Wohnsitz im Auslande hatte), bleiben die früheren Kollisionsnormen außer Betracht. Den Ausgangspunkt für die Beurteilung hat alsdann das Heimatgesetz des Erblassers zu bilden. Wegen der Zulässigkeit der Weiterverweisung vgl. zu Art. 27.

VIII. Der Art. 25 und die daraus entwickelten Grundsätze gelten nicht, soweit **ein Staatsvertrag des Reichs oder eines Bundesstaats** (Art. 56) mit dem Heimatstaate des Erblassers abweichende Bestimmungen enthält. **Seitens des Reichs** sind solche Verträge, die die Behandlung der Hinterlassenschaften der beiderseitigen Staatsangehörigen betreffen, abgeschlossen (vgl. die Zusammenstellung in der bayer. Bekanntmachung das Nachlaßwesen betr. v. 20. März 1902 Anl. XIX: Böhms Z. 13 S. 208) mit

Amerika, Vereinigte Staaten von: 11. Dezember 1871 (RGBl. 1872 S. 95) Art. 10, 11;

Brasilien: $\frac{\text{30. November 1897}}{\text{15. Februar 1898}}$ (RGBl. 1899 S. 547) Art. 17—39;

Columbien: 23. Juli 1892 (RGBl. 1894 S. 471) Art. 9, 21;

Dänemark: 5. Februar 1891 (RGBl. 1891 S. 346) Art. 1;

Griechenland: 26. November 1881 (RGBl. 1882 S. 101ff.) Art. 15ff., 9. Juli 1884 (RGBl. 1885 S. 23) Art. 2;

Guatemala: 20. September 1887 (RGBl. 1888 S. 238) Art. 9, 25;

Hawaii: $\frac{\text{25. März}}{\text{19. September}}$ 1879 (RGBl. 1880 S. 121) Art. 2, 19, 20;

Honduras: 12. Dezember 1887 (RGBl. 1888 S. 264) Art. 9, 25;

Italien: 21. Dezember 1868, 7. Februar 1872, 4. Mai 1891 (BGBl. 1869 S. 113, RGBl. 1872 S. 134, 1891 S. 113) Art. 11—13, Art. 2;

Japan: 4. April 1896 (RGBl. 1896 S. 715, 732) Art. 14;

Mexiko: 5. Dezember 1882 (RGBl. 1883 S. 247) Art. 15;

Nicaragua: 4. Februar 1896 (RGBl. 1897 S. 171) Art. 25;

Niederlande: 11. Januar 1872 (RGBl. 1872 S. 67) Art. 11;

Persien: 11. Juni 1873 (RGBl. 1873 S. 351) Art. 15;

Rumänien: 21. Oktober 1893 (RGBl. 1894 S. 1) Art. 2;

Rußland: $\frac{\text{12. November}}{\text{31. Oktober}}$ 1874 (RGBl. 1875 S. 136) Art. 1ff., 9, 10, $\frac{\text{10. Februar}}{\text{29. Januar}}$ 1894 (RGBl. 1894 S. 153) Art. 2;

Salvador: 13. Juni 1870 (RGBl. 1872 S. 377) Art. 8, 27;

Serbien: 6. Januar 1883 (RGBl. 1883 S. 62) Art. 11ff., 19, $\frac{21.}{9.}$ August 1892 (RGBl. 1893 S. 269) Art. 2;

Spanien: 22. Februar 1870 (BGBl. 1870 S. 99) Art. 11ff., 12. Januar 1872 (RGBl. 1872 S. 211) Art. 1;

Südafrikanische Republik: 22. Januar 1885 (RGBl. 1886 S. 209) Art. 17 bis 29;

Türkei: 26. August 1890 (RGBl. 1891 S. 117) Art. 24 (gilt auch für Bulgarien und Rumänien);

Uruguay: 20. Juni 1892 (RGBl. 1894 S. 505) Art. 5;

Zanzibar: 20. Dezember 1885 (RGBl. 1886 S. 261) Art. 5.

Meistbegünstigungsrecht für die Befugnisse der Konsuln besteht im Verhältnisse zu Frankreich und Österreich (Schiffahrtsvertr. zwischen dem deutschen Zollverein und Frankreich v. 2. August 1862, Frankfurter Friedensvertrag vom 10. Mai 1871, RGBl. S. 223; Handels- und Zollvertrag mit Österreich v. 6. Dezember 1891, RGBl. 1892 S. 3). Zwischen Preußen und der argentinischen Konföderation besteht ein Vertrag vom 19. September 1857 (Preuß. GS. 1859 S. 405) Art. 9, zwischen Preußen und Chile ein solcher vom 1. Februar 1862 (Preuß. GS. 1863 S. 761) Art. 10, 11, zwischen Preußen und Siam ein solcher vom 7. Februar 1862 (Preuß. GS. S. 864) Art. 15. Die einschlägigen Bestimmungen der Staatsverträge sind z. T. abgedruckt bei Niemeyer: Das in Deutschland geltende internationale Privatrecht S. 29ff.; vgl. ferner v. Poschinger, Die deutschen Konsularverträge, Berlin 1892; Ders., Die deutschen Handels- und Schiffahrtsverträge, das. 1892.

Über das Verfahren bei Todesfällen dänischer, schwedischer und norwegischer Staatsangehöriger vgl. Preußisches JMBl. 1895 S. 58.

Artikel 26.

Gelangt aus einem im Ausland eröffneten Nachlasse für die nach den dortigen Gesetzen berechtigten Erben oder Vermächtnisnehmer durch Vermittelung deutscher Behörden Vermögen ins Inland, so kann ein anderer der Herausgabe nicht aus dem Grunde widersprechen, daß er als Erbe oder Vermächtnisnehmer einen Anspruch auf das Vermögen habe.

E. III 25 (vom Bundesrat eingestellt). Prot. VI S. 72f.

Literatur: Siehe bei Art. 24.

Die Bestimmung enthält keine Kollisionsnorm über die Anwendung in- oder ausländischen Rechtes, sondern will nur verhindern, daß deutschen Behörden, bei Übermittelung von Nachlaßvermögen aus dem Ausland an Personen im Inlande Schwierigkeiten bereitet werden, damit nicht bei den ausländischen Behörden Bedenken gegen die Sicherheit der Vermittelung erwachsen.

I. **Voraussetzungen.**

1. Das Vermögen muß aus einem im Ausland eröffneten Nachlasse herrühren, einerlei ist es, ob es der Nachlaß eines Deutschen oder eines Ausländers ist, einerlei auch, ob der Nachlaß im ganzen im Ausland eröffnet ist, oder ob der Erblasser im Inlande wohnte und hier sich auch der Hauptstock des Nachlasses befindet, so daß nur einzelne Vermögensstücke als Nachlaßgegenstände aus dem Ausland ins Inland gelangen.

2. Das Vermögen muß für Erben oder Vermächtnisnehmer bestimmt sein. Aber auch Pflichtteilsberechtigte gehören dahin, auch wenn sie nach dem einschlägigen Auslandsgesetze, wie nach dem BGB., weder Erben noch Vermächtnisnehmer sind. Gleichzusetzen sind den Erben usw. ihre etwaigen Singularsukzessoren. Einerlei ist es, ob der Destinatär Inländer oder Ausländer ist.

3. Das Vermögen muß ins Inland gelangt sein für die Erben oder Vermächtnisnehmer, die nach den „dortigen" Gesetzen berechtigt sind, d. h. nach den Gesetzen des Staates, aus dem das Vermögen hierher gelangt. In der Regel werden dies die materiellen Erbrechtsnormen des Herkunftstaats sein, möglicherweise können es aber auch die deutschen Erbrechtsnormen oder die eines dritten Staates sein, wenn diese nach den internationalrechtlichen Gesetzen des Herkunftstaats für die Erbschaft maßgebend gewesen sind. Denn der innere Grund der Vorschrift des Artikels ist der, daß den deutschen Behörden, denen vom Ausland aus, und zwar regelmäßig von ausländischen Behörden, Vermögen zur Übermittelung an bestimmte Personen übertragen worden ist, die Ausführung dieses Auftrags gewährleistet sein soll. Erforderlich ist aber, daß das Vermögen für bestimmte Personen ins Inland gelangt, daß nicht etwa den deutschen Behörden die Ermittelung der Erben oder Beteiligten ganz überlassen geblieben ist. Das ergibt sich aus dem Nachsatze, wonach ein „anderer" nicht widersprechen darf.

4. Die deutschen Behörden, durch deren Vermittelung Vermögen ins Inland gelangt, werden regelmäßig die deutschen Konsuln, möglicherweise können es auch die Gesandten des Reichs oder eines Bundesstaats sein. Doch greift der Artikel auch Platz, wenn das Vermögen durch die ausländische Behörde (z. B. die Gesandtschaft des Auslandsstaats) unmittelbar an eine deutsche Behörde des Inlandes (das auswärtige Amt) oder bei unmittelbarem Geschäftsverkehr an eine Lokalbehörde gelangt.

II. **Liegen diese Voraussetzungen vor,** so kann ein anderer der Herausgabe nicht aus dem Grunde widersprechen, weil er als Erbe oder Vermächtnisnehmer einen Anspruch auf das Vermögen habe.

1. Der andere kann nicht widersprechen, d. h. er hat keinen Rechtsbehelf, um die Herausgabe zu hindern; er kann weder im Wege des Arrestes oder der einstweiligen Verfügung, noch durch Erwirkung eines Pfändungs- oder Überweisungsbeschlusses auf den Anspruch der vom Auslande her bezeichneten Empfänger die deutsche Behörde, die das Vermögen für diese hinter sich hat, an der Aushändigung an diese hindern. Ein dem zuwiderlaufendes Verbot darf deshalb von einem deutschen Gerichte nicht erlassen werden. Ist es dennoch geschehen, so kann die Vermittelungsbehörde das Verbot mit den dagegen zulässigen Rechtsmitteln anfechten, sie kann es aber auch unberücksichtigt lassen und die Herausgabe dennoch vornehmen, ohne seitens des andern einem Rückgriff ausgesetzt zu sein. Selbst eine Klage des andern gegen die vom Auslande bezeichneten Empfänger, die auf Verurteilung zur Einwilligung in die Herausgabe des Vermögens seitens der deutschen Behörden an den andern geht, ist unzulässig, und ein Urteil, das trotzdem die Beklagten zu dieser Einwilligung verurteilt, für die Vermittelungsbehörde trotz des § 894 ZPO. unverbindlich. Weist dagegen der vom Auslande bezeichnete Empfänger die Vermittelungsbehörde freiwillig zur Herausgabe des Vermögens an den andern an, so ist das selbstverständlich gültig.

2. Der andere kann der Herausgabe nicht widersprechen. Sobald die Aushändigung an die Erben oder Vermächtnisnehmer oder an deren Vertreter erfolgt ist, steht dem andern der Zugriff in die Vermögensstücke (oder in den Anspruch gegen den Vertreter auf Herausgabe) offen. Auch wenn die deutsche Vermittelungsbehörde das Vermögen hinterlegt hat, z. B. weil ein Gläubiger des Erblassers oder des Destinatärs den Anspruch des letzteren gegen die Vermittelungsbehörde auf Herausgabe gepfändet hat (vgl. Nr. 3), steht der Anspruch des Erben oder Vermächtnisnehmers gegen die Hinterlegungsstelle fortan dem Zugriffe des andern durch Arrest oder Pfändung offen. Dagegen kommt es im übrigen nicht darauf an, bei welcher deutschen Behörde sich das Vermögen befindet, ob noch bei derjenigen, durch die es in das Inland gelangt ist, oder bei anderen, deren sie sich zur Übermittelung an den Erben oder Vermächtnisnehmer bedient.

3. Unzulässig ist nur der Widerspruch eines andern, der sich darauf stützt, daß er als Erbe oder als Vermächtnisnehmer einen Anspruch auf das Vermögen habe, mit anderen Worten der Anspruch eines angeblich kraft Erbrechts Besserberechtigten. Wer auf das ins Inland gelangte Vermögensstück ein dingliches Recht geltend macht, das er nicht aus der Person des Erblassers als solchen ableitet, oder wer als Gläubiger des Erblassers oder als nicht erbrechtlicher Gläubiger des Erben oder Vermächtnisnehmers seine Befriedigung aus dem ins Inland gelangten Vermögen sucht, kann auch den Anspruch des Erben oder Vermächtnisnehmers gegen die Vermittelungsbehörden durch einstweilige Verfügung hemmen oder mit Arrest belegen, pfänden und sich überweisen lassen und daraufhin der Herausgabe an die Destinatäre widersprechen, Gläubiger des Erblassers jedoch nur, soweit sie nicht bei der im Auslande stattgefundenen Nachlaßregulierung mit ihren Ansprüchen bereits zurückgewiesen sind. Dagegen ist der Widerspruch, der auf Grund besseren Erbrechts oder Vermächtnisses erhoben wird, unzulässig, einerlei wie er im einzelnen begründet wird, ob behauptet wird, die Normen des Art. 24 oder sonstige internationalrechtliche Normen seien verletzt und deshalb unrichtiges materielles Erbrecht zugrunde gelegt, oder ob Verletzung der materiellrechtlichen Normen des im Auslande zugrunde gelegten, ausländischen oder deutschen Erbrechts behauptet, oder endlich ob der Anspruch auf neu hervorgetretene Tatsachen, ein erst nachträglich aufgetauchtes Testament gestützt wird. Auch hier steht dem Anspruche des Erben oder Vermächtnisnehmers der eines Pflichtteilsberechtigten gleich (vgl. I 2). Ebensowenig wie der angeblich besser berechtigte Erbe, Vermächtnisnehmer oder Pflichtteilsberechtigte selbst können selbstverständlich etwaige Singularsukzessoren von ihnen (Zessionare, Pfändungsgläubiger) der Herausgabe an die vom Auslande bestimmten Empfänger widersprechen.

4. Anderseits ist es der Vermittelungsbehörde unverwehrt, wenn sie will, einem Widerspruche gegen die Herausgabe stattzugeben und das in ihre Hände gelangte Vermögen für die Streitteile zu hinterlegen.

Artikel 27.

Sind nach dem Rechte eines fremden Staates, dessen Gesetze in dem Artikel 7 Abs. 1, dem Artikel 13 Abs. 1, dem Artikel 15

Abs. 2, dem Artikel 17 Abs. 1 und dem Artikel 25 für maßgebend erklärt sind, die deutschen Gesetze anzuwenden, so finden diese Gesetze Anwendung.

Vorentw. A und B: § 31; E. I, IIa. IIb: —; E. III: Art. 26. Prot. VI S. 17—20, 49, 52, 56f., 59, 72ff.

Literatur: v. Bar 1 S. 279—281, 2 S. 696, Lehrbuch S. 48; Zitelmann 1 S. 238—248, 368f., 289f.; Niemeyer S. 74—86; Barazetti S. 10ff., 51, 55f., 65, 99, 109; Meili, Das internat. Privat- und Handelsrecht 1 S. 167; Niemeyer, Methodik S. 16ff., Vorschläge S. 80ff., Vorträge S. 26ff.; Neumann S. 30—35; Kahn, Gesetzeskollisionen, in Iherings J. 30 S. 7ff.; Ders., Der Grundsatz der Rückverweisung im Deutschen BGB., das. 36 S. 366—408; Schnell in Böhms Z. 4 S. 337ff., 7 S. 116; v. Bar, das. 8 S. 177; Silberschmidt, das. 8 S. 100; Buzzati, das. S. 449ff.; Barazetti, das. 7 S. 19, 8 S. 35ff., 121, 284; Buzzati, das. 11 S. 3ff.; Klein im ArchBürgR. 27 S. 252ff.; Beer, Recht 1907 S. 103; Asser, Revue de droit intern. 2ième Serie, II p. 316; Keidel, Journal de droit intern. privé XXVI p. 319, 261; Regelsberger, Pandekten 1 § 40 S. 164ff.; Gierke 1 § 25 S. 215 Anm. 20; Endemann 1 S. 91; Crome 1 S. 140; Dernburg 1 S. 96f.; Cosack 1 S. 43; Matthias 1 S. 64; Enneccerus 1³ S. 177.

Ausländische Literatur über die Frage ist angegeben bei Kahn, Iherings J. 36 S. 401; Niemeyer S. 74.

I. **Der Art. 27 behandelt die sogen. Rückverweisung**, die mit der dazugehörigen Frage der Weiterverweisung in der internationalrechtlichen Literatur der letzten zwanzig Jahre sehr lebhaft erörtert und auch in der Rechtsprechung verschieden beurteilt worden ist. Schreibt dem Richter seine einheimische Kollisionsnorm vor, daß für die Beurteilung eines Rechtsverhältnisses die Gesetze eines anderen Staates maßgebend sein sollen, so kann diese Bestimmung ein doppeltes bedeuten. Die Verweisung kann sich einmal nur auf die materiellrechtlichen Normen (Sachnormen) des bezeichneten Auslandsstaats beziehen, so daß diese nunmehr anzuwenden sind, ohne daß der Richter sich um die internationalrechtlichen Grundsätze jenes Auslandsstaats zu kümmern hat. Möglicherweise kann aber unter den Gesetzen des Auslandsstaats, auf die verwiesen wird, auch das gesamte Recht dieses Staates in complexu zu verstehen sein, also einschließlich seiner Kollisionsnormen, so daß der Richter, dem durch seine einheimische Kollisionsnorm aufgegeben war, das Recht dieses Auslandsstaats anzuwenden, zunächst erst wieder nach den Kollisionsnormen dieses Auslandsstaats zu prüfen hat, ob nach ihnen die Sachnormen dieses ausländischen Rechtes auf das Verhältnis anzuwenden sind oder ob sie etwa wieder die Beurteilung des Falles nach dem Rechte eines anderen Staates vorschreiben. Ist dieses andere Recht, auf das die ausländische Kollisionsnorm verweist, wieder das Recht des Staates, dem der urteilende Richter angehört, so spricht man von Rückverweisung; ist das andere Recht dasjenige eines dritten Staates, so spricht man von Weiterverweisung. Beide Arten der Verweisung stehen grundsätzlich einander gleich. Die Rückverweisung bildet nur eine besondere Art der Weiterverweisung. Ob Rück- und Weiterverweisung de lege ferenda zu empfehlen oder zu verwerfen sind und ob da, wo eine ausdrückliche Entscheidung fehlt, die Verweisung auf ein ausländisches Recht dahin ausgelegt werden darf, daß damit auch die Rück- und Weiterverweisung seitens des ausländischen Rechtes zugelassen sei, darüber herrscht Streit. Überwiegend wird die Rückverweisung und noch mehr die Weiterverweisung als grundsätzlich verkehrt bekämpft. Von den im Eingang aufgeführten Schriftstellern wird sie nur von v. Bar, Schnell, Keidel und Dernburg verteidigt, ferner in der Form der Kompetenzerörterungstheorie von Neumann. Gegner sind auch Planck, Wagner und Niedner in ihren Kommentaren. Eine ausführliche Darlegung der Gründe, die gegen Rück- und Weiterverweisung sprechen, siehe bei Zitelmann S. 238 ff., Niemeyer S. 74 ff. und Kahn, a. a. O. S. 366 ff. Auch das Reichsgericht hatte sich unter dem alten Rechte nach anfänglichem Schwanken gegen die Rückverweisung entschieden (vgl. Entsch. in Zivils. 20 S. 351; 24 S. 326 ff.; 25 S. 342 ff.; 29 S. 288 ff.; 36 S. 205 ff.; 37 S. 336; Bolze 3 Nr. 28, 18 Nr. 8; Böhms Z. 2 S. 469 ff.; 5 S. 58 ff.; vgl. Niemeyer S. 74 Anm.).

II. **Entstehungsgeschichte.** Der Vorentwurf A des Redaktors Gebhard enthielt im § 31 folgende Bestimmung:

> Die Vorschriften in § 7 Abs. 1, § 16 Abs. 1, §§ 17, 18, § 19 Abs. 1 und 3, §§ 21, 22, § 23 Satz 1, § 26 Abs. 1 und § 29 kommen nicht zur Anwendung, wenn nach den Rechtsgrundsätzen des Staates, welchem der Ausländer angehört, nicht das Recht dieses Staates, sondern das deutsche Recht Anwendung zu finden hat. In diesem Fall ist das deutsche Recht maßgebend.

Im wesentlichen stimmte damit der § 31 des Vorentwurfs B des Referenten überein. Die hier angezogenen Paragraphen beziehen sich auf Geschäftsfähigkeit, Erfordernisse der Eheschließung, persönliche Verhältnisse der Ehegatten, Trennung der Ehe, Güterrecht, Ehelichkeit der Geburt eines Kindes, Legitimation und Annahme an Kindesstatt, persönliche Verhältnisse zwischen Eltern und Kindern, Vormundschaft und Erbfolge; sie deckten sich, abgesehen davon, daß sie durchweg vollkommene Kollisionsnormen enthielten, im wesentlichen mit den einschlägigen Artikeln des EG. — Bei der Beratung wurde ein weitergehender Antrag gestellt, der die Rück- und Weiterverweisung seitens des ausländischen Rechtes in allen Fällen der §§ 6—29 der Vorentwürfe A und B zulassen wollte, also nicht bloß, wie die zuvor angegebene Bestimmung, in Fällen, wo das Personalstatut maßgebend sein sollte, sondern z. B. auch gegenüber der lex delicti commissi u. dgl. Die Kommission lehnte jedoch sowohl den vorgeschlagenen § 31, wie diesen weitergehenden Antrag ab (698. Sitzung v. 26. Sept. 1887; Prot. [nicht veröffentlicht] S. 11583 ff., siehe die Darstellung bei Kahn a. a. O. S. 373 ff.). — In der zweiten Kommission wurde der Antrag gestellt, die Rück- und Weiterverweisung seitens des ausländischen Gesetzes in denjenigen Fällen zuzulassen, wo das inländische Recht auf die Gesetze des Heimatstaats einer Person verweist. Der Antrag wurde abgelehnt (Prot. VI S. 17—20), jedoch wurde später beschlossen, der Rückverweisung ausnahmsweise stattzugeben in betreff der Erfordernisse für die Eheschließung und in betreff der Trennung der Ehe (das. S. 49, 56, E. IIa BGB. § 2245 Abs. 1 Satz 2, § 2247 Abs. 4, E IIb § 2370 Abs. 1 Satz 2, § 2374 Satz 2, § 2375 Abs. 1

Satz 2). Der Bundesrat beseitigte diese Sondervorschriften und fügte statt dessen den jetzigen Art. 27 ein, in offenbarer Anlehnung an den § 31 der beiden früheren Vorentwürfe.

III. Der Art. 27 zählt fünf Fälle auf, in denen der Rückverweisung des durch die deutschen Kollisionsnormen für maßgebend erklärten ausländischen Rechtes auf die deutschen Gesetze stattgegeben werden soll.

Es sind die Fälle, in denen der Gesetzgeber sich ausnahmsweise nicht darauf beschränkt hat, die Anwendbarkeit der deutschen Gesetze zu bestimmen, sondern teils vollkommene, teils wenigstens unvollständig zweiseitige Kollisionsnormen aufgestellt hat. Durchweg handelt es sich um Fälle des Personalstatuts, wo also nach dem Prinzipe der deutschen Kollisionsnormen für Ausländer die Gesetze des Staates, dem sie angehören, maßgebend sind. Nach Art. 27 sollen jedoch auch in diesen Fällen die deutschen Gesetze Anwendung finden, wenn nach dem Heimatrechte des Ausländers, auf das in den deutschen Kollisionsnormen verwiesen war, umgekehrt die deutschen Gesetze anzuwenden sind. Der deutsche Richter hat also in den Fällen, die der Art. 27 aufzählt, nicht bloß die ausländischen Sachnormen anzuwenden, sondern er hat auch die ausländischen Kollisionsnormen zu prüfen und ihnen, wenn sie die Anwendung der deutschen Sachnormen gebieten, Folge zu leisten. Ebenso wie im Art. 25 Satz 2 werden dabei die Sachnormen und die Kollisionsnormen auch im Ausdruck unterschieden, indem für die ersteren der Ausdruck „Gesetze" gebraucht wird, während die Kollisionsnormen mit dem Ausdrucke „Recht des Staates" bezeichnet werden (oben S. 26 Vorbem. Nr. V F).

Der Art. 27 setzt voraus, daß „nach dem Rechte des fremden Staates die deutschen Gesetze anzuwenden sind". Es genügt also nicht das Fehlen einer Vorschrift in der fremden Rechtsordnung, mit der sie die Anwendung der eigenen Gesetze verlangt, sondern es bedarf umgekehrt einer positiven, wenn auch nicht ausdrücklichen, Kollisionsnorm in der fremden Rechtsordnung, durch die sie die Anwendung der deutschen Gesetze gutheißt. Durch welche Anknüpfungsbeziehung des Verhältnisses zu Deutschland die fremde Rechtsordnung veranlaßt wird, die deutschen Gesetze für anwendbar zu erklären, ist gleichgültig. Es kann der Wohnsitz sein, den das Recht des fremden Staates an Stelle der Staatsangehörigkeit für das Personalstatut maßgebend sein läßt, der Ort des Geschäftsschlusses (z. B. der Eingehung der Ehe für deren materielle Voraussetzungen), der Ort der belegenen Sache (z. B. bei der Erbfolge in Grundstücke). Regelmäßig wird die Sache so liegen, daß kraft der ausländischen Kollisionsnorm, auch die Gerichte des fremden Staates selbst, wenn ihnen das Verhältnis zur Beurteilung vorläge, darauf die deutschen Sachnormen anzuwenden hätten. Denkbar ist aber auch, daß nach der Kollisionsnorm des fremden Staates für die Beurteilung eines Verhältnisses die lex fori als solche maßgebend sein soll, z. B. bei der Ehescheidung, sodaß die Gerichte dieses Staates, wenn die Ehescheidung vor ihnen anhängig wäre, diese nach ihren einheimischen Gesetzen zu beurteilen hätten, umgekehrt aber auch dem Auslande die Befugnis zugestanden wird, die dort anhängige Scheidungsklage nach den materiellen Gesetzen des Prozeßgerichts zu entscheiden. Nur ist immer und besonders in diesem letzten Falle darauf zu achten, ob wirklich der fremde Staat auch für seine Angehörigen den deutschen Gerichten die Beurteilung des Falles nach den deutschen Gesetzen zugestehen will, oder ob er nicht vielmehr nur eine einseitig nationalistische Kollisionsnorm zugunsten seiner eigenen Sachnormen gibt, m. a. W. ob er nicht, indem er die lex domicilii, lex loci actus, lex rei sitae, lex fori als maßgebend hinstellt, damit nur die in seinem Gebiete wohnhaften Ausländer, die materiellen Voraussetzungen der in seinem Gebiet eingegangenen Ehen, die Erbfolge in die daselbst belegenen Grundstücke und die vor seinen Gerichten anhängigen Scheidungsklagen seinen Sachnormen unterwerfen will, während er für seine eigenen Angehörigen bei gleichen Rechtsverhältnissen auch gegenüber dem Ausland auf die Maßgeblichkeit der lex patriae nicht verzichtet. Einem solchen Verhalten einer ausländischen Rechtsordnung kann nur im Wege des Art. 31 entgegengetreten werden, den deutschen Richter berechtigt dieses Verhalten nicht, darum die Rechtsverhältnisse der Angehörigen eines solchen Staates auf Grund des Art. 27 nach den deutschen Gesetzen zu beurteilen. Steht dagegen eine Rechtsordnung auf dem Standpunkte, daß sich das Personalstatut sowohl der im eigenen Gebiete wohnhaften Ausländer wie der im Auslande wohnhaften eigenen Staatsangehörigen nach der lex domicilii bestimmen, wie dies z. B. das Schweizer Bundesgesetz vom 25. Juni 1891 tut, sodaß demgemäß für die in Deutschland wohnhaften Angehörigen eines solchen Staates auf Grund des Art. 27 die deutschen Gesetze anzuwenden sind, so wird diese Anwendbarkeit der deutschen Gesetze auch nicht dadurch wieder aufgehoben, daß eine solche Rechtsordnung (wie das genannte Schweizer Gesetz im § 28) hilfsweise, nämlich für den Fall, daß die lex domicilii ihre Anwendung auf Ausländer ausschließe, die Anwendung der lex patriae anordnet; denn dieser Fall liegt eben bei dem deutschen Rechte kraft des Art. 27 nicht vor (übereinstimmend Niedner Anm. 3 II, Niemeyer S. 78, Barazetti S. 15, Neumann Anm. 3b). Die Frage, ob in einem fremden Staate eine Kollisionsnorm besteht, wie sie der Art. 27 voraussetzt, fällt nicht zusammen mit der Frage, ob der ausländische Staat ein unter Anwendung der deutschen Gesetze ergangenes Urteil des deutschen Gerichts als wirksam anerkennt und vollstreckt. Aus der Ablehnung der Anerkennung und Vollstreckung des Urteils ist nicht ohne weiteres zu folgern, daß der fremde Staat nicht die Anwendung der deutschen Sachnormen auf das Rechtsverhältnis gestatte. Enthält freilich die fremde Rechtsordnung eine Vorschrift ähnlich dem § 328 Nr. 3 der deutschen ZPO., wo die Anerkennung eines ausländischen Urteils gerade darum untersagt wird, weil nicht die deutschen Gesetze angewandt sind, so ist das ein Beweis, daß für dieses Rechtsverhältnis die Voraussetzung des Art. 27 nicht zutriff.

Bezüglich der einzelnen Fälle, in denen der Art. 27 eine Rückverweisung auf die deutschen Gesetze anerkennt, ist folgendes zu bemerken:

1. Nach **Art. 7 Abs. 1** ist die Geschäftsfähigkeit eines Ausländers nach den Gesetzen des Staates zu beurteilen, dem er angehört. Erklären aber die Kollisionsnormen des Heimatstaats des Ausländers in betreff der Geschäftsfähigkeit die lex domicilii oder die lex loci actus für maßgebend und hat der Ausländer seinen Wohnsitz in Deutschland oder hat er das Rechtsgeschäft in Deutschland vorgenommen, so ist seine Geschäftsfähigkeit nach den deutschen Gesetzen zu beurteilen.

2. Nach **Art. 13 Abs. 1** wird die Eingehung der Ehe unter den dort bezeichneten Voraussetzungen in Ansehung eines jeden der Verlobten nach den Gesetzen des Staates beurteilt, dem er angehört, also wenn einer der Verlobten Ausländer ist oder wenn zwei Ausländer im Inland eine Ehe eingehen, nach den Ge-

setzen des ausländischen Heimatstaats des oder der Verlobten. Ist jedoch nach den Kollisionsnormen des ausländischen Heimatstaats eines der Verlobten der Wohnsitz oder der Ort der Eheschließung oder — nach dem Heimatrechte der Braut — die Staatsangehörigkeit des Mannes maßgebend, so entscheidet, in betreff dieses Verlobten, wenn sein Wohnsitz in Deutschland ist oder die Ehe in Deutschland eingegangen wird oder der Mann ein Deutscher ist, das deutsche Gesetz.

3. Der **Art. 15 Abs. 2** läßt für das eheliche Güterrecht unter den dort angegebenen Voraussetzungen die Gesetze des Staates maßgebend sein, dem der Ehemann bei Eingehung der Ehe angehört. Verweisen nun die Kollisionsnormen des Heimatstaats des Mannes auf die Gesetze des Staates, in dem der Mann bei Eingehung der Ehe seinen Wohnsitz hatte oder in dem die Ehe geschlossen wird, und liegt der Wohnsitz in Deutschland oder wird hier die Ehe abgeschlossen, so sind die deutschen Gesetze anzuwenden. Zweifelhaft ist der Fall, wenn das Recht des Staates, dem der Mann bei Eingehung der Ehe angehörte, nicht, wie das deutsche, auf dem Standpunkte steht, daß ein Wechsel der Staatsangehörigkeit oder des Wohnsitzes den einmal mit der Eingehung der Ehe eingetretenen Güterstand unberührt lasse, sondern die jeweilige Staatsangehörigkeit oder den jeweiligen Wohnsitz entscheiden läßt, und nun der Ehemann nachträglich Deutscher wird oder seinen Wohnsitz in Deutschland nimmt. Mit Planck Nr. 3 a γ wird anzunehmen sein, daß auch in diesem Falle der Güterstand von dem Zeitpunkt an, wo nach der ausländischen Kollisionsnorm seine Unterwerfung unter das deutsche Güterrecht eintritt (Erwerb der Reichsangehörigkeit oder Begründung des Wohnsitzes in Deutschland) nach den deutschen Gesetzen zu beurteilen ist. Der Grundsatz, daß ein Wechsel des Wohnsitzes oder der Staatsangehörigkeit den Güterstand umwandle, wird wohl nur gegenüber einem gesetzlichen Güterstand in Geltung sein. Leben also Ehegatten in dem gesetzlichen Güterstand einer ausländischen Rechtsordnung, die diese Grundsätze hat, so treten die Eheleute mit dem Erwerbe der Reichsangehörigkeit oder mit der Begründung des Wohnsitzes in Deutschland in den deutschen gesetzlichen Güterstand ein. Nicht unter den Art. 27 fallen natürlich solche ausländische Rechtsordnungen, die zwar alle zuziehenden Fremden dem eigenen Ehegüterrecht unterwerfen, nicht aber auch die eigenen Staatsangehörigen, die in das Ausland verziehen oder dort staatsangehörig werden, dem fremden Ehegüterrechte zuweisen.

4. Der **Art. 17 Abs. 1** läßt für die Scheidung der Ehe die Gesetze des Staates maßgebend sein, dem der Mann bei Erhebung der Klage angehörte. Ist nun nach den Kollisionsnormen dieses Staates die lex domicilii des Mannes oder die lex fori maßgebend, so sind die deutschen Gesetze anzuwenden, wenn der Wohnsitz des Mannes in Deutschland lag oder hier die Klage erhoben wird. Dasselbe gilt, wenn die Kollisionsnormen des Staates, dem der Mann bei Erhebung der Klage angehörte, etwa die Gesetze desjenigen Staates für maßgebend erklären, dem der Mann bei Eingehung der Ehe oder bei Eintritt des Scheidungsgrundes oder zur Zeit der Erlassung des Urteils angehörte oder wo er in diesen Zeitpunkten seinen Wohnsitz hatte oder wo die Verfehlung begangen wurde, und diese Beziehungen für Deutschland zutreffen (so anscheinend auch Planck Nr. 3 a δ).

5. Nach **Art. 25 Satz 1** wird ein Ausländer, der zur Zeit seines Todes seinen Wohnsitz in Deutschland hatte, nach den Gesetzen seines Heimatstaats beerbt. Ist nun nach den Kollisionsnormen dieses Heimatstaats für die Beerbung seiner

im Auslande lebenden Angehörigen die lex domicilii bestimmend, so ist für die Beerbung das deutsche Gesetz maßgebend. Läßt das ausländische Gesetz über die Beerbung, namentlich soweit es sich um Grundstücke handelt, nicht das Personalstatut des Erblassers, sondern die lex rei sitae entscheiden, so greift für deutsche Grundstücke ebenfalls das deutsche Erbrecht Platz. Wegen der Anpassung der deutschen, nur auf Universalsukzession berechneten Vorschriften an einen solchen Fall vgl. S. 194 Nr. IV A 2 zu Art. 25. Dasselbe gilt, wenn das ausländische Heimatrecht des Erblassers nur für gewisse erbrechtliche Beziehungen auf das deutsche Recht verweist, z. B. in betreff der Wirksamkeit von Erbverträgen oder Erbverzichten auf das Heimatrecht des Erblassers zur Zeit des Abschlusses eines solchen Vertrags, und der Erblasser zu dieser Zeit Deutscher war. Die deutschen Gesetze, die nach Art. 27 in einem solchen Erbfall anzuwenden sind, sind die deutschen erbrechtlichen Sachnormen, nicht wieder die deutschen Kollisionsnormen. Indessen findet die Anwendung der deutschen Sachnormen doch auch hier ihre Grenze an der Vorschrift des Art. 24 Abs. 3: die Errichtung oder Aufhebung einer Verfügung von Todes wegen, die seitens eines solchen Ausländers erfolgt ist, solange er Angehöriger des anderen ausländischen Staates war, nach dessen Rechte die deutschen Gesetze für die Beerbung nicht maßgebend sein würden, kann nicht nach den deutschen Gesetzen, sondern muß nach den Gesetzen des früheren Heimatstaats dieses Ausländers beurteilt werden. Denn der Rechtsgedanke, der der Vorschrift des Art. 24 Abs. 1 Satz 1 zugrunde liegt, greift ebensowohl in diesem Falle Platz, und wenn bei einem Erblasser, der als Deutscher stirbt, das deutsche Gesetz, das hier doch unmittelbar anwendbar ist, in diesen Punkten zugunsten des früheren Heimatgesetzes des Erblassers zurücktritt, so muß es ebenso zurücktreten bei der Beerbung eines Ausländers, wo es nur mittelbar infolge Rückverweisung anwendbar ist.

IV. **Rückverweisung außerhalb der Fälle des Art. 27.**

Bei der Frage, ob auch außer den im Art. 27 bezeichneten Fällen der Rückverweisung der nach den inländischen Kollisionsnormen anwendbaren Rechtsordnung stattzugeben ist, ist zu unterscheiden:

A. Die im Art. 27 aufgezählten 5 Artikel sind nicht die einzigen, in denen die Gesetze eines fremden Staates für maßgebend erklärt werden, vielmehr findet sich eine gleiche Verweisung noch in Art. 10, Art. 11 Abs. 1 Satz 1, Art. 17 Abs. 2, Art. 21, Art. 23 Abs. 1, Art. 24 Abs. 2 und 3.

1. Der **Art. 10** hat zum Gegenstand einen Verein, der einem fremden Staate angehört und nach dessen Gesetzen rechtsfähig ist. Sollte die Rechtsordnung eines Staates in betreff der Rechtsfähigkeit eines ihm angehörenden Vereins nicht seine eigenen, sondern die deutschen Gesetze für maßgebend erklären, so würde ein solcher Verein überhaupt nicht unter den Art. 10 fallen.

2. Im Falle des **Art. 11 Abs. 1 Satz 1** ist eine Rückverweisung denkbar, wenn für das den Gegenstand des Rechtsgeschäfts bildende Rechtsverhältnis das Gesetz eines fremden Staates maßgebend ist, das Recht dieses Staates dem Grundsatze locus regit actum nicht bloß fakultative, sondern ausschließliche Geltung beilegt und das in Deutschland vorgenommene Rechtsgeschäft zwar der Formvorschrift des ausländischen Staates, aber nicht der deutschen Form genügt. Wenn man überhaupt in einer solchen Kollisionsnorm eine Rückverweisung erblicken darf, so wäre die darin liegende Verwerfung des Grundsatzes des Art. 11 Abs. 1 Satz 1

jedenfalls für den deutschen Richter nicht beachtlich. Welches Gesetz für das den Gegenstand des Rechtsgeschäfts bildende Rechtsverhältnis maßgebend ist, läßt der Art. 11 Abs. 1 Satz 1 dahingestellt. Dies bestimmt sich entweder nach anderen Vorschriften der Art. 7—31, nach den daraus abzuleitenden Folgesätzen oder nach den sonstigen deutschen internationalrechtlichen Normen. Erklären diese Normen das Gesetz eines ausländischen Staates als maßgebend für das Rechtsverhältnis, während das Recht dieses fremden Staates die deutschen Gesetze für anwendbar erklärt, so hängt die Frage, ob auch für die Form eines dieses Verhältnis betreffenden Rechtsgeschäfts die deutschen Gesetze maßgebend sind (nicht als Gesetze des Errichtungsorts, sondern als Wirkungsstatut) davon ab, ob die Rückverweisung der ausländischen Kollisionsnorm auf die deutschen Gesetze in betreff des materiellen Rechtsverhältnisses zu beachten ist. Hat z. B. ein Ausländer, der zur Zeit seines Todes seinen Wohnsitz im Inlande hatte, und dessen Heimatrecht für die Beerbung das Gesetz des Wohnsitzes, also die deutschen Gesetze, für anwendbar erklärt, früher in einem dritten Staate ein Testament errichtet, das weder dem Gesetze des Errichtungsorts noch seinem Heimatgesetz entsprach, wohl aber der deutschen Form genügte, so ist nach Art. 25, 27 dieses Testament gültig.

3. Im Art. 27 wird nur der Art. 17 Abs. 1 als einer der Fälle angeführt, wo der Rückverweisung auf die deutschen Gesetze stattgegeben werden soll, während auch nach **Art. 17 Abs.** 2 möglicherweise ausländische Gesetze für die Ehescheidung maßgebend sein und deren Kollisionsnormen wieder auf die deutschen Gesetze zurückverweisen können. Der dem Staate A angehörige Ehemann hat, während er seinen Wohnsitz in Deutschland hatte, eine Verfehlung begangen, die nach deutschem Rechte einen Scheidungsgrund bildet, nach seinem Heimatrechte nicht. Das Recht des Staates A erklärt jedoch für die Scheidung seiner Angehörigen, die im Auslande leben, nicht das eigene materielle Scheidungsrecht, sondern die lex domicilii für maßgebend. Wird gegen den Mann, solange er dem Staate A angehört, die Scheidungsklage erhoben, so ist nach Art. 17 Abs. 1 in Verbindung mit Art. 27 die Verfehlung nach deutschem Rechte zu beurteilen, also die Ehe zu scheiden. Wäre er etwa inzwischen Deutscher geworden, so wäre die Scheidung ausgeschlossen, wenn man im Falle des Abs. 2 einer Rückverweisung des früheren Heimatrechts nicht stattgeben will. Das enthält eine offenbare Vernunftwidrigkeit, die das Gesetz nicht beabsichtigt haben kann. Die Zulässigkeit der Rückverweisung ist deshalb auch im Falle des Art. 17 Abs. 2 anzunehmen. Läßt das Gesetz des Staates, dem der Mann früher angehörte, lediglich die lex fori für die Scheidung maßgebend sein, so fällt die durch Abs. 2 bewirkte Einschränkung der Scheidungsgründe für eine vor deutschen Gerichten erhobene Scheidungsklage überhaupt hinweg, da sie dann durch Abs. 4 gedeckt wird.

4. Nach **Art.** 21 sollen die Heimatgesetze der Mutter die Grundlage für die Ansprüche von Kind und Mutter gegen den außerehelichen Vater bilden und die deutschen Gesetze nur — jedenfalls einem deutschen Vater gegenüber — eine Schranke bilden, über die hinaus die Ansprüche nicht gehen dürfen. Daraus folgt, daß nicht durch eine Verweisung des Heimatrechts der Mutter die deutschen Gesetze umgekehrt zur Grundlage der Ansprüche von Mutter und Kind erhoben werden können (ebenso Niemeyer S. 84; a. A. Enneccerus-Lehmann 1[3] S. 178). Die Rückverweisung greift deshalb im Bereiche des Art. 21 nicht Platz;

dagegen kann unter Umständen die Anwendung der deutschen Gesetze anstelle der Heimatgesetze der Mutter auf Grund des Art. 30 zulässig sein (Anm. VII zu Art. 40).

5. Der **Art. 23** läßt die Frage, ob über einen Ausländer in Deutschland eine Vormundschaft oder Pflegschaft einzuleiten ist, auch davon abhängen, ob der Ausländer nach den Gesetzen seines Heimatstaats der Fürsorge bedarf. Da nun das Fürsorgebedürfnis vor allem durch Mängel der Geschäftsfähigkeit beeinflußt wird und für die letztere nach Art. 7 Abs. 1 und Art. 27 unter Umständen an Stelle des Heimatgesetzes des Ausländers die deutschen Gesetze maßgebend sind, so ist insoweit auch das Fürsorgebedürfnis nach den deutschen Gesetzen zu beurteilen (übereinst. Niemeyer S. 84f.).

6. Durch **Art. 24 Abs.** 2 wird den Erben eines Deutschen die Vergünstigung erteilt, sich in Ansehung ihrer Haftung für die Nachlaßverbindlichkeiten auch auf die am ausländischen Wohnsitze des Erblassers geltenden Gesetze zu berufen. Schließen nun diese ausländischen Gesetze ihre Anwendung beim Erbfall eines Deutschen ausdrücklich aus, indem sie sich nur für den Fall Geltung beilegen, wo es sich um Beerbung eines Inländers handelt oder doch die Erbfolge im ganzen nach den inländischen Gesetzen erfolgt, so daß der Erbe eines Deutschen, bei dem diese Voraussetzung nicht zutrifft, überhaupt nicht zu den gerichtlichen Schritten zugelassen wird, wodurch die Haftung für Nachlaßverbindlichkeiten eingeschränkt wird, so fehlt es eben an der notwendigen Voraussetzung für die Anwendbarkeit des Art. 24 Abs. 2. Ist das ausländische Recht nicht so streng, sondern läßt auch den Erben des Ausländers zu den Sicherungsmaßregeln des einheimischen Rechtes gegen die unbeschränkte Haftung für die Nachlaßverbindlichkeiten zu, so greift der Art. 24 Abs. 2 Platz, wenn auch das ausländische Recht an und für sich für die Haftung der Erben eines Ausländers das Heimatrecht des Erblassers maßgebend sein läßt.

7. Gemäß **Art. 24 Abs.** 3 bestimmt sich die Gültigkeit der Errichtung oder Aufhebung einer Verfügung von Todes wegen, die ein späterer Reichsangehöriger zu einer Zeit errichtet hat, als er noch Ausländer war, nach den Gesetzen seines damaligen Heimatstaats. Eine Rückverweisung dieses Heimatrechts auf die Gesetze des Wohnsitzes zur Zeit der Errichtung oder auf die Gesetze des Errichtungsorts oder auf die Gesetze des Staates, dem er bei seinem Tode angehört, ist nicht vorgesehen. Dennoch ist sie in einem gewissen Umfange nicht abzulehnen. Nach Art. 25 Satz 1 und Art. 27 wird ein Erblasser, der zur Zeit seines Todes Ausländer ist und seinen Wohnsitz in Deutschland hatte, nach den deutschen Gesetzen beerbt, wenn das Recht seines Heimatstaats für seine Beerbung die lex domicilii des Erblassers maßgebend sein läßt. Auch die Errichtung oder Aufhebung einer Verfügung von Todes wegen, die ein solcher Erblasser vorgenommen hat, wird also nach den deutschen Gesetzen, nicht nach den Vorschriften seines Heimatrechts beurteilt, jedenfalls dann, wenn die Errichtung oder Aufhebung zu einer Zeit stattgefunden haben, wo schon der Wohnsitz in Deutschland bestand. Ein Erbvertrag z. B., den er zu dieser Zeit errichtet hat, ist auf Grund der deutschen Gesetze gültig, auch wenn das Gesetz seines Heimatstaats vertragsmäßige Verfügungen von Todes wegen verwirft. Läßt man nun nicht auch im Falle des Art. 24 Abs. 2 die Rückverweisung zu, so träte die seltsame Folge ein, daß eine solche Verfügung,

die als wirksam zu behandeln wäre, wenn der Erblasser als Ausländer stürbe, dadurch ihre Gültigkeit verlöre, daß der Erblasser Deutscher wird und als solcher stirbt, obwohl doch auch im ersten Falle die Anerkennung ihrer Gültigkeit lediglich auf den deutschen Gesetzen beruhte. Eine solche Inkonsequenz kann nicht beabsichtigt sein. Man hat deshalb auch im Falle des Art. 24 Abs. 2 der Rückverweisung des früheren Heimatrechts des Erblassers auf die deutschen Gesetze insoweit stattzugeben, als diese anzuwenden wären, wenn der Erblasser als Angehöriger dieses ausländischen Staates stürbe.

8. Endlich gilt der Grundsatz des Art. 27 auch für den Bereich des Art. 29, wenn also an sich die Gesetze des Staates anzuwenden wären, dem die Person zuletzt angehört hat, die Kollisionsnormen dieses Staates aber auf die deutschen Gesetze (z. B. als die lex domicilii) zurückverweisen. Vgl. Art. 29 Anm. II 1.

B. In den Fällen, wo die Art. 7 ff. sich darauf beschränken, in **einseitigen Kollisionsnormen** lediglich die Voraussetzungen zu bestimmen, unter denen die deutschen Gesetze maßgebend sein sollen (wie in den Art. 14, 18, 19, 20, 22), darf nicht der Schluß gezogen werden, daß umgekehrt beim Mangel dieser Voraussetzungen die Anwendbarkeit der deutschen Gesetze unbedingt ausgeschlossen sein solle. Denn diese Einschränkung gegenüber den vollkommenen Kollisionsnormen der früheren Entwürfe ist nur dahin aufzufassen, daß der Gesetzgeber es bei diesen Rechtsverhältnissen für genügend hielt, die Voraussetzungen festzulegen, unter denen die deutschen Gesetze auf alle Fälle zur Anwendung kommen sollten. Allerdings hat der Gesetzgeber mit jenen einseitigen Normen zugleich einen Fingerzeig dafür gegeben, nach welcher Anknüpfungsbeziehung der deutsche Richter bei diesen Rechtsverhältnissen das maßgebende Statut bestimmen soll, wenn die inländische Beziehung fehlt, die seiner einseitigen Kollisionsnorm zugrunde liegt. Es handelt sich dabei ausschließlich um Verhältnisse des Familienrechts, bei denen das Personalstatut nach Maßgabe der Staatsangehörigkeit maßgebend sein soll. Der deutsche Richter hat demgemäß das Rechtsverhältnis durchweg nach dem Rechte des ausländischen Staates zu beurteilen, dem derjenige Beteiligte angehört, dessen Reichsangehörigkeit nach der einseitigen Kollisionsnorm die Anwendung der deutschen Gesetze begründen würde. Aber wenn nach dem Rechte dieses Auslandsstaats die deutschen Gesetze anzuwenden sind, etwa weil jenes Recht die lex domicilii in diesen Verhältnissen für das maßgebende Statut ansieht, so ist dieser Rückverweisung stattzugeben. Denn wenn der Gesetzgeber im Art. 27 sogar gegenüber seiner ausdrücklichen Bestimmung eines maßgebenden Auslandsrechts die Rückverweisung zuläßt, so ist nicht anzunehmen, daß er sie hat ausschließen wollen in Fällen, wo er überhaupt keine ausdrückliche Bestimmung getroffen, also seinerseits nicht einmal das ausländische Recht für maßgebend erklärt hat und in denen anderseits die Rechtslage dieselbe ist wie in den Fällen, die in dem Art. 27 erwähnt werden. Wenn auch Ausnahmevorschriften einschränkend auszulegen sind, so bedeutet das doch nicht, daß sie unter allen Umständen auf die vom Gesetzgeber ausdrücklich genannten Fälle zu beschränken sind. Der Grund, warum der Art. 27 nur die 5 bestimmten Artikel, nicht auch die Art. 14, 18, 19, 20, 22 nennt, liegt darin, daß er zwar in den ersteren, nicht aber in den letzteren die Anwendung ausländischen Rechtes vorgeschrieben hatte, so daß er keinen Anlaß hatte, für die letzteren eine Einschränkung auszusprechen, die er für die ersteren unbedingt ausdrücklich erklären mußte, wenn sie eintreten sollte. Auch ein so entschiedener Gegner der Rückverweisung wie Niemeyer sieht hier ihre Zulassung als eine Folge des Art. 27 an (S. 83—86); ebenso Planck Nr. 4c, Enneccerus-Lehmann 1[3] S. 178, Dernburg BR. 1 § 36 S. 97, Meili, Intern. Privat- und Handelsrecht 1 S. 168, 173, Neumann Nr. 2a, v. Bar, Böhms Z. 8 S. 177, RG. 62 S. 104, IV 15. Februar 1906; a. A. Endemann 1 § 21 S. 91 Anm. 25, Crome 1 S. 140, Wagner Anm. 1 a. E., Niedner S. 79 Nr. 3Ic$\beta\alpha\alpha$. (Gierke 1 S. 215, Zitelmann 1 S. 237 [246—248], 389, Kahn in Jherings J. 36 S. 366—403, die Endemann als Gegner der Ausdehnung des Grundsatzes des Art. 27 anführt, enthalten über diese Frage selbst nichts.)

C. Dagegen ist allerdings der Rückverweisung grundsätzlich nicht stattzugeben in den Fällen, wo die Anwendung ausländischer Gesetze nicht kraft des Personalstatuts eintritt oder wo sie durch andere deutsche Kollisionsnormen vorgeschrieben wird. So namentlich in dem Gebiete des Obligationen- und Sachenrechts. (So außer den unter B am Schlusse genannten Gegnern der Rückverweisung auch Niemeyer S. 83, Barazetti S. 18f., Planck Nr. 4c, Enneccerus-Lehmann 1–3 S. 178; dafür anscheinend Dernburg 1 § 36 S. 97, Meili, Internat. Privat- und Handelsr. I S. 168, 173, Neumann Nr. 2a.

V. Weiterverweisung.

Vom internationalrechtlichen Standpunkt aus ist die Weiterverweisung nicht verwerflicher als die Rückverweisung (siehe unter I). Indessen wird der Gesetzgeber von einem einseitig nationalistischen Standpunkt aus leicht geneigt sein, die Rückverweisung zuzulassen, während er sich gegen die Weiterverweisung ablehnend verhält. So läßt auch der Art. 27 zwar für bestimmte Fälle die Rückverweisung des ausländischen Rechtes auf die deutschen Gesetze zu, schweigt aber von der Weiterverweisung. Nach der herrschenden Meinung darf demzufolge der deutsche Richter die Weiterverweisung unter keinen Umständen beachten (so Niemeyer S. 82f., Barazetti S. 19 und in Böhms Z. 7 S. 319, 8 S. 121, 284, Silberschmidt, daselbst 8 S. 100, Crome 1 S. 140, Cosack 1 § 12II Ziffer 6, offenbar auch Endemann 1 S. 91, Wagner Anm. 1 und 2). Für die allgemeine Zulassung der Weiterverweisung Dernburg BR. 1 S. 97, v. Bar, Böhms Z. 8 S. 177, Enneccerus 1[3] S. 178f., Meili, Internat. Pr. u. Handelsr. 1 S. 168, 173 (wenngleich er sie theoretisch ebenso wie die Rückverweisung verwirft), endlich gemäß seiner Theorie der Kompetenzerörterung Neumann Anm. zu Art. 27. Wenn nun auch eine allgemeine Zulassung der Weiterverweisung gegenüber den positiven Vorschriften des deutschen Rechtes schwerlich zu rechtfertigen ist, so ist doch anderseits ihre Zulassung in einem begrenzten Umfang und unter gewissen Voraussetzungen kaum abzuweisen und durch Gründe geboten, die bei der Rückverweisung in der Regel nicht einmal vorliegen.

Für das deutsche Recht ist demgemäß zu unterscheiden:

A. In allen Fällen, wo in den Art. 7ff. ein bestimmtes Auslandsrecht als maßgebend bezeichnet ist, ist eine Weiterverweisung seitens dieses Auslandsrechts auf die Gesetze eines anderen Auslandsstaats von dem deutschen Richter nicht zu beachten. Dies gilt vor allem von den Fällen, die unter die im Art. 27 aufgezählten 5 Vorschriften fallen, und ergibt sich daraus, daß der Art. 27

nur die Rückverweisung, nicht auch die Weiterverweisung zuläßt, eine Einschränkung, die nur als eine Ablehnung der letzteren anzusehen ist. Es gilt ferner aber auch für die unter IVA besprochenen Fälle, wo in einem andern Artikel (Art. 10, Art. 11 Abs. 1 Satz 1, Art. 17 Abs. 2, Art. 21, 23 Abs. 1, Art. 24 Abs. 2 und 3) auf ein bestimmtes Auslandsrecht als maßgebend verwiesen ist. Denn wenngleich in einigen dieser Fälle ebenfalls der etwaigen Rückverweisung des Auslandsrechts stattzugeben ist (siehe unter IVA Nr. 3, 5, 7), so geschieht das nur darum, weil diese Fälle den im Art. 27 aufgezählten gleichartig sind und folgerichtigerweise nicht anders behandelt werden können als die letzteren. Aus demselben Grunde kann aber auch bei ihnen ebensowenig die Weiterverweisung zugelassen werden wie bei den Fällen des Art. 27 (so auch außer den Gegnern jeder Weiterverweisung Planck Nr. 4c, Niedner S. 78 unter Cα, Wagner Nr. 2).

B. Anders liegt dagegen die Sache in den Fällen, wo das EG. überhaupt nur eine einseitige Kollisionsnorm gibt, also lediglich die Voraussetzungen bezeichnet, unter denen die deutschen Gesetze maßgebend sein sollen, oder wo es zwar eine unvollkommene zweiseitige Kollisionsnorm gibt, also die Anwendbarkeit eines bestimmten Auslandsrechts anordnet, aber nur unter gewissen begrenzten Voraussetzungen, denen der zu beurteilende Tatbestand nicht entspricht, so daß es für diesen vorliegenden Tatbestand an einer ausdrücklichen Regelung im Gesetze fehlt. Besonders wichtig sind zwei Fälle der letzteren Art, nämlich die Beurteilung einer von zwei Ausländern im Ausland eingegangenen Ehe und der Beerbung eines mit ausländischem Wohnsitze verstorbenen Ausländers. Für diese beiden Fälle gibt das Gesetz keine Vorschrift; es regelt im Art. 13 Abs. 1 nur den Fall, daß wenigstens einer der Verlobten Deutscher ist oder daß die Ehe von zwei Ausländern im Inland eingegangen wird, und im Art. 25 nur den Fall der Beerbung eines Ausländers, der im Inlande seinen letzten Wohnsitz hatte. Ferner gehören hierher unter anderen die Frage nach der ehelichen Abstammung eines Kindes, wenn der Ehemann der Mutter Ausländer ist, und die Frage nach den Voraussetzungen und Wirkungen der Legitimation und Adoption bei Ausländern, Fälle, wo die Art. 18 und 22 nicht Platz greifen. Wie fast allgemein anerkannt wird (a. A. Neumann, Edelmann in Böhms Z. 8 S. 295ff.) ist in allen diesen Fällen das für das Rechtsverhältnis maßgebende Gesetz nach Analogie der Art. 13 Abs. 1, Art. 18, 22, 25 unter Zugrundelegung der hier verwerteten Anknüpfungsbeziehung zu bestimmen: es ist das Gesetz desjenigen Staates, dem die Verlobten, der Ehemann der Mutter des Kindes, der Legitimierende oder Adoptierende oder der Erblasser angehören. Eine Weiterverweisung seitens des Rechtes dieses Staates auf die Gesetze eines andern Auslandsstaats, besonders auf die lex domicilii jener Personen, wird von der herrschenden Meinung als durchweg unzulässig angesehen. Dabei übersieht man jedoch einen Punkt, der gerade die Weiterverweisung vor der Rückverweisung auszeichnet und ihre Zulassung zu einem Gebote der Gerechtigkeit macht. Bei der Rückverweisung handelt es sich um einen Tatbestand, der einmal gewisse Anknüpfungsbeziehungen zum Inlande, d. h. zu dem Staate, dem der urteilende Richter angehört, und anderseits solche zu einem bestimmten Auslandsstaate hat, und zwar sind regelmäßig diese beiderseitigen Beziehungen dem Tatbestande von Anfang an eigen. Die inländische Kollisionsnorm legt der Anknüpfungsbeziehung zum Auslande (z. B. der ausländischen Staatsangehörigkeit), umgekehrt die Kollisionsnorm der durch die Anknüpfungsbeziehung zum Auslande berufenen Rechtsordnung der Anknüpfungsbeziehung zum Inlande (z. B. dem Wohnsitz im Inlande) die internationalrechtlich maßgebende Bedeutung bei. Verwirft nun das inländische Recht die Rückverweisung, dann bleibt es von Anfang an in der Schwebe, nach welchen Sachnormen die rechtliche Ausprägung des Tatbestandes zu erfolgen hat, und diese Ungewißheit ist auch den Beteiligten erkennbar; sie wissen oder können wissen, daß trotz der vorhandenen Anknüpfungsbeziehung zum Inlande die inländische Kollisionsnorm die Ausprägung des Tatbestandes nach den inländischen Sachnormen ablehnt. Kommt demnächst der Tatbestand vor dem inländischen Richter zur Aburteilung und bringt dieser darauf die ausländischen Sachnormen zur Anwendung, so erfolgt damit nicht die Umprägung eines bereits zuvor von einer andern (der inländischen) Rechtsordnung endgültig ergriffenen und ausgeprägten Tatbestandes, sondern der Richter spricht jetzt nur das aus, worüber die Beteiligten sich von vornherein klar sein konnten, nämlich daß vor dem inländischen Richter die vorhandene Inlandsbeziehung die Anwendung der inländischen Sachnormen nicht zur Folge haben werde, der Richter vollzieht damit erst die bisher in der Schwebe gebliebene Ausprägung. — Anders bei der Weiterverweisung. Hier wird dem inländischen Richter ein Tatbestand zur Beurteilung vorgelegt, der von vornherein lediglich zu verschiedenen Auslandsstaaten Anknüpfungsbeziehungen gehabt zu haben braucht, etwa durch die Staatsangehörigkeit eines der Beteiligten zu dem Auslandstaat A, durch den Wohnsitz desselben Beteiligten zu dem Auslandsstaate B, während zum Inlande keine weitere Anknüpfungsbeziehung vorzuliegen braucht als eben die, daß der Tatbestand jetzt von einem inländischen Gerichte zu beurteilen ist. In Fällen dieser Art kann nun die rechtliche Ausprägung des Tatbestandes schon erfolgt sein, ehe dieser vor dem deutschen Richter zur Aburteilung gelangt, und zwar ist dies dann der Fall, wenn diejenigen ausländischen Rechtsordnungen, zu denen der Tatbestand bei seinem Abschluß Anknüpfungsbeziehungen enthielt, ihn übereinstimmend den Sachnormen einer dieser Rechtsordnungen zugewiesen und unterworfen haben. Stimmen der Heimatstaat A und der Wohnsitzstaat B darin überein, daß für die Beerbung eines im Staate B wohnhaften Angehörigen des Staates A die Gesetze des Staates B maßgebend sein sollen oder stimmen der Heimatstaat A und der Staat des Eheschließungsorts C darin überein, daß die Eingehung einer Ehe im Staate C sich auch für einen Angehörigen des Staates A nach den Gesetzen des Staates C bestimmen soll, so hat mit Eingehung der Ehe im Staate C oder mit Eintritt des Erbfalls das Rechtsverhältnis seine feste und endgültige Ausprägung durch die Sachnormen des Staates B oder C erfahren. Diese Ausprägung muß ihm bleiben, wenn auch durch eine Veränderung der Anknüpfungsbeziehungen oder durch zufällige andere Umstände der deutsche Richter zur Beurteilung des Rechtsverhältnisses berufen wird; denn dieses nunmehr auf Grund der deutschen Kollisionsnormen nach den Gesetzen des Staates A zu beurteilen, könnte unter Umständen zu einer völligen Umwälzung des Rechtsverhältnisses führen, während die Beteiligten auf seinen Bestand bauen durften, da es in den Rechtsordnungen, die bei der Begründung des Rechtsverhältnisses für die Beteiligten in Betracht kamen, anerkannt, und die späteren Änderungen für sie nicht voraussehbar waren. Die Umwälzung würde sich auch nicht bloß auf das Rechtsverhältnis unter den unmittelbar Beteiligten beschränken, sondern die Frage könnte als Inzidentstreitpunkt bei irgend einem Prozesse vor dem deutschen Richter aufgerollt und dieser dadurch genötigt werden, eine Ehe als ungültig, ein Erbrecht als unbegründet zu behandeln, die in den Heimatstaaten der Eheleute oder des Erblassers selbst als zu Recht bestehend anerkannt werden. Man darf annehmen, daß gerade zur Vermeidung solcher Mißstände der Bundesrat diejenigen Bestimmungen, in denen die Anwendung eines bestimmten Auslandsrechts vorgeschrieben ist, aufs äußerste eingeschränkt und wie in den Art. 13 Abs. 1 und 25 an besondere engbegrenzte Voraussetzungen geknüpft hat, während er in allen übrigen Fällen, namentlich auch bei der Eingehung einer Ehe oder bei der Beerbung in Fällen, wo die besonderen Voraussetzungen jener Artikel nicht vorliegen, den Richter auch in der Zulassung der Weiterverweisung nicht hat einschränken wollen. Darin liegt der auch gegenüber den positiven Normen des EG. berechtigte Kern der Kompetenzerörterungstheorie Neumanns (im wesentlichen übereinstimmend: **Planck** Anm. 4, **Niedner** Anm. 3 III). Was die Eingehung der Ehe anlangt, so ist noch darauf hinzuweisen, daß selbst die zweite Kommission für die Ausarbeitung des BGB., die sonst die Rückverweisung wie die Weiterverweisung durchaus ablehnte, der von ihr für die Eingehung der Ehe vorgeschlagenen vollkommenen Kollisionsnorm, wonach für einen jeden Verlobten die Gesetze seines Heimatstaats maßgebend sein sollten, die Einschränkung zufügte: falls das Recht dieses Staates gestatte, daß der Verlobte die Ehe nach den Gesetzen seines Wohnsitzes oder nach den Gesetzen des Ortes eingehe, an dem die Ehe geschlossen werde, solle die Beobachtung dieser Gesetze für ihn genügen. Lag dieser Regelung auch einseitig das Bestreben zugrunde, tunlichst die Aufrechterhaltung der Ehen zu fördern, so zeigt sie doch, wie selbst diese der Rück- und Weiterverweisung durchaus abgeneigte Kommission sich wenigstens bei diesem Rechtsverhältnisse der Notwendigkeit einer Zulassung der Weiterverweisung nicht entziehen konnte.

Wie schon hervorgehoben, muß jedoch die Zulassung der Weiterverweisung davon abhängig gemacht werden, daß diejenigen Rechtsordnungen, zu denen bei Begründung des Tatbestandes Anknüpfungsbeziehungen vorliegen, in der Bestimmung der sachlich maßgebenden Rechtsordnung übereinstimmen. Bei der Prüfung, ob das der Fall ist, hat der deutsche Richter von derjenigen Anknüpfungsbeziehung auszugehen, die nach den deutschen Kollisionsnormen die maßgebende ist, also soweit das Personalstatut eines Beteiligten in Betracht kommt, von dessen Staatsangehörigkeit. Verweist die Rechtsordnung des Staates, dem dieser Beteiligte (z. B. der Verlobte, der Erblasser) angehört, indem sie einer andern Anknüpfungsbeziehung (z. B. dem Wohnsitze, dem Orte der Eheschließung) die maßgebende Bedeutung beilegt, auf die Gesetze des Staates, zu dem diese Anknüpfungsbeziehung vorliegt, und läßt auch die Rechtsordnung dieses letzteren Staates die Anwendung ihrer Sachnormen auf diesen Tatbestand zu — also die Rückverweisung —, dann hat sich damit die Ausprägung des Tatbestandes nach den Sachnormen dieses letzteren Staates vollzogen, die auch der deutsche Richter zu respektieren hat. — Anders ist es, wenn diese beiden auf solche Weise zur Mitwirkung bei der Ausprägung eines Tatbestandes berufenen Rechtsordnungen nicht miteinander übereinstimmen. Erklärt der Heimatstaat seine Gesetze und nicht die des Wohnsitzes (oder des Ortes der Eheschließung) für maßgebend, während der Wohnsitzstaat oder der Staat, innerhalb dessen die Ehe geschlossen ist, die Anwendung der eigenen Gesetze gebietet, so liegt überhaupt keine

Weiterverweisung vor. Aber auch dann, wenn zwar der Heimatstaat auf die Gesetze des Wohnsitzstaats usw. verweist, dieser aber die Anwendung seiner Sachnormen auf den vorliegenden Tatbestand versagt, ist kein Anlaß zu einer Ausnahme von der Vorschrift der deutschen Kollisionsnorm gegeben, denn der Tatbestand hat auch in diesem Falle bisher noch keine endgültige Ausprägung erfahren, vielmehr ist seine Ausprägung in der Schwebe geblieben und deshalb der deutsche Richter nicht durch die Rücksicht auf eine bereits endgültig gewordene rechtliche Ausgestaltung des Tatbestandes gehindert, derjenigen Anknüpfungsbeziehung zu folgen, die die deutschen Kollisionsnormen die maßgebende Bedeutung beilegen, also der Staatsangehörigkeit. Im wesentlichen übereinstimmend Niedner Nr. 3, III S. 79; dagegen nimmt anscheinend Planck Anm. 4c an, daß auch in diesem Falle die Sachnormen derjenigen Rechtsordnung zugrunde zu legen seien, die durch die Kollisionsnormen des Heimatstaats für maßgebend erklärt werden, daß also der Weiterverweisung stattzugeben sei. Jedenfalls steht auf diesem Standpunkte, seiner Theorie der Kompetenzerwägung entsprechend, Neumann, Vorbem. III 4 vor Art. 7, und in Gruchots Beitr. 46 S. 67—98, bes. S. 96. Bemerkt sei noch, daß einer der entschiedensten Gegner der Rück- und Weiterverweisung, Kahn, in der Frage nach der zeitlichen Anwendbarkeit der neuen deutschen Kollisionsnormen auf einem Standpunkte steht, der sich mit dem hier vertretenen deckt, indem er solche Rechtsverhältnisse, die unter der Herrschaft anderer, d. h. der früheren Kollisionsnormen, ihre Ausprägung erfahren haben, von der nachträglichen Unterwerfung unter die neuen Kollisionsnormen ausnehmen will (Iherings Jahrb. 43 S. 311ff., 314, in Betreff Eingehung der Ehe S. 358).

VI. Wegen der Ermittelung der ausländischen Kollisionsnormen im Prozeß vgl. S. 44 Vorbem. VIII 2, wegen der Zulässigkeit der Revision, wenn die Rückverweisung oder Weiterverweisung unbeachtet gelassen ist, S. 46 unter VIII 3b.

Artikel 28.

Die Vorschriften der Artikel 15, 19, des Artikel 24 Abs. 1 und der Artikel 25, 27 finden keine Anwendung auf Gegenstände, die sich nicht in dem Gebiete des Staates befinden, dessen Gesetze nach jenen Vorschriften maßgebend sind, und die nach den Gesetzen des Staates, in dessen Gebiete sie sich befinden, besonderen Vorschriften unterliegen.

Vorentw. A u. B: § 30; E. I: § 22; E. IIa: BGB. § 2262; E. IIb: BGB § 2387; E. III: Art. 27. Prot. VI 80f.

Literatur: v. Bar, Theorie u. Praxis 1 S. 507 ff., Lehrbuch S. 81 f.; Zitelmann 2 S. 21—32; Niemeyer S. 86—93; Barazetti S. 47—51, 74, 84, 98; Gierke 1 S. 238 Anm. 95; Mafur, Zur Anführung des Art. 27 EG. z. BGB. in Art. 28 daselbst, Böhms Z. 16 S. 205 ff.

I. Während der vorhergehende Artikel eine Ausnahme von den regelmäßigen Grundsätzen der Kollisionsnormen nur zugunsten der deutschen Gesetze enthält, schränkt umgekehrt der Art. 28 vor allem die Anwendbarkeit der deutschen Gesetze, die in den Art. 15, 19, 24 Abs. 1 und 27 vorgeschrieben ist, zugunsten ausländischer und ferner die Anwendbarkeit der durch Art. 25 für maßgebend erklärten ausländischen Gesetze zugunsten der Gesetze eines andern Auslandsstaats, daneben allerdings auch zugunsten deutscher Gesetze ein.

Die im Art. 28 angezogenen Vorschriften betreffen sämtlich familien- und erbrechtliche Verhältnisse und haben das Gemeinsame, daß sie sich auf das Vermögen einer Person als Gesamtheit beziehen. Der Art. 15 betrifft das eheliche Güterrecht, also den Einfluß der Ehe auf die Vermögen der beiden Ehegatten, der Art. 19 die Rechte der Eltern am Vermögen eines ehelichen Kindes, der Art. 24 Abs. 1 und der Art. 25 das Schicksal des Vermögens eines Verstorbenen. (Wegen des Art. 27 siehe unter III.) Überall wird hier das Vermögen als Gesamtheit gefaßt und seine Behandlung nach einem einheitlichen Statute, nämlich nach dem Personalstatute des Vermögensträgers oder des ihm gegenüberstehenden Berechtigten (des Ehemanns, elterlichen Gewalthabers), geregelt. Diesem Personalstatute gegenüber bringt der Art. 28 in einem beschränkten Umfange das Sachstatut zur Geltung, d. h. das Gesetz des Ortes, wo sich die einzelnen zum Vermögen gehörigen Gegenstände befinden. Das Gesamtvermögensstatut soll zurücktreten, wo das Sonderstatut des einzelnen Vermögensstücks dies fordert. Denn ein jedes Vermögensstück ist zunächst der Herrschaft des Staates unterworfen, in dessen Gebiet es sich befindet. Nur soweit dieser Staat die Zugehörigkeit des Stückes zu der Gesamtheit des Vermögens gelten und es dessen Schicksale teilen läßt, ist es der Einwirkung des Vermögensstatuts zugänglich. Entzieht das Sachstatut ein Vermögensstück einem ausländischen Vermögensstatute, so scheidet es damit aus der übrigen Vermögensmasse aus und bildet eine Sondermasse, die ihren eigenen Gesetzen folgt. Die Vorschrift des Art. 28 ist deshalb die internationalrechtliche unabweisbare Anerkennung des Vorranges des Sachstatuts vor dem nur mittelbar zur Einwirkung fähigen Vermögensstatute (vgl. Zitelmann 1 S. 140, 2 S. 21—32). Deutlicher, als dies jetzt im Gesetze der Fall ist, brachte diese Absicht der Gebhardsche Vorentwurf zum Ausdrucke, wo die Vorschrift (§ 30) lautet: „Die Vorschriften . . . . kommen nicht zur Anwendung, insoweit zu dem betreffenden Vermögen (dem Vermögen eines der Ehegatten, dem Vermögen des Kindes, der Erbschaft) Gegenstände gehören, welche nicht in dem Gebiete des Staates, dessen Recht im allgemeinen maßgebend ist, sich befinden und diese Gegenstände nach dem Recht des Staates, in dessen Gebiet sie sich befinden, als von dem Gesamtvermögen ausgesonderte Vermögensstücke zu betrachten sind oder sonst unter ihnen eigentümlichen, eine abweichende Beurteilung erheischenden Vorschriften stehen. In betreff dieser Gegenstände entscheidet das Recht des Staates, in dessen Gebiet sie sich befinden."

II. Die Vorschrift gilt für **Gegenstände**, also für Vermögensstücke aller Art. Den Hauptfall bilden die in einem andern Staate als dem des Personalstatuts belegenen Grundstücke, weil diese am ersten durch die lex rei sitae besonderen Vorschriften unterworfen sind. Daneben können aber auch bewegliche Sachen und Rechte, z. B. Patent- und sonstige Urheberrechte, in Betracht kommen. Für die Frage, im Gebiete welches Staates sich ein Gegenstand befindet, gibt im Verhältnisse zwischen dem deutschen Inland und dem Auslande der § 2369 Abs. 2 BGB. eine Anleitung, die jedoch auf das Verhältnis mehrerer ausländischer Staaten untereinander nicht ohne weiteres übertragbar ist.

III. **Nach den Gesetzen des Staates, in dessen Gebiete sie sich befinden, müssen die Gegenstände besonderen Vorschriften unterworfen sein.** Man hat sich dabei den Fall so gedacht, daß die lex rei sitae für gewisse in ihrem Bereiche befindliche Gegenstände eine besondere, d. h. von dem sonstigen Vermögen abweichende Behandlung vorschreibt, also an besondere familien- oder erbrechtliche Sachnormen der lex rei sitae. In Wahrheit kommt es jedoch nicht auf den Inhalt der Sachnormen, sondern auf die Kollisionsnormen des Staates an, in dessen Gebiete sich der Gegenstand befindet, nämlich darauf, ob durch diese Kollisionsnormen der lex rei sitae für die in ihrem Bereiche befindlichen Gegenstände auch für das in Frage stehende familien- oder erbrechtliche Verhältnis ausschließliche Geltung beigelegt ist. Denn sobald das geschieht, tritt eben der Fall ein, daß der Gegenstand von seiner Zugehörigkeit zu einer Vermögenseinheit losgelöst und ohne Rücksicht auf das für diese Einheit maßgebende Personalstatut einer besonderen Behandlung unterworfen wird. Der Ausdrucksweise in Art. 25 Satz 2 und Art. 27 entsprechend würde deshalb der Schluß des Art. 28 richtiger lauten: „und für die nach dem Rechte des Staates, in dessen Gebiete sie sich befinden, dessen Gesetze in Beziehung auf die in jenen Artikeln (15, 19 usw.) bezeichneten Rechtsverhältnissen ausschließlich maßgebend sind". Besondere Vorschriften im Sinne des Art. 28 sind also diejenigen, wodurch ein Staat Gegenstände, die sich in seinem Gebiete befinden, gerade wegen ihrer Belegenheit in seinem Gebiete der ausschließlichen Behandlung nach den eigenen Normen unterwirft, ohne Rücksicht darauf, ob sie zu einer über sein Gebiet hinausgreifenden Vermögenseinheit gehören und welches Statut für das übrige Vermögen und den Vermögensträger selbst maßgebend ist. Keine besondere Vorschrift nach Art. 28 ist es also, wenn der Staat, in dessen Gebiet sich der Gegenstand befindet, dessen Zugehörigkeit zu dem Vermögen als Einheit anerkennt und für dieses gesamte Vermögen eine von den Vorschriften der Art. 15 usw. abweichende Behandlung vorschreibt, weil er ein anderes Personalstatut des Vermögensträgers oder des sonst Beteiligten, z. B. die lex domicilii des Erblassers, für maßgebend erklärt. Hat also ein Deutscher seinen letzten Wohnsitz und zugleich Grundvermögen in einem Staate, der für die Beerbung die lex domicilii, also in diesem Falle seine eigenen Gesetze maßgebend sein läßt, so werden zwar die Gerichte dieses Staates bei den in seinem Gebiete belegenen Grundstücken das eigene Erbrecht zur Geltung bringen; aber die Vorschriften, kraft deren dies geschieht, sind keine besonderen im Sinne des Art. 28, denn sie wollen nicht bloß für die im Gebiete jenes Staates befindlichen Nachlaßstücke gelten, sondern für den Nachlaß im ganzen, auch soweit er außerhalb belegen ist. Dagegen ist es eine besondere Vorschrift, wenn das Gesetz eines Staates bestimmt, daß sich die Erbfolge in die in seinem Gebiete belegenen Grundstücke ausschließlich nach den eigenen Gesetzen bestimme, ohne Rücksicht darauf, wie die Erbfolge in das übrige Vermögen stattfindet. Eine derartige Norm ist eine besondere Vorschrift auch dann, wenn diese Vorschrift nicht in der Form einer einseitigen, nur für die eigenen Grundstücke gültigen, sondern in der Form einer allgemeinen Kollisionsnorm aufgestellt ist, daß für die Erbfolge in Grundstücke durchweg die lex rei sitae maßgebend sein soll. Denn diese allgemeine Kollisionsnorm hat ihren Ausgangspunkt darin, daß der Staat, der sie aufstellt, für die Erbfolge in die Grundstücke seines Gebiets die Geltung fremder Gesetze ausschließen will, und deshalb auch anderen Staaten die gleiche Ausschließungsbefugnis für die in ihrem Gebiete belegenen Grundstücke einräumt. — Zu beachten ist dabei, daß namentlich einseitige Kollisionsnormen, die der eigenen Sachnorm ausschließliche Geltung beilegen, nicht immer ausdrücklich neben dieser Sachnorm ausgesprochen würden, sondern mitunter in dieser enthalten und versteckt sind. Dieser Umstand darf über das Wesen der Vorschrift nicht täuschen.

IV. **Der Artikel bestimmt nur negativ**, daß die Vorschriften der Art. 15 usw. keine Anwendung finden; er sagt nicht, welche Vorschriften statt dessen anwendbar sein sollen. Selbstverständlich sollen dies, wie die Vorentwürfe ausdrücklich hervorhoben, die besonderen Vorschriften der lex rei sitae sein. Nach ihnen bestimmt sich, welchen Einfluß die in den Art. 15 usw. geordneten Rechtsverhältnisse auf die Gegenstände haben, z. B. ob der deutsche Ehemann oder Vater an die in dem fremden Staate belegenen Grundstücke der Frau oder der Kinder ein Recht der Verwaltung, Nutznießung, Verfügung hat, wer Erbe der in dem fremden Staate belegenen Gegenstände wird usw.

Zweifelhaft ist es, inwieweit die Behandlung der in dem fremden Staate befindlichen Gegenstände nach dessen besonderen Vorschriften eine Rückwirkung auf die Behandlung des übrigen Vermögens ausübt. Diese Frage ist namentlich im Erbrechte für solche Verhältnisse von Belang, bei denen es auf den Umfang des Nachlasses ankommt, wie bei dem Auseinandersetzungsanspruch unter Miterben, und dem Pflichtteilsanspruch (vgl. S. 186 Art. 24 Anm. I 4 b). Da der Art. 28 zur Folge hat, daß die in dem fremden Staate befindlichen Gegenstände als eine besondere, von dem sonstigen Nachlaß unabhängige Vermögensmasse zu behandeln sind, so ist regelmäßig eine Rückwirkung ausgeschlossen. Hat z. B. ein deutscher Erblasser Grundvermögen in einem fremden Staate hinterlassen, dessen Gesetz für dieses Grundvermögen die Erbfolge nach der lex rei sitae vorschreibt, und weicht nun die lex rei sitae in der Erbfolge von den deutschen Gesetzen ab, indem sie z. B. der Ehefrau kein gesetzliches Erbrecht einräumt, so fragt es sich, ob nicht die Ehefrau, wenn sie ihren Auseinandersetzungsanspruch im Inlande geltend macht, für die Bevorzugung, die ihr Miterbe durch das ausländische Recht erfährt, eine Ausgleichung aus der inländischen Nachlaßmasse verlangen kann. Das ausländische Grundstück hat einen Wert von 60000 Mk., das inländische Vermögen beträgt 100000; nach dem BGB. ist die Frau zur Hälfte der Erbschaft berufen, nach der lex rei sitae des ausländischen Grundstücks ist ein Bruder des Erblassers alleiniger Erbe. Nach Art. 28 kann die Frau ohne Zweifel keine unmittelbaren Ansprüche an das ausländische Grundstück erheben, also z. B. nicht dessen Versteigerung zum Zwecke der Auseinandersetzung verlangen. Kann sie aber nicht wenigstens verlangen, daß bei der Berechnung des Nachlasses der Wert des ausländischen Grundstücks mit einbezogen, danach ihr Erbteil berechnet und ihr alsdann aus dem inländischen Vermögen dasjenige gewährt wird, worauf ihr Erbteil auf diese Weise berechnet ist, also ähnlich wie es bei der Ausgleichung unter Miterben nach BGB. § 2055 zu geschehen hat? Tatsächlich ist so zu verfahren, wenn der deutsche Erblasser etwa seinen Wohnsitz in dem Staate hatte, wo das Grundstück liegt, und dieser Staat für die Beerbung nicht die lex rei sitae, sondern anstatt der lex patriae die lex domicilii für maßgebend erklärt, und demgemäß auf die Beerbung dieses Erblassers seine Erbrechtsnormen anwendet, die ein gesetzliches Erbrecht der Frau nicht kennen. In einem solchen Falle kann die Frau ihr nach deutschem Gesetze begründetes Miterbrecht an dem ausländischen Grundstücke mit unmittelbarem Erfolg ebenfalls nicht zur Geltung bringen, denn der Staat, in dessen Gebiet das Grundstück liegt, erkennt ihr Miterbrecht nicht an. Erhebt sie aber ihren Auseinandersetzungsanspruch vor dem deutschen Richter (ein Gerichtsstand hierzu ist nach ZPO. § 27 Abs. 2 stets geschaffen), so hat dieser die Vorschriften der lex domicilii bei der Regelung des Verhältnisses unter den Parteien nach Art. 24 nicht zu beachten, sondern das deutsche Erbrecht zugrunde zu legen. Er hat mithin auch das ausländische Grundstück als von dem Erbrechte der Frau mitergriffen zu behandeln und ihr, da ihr der Zugriff auf dieses Grundstück selbst versagt und die Zuerkennung eines Anteils daran seitens des deutschen Richters wirkungslos ist, die erforderliche Ausgleichung aus dem inländischen Vermögen zuzusprechen. Im Falle des Art. 28 ist es aber anders. Denn hier wird eben der Art. 24 durch die besondere Vorschrift der lex rei sitae eingeschränkt. Durch die letztere wird das ausländische Grundstück auch für den deutschen Richter zu einer selbständigen Erbmasse erhoben, an der die Frau keinen Anteil hat. Hier ist deshalb auch eine Ausgleichung aus dem inländischen Vermögen ausgeschlossen. Grundsätzlich dasselbe gilt auch, wenn die nach Art. 28 maßgebende lex rei sitae den nach deutschem Rechte bestehenden Anspruch eines Pflichtteilsberechtigten nicht anerkennt (wie z. B. das österreichische A. B. G. § 796 den Pflichtteilsanspruch der Ehefrau). Auch hier findet also für den Pflichtteilsberechtigten der Regel nach keine Ausgleichung aus der inländischen Nachlaßmasse statt, es müßte denn im Einzelfalle die Nichtberücksichtigung des ausländischen Gesetzes durch den Art. 30 geboten sein.

V. Der Art. 28 zählt die Artikel einzeln auf, deren Vorschriften durch die lex rei sitae eingeschränkt werden sollen. Indessen ist **der Grundsatz des Vorranges der lex rei sitae** überall da anzuerkennen, wo durch die Art. 7 ff. an sich das Personalstatut als Gesamtvermögensstatut aufgestellt wird, namentlich da, wo sich dies durch Verallgemeinerung der einseitigen Kollisionsnormen der Art. 7 ff. ergibt. So z. B. im Falle des Art. 20 (Rechtsverhältnis zwischen unehelichem Kind und seiner Mutter). Daß der Art. 28 zwar den Art. 19 (Rechtsverhältnis zwischen den Eltern und einem ehelichen Kinde), nicht aber den Art. 20 aufführt, beruht darauf, daß nach deutschem Rechte die Eltern an dem Vermögen des ehelichen Kindes gewisse Rechte (Verwaltung, Verfügung, Nutznießung) haben, nicht dagegen die Mutter am Vermögen des unehelichen Kindes. Da der Art. 20 (wie der Art. 19), nur von der Anwendbarkeit der deutschen Gesetze spricht, so brauchte ihm gegenüber der Vorrang der lex rei sitae vor dem Gesamtvermögensstatut nicht ausgesprochen zu werden. Gehört aber die Mutter einem Staate an, dessen Gesetz ihr an dem Vermögen ihres unehelichen Kindes ebenfalls Nutznießung und Verwaltung einräumt, so ist dieses Gesetz von dem deutschen Richter auf das Rechtsverhältnis zwischen einer solchen Mutter und ihrem Kinde anzuwenden; gegenüber einem solchen Statute greift dann aber auch der Grundsatz des Art. 28 ein.

Wenn anderseits im Art. 28 die Vorschriften des **Art. 27** allgemein als solche erwähnt werden, die gegenüber besonderen Vorschriften der lex rei sitae zurücktreten sollen, so bezieht sich auch der nur auf diejenigen im Art. 27 zugelassenen Fälle der Rückverweisung, bei denen es sich um das Personalstatut als Gesamtvermögensstatut handelt, also auf diejenigen im Art. 27 angezogenen Vorschriften, die auch im Art. 28 (neben dem Art. 27), aufgeführt werden, nämlich den Art. 15 Abs. 2 und den Art. 25 (ebenso Masur a. a. O.). Der Eingang des Art. 28 müßte, genau genommen, lauten: Die Vorschriften der Art. 15, 19, des Art. 24 Abs. 1, und des Art. 25 und, soweit anstatt der hier für maßgebend erklärten Gesetze eines fremden Staates kraft des Art. 27 die deutschen Gesetze anwendbar sind, die Vorschriften der deutschen Gesetze finden keine Anwendung usw. So ist z. B. durch die Erwähnung des Art. 27 im Art. 28 nicht auch gegenüber der Rückverweisung im Falle des Art. 7 Abs. 1 eine Einschränkung zugunsten der lex rei sitae eingeführt, sondern für die Geschäftsfähigkeit verbleibt es durchweg bei den Grundsätzen des Art. 7 Abs. 1 und Art. 27. Wenn z. B. ein Staat A bestimmt, daß für Rechtsgeschäfte, die sich auf Grundstücke in seinem Gebiete beziehen, sich auch die Geschäftsfähigkeit nach seinen Gesetzen bestimmen soll, so ist das ohne Zweifel eine besondere Vorschrift im Sinne des Art. 28. Allein diese besondere Vorschrift der lex rei sitae ist vom deutschen Richter nicht zu beachten, sicherlich nicht, wenn es sich um das Rechtsgeschäft eines Deutschen handelt oder eines Ausländers, dessen Heimatrecht für die Geschäftsfähigkeit seiner Angehörigen ebenfalls die einheimischen Gesetze maßgebend sein läßt. Aber auch, wenn das Heimatrecht des Ausländers in betreff seiner Geschäftsfähigkeit die deutschen Gesetze für anwendbar erklärte, etwa deshalb, weil der Ausländer in Deutschland seinen Wohnsitz hat, so hat auch in diesem Falle der deutsche Richter die Geschäftsfähigkeit dieses Ausländers für das Rechtsgeschäft über das im Staate A belegene Grundstück nach deutschen Gesetzen, und nicht, wie es die lex rei sitae verlangt, nach deren Vorschriften zu beurteilen.

VI. **Der Art. 28 hat hauptsächlich Gegenstände vor Augen**, die sich im Gebiet eines ausländischen Staates befinden und nach den Gesetzen dieses ausländischen Staates besonderen Vorschriften unterliegen, doch ist er nicht darauf beschränkt, sondern gilt auch für Gegenstände, die sich im Inlande befinden, sofern sie nach deutschen Gesetzen besonderen Vorschriften unterliegen. Solche besonderen Vorschriften hat zwar das Reichsrecht nicht, mit Ausnahme vielleicht derjenigen Vorschriften, welche die Nachweisung der Eigenschaft als Erben betreffen (BGB. § 2369: beschränkter Erbschein; Reichsgesetz betr. das Reichsschuldbuch vom 31. Mai 1891, RGBl. S. 321, § 11), indem durch diese Bestimmungen die Vorschriften des ausländischen Heimatgesetzes des Erblassers über die Erblegitimation, die nach Art. 25 Abs. 1 an sich anwendbar wären, für inländische Gegenstände außer Kraft gesetzt werden (jedenfalls für inländische Grundstücke und im Grundbuch eingetragene Rechte, GBO. § 36, und für Eintragungen im Reichsschuldbuch). [Doch kann jeder, der auf Grund eines ausländischen Erbnachweises mit dem dadurch Legitimierten ein Rechtsgeschäft über einen inländischen Gegenstand vorgenommen hat, sich auch auf die Vorschriften des ausländischen Rechtes zu seinen Gunsten berufen.] Dagegen gehören nicht hierher die Vorschriften des BGB. und seiner Nebengesetze, die auf dem Gebiete des Sachenrechts liegen; sie bilden keine besonderen Vorschriften im Sinne des Art. 28, sondern ihre Geltung wird von den Vorschriften der Art. 15 Abs. 2 und Art. 25, wonach ausländische Güterrechts- oder Erbrechtssätze auch in Deutschland anwendbar sind, überhaupt nicht berührt. Der Untersuchung im Einzelfall unterliegt es, ob eine Vorschrift dem Sachenrecht oder dem Familien- oder Erbrechte zuzurechnen ist, ob z. B. § 857, wonach der Besitz auf den Erben übergeht, nur für die Erbfolge nach deutschem Rechte gilt.

Häufiger werden besondere Vorschriften im Sinne des Art. 28 auf den der Landesgesetzgebung vorbehaltenen Gebieten sein, z. B. im Rechte der Fideikommisse, Stammgüter, Lehen, Renten-, Erbpacht- und Anerbengüter. Allerdings ist auf diesen Gebieten der Art. 28 nur insoweit anwendbar, als nicht die einschlägigen Landesgesetze ihrerseits internationalrechtliche Sondervorschriften in dieser Richtung enthalten. Da das aber nur ausnahmsweise der Fall sein wird, so wird regelmäßig die Vorschrift des Art. 28 zur Geltung kommen.

Artikel 29.

Gehört eine Person keinem Staate an, so werden ihre Rechtsverhältnisse, soweit die Gesetze des Staates, dem eine Person angehört, für maßgebend erklärt sind, nach den Gesetzen des Staates beurteilt, dem die Person zuletzt angehört hat, und, wenn sie auch früher einem Staate nicht angehört hat, nach den Gesetzen des Staates, in welchem sie ihren Wohnsitz und in Ermangelung eines Wohnsitzes ihren Aufenthalt hat oder zu der maßgebenden Zeit gehabt hat.

Vorentw. A und B: § 32; E. I: § 23; E. IIa: BGB. § 2263; E. IIb: BGB. § 2388; E. III: Art. 28. Prot. VI S. 81.

Literatur: v. Savigny 8 S. 101 ff.; v. Bar, Theorie und Praxis 1 S. 161, 260, 274 ff., Lehrbuch S. 32, 42 f.; Böhm S. 34 f.; Gierke 1 S. 220 f. Anm. 4, 11, 12; Zitelmann 1 S. 168—182; Niemeyer, Vorschläge S. 25, 128, Internat. Privatr. d. BGB. S. 63—73, 202; Barazetti S. 21; Neumann, Internat. Privatr. S. 45—47; Kahn in Iherings J. 30 S. 79; v. Martitz, Das Recht der Staatsangehörigkeit im internationalen Verkehr, in Hirths Ann. 1875 S. 793 ff., 1113 ff.; Barazetti (mehrfache Staatsangehörigkeit bei Erbfällen), Böhms Z. 7 S. 318 ff.; Silberschmidt, desgl. bei ehelichem Güterrecht, daselbst 8 S. 100; Gruchots Beitr. 42 S. 192; Kahn, Das Reichsgesetz über die Erwerbung und den Verlust der Bundes- und Staatsangehörigkeit vom 1. Juni 1870, 2. Aufl. 1896.

I. Nach den Art. 7 ff. bildet in der Mehrzahl der Fälle die Staatsangehörigkeit einer beteiligten Person die Anknüpfungsbeziehung, wodurch die Sachnorm für das Rechtsverhältnis bestimmt wird. Diese Beziehung versagt aber, wenn eine Person keinem Staate oder wenn sie in dem maßgebenden Zeitpunkte zu gleicher Zeit mehreren Staaten angehörte; sie reicht ferner nicht aus, wenn innerhalb des Staates, dem eine Person angehört für die einzelnen Gebietsteile verschiedene Rechtsordnungen bestehen. — Über den besonderen Fall des Art. 14, wenn die beiden Ehegatten nicht, wie dort vorausgesetzt wird, eine gemeinsame, sondern eine verschiedene Staatsangehörigkeit besitzen, vgl. S. 121 Anm. IV 4 zu Art. 14.

II. **Mangelnde Staatsangehörigkeit**. Der Art. 29 regelt nur den ersten jener drei Fälle, den der mangelnden Staatsangehörigkeit.

A. 1. Daß eine Person keinem Staate angehört, kann entweder darauf beruhen, daß sie ihre bisherige Staatsangehörigkeit verloren hat, ohne zugleich eine neue zu erlangen, oder darauf, daß sie von vornherein durch Geburt und Abstammung keine erlangt hat. Nach deutschem Rechte ist das erstere der Hauptfall. Durch Entlassung auf Antrag, durch Ausspruch der Behörde, durch zehnjährigen Aufenthalt im Auslande, bei einer Frau durch Verheiratung mit einem Ausländer (Bundesges. v. 1. Juni 1870 § 13), kann die Reichsangehörigkeit erlöschen, ohne daß gleichzeitig eine fremde Staatsangehörigkeit erworben wird (im letzteren Falle z. B., weil nach dem Heimatrechte des Ehemanns die Frau durch die Verheiratung nicht die Staatsangehörigkeit des Mannes erwirbt). Dagegen geht nach deutschem Rechte durch Abstammung von einem Reichsangehörigen die Reichsangehörigkeit stets auch auf das Kind über, einerlei, wo es geboren wird. (Eine Ausnahme ist neuerdings durch den Vertrag mit Nicaragua v. 4. Februar 1896 — RGBl. 1899 S. 171 — Art. 10 eingetreten: vgl. dazu Laband, Staatsrecht des Deutschen Reichs 1[4] S. 166.) Dagegen lassen andere Rechte (Dänemark, südamerikanische Staaten, und bei unehelichen Kindern England, Frankreich, Niederlande) die Staatsangehörigkeit nicht durch Abstammung, sondern durch Geburt im Inland erwerben, so daß z. B. das in Deutschland geborene uneheliche Kind einer Engländerin weder die englische noch die deutsche Staatsangehörigkeit besitzt. Die Frage, ob eine Person eine ausländische Staatsangehörigkeit erworben oder verloren hat, kann selbstverständlich nur nach dem Rechte des Staates beurteilt werden, um dessen Angehörigkeit es sich handelt. — Ein wichtiger Fall der mangelnden Staatsangehörigkeit ist für Deutschland durch den Vertrag des Norddeutschen Bundes mit den Vereinigten Staaten von Amerika, betr. die Staatsangehörigkeit derjenigen Personen, welche aus dem Gebiete des einen Teils in dasjenige des andern Teils einwandern, vom 22. Februar 1868 (BGBl. S. 228) — einen der sogen. Bancroftverträge — gegeben. Nach Art. 4 dieses Vertrags soll ein in Amerika naturalisierter Deutscher, der sich wieder in Norddeutschland niederläßt, ohne die Absicht nach Amerika zurückzukehren (was nach länger als zweijährigem Aufenthalt in Deutschland angenommen werden kann), als auf seine Naturalisation in den Vereinigten Staaten Verzicht leistend angesehen werden. Eine solche Person verliert also damit (wenigstens für den deutschen Standpunkt) ihre amerikanische Staatsangehörigkeit, sie erwirbt aber damit keineswegs zugleich wieder die deutsche Staatsangehörigkeit, vielmehr ist sie, solange ihr diese nicht wieder verliehen ist, ohne Staatsangehörigkeit, fällt also unter den Art. 29. (Wegen der Literatur zu jenem Vertrage vgl. Laband, Staatsrecht des deutschen Reichs 1[4] S. 165 Anm. 6.)

2. **Für die Frage, ob die Voraussetzung des Artikel vorliegt, kommt es nicht auf den Zeitpunkt an**, wo die Beurteilung stattfindet, sondern regelmäßig auf denjenigen, in dem sich der zu beurteilende Tatbestand verwirklicht hat (z. B. im Falle des Art. 7 der Zeitpunkt, wo das Rechtsgeschäft vorgenommen ist) oder dem sonst für das Rechtsverhältnis entscheidende Bedeutung beigelegt ist (z. B. nach Art. 17 Abs. 1 der Zeitpunkt der Klageerhebung). Der Art. 29 kann also anwendbar sein, auch wenn zur Zeit der Beurteilung der Beteiligte wieder eine Staatsangehörigkeit besitzt, sofern er nur davor eine Zeitlang keinem Staate angehörte; es entscheiden dann nicht die Gesetze seines jetzigen Staates, sondern die des Staates, der durch Art. 29 bestimmt wird.

3. Seinem Wortlaute nach bezieht sich Art. 29 nur auf die Rechtsverhältnisse derjenigen Person, die keinem Staate angehört. Aber er gilt **auch** da, wo nach

den Art. 7ff. die Gesetze des Staates, dem eine Person angehört, für die Rechtsverhältnisse einer andern Person maßgebend sind, so z. B. im Falle des Art. 21, wo nach der Staatsangehörigkeit der Mutter sich das Rechtsverhältnis zwischen dem unehelichen Kinde und dem Vater bestimmt. Ebenso gilt Art. 29 auch im Bereiche der Art. 24, 25, wenn der Erblasser zur Zeit seines Todes keinem Staate angehörte, obgleich die Beerbung einer Person nicht als eines ihrer Rechtsverhältnisse zu bezeichnen ist.

B. 1. Gehörte die Person, auf deren Staatsangehörigkeit es ankommt, in dem entscheidenden Zeitpunkte keinem Staate an, so sollen zunächst maßgebend sein die Gesetze des Staates, dem die Person zuletzt angehört hat, d. h. zuletzt vor dem für die Beurteilung des Rechtsverhältnisses entscheidenden Zeitpunkt (A 1). M. a. W. die einmal vorhanden gewesene Staatsangehörigkeit wirkt auf internationalprivatrechtlichem Gebiet auch nach ihrem Untergang bis zum Erwerb einer anderen fort (vgl. gegen diese Regelung Zitelmann 1 S. 177). Wichtig ist diese Regelung in dem unter A 1 erwähnten Falle, daß ehemalige Deutsche, die das Bürgerrecht in den Vereinigten Staaten erworben haben, sich später wieder in Deutschland niederlassen mit der Absicht, hier dauernd zu bleiben. Sie gelten alsdann zwar als auf die Naturalisation in den Vereinigten Staaten verzichtend, werden aber damit noch nicht wieder Deutsche und sind deshalb in ihren privatrechtlichen Beziehungen, soweit das Personalstatut entscheidet, gemäß Art. 29 nach den amerikanischen Gesetzen zu beurteilen, weil sie zuletzt das dortige Bürgerrecht besessen haben. Da indessen das amerikanische Recht für das Personalstatut meist die lex domicilii maßgebend sein läßt, so kommt es auf dem Umweg über den Art. 27 doch wieder auf das deutsche Recht hinaus. Zwar wird in dem Art. 27 nicht auch der Art. 29 erwähnt, doch ist selbstverständlich die im Art. 27 ausgesprochene Rückverweisung auch dann zu beachten, wenn sie durch das Recht eines fremden Staates ausgesprochen wird, dessen Gesetze an sich nach Art. 29 anzuwenden wären.

2. Hat die Person auch früher nicht, also überhaupt niemals einem Staate angehört, so entscheiden die Gesetze des Staates, in dem sie ihren Wohnsitz „hat oder zu der maßgebenden Zeit gehabt hat". Diese Alternative bedeutet nicht, daß die Person oder ihr Gegner oder der Richter die freie Wahl zwischen den Gesetzen des jetzigen und des früheren Wohnsitzes hat, vielmehr ist, wenn seit dem für die Beurteilung des Rechtsverhältnisses (siehe Bemerkung A 2) maßgebenden Zeitpunkte der Wohnsitz gewechselt hat, stets der frühere Wohnsitz entscheidend. An die Stelle der Staatsangehörigkeit tritt hier durchweg der Wohnsitz. Bei einer Ehescheidung kommen z. B. nach Art. 17 Abs. 1 zunächst die Gesetze des Staates in Betracht, in dem der Ehemann zur Zeit der Erhebung der Klage seinen Wohnsitz hatte, und daneben nach Abs. 2, wenn als Scheidungsgrund eine Tatsache geltend gemacht wird, die sich ereignet hat, während der Mann seinen Wohnsitz in einem andern Staate hatte, auch die Gesetze dieses Staates. — Ist für ein Rechtsverhältnis die jeweilige Staatsangehörigkeit maßgebend (z. B. Art. 14, 19), so bestimmt es sich beim Mangel der Staatsangehörigkeit ebenso nach der jeweiligen lex domicilii, verändert sich also beim Wechsel des Wohnsitzes. Über die Frage, ob die Person da oder dort ihren Wohnsitz hatte, entscheiden die Gesetze des Staates, innerhalb dessen ein Wohnsitz bestanden haben soll, also das BGB., wenn behauptet wird, daß der Wohnsitz in Deutschland bestanden habe, die Gesetze des ausländischen

Staates, wenn in ihm ein Wohnsitz behauptet wird (Zitelmann 1 S. 178, Niemeyer S. 69—71; während Kahn, Iherings J. 30 S. 60ff., solche Axiombegriffe nach Inlandsrecht bestimmen will). Gegen einen circulus vitiosus, in den man auf diese Weise geraten könnte, hilft die Zugrundelegung des Aufenthalts (Nr. 3). Über den mehrfachen Wohnsitz vgl. Anm. III. Nicht in Betracht kommt für Personen, die niemals einem Staate angehört haben, das frühere Heimatrecht ihrer Eltern, abgesehen von den sogen. Kapitulationsländern (z. B. der Türkei), die kein territorial geltendes Recht, sondern den Grundsatz der Personalität der Rechte haben. Hier darf man hilfsweise eine Vererbung des Rechtes, nach dem die Eltern leben, auf die Kinder annehmen (Niemeyer S. 67).

3. Fehlt es für den maßgebenden Zeitpunkt auch an einem Wohnsitze, so tritt nicht, wie bei der Staatsangehörigkeit, zunächst der letzte frühere Wohnsitz an die Stelle, sondern es entscheidet jetzt der Aufenthalt, den die Person in dem maßgebenden Zeitpunkte hat oder gehabt hat (wegen dieser Alternative vgl. unter Nr. 2), auch wenn er noch so vorübergehend gewesen ist. Die Zwischenstufe des gewöhnlichen Aufenthalts oder des Aufenthalts von längerer Dauer (ZPO. § 20) kennt der Art. 29 nicht, beide sind vor dem vorübergehenden, augenblicklichen Aufenthalte (z. B. beim Todesfall auf der Reise) nicht bevorzugt.

III. **Mehrfache Staatsangehörigkeit.** Auch sie kann entweder ursprünglich (von Geburt an vorhanden) oder später eingetreten sein. Das erstere ist der Fall, wenn schon die Eltern mehreren Staaten zugleich angehörten und nach den Gesetzen dieser mehreren Staaten die Staatsangehörigkeit durch Abstammung auf die Kinder übergeht, oder wenn die Eltern einem Staate angehörten, nach dessen Gesetzen die Staatsangehörigkeit durch Abstammung auf die Kinder übergeht, auch wenn sie im Auslande geboren werden (wie nach deutschem Rechte), der Auslandsstaat aber, in dem das Kind geboren wird, die in seinem Gebiete geborenen Kindern auch von Ausländern seine Staatsangehörigkeit beilegt. Ein späterer Erwerb doppelter Staatsangehörigkeit kann dadurch eintreten, daß jemand in einem Staate die Angehörigkeit erlangt, ohne seine bisherige Staatsangehörigkeit zu verlieren, z. B. wenn eine Ausländerin einen Deutschen heiratet und dadurch nach § 2 Nr. 3, § 5 des Bundesges. v. 1. Juni 1870 die Reichsangehörigkeit erwirbt, während zugleich nach ihrem bisherigen Heimatrecht ihre Verheiratung den Verlust ihrer Staatsangehörigkeit in ihrem Heimatstaate nicht herbeiführt; oder durch Wiederaufleben einer früheren Staatsangehörigkeit, während eine andere, inzwischen erworbene fortbesteht z. B. wenn die Witwe eines Deutschen, die vor ihrer Verheiratung die französische Staatsangehörigkeit besaß, nach Frankreich zurückkehrt oder dort wohnen bleibt: Code civ. Art. 19; vgl. Kahn in Iherings J. 30 S. 60ff.; Cahn, Reichsgesetz vom 1. Juni 1870.

1. Trifft bei mehrfacher Staatsangehörigkeit die deutsche mit einer ausländischen zusammen, so ist für den deutschen Richter die deutsche Reichsangehörigkeit entscheidend, die Rechtsverhältnisse einer solchen Person oder anderer Personen, für die ihre Staatsangehörigkeit von Bedeutung ist, sind dann lediglich nach den deutschen Gesetzen zu beurteilen (so die herrschende Meinung: Niedner S. 83, Planck Anm. 2, Niemeyer S. 64, Zitelmann 1 S. 175, Barazetti S. 22; dagegen will Kahn, Iherings J. 30 S. 69, den Wohnsitz oder Aufenthalt entscheiden lassen).

2. Sehr bestritten ist, wie es bei der Angehörigkeit zu mehreren ausländischen Staaten zu halten ist. Am nächsten liegt es (mit Niedner Anm. 3bβ, Planck Anm. 2, Barazetti S. 22, Kahn a. a. O. S. 69), diejenige entscheiden zu lassen, zu welcher in dem maßgebenden Zeitpunkte der Wohnsitz als die nächst der Staatsangehörigkeit stärkste und dauerhafteste Anknüpfungsbeziehung hinzutritt. Fehlt es am Wohnsitz in einem der mehreren Heimatstaaten, so hat der nach den Umständen des Falles der Person tatsächlich nähere Verband, der zugleich dem Erfordernisse der Dauerbeziehung am meisten entspricht, den Vorrang. Regelmäßig ist das derjenige, in den die Person später mit ihrem Willen (Aufnahmegesuch, Verheiratung, Legitimation) eingetreten ist. Bei mehrfacher gleichzeitig eingetretener Staatsangehörigkeit wird der deutsche Richter der auf Abstammung beruhenden den Vorzug geben dürfen, als derjenigen Erwerbsart, die im Sinne der deutschen Rechtsordnung (Ges. v. 8. Juni 1870 § 2 Z. 1) stärker ist als die durch Geburt in einem bestimmten Staatsgebiet erlangte (ebenso Planck Anm. 2). Abweichend wollen v. Bar, Theorie 1 S. 261 und Niemeyer S. 65 an erster Stelle die jüngere, umgekehrt Zitelmann 1 S. 176 die ältere Staatsangehörigkeit maßgebend sein lassen.

IV. **Angehörigkeit zu einem Staate mit verschiedenen Territorialrechten.** Zu den Staaten dieser Art gehören Bundesstaaten wie die Schweiz und die Vereinigten Staaten von Amerika, deren Gliedstaaten voneinander abweichende Privatrechtsordnungen haben, ferner Rußland in betreff der Ostseeprovinzen und Polens, Großbritannien hinsichtlich Schottlands. Durch die Anknüpfungsbeziehung der Staatsangehörigkeit wird hier zwar festgestellt, daß das Rechtsverhältnis nach den Gesetzen der Schweiz, der Vereinigten Staaten, Rußlands usw. zu beurteilen ist; aber es ist damit nicht zu ermitteln, welche der einzelnen Privatrechtsordnungen innerhalb jener Staatsgebiete anzuwenden ist, wenn diese für das Rechtsverhältnis voneinander abweichen. Die Frage, wie hier zu verfahren, ist bestritten. An erster Stelle muß entscheiden, wie die Rechtsordnung des Gesamtstaats die Zuständigkeit der einzelnen Partikularrechte zueinander regelt, welche Anknüpfungsbeziehung sie im Verhältnisse dieser Rechte untereinander obwalten läßt. Diese Regelung ist auch für den deutschen Richter maßgebend (so Zitelmann 1 S. 403ff., Planck Anm. 6); eine Weiterverweisung, wie Niemeyer (S. 68) annimmt, liegt darin nicht. Fehlt es an einer solchen Regelung oder versagt sie aus tatsächlichen Gründen, so muß der Wohnsitz innerhalb des Gesamtstaats das maßgebende Partikularrecht bestimmen, weil der Wohnsitz nach der Staatsangehörigkeit die bedeutungsvollste Anknüpfungsbeziehung bildet (Zitelmann a. a. O., Niedner Anm. 4, Niemeyer S. 68). Fehlt es an einem Wohnsitze in dem Heimatstaate, so muß der letzte dortige Wohnsitz entscheiden und äußerstenfalls die Hauptstadt des Heimatstaats als Wohnsitzort gelten (so Niemeyer S. 68, Neumann S. 43). Mit Zitelmann (1 S. 405) und Niedner (a. a. O.) beim Mangel eines Wohnsitzes im Heimatstaate gleich das Recht des ausländischen Wohnsitzes entscheiden zu lassen, weil in solchem Falle die Staatsangehörigkeit gegenstandslos und die Person so zu behandeln sei, als hätte sie überhaupt keine Staatsangehörigkeit, geht nicht an; eher steht der Angehörige eines solchen Staates einer Person mit mehrfacher Staatsangehörigkeit nahe (vgl. unter III), so daß nach den Umständen des Falles dasjenige Rechtsgebiet vorzuziehen wäre, zu dem die Person in tatsächlich näheren Beziehungen (z. B. durch Abstammung) steht.

V. **Mehrfacher Wohnsitz** (Zitelmann 1 S. 177—180; Niemeyer S. 69 bis 73).

1. Der Wohnsitz ist nach Art. 29 und daneben (vgl. S. 24 Vorbem. unter V E 2) nach den Art. 8, 9 Abs. 3, 14 Abs. 1, 15 Abs. 2, 16 Abs. 1, 24 Abs. 1 und 2, 25 internationalrechtlich von Bedeutung. Auch für den mehrfachen Wohnsitz gibt das Gesetz keine Bestimmung, welcher Wohnsitz entscheiden soll. Für die Art. 14 Abs. 1, 24 Abs. 1 ist dies nicht nötig, weil hier der Wohnsitz überhaupt nur eine negative Bedeutung hat. Auch für die Art. 15 Abs. 2 und 25 ist das Vorhandensein eines mehrfachen Wohnsitzes in verschiedenen Rechtsgebieten belanglos, weil die Vorschriften dieser Artikel (unvollkommen zweiseitige Normen, durch die bei inländischem Wohnsitz eines Ausländers die Anwendung seines Heimatrechts vorgeschrieben wird) unbedenklich zu vollkommenen Kollisionsnormen des Inhalts zu erweitern sind, daß durchweg das Heimatrecht des Beteiligten für diese Rechtsverhältnisse maßgebend, also der Wohnsitz ebenfalls unerheblich ist. Dagegen fragt es sich bei den Art. 8, 9 Abs. 3, 16 Abs. 1, die den inländischen Wohnsitz eines Ausländers (oder früheren Ausländers), und bei Art. 24 Abs. 2, der den ausländischen Wohnsitz eines deutschen Erblassers voraussetzt, ob diese Vorschriften auch Platz greifen, wenn die Ausländer neben dem Wohnsitz im Inland noch einen solchen im Ausland oder der Deutsche neben seinem Wohnsitz im Ausland einen solchen im Inlande haben oder gehabt haben. Zu bejahen ist es für die Art. 8, 9 und 16, weil es sich hier um eine Erweiterung der Anwendbarkeit der deutschen Sachnormen handelt, für die es genügen muß, wenn nur einer der Wohnsitze in Deutschland bestand. So besonders im Art. 16 nach dem Zwecke dieser Vorschrift und im Art. 8 mit Rücksicht darauf, daß in Ermangelung eines Wohnsitzes schon der inländische Aufenthalt genügt. Dagegen schränkt der Art. 24 Abs. 2 der Regel zuwider die grundsätzlich gebotene Anwendung des deutschen Rechtes zugunsten der ausländischen lex domicilii ein; sie ist deshalb einschränkend auszulegen auf den Fall, wo der deutsche Erblasser seinen Wohnsitz nur im Auslande gehabt hat (vgl. S. 184 Anm. I 4 a zu Art. 24).

2. Kommt es nach Art. 29 [also beim Fehlen jeder, auch einer früheren Staatsangehörigkeit] auf den Wohnsitz an, so ist bei mehrfachem Wohnsitze, wenn einer der mehreren in Deutschland liegt, der deutsche maßgebend, das Rechtsverhältnis ist nach den deutschen Gesetzen zu beurteilen (übereinst. Planck Anm. 1, Niedner Anm. 6, Zitelmann 1 S. 180; a. A. Niemeyer S. 73, Kahn a. a. O. S. 79). Handelt es sich um den Wohnsitz in verschiedenen ausländischen Staaten, so hat derjenige den Vorzug, der die näheren und stärkeren Beziehungen zu dem Rechtsverhältnis aufweist. Bei der Beurteilung einzelner Rechtsakte und deren Folgen (Rechtsgeschäfte im allgemeinen: Art. 7, Eingehung der Ehe: Art. 13) wird dies derjenige Wohnsitz sein, wo das Geschäft vorgenommen wird (übereinst. Planck Anm. 1 b α). Dagegen kann man bei dem ehelichen Güterrecht und bei der Beerbung das Domizil, wo die Ehe eingegangen wird oder der Tod erfolgt, nicht allein entscheiden lassen. Auch darauf ist Gewicht zu legen, welcher der mehreren Wohnsitze die Gewähr der Dauer für sich hat, regelmäßig wird dies der ältere sein (so Neumann; für das ältere Domizil überhaupt: v. Savigny 8 S. 101 f., v. Bar 1 S. 161, Zitelmann 1 S. 180, Niemeyer S. 73, Gierke 1 S. 220 Anm. 4, Barazetti S. 22). Mit Kahn a. a. O. S. 79, Niedner Anm. 6 bei

mehrfachem Wohnsitz allgemein den Aufenthaltsort entscheiden zu lassen, ist namentlich für die Beurteilung von Rechtsverhältnissen, die sich nach der jeweiligen Staatsangehörigkeit, also beim Fehlen einer solchen nach dem jeweiligen Wohnsitze richten, bedenklich (vgl. Art. 14, 19). Kommt es bei mehrfacher Staatsangehörigkeit auf den Wohnsitz an (Anm. III 2) und tritt zu jener auch ein mehrfacher Wohnsitz in den verschiedenen Heimatstaaten hinzu, so ist die nach den Umständen des Falles stärkere Beziehung des Rechtsverhältnisses zu dem einen oder andern Rechtsgebiete entscheidend.

Artikel 30.

Die Anwendung eines ausländischen Gesetzes ist ausgeschlossen, wenn die Anwendung gegen die guten Sitten oder gegen den Zweck eines deutschen Gesetzes verstoßen würde.

Vorentw. A und B: § 35; E. I: § 24; E. IIa: BGB. § 2264; E. IIb: BGB. § 2389; E. III: Art. 29. Prot. VI S. 81ff.

Literatur: v. Savigny 8 S. 32ff.; v. Bar 1 S. 127ff., Lehrbuch S. 24ff.; Böhm S. 8ff.; Meili, Geschichte u. System S. 63ff.; Gierke 1 S. 214f.; Regelsberger 1 S. 166; Endemann 1 S. 91ff.; Crome 1 S. 133; Zitelmann 1 S. 317—378; Niemeyer S. 93 bis 108; Barazetti S. 6ff.; Kahn, Die Lehre vom ordre public in Iherings J. 39 S. 1—112 (wo auch die deutsche und ausländische Literatur und Rechtsprechung zu dieser Frage aufgezählt wird, vgl. bes. S. 10ff.); Klein, Böhms Z. 7 S. 490, 13 S. 87ff., 14 S. 146ff.; derselbe, Die Lehre vom ordre public im ArchBürgR. 29 S. 311ff.; Neumeyer, Die verbotene Handlung im internationalen Strafrecht in Z. f. ges. Strafr.-Wiss. 23 S. 444.

I. **Der Artikel schafft eine Ausnahme von den regelmäßigen Kollisionsnormen**, wo durch diese die Anwendung der ausländischen Gesetze vorgeschrieben ist. Er beruht auf dem Gedanken, daß auch bei Rechtsverhältnissen, für die nach den regelmäßigen Kollisionsnormen ein ausländisches Gesetz maßgebend ist, dennoch die Anwendbarkeit dieses Gesetzes ausgeschlossen sein kann um eines besonderen Grundes willen, der in dem Inhalte des an sich anzuwendenden ausländischen oder aber des ihm gegenüberstehenden deutschen Rechtssatzes liegt. Ähnliche Einschränkungen der Anwendbarkeit des durch die ordentliche, allgemeine Kollisionsnorm berufenen ausländischen Gesetzes enthalten auch andere Vorschriften des EG., so Art. 7 Abs. 3 Satz 1, Art. 8, Art. 9 Abs. 2 und 3, Art. 12, Art. 13 Abs. 2, Art. 14 Abs. 2, Art. 16, Art. 17 Abs. 3 und 4, Art. 19 Abs. 2, Art. 20 Abs. 2, Art. 21 Halbs. 2, Art. 25 Satz 2. Aber während in diesen Vorschriften immer nur für einzelne Rechtsverhältnisse und nur im Falle bestimmt bezeichneter Beziehungen zum Inlande die Ausnahme von der regelmäßigen Kollisionsnorm angeordnet wird, enthält Art. 30 eine clausula generalis für alle Rechtsverhältnisse, bei der irgendeine bestimmte Beziehung zum Inlande nicht vorausgesetzt wird. — Die Vorschrift knüpft an die Lehre von den sogen. Prohibitivgesetzen (v. Savigny a. a. O.) oder dem ordre public (italienisch-französische Theorie vgl. Kahn

a. a. O.) an; man bezeichnet sie (so Zitelmann, Niemeyer) als (allgemeine) „Vorbehaltsklausel“. Der Art. 30 ist nicht auf die Fälle beschränkt, wo in den Art. 7ff. die Anwendung ausländischer Gesetze ausdrücklich angeordnet oder aus den unvollkommenen Kollisionsnormen dieser Artikel abzuleiten ist, sondern er gilt auch für diejenigen Rechtsmaterien, für die im EG. überhaupt keine Kollisionsnormen gegeben sind, wie im Gebiete der Schuldverhältnisse oder des Sachenrechts.

II. **Entstehung.** Seine jetzige Fassung hat der Artikel durch den Bundesrat erhalten. In dem Entwurfe des Redaktors Gebhard (Vorentw. A) lautete die Vorschrift: „Ausländisches Recht wird nicht angewandt, wenn dessen Anwendung durch das inländische Recht nach der Vorschrift oder nach dem Zwecke desselben ausgeschlossen ist“. In dem sogen. Referentenentwurf (Vorentw. B) war dies dahin geändert: „Ein ausländisches Gesetz wird nicht angewandt, wenn dessen Anwendung gegen die guten Sitten oder die öffentliche Ordnung verstößt“. Im wesentlichen dieser Fassung entsprechend wurde die Vorschrift von der ersten Kommission angenommen (vgl. E. I § 24). In der zweiten Kommission erhielt die Vorschrift die jetzige Fassung, nur mit dem Zusatz am Schlusse: „oder wenn das ausländische Gesetz die Rechte der Fremden in unbilliger Weise beeinträchtigt“. Vom Bundesrate wurde dieser Zusatz wieder entfernt. Die Vorschrift, die er ausdrückte, ist in dem vom Bundesrate neu hinzugefügten jetzigen Art. 31 des Gesetzes aufgegangen.

III. **Der Art. 30 fordert,** daß die Anwendung des ausländischen Gesetzes entweder gegen die guten Sitten oder gegen den Zweck eines deutschen Gesetzes verstieße.

1. **Verstoß gegen die guten Sitten.** Von einem solchen Verstoß ist auch im BGB. in den §§ 138, 817, 819, 826 die Rede. Über den Begriff der guten Sitten vgl. insbesondere Hölder, Allgem. Teil S. 304 und Planck 1³ S. 248 Anm. zu § 138. Die Anwendung eines ausländischen Gesetzes verstößt gegen die guten Sitten, wenn durch sie ein Erfolg herbeigeführt würde, der nach unseren Anschauungen einem Gebote der Sittlichkeit zuwiderläuft. Selbstverständlich muß dies Gebot der Sittlichkeit auch von unserer Rechtsordnung als maßgebend anerkannt werden, doch braucht es sich nicht in ihr zu einem besonderen Rechtssatze verdichtet zu haben. Möglicherweise kann uns als unsittlich auch ein Gebilde eines fremden Rechtes erscheinen, das unserer eigenen Rechtsordnung ganz fremd ist und zu dem sie deshalb gar keine Stellung genommen hat. Es geht deshalb zu weit, wenn man behauptet, daß ein Verstoß gegen die guten Sitten stets schon durch die zweite Alternative (Verstoß gegen den Zweck eines deutschen Gesetzes) gedeckt werde (Planck Anm. 1 gegen die Prot. VI S. 84). Auch in den §§ 134, 138, 817, 819 wird der Verstoß gegen ein gesetzliches Verbot und gegen die guten Sitten nebeneinander gestellt. Der Sittlichkeit zuwider kann die Rechtswirkung als solche sein, indem der Zustand, der durch die Anwendung des ausländischen Gesetzes herbeigeführt würde, die Leistung (Handlung, Duldung oder Unterlassung), die gefordert wird, uns unmittelbar ihrem Inhalte nach verwerflich erscheinen (Sklaverei, Polygamie, Ehe unter nahen Verwandten oder Verschwägerten, Züchtigung der Frau durch den Mann), oder der Zustand, die Leistung sind an sich zulässig, aber die Übernahme einer Verpflichtung dazu erscheint uns unsittlich (z. B. zu einem Konfessionswechsel). Möglicherweise ist auch noch die Übernahme der Verpflichtung sittlich unbedenklich, aber ihre Durchführung im Wege des gerichtlichen

Zwanges, sei es unmittelbar, sei es mittelbar (durch Auferlegung von Vermögensnachteilen), verstößt gegen unsere sittliche Anschauung (z. B. bei Eingehung einer Ehe, vgl. darüber unten unter 2). Endlich kann auch eine sittlich indifferente Leistung (z. B. Eigentumsübertragung, Begründung einer Geldschuld) einen unsittlichen Tatbestand als Grundlage haben, namentlich ein unsittliches Rechtsgeschäft; ein Fall, der zum Teil in die vorerwähnten hinüber greift. Bei der Frage, ob ein Rechtsgeschäft unsittlich ist, sind selbstverständlich die Umstände, unter denen das Rechtsgeschäft vorgenommen ist, zu berücksichtigen. Ein Geschäft, das wir bei Vornahme im Inland als unsittlich ansehen müßten, kann möglicherweise, weil es im Ausland unter anderen wirtschaftlichen Verhältnissen und sittlichen Anschauungen der beteiligten Verkehrskreise vorgenommen ist, als zulässig anzusehen sein. Schon der Umstand, daß das Geschäft unter einer Rechtsordnung vorgenommen ist, die es nicht als unsittlich verwirft, kann wenigstens da, wo unsere sittliche Auffassung nicht mit einer Entschiedenheit spricht, die keine Abweichung duldet, den Ausschluß zugunsten der Anerkennung des Geschäfts geben. Auf der anderen Seite kann bei solchen Geschäften eine strengere Beurteilung am Platze sein, wenn sie unter Deutschen vorgenommen sind, von denen wir fordern dürfen, daß sie auch im Auslande mindestens im Verkehr untereinander die in ihrer Heimat bestehenden Gebote der Sittlichkeit befolgen, als wenn es sich um ein Geschäft unter Ausländern handelt, die dabei lediglich ihrer Rechtsordnung und den sittlichen Geboten ihres Heimatlandes gefolgt sind und diesen genügt haben. So wird auch hier bei der Rücksicht auf die guten Sitten eine Abstufung möglich, je nach der Verschiedenheit der Anknüpfungsbeziehungen, die das Rechtsverhältnis zum Inlande hat. Während manche Anforderungen der Sittlichkeit von dem deutschen Richter zu berücksichtigen sind, lediglich deshalb, weil er über das Rechtsverhältnis zu urteilen hat, so daß sie eine Anwendung der lex fori bilden, werden andere Anforderungen nur beim Hinzutritte weiterer Anknüpfungsbeziehungen zum Inland aufrecht zu erhalten sein (das Nähere vgl. unter 2).

2. **Gegen den Zweck eines deutschen Gesetzes** verstößt die Anwendung eines ausländischen Gesetzes, wenn jener Zweck gebietet, ein anderes Gesetz als dieses ausländische anzuwenden. Begrifflich könnte dieses andere Gesetz sowohl ein anderes ausländisches, d. h. das Gesetz eines anderen ausländischen Staates, wie das deutsche Gesetz sein. Hier kann aber nur das letztere gemeint sein. Denn unter dem deutschen Gesetz, auf dessen Zweck es hier ankommt, ist nicht eine von der gewöhnlichen abweichende besondere deutsche Kollisionsnorm zu verstehen — daß diese der allgemeinen Kollisionsnorm vorgeht, folgt, ohne daß es des Art. 30 bedürfte, aus ihrer Eigenschaft als lex specialis — sondern der Ausdruck „deutsches Gesetz" im Art. 30 bezieht sich nur auf deutsche Sachnormen. Bei einer solchen Sachnorm kann es sich — ihrem bloßen Zwecke nach — selbstverständlich nur darum handeln, ob sie selbst auf das vorliegende Rechtsverhältnis angewandt sein will, trotzdem dies Verhältnis Anknüpfungsbeziehungen zum Auslande hat, kraft deren es nach den regelmäßigen Kollisionsnormen der Herrschaft eines ausländischen Gesetzes unterworfen ist. M. a. W. es kommt darauf an, ob in der deutschen Sachnorm zugleich eine stillschweigende Anwendungsnorm versteckt ist, wodurch der Geltungsbereich der Sachnorm über den durch die regelmäßigen Kollisionsnormen abgesteckten Rahmen hinaus erweitert wird. Ob eine Sachnorm

zugleich diese Bedeutung hat, welche Tragweite sie sich in dieser Richtung beilegt, wie weit sie internationalrechtlich gelten will, ist durch Auslegung festzustellen. Von vornherein ausgeschlossen ist eine solche Bedeutung bei den sogen. dispositiven Rechtssätzen. Eine Vorschrift, die durch Parteiwillkür ausgeschlossen wird, hat noch weniger die Absicht, ein der Regel nach anwendbares ausländisches Gesetz auszuschließen. Aber nicht einmal jeder zwingende Rechtssatz, jedes Verbotsgesetz hat jene Bedeutung. Auch solche Gesetze gelten an sich nur für Rechtsverhältnisse, die der inländischen Rechtsordnung unterworfen sind, und man kann nicht einmal sagen, die Vermutung spreche dafür, daß sie auch bei Rechtsverhältnissen, die nach den ordentlichen Kollisionsnormen ausländischen Gesetzen unterworfen sind, die Anwendung dieser Gesetze ausschließen, und an deren Stelle ihrerseits anwendbar sein wollen. Vielmehr bedarf es für jeden einzelnen Rechtssatz, um diese besondere internationalrechtliche Eigenschaft der Ausschließlichkeit anzunehmen, besonderer Anhaltspunkte. [Daß es falsch ist, zu sagen, fremdes Recht sei unanwendbar, wenn es im Gegensatze zu dem öffentlichen Rechte des Inlandes stehe, darüber vgl. Zitelmann 1 S. 329ff., und über die Unverwertbarkeit des von der französisch-italienischen Schule aufgestellten Satzes, wonach solche inländische Rechtssätze die Anwendung des ausländischen Gesetzes ausschließen, die mit dem inländischen ordre public zusammenhängen: Kahn a. a. O., bes. S. 40ff. Auch die Vorschriften des BGB. über Pflichtteilsrecht und Erbunwürdigkeit haben nicht ohne weiteres internationalrechtliche Ausschließlichkeit: Klein a. a. O.] Aber auch für diejenigen Rechtssätze, denen Ausschließlichkeit zukommt, ist diese Eigenschaft keine absolute; vielmehr wird regelmäßig der Zweck des Rechtssatzes nur darauf gehen, daß die allgemeine Kollisionsnorm zurücktreten soll, wenn bei dem Rechtsverhältnis eine bestimmte Anknüpfungsbeziehung zum Inlande vorliegt (nur daß diese Anknüpfungsbeziehung eine andere ist, als die gewöhnlich maßgebende), so daß beim Fehlen dieser Beziehung wieder die ordentliche Kollisionsnorm und kraft ihrer auch der ausländische Rechtssatz anwendbar wird. So liegt es bei den unter I aufgeführten abweichenden Kollisionsnormen, z. B. des Art. 7 Abs. 3 usw.; auch bei ihnen überwindet die besondere Anknüpfungsbeziehung zum Inlande die der Regel nach maßgebende allgemeine Anknüpfungsbeziehung zum Ausland und führt so zu einer Durchbrechung der ordentlichen Kollisionsnorm und zur Anwendung der deutschen Gesetze. Ebenso, wie hier, ist auch auf Grund des Art. 30 bei den deutschen Sachnormen, deren Zweck auf eine Erweiterung ihrer Anwendbarkeit über die gewöhnlichen internationalrechtlichen Grenzen hinaus hinweist, im einzelnen zu prüfen, welche Anknüpfungsbeziehungen zum Inlande sie voraussetzen, um die Anwendbarkeit des durch die regelmäßige Kollisionsnorm berufenen ausländischen Gesetzes auszuschließen und selbst anwendbar zu werden (Kahn a. a. O., bes. S. 34ff.; Niedner Anm. 5). So kann bei personen-, familien- und erbrechtlichen Vorschriften des BGB. entgegen dem regelmäßigen Personalstatute der lex patriae der Wohnsitz oder Aufenthalt des Ausländers im Inlande, bei Schuldverhältnissen gegenüber dem Statute des ausländischen Erfüllungsorts der Geschäftsabschluß im Inlande, der Wohnsitz oder Aufenthalt der Beteiligten oder des Schuldners im Inland oder die Reichsangehörigkeit dieser Personen die von der inländischen Sachnorm vorausgesetzte Anknüpfungsbeziehung für ihre Anwendbarkeit und für die Ausschließung des eigentlich maßgebenden ausländischen Rechtssatzes sein, während beim Fehlen dieser Beziehung auch diese Ausschließung und die eigene Anwendbarkeit wegfällt. So werden z. B. die §§ 1666—1668 BGB. trotz ausländischer Staatsangehörigkeit von Vater und Kind bei inländischem Wohnsitze des ersteren anwendbar sein. Dem Zwecke des § 766 Abs. 1 (Erfordernis der Schriftlichkeit bei Bürgschaft) wird es entsprechen, auch dann angewandt zu werden, wenn ein Deutscher im Inland eine Bürgschaft unter Verabredung eines ausländischen Erfüllungsorts übernommen hat. Solche deutsche Rechtssätze, die zu weit gehende Einschränkungen der persönlichen oder wirtschaftlichen Freiheit verhindern sollen (z. B. BGB. § 310: Nichtigkeit einer Verpflichtung, sein künftiges Vermögen ganz oder zu einem Bruchteil zu übertragen, § 624: Kündbarkeit eines Dienstvertrags nach Ablauf von 5 Jahren, HGB. § 74 Abs. 1: Unzulässigkeit übermäßiger Konkurrenzklauseln), werden zugunsten von Deutschen auch anwendbar sein, wenn der Vertrag etwa im Auslande zu erfüllen und deshalb — nach der in Deutschland zurzeit noch herrschenden Ansicht — das Rechtsverhältnis im übrigen nach ausländischem Rechte zu beurteilen ist. Dagegen ist nicht anzunehmen, daß diese Vorschriften auch zugunsten von Ausländern angewandt sein wollen, wenn das Rechtsverhältnis nach den regelmäßigen Kollisionsnormen einem abweichenden ausländischen Rechte unterliegt. Ähnlich ist es mit der Unklagbarkeit von Spiel, Wette und Differenzgeschäften (BGB. §§ 762, 764); auch bei ihnen geht der Zweck wohl dahin, daß, abgesehen von Ansprüchen, die überhaupt den deutschen Gesetzen unterliegen, gegen Deutsche auf Grund solcher Ansprüche auch dann nicht im Inlande soll geklagt werden können, wenn das Schuldverhältnis nach den gewöhnlichen Kollisionsnormen dem ausländischen Rechte untersteht (ebenso Bayer. OLG. II 6. Juni 1904 bei Seuff. A. 60 S. 267). So hat auch das Reichsgericht bei der Anwendung des § 68 des Börsengesetzes vom 22. Juni 1896 auf Börsentermingeschäfte, die im Auslande nach den Geschäftsbedingungen auswärtiger Börsen abgeschlossen waren, Gewicht darauf gelegt, daß sie von Inländern abgeschlossen waren (vgl. RG. 43 S. 91, 44 S. 52), während es die Nichtigkeit von Börsentermingeschäften in Getreide (nach § 50 des Börsengesetz.) nur für inländische Börsen und im Inlande geschlossene Geschäfte gelten läßt (DJZ. 1903 S. 430 Nr. 89).

Nur bei wenigen Rechtssätzen wird der Zweck eine so strenge Ausschließlichkeit fordern, daß sie selbst beim Fehlen jeder materiellen Anknüpfungsbeziehung des Verhältnisses zum Inlande schon darum anzuwenden sind, weil das Rechtsverhältnis durch ein deutsches Gericht beurteilt wird, also bloß deshalb, weil schließlich der Prozeß eine Anknüpfungsbeziehung zum Inlande geschaffen hat, — m. a. W. als lex fori. Eine solche Ausschließlichkeit als lex fori hat ein Rechtssatz regelmäßig deshalb, weil eine Abweichung von ihm uns zugleich als ein für unsere Auffassung unerträglicher Verstoß gegen die guten Sitten erscheint. Doch kann sie ihm auch aus bloßen Zweckmäßigkeitsgründen beigelegt sein. So kann ein Gesetz die Klagbarkeit gewisser Ansprüche ausschließen, weil es die Erörterung solcher Verhältnisse vor den Gerichten im öffentlichen Interesse vermeiden oder doch nur unter bestimmten Voraussetzungen zulassen will, oder weil es davon ausgeht, daß es der Würde der Gerichte nicht entspreche, mit solchen Ansprüchen befaßt zu werden. Zu den Vorschriften der ersteren Art gehört z. B. der Art. 340 des Code civil. Dagegen hat die Bestimmung des BGB. § 1297, wonach aus einem Verlöbnis auf Eingehung der Ehe nicht geklagt werden kann, nicht die Bedeutung, daß vor einem deutschen Gericht überhaupt keine Klage auf Eingehung der Ehe zulässig wäre, sondern sie gilt nur, soweit das Verlöbnis nach den allgemeinen Kollisionsnormen dem deutschen Rechte untersteht (vgl. S. 111 Bem. V zu Art. 13). Untersteht dagegen das Verlöbnis einem ausländischen Rechte und gibt dieses aus dem Verlöbnis eine Klage auf Eingehung der Ehe, so kann diese Klage auch vor deutschen Gerichten erhoben und der Beklagte zur Eingehung der Ehe verurteilt werden. Für ein solches Urteil eines deutschen Gerichts gelten dann, ebenso wie für das eines ausländischen Gerichts, die Schranken der §§ 894 Abs. 2 und 898 Abs. 2 ZPO., d. h. die Rechtskraft des Urteils ersetzt nicht die Erklärung des Verurteilten, wodurch die Ehe vollzogen wird, und der Verurteilte kann auch nicht zur Abgabe dieser Erklärung durch Geld- oder Haftstrafen angehalten werden (übereinst. Planck Anm. 2a). Eine umfassende Zusammenstellung der Fälle, in denen die deutsche Rechtsprechung vor 1900 sich für ausschließliche Anwendung inländischer Rechtssätze gegenüber abweichenden ausländischen ausgesprochen hat, siehe bei Kahn a. a. O. S. 10ff. Einzelne Beispiele bei Niedner Anm. 5. Zum Teil sind diese Entscheidungen durch die Abänderungen des bürgerlichen Rechtes und besonders durch die neuen Kollisionsnormen der Art. 7ff. überholt und unanwendbar geworden; aber auch soweit das nicht der Fall ist, ist bei ihrer Verwertung, um damit die Anwendung des Art. 30 zu rechtfertigen, Vorsicht geboten (Niemeyer S. 101). Das Reichsgericht (II 21. März 1905, V 3. März 1906, RG. 60 S. 296, 63 S. 18) nimmt Verstoß gegen den Zweck eines deutschen Gesetzes nur dann an, wenn der Unterschied der diesem Gesetze zugrunde liegenden staatspolitischen oder sozialen Anschauungen von den dem ausländischen Gesetze zugrunde liegenden so erheblich ist, daß die Anwendung des letzteren unmittelbar die Grundlagen des deutschen staatlichen oder wirtschaftlichen Lebens angreifen würde. Eine Vorschrift, die die Anwendung eines abweichenden ausländischen Gesetzes ausschließt, enthält nach OLG. 6 S. 231 (Hamburg 23. Dezember 1902) BGB. § 343.

3. **Die Anwendung** des ausländischen Gesetzes muß gegen die guten Sitten oder gegen den Zweck eines deutschen Gesetzes verstoßen. Es genügt nicht, daß der Inhalt des ausländischen Gesetzes hiergegen verstößt. Gegen den Zweck eines deutschen Gesetzes kann allerdings der Inhalt eines ausländischen Gesetzes überhaupt nicht verstoßen; denn der Zweck eines deutschen Gesetzes geht nicht dahin, daß die ausländische Rechtsordnung einen mit ihm konformen Inhalt habe, sondern nur dahin, daß das deutsche Gesetz selbst und nicht ein abweichender ausländischer Rechtssatz zur Anwendung kommt. Wohl aber kann gegen die guten Sitten, d. h. gegen unsere Auffassung der Sittlichkeit, auch der Inhalt eines ausländischen Gesetzes verstoßen. Für den Art. 30 genügt dies jedoch, wie gesagt, nicht, sondern hier wird verlangt, daß die Anwendung des ausländischen Rechtssatzes einen Verstoß in der bezeichneten Richtung enthalte. Der deutsche Richter hat also den ausländischen Rechtssatz, wenn er uns auch unsittlich erscheint, als im Auslande zu Recht bestehend und demgemäß auch die Wirkungskraft dieses Satzes in seinem ausländischen Geltungsbereich anzuerkennen; er darf Folgen, die kraft dessen im Ausland eingetreten sind, nicht als ungeschehen oder ohne weiteres rechtswidrig behandeln. Wohl aber soll er nicht selbst durch An-

wendung des Rechtssatzes an der Herbeiführung eines Zustandes mitwirken, der unmittelbar seiner Beschaffenheit nach oder mittelbar in der Art und Weise, wie er zustande kommt, unserer sittlichen Anschauung zuwiderläuft, und er darf solchen Wirkungen nicht seinen Rechtsschutz verleihen, die der unsittliche Zustand erst im Geltungsbereich unserer oder einer anderen Rechtsordnung von gleicher Anschauung erzeugt hat, sofern diese Wirkungen auch ihrerseits uns verwerflich erscheinen. Immerhin ist dabei große Zurückhaltung geboten. Der deutsche Standesbeamte darf auch bei türkischen Staatsangehörigen nicht zur Eingehung einer Doppelehe oder bei sonstigen Ausländern zu einer Eheschließung etwa zwischen Stiefvater und Stieftochter mitwirken, der Richter nicht dem ausländischen Ehemanne die ihm nach seinem Heimatrechte zustehende Befugnis zur Züchtigung oder Einsperrung seiner Frau zubilligen oder die Ehefrau eines Türken, der mehrere Frauen hat, zur Fortführung einer solchen ehelichen Gemeinschaft anhalten. Wohl aber hat auch der deutsche Richter eine nach unserem Rechte nichtige Ehe, die im Heimatstaate gültig eingegangen ist, wenn sie von ihm etwa bei einem Erbrechtsstreite zu beurteilen ist, als gültig zu behandeln und nicht nur die von der zweiten Ehefrau des Türken in der Türkei, sondern auch die von ihr in Deutschland geborenen Kinder als ehelich und erbberechtigt anzusehen (a. A. in dem letzteren Punkte Zitelmann 1 S. 364 und Planck Anm. 2d; aber selbst nach deutschem Rechte [BGB. § 1699] gelten die Kinder aus einer nichtigen Ehe nur dann als unehelich, wenn beide Ehegatten bei der Eheschließung, nicht bei der Zeugung oder Geburt des Kindes, die Nichtigkeit der Ehe kannten, eine Voraussetzung, die bei der in der Heimat geschlossenen Ehe eines Muselmanns nicht zutrifft).

Die Anwendung des ausländischen Rechtssatzes kann zur Begründung eines Anspruchs oder zur Abwehr gegen ihn erfolgen; in beiden Formen ist sie unzulässig, sobald sie gegen die guten Sitten oder gegen den Zweck eines deutschen Gesetze verstößt. — Ein wichtiger Fall ist der, wo ein Rechtsgeschäft nach dem für das Geschäft maßgebenden ausländischen Gesetze gültig ist, während die Beurteilung durch ein deutsches Gericht dazu führt, das Geschäft wegen Verstoßes gegen die guten Sitten oder gegen ein deutsches gesetzliches Verbot als nichtig zu behandeln. Auf ein solches Geschäft kann in Deutschland weder klage- noch einredeweise ein Anspruch gestützt werden, und ebensowenig auf ein anderes Geschäft, dessen sachliche Grundlage jenes nichtige Geschäft bildet, (wie Schuldversprechen, Schuldanerkenntnis, Wechsel, Vergleich). Zweifelhaft ist aber, ob in Deutschland umgekehrt, gestützt auf die Nichtigkeit des Geschäfts nach deutschem Rechte, ein Anspruch erhoben werden kann, um die schon bewirkte Leistung wieder rückgängig zu machen. Man kann die Entscheidung nicht (wie es Planck Anm. 3b tut) allein darauf abstellen, wo die Leistung erfolgt ist, ob in Deutschland oder in dem Geltungsbereiche der Rechtsordnung, die das Rechtsgeschäft für zulässig ansieht, sondern es kommt darauf an, ob zur Zeit der Leistung für das Rechtsverhältnis Anknüpfungsbeziehungen zu Deutschland von solcher Art und Stärke bestanden, daß sie die Geltendmachung der deutschen Auffassung von guten Sitten oder des deutschen Verbotsgesetzes gegenüber der erfolgten Leistung rechtfertigen. Bestand zur Zeit der Leistung für das Rechtsverhältnis überhaupt noch keine Anknüpfungsbeziehung zum Inlande — die Beteiligten waren Ausländer, hatten keinen Wohnsitz in Deutschland und die Leistung wurde im Auslande bewirkt —, so treffen die Voraussetzungen des

Rückforderungsanspruchs, die das deutsche Recht (BGB. §§ 813, 817) aufstellt, für die Sachlage im Zeitpunkte der Leistung nicht zu. Nach den Gesetzen, die für diesen Tatbestand bei seiner Vollendung maßgebend waren, stand dem Anspruche weder eine dauernde Einrede entgegen (§ 813), noch verstieß der Empfänger durch die Annahme gegen ein ihn bindendes gesetzliches Verbot oder gegen die guten Sitten (§ 817). Das spätere Eintreten von Anknüpfungsbeziehungen zum Inlande, die es ermöglichen, vor einem deutschen Gericht einen Rückforderungsanspruch zu erheben, kann die seinerzeit rechtswirksam erfolgte Erledigung des Rechtsverhältnisses nicht wieder in Frage stellen. Ein solcher Fall kann nicht anders beurteilt werden, wie wenn innerhalb desselben Rechtsgebiets ein Wechsel der Gesetzgebung oder der sittlichen Auffassung eingetreten ist; auch hier kann es für die Anwendung der §§ 813, 817 nur darauf ankommen, ob nach dem Rechte zur Zeit der Leistung dem Anspruch eine dauernde Einrede entgegenstand oder ob der Empfänger durch die Annahme gegen die damals herrschenden guten Sitten oder gegen ein damals bestehendes gesetzliches Verbot verstieß. Weist in einem solchen Falle der deutsche Richter den Rückforderungsanspruch ab, so erkennt er damit zwar den unseren Sitten oder Gesetzen zuwiderlaufenden ausländischen Rechtssatz für seinen ausländischen Bereich als wirksam an; in dieser Anerkennung für einen so gestalteten, abgeschlossenen Tatbestand liegt aber keine Anwendung, die unserer sittlichen Auffassung oder den Zwecken unserer Gesetze zuwiderläuft. — Bestand dagegen zur Zeit der Leistung eine Anknüpfungsbeziehung zum Inlande, so ist zu prüfen, ob diese Beziehung von solcher Art und Stärke war, daß um ihretwillen der Maßstab unserer sittlichen Anschauung oder unseres Verbotsgesetzes auch jetzt noch an das Rechtsverhältnis angelegt werden muß, obgleich dies unter einem fremden Rechte gestanden hat und nach ihm endgültig erledigt ist. Eine genügende Anknüpfungsbeziehung dieser Art wird es regelmäßig sein, wenn die Leistung im Inlande bewirkt ist; hier ist deshalb die Rückforderung zuzulassen. Aber auch Staatsangehörigkeit oder Wohnsitz der Beteiligten können in Betracht kommen. Waren z. B. beide Beteiligte Deutsche, die auch ihren Wohnsitz im Inlande hatten und haben sie bei vorübergehendem Aufenthalt im Ausland ein nach deutscher Auffassung unsittliches (z. B. wucherisches: BGB. § 138 Abs. 2) Rechtsgeschäft vorgenommen, das nach dem Rechte ihres Aufenthaltsorts, der gleichzeitig der Erfüllungsort war, erlaubt war, und ist demnächst dort auch noch die Leistung bewirkt worden, so reichen doch jene Anknüpfungsbeziehungen zum Inland aus, um bei Geltendmachung des Rückforderungsanspruchs in Deutschland die Anwendung des ausländischen Rechtssatzes, der Rechtsgeschäft und Leistung erlaubte, auszuschließen. Dasselbe gilt, wenn die Anknüpfungsbeziehungen zwar nicht unmittelbar zu Deutschland, wohl aber zu einem andern Staate bestanden, dessen Rechtsordnung in der Verwerfung des Geschäfts mit der deutschen übereinstimmt.

IV. **Liegen die unter III erörterten Voraussetzungen vor, so ist die Anwendung des ausländischen Gesetzes ausgeschlossen.** Was positiv geschehen soll, spricht das Gesetz nicht aus. Verstieße die Anwendung des ausländischen Gesetzes gegen den Zweck eines deutschen, so kann dieser Zweck (vgl. III 2) nur darauf gerichtet sein, daß das deutsche Gesetz selbst angewandt sein will, und das hat dann auch zu geschehen. Ebenso ist regelmäßig bei einem Verstoße des ausländischen Gesetzes gegen die guten Sitten zur Vermeidung einer unserer sittlichen Anschauung zuwiderlaufenden Gestaltung des Verhältnisses der im deutschen Rechte für das Verhältnis aufgestellte Satz anzuwenden. Ist aber der ausländische Satz, dessen Anwendung gegen die guten Sitten verstößt, in der ausländischen Rechtsordnung nur eine Ausnahme, etwa die Steigerung eines Grundsatzes, der mit unseren sittlichen Anschauungen noch übereinstimmt, dann ist dieser ausländische Regelsatz anzuwenden. Möglicherweise kann es auch bei der Nichtanwendung des ausländischen Rechtes bleiben, ohne daß das deutsche Gesetz in die Lücke eintritt. So besonders, wenn von einer deutschen Behörde die Mitwirkung bei einem konstitutiven Rechtsakt gefordert wird, z. B. bei der Eheschließung zum Zwecke einer Mehrehe, einer Ehe unter nahen Verwandten. Hier hat die deutsche Behörde die Mitwirkung abzulehnen. Dagegen muß bei der Entscheidung eines Rechtsstreits der deutsche Richter den Anspruch materiell beurteilen; er kann nicht bloß eine Entscheidung ablehnen, also den Prozeß auf Grund des Art. 30 angebrachtermaßen abweisen. Die Abweisung eines Anspruchs, die auf Grund des Art. 30 durch ein deutsches Gericht ausgesprochen ist, wirkt rechtskräftig für ganz Deutschland. Ob eine Entscheidung, die im Ausland auf Grund einer, dem Art. 30 entsprechenden dortigen Vorschrift ergangen ist, die erneute Geltendmachung desselben Anspruchs im Inlande hindert, hängt zunächst von dem Inhalte des ausländischen Urteils ab, ob es den Anspruch sachlich (meritorisch) verwirft oder nur den Prozeß angebrachtermaßen abweist; sodann entscheidet, ob die Voraussetzungen des § 328 ZPO. vorliegen. So wurde nach früherem Rechte angenommen, daß die Abweisung einer Paternitätsklage, die im französischen Rechtsgebiet auf Grund des Art. 340 code civ. erfolgt war, während das materielle Rechtsverhältnis unter den Beteiligten einer anderen Rechtsordnung unterstand, der erneuten Geltendmachung des Anspruchs in einem andern Rechtsgebiete nicht entgegenstehe. Dies gilt auch künftig noch, auch wenn die Voraussetzungen des § 328 ZPO. nicht gegeben sind.

V. **Der Art. 30 ist,** wie alle Kollisionsnormen, **vom Richter zu berücksichtigen, ohne daß es einer Berufung der Parteien darauf bedarf.** Selbst wenn diese übereinstimmend das ausländische Gesetz angewandt wissen wollen, hat der Richter zu prüfen, ob die Voraussetzungen des Art. 30 vorliegen. Erkennt der Beklagte den Anspruch an, der auf Grund eines dem Art. 30 unterliegenden ausländischen Gesetzes geltend gemacht wird, so ist die Frage nach der Wirksamkeit des Anerkenntnisses nach allgemeinen Grundsätzen zu beurteilen (vgl. Seuffert, ZPO. § 307 Anm. 3b, Petersen-Anger, das. Anm. 5).

VI. **Verhältnis des Art. 30 zu den besonderen Exklusivsätzen in den Art. 7 ff.** Wo zu einzelnen ordentlichen Kollisionsnormen besondere Exklusivsätze gegeben sind, wird in der Regel ein Bedürfnis zur Anwendung des Art. 30 nicht vorliegen und anzunehmen sein, daß der Gesetzgeber durch diese besonderen Exklusivsätze die Fälle, wo er eine Ausnahme von den ordentlichen Kollisionsnormen für geboten erachtet, auch begrenzt hat. So sind z. B. die Vorschriften der §§ 1357, 1362, 1405, 1435 BGB. nicht auf Grund des Art. 30 über den Art. 16 hinaus auszudehnen und schon bei bloßem Aufenthalt ausländischer Ehegatten in Deutschland anwendbar.

VII. **Keine prozessuale Ergänzung** findet der Art. 30 im § 328 Nr. 4 ZPO., wonach die Anerkennung eines ausländischen Urteils ausgeschlossen ist, wenn diese Anerkennung gegen die guten Sitten oder den Zweck eines deutschen Gesetzes verstieße, und in dem sich hieran anschließenden § 723 Abs. 2 ZPO., wonach das für die Zwangsvollstreckung aus einem ausländischen Urteil im Inland erforderliche Vollstreckungsurteil nicht zu erlassen ist, wenn die Anerkennung des ausländischen Urteils nach § 328 ausgeschlossen ist (vgl. zu § 328 ZPO. außer den Kommentaren Hellwig, Lehrbuch des deutschen Zivilprozeßrechts 1 S. 121—142, bes. S. 143ff.). Die Vorschrift des § 328 Nr. 4 ist dem Art. 30 nachgebildet. Doch decken sich die Voraussetzungen beider Vorschriften nicht ganz: Die Anwendung eines ausländischen Rechtssatzes durch ein deutsches Gericht (wovon Art. 30 spricht) kann gegen die guten Sitten und namentlich gegen den Zweck eines deutschen Gesetzes verstoßen, während die Anerkennung eines ausländischen Urteils, das auf diesem selben Rechtssatze beruht, nicht notwendig einen solchen Verstoß enthält, weil die Achtung vor der res judicata, das Interesse an der Aufrechterhaltung der einmal — wenngleich durch ein ausländisches Gericht — erfolgten rechtskräftigen Feststellung eines Verhältnisses auch für uns schwerer wiegen kann als das Bedenken gegen die Sittlichkeit des fremden Rechtssatzes, worauf es beruht, oder als das Interesse an der Anwendung unseres abweichenden eigenen Gesetzes. Das Verhältnis zwischen dem § 328 und dem § 723 Abs. 2 Satz 2 gehört dem Prozeßrecht an. Doch muß bemerkt werden, daß zwar die Erlassung des Vollstreckungsurteils stets die Anerkennung des ausländischen Urteils nach § 328 voraussetzt, also ausgeschlossen ist, wo diese nicht stattfinden kann, weil die Erlassung des Vollstreckungsurteils eine besonders geeigenschaftete Art der Anerkennung ist, daß aber umgekehrt die Anerkennung nicht immer ausgeschlossen ist, wo ein Vollstreckungsurteil nicht statthaft wäre. Denn möglicherweise kann die Erzwingung eines Erfolges durch ein inländisches Vollstreckungsurteil gegen unsere sittliche Auffassung oder gegen den Zweck eines deutschen Gesetzes verstoßen, während die bloße Anerkennung der im Ausland erfolgten rechtskräftigen Feststellung eines Rechtsverhältnisses keinen solchen Verstoß darstellt.

Unter den deutschen Gesetzen, gegen deren Zweck die Anerkennung eines ausländischen Urteils nicht verstoßen soll, sind auch im § 328 Nr. 4 ZPO., wie im Art. 30 — vgl. Anm. III 2 — zunächst deutsche Sachnormen, daneben aber auch, abweichend vom Art. 30, deutsche internationalprivatrechtliche Kollisionsnormen zu verstehen (übereinst. Hellwig a. a. O. 1 S. 135). Man könnte das Gegenteil aus dem § 328 Nr. 3 ZPO. herleiten, wo einzelne deutsche Kollisionsnormen aufgeführt werden, von denen in dem ausländischen Urteil — in einer bestimmten Richtung — nicht abgewichen sein darf, wenn das Urteil im Inland anerkannt werden soll. Im § 328 Nr. 3 sind aber die Fälle nicht erschöpft; vielmehr kann auch nach Nr. 4 die Anerkennung eines ausländischen Urteils oder doch die Erlassung des Vollstreckungsurteils daraus unzulässig sein, weil sie gegen den Zweck der deutschen Kollisionsnorm verstößt. Denn allerdings wollen diese Kollisionsnormen regelmäßig dem deutschen Richter nur vorschreiben, welche Sachnorm er anwenden soll, wenn er selbst das Rechtsverhältnis materiell zu beurteilen hat; ausnahmsweise kann aber ihr Zweck auch dahin gehen, daß sie die Anerkennung eines ausländischen Urteils, das ihnen zuwiderläuft, oder doch die Erlassung des Vollstreckungsurteils daraus nicht zulassen. Dahin gehören namentlich die zugunsten von Deutschen erlassenen Schutzbestimmungen des Art. 12 und des Art. 21 Halbs. 2 (vgl. S. 97 Art. 12 Anm. III 4 und

S. 161 Art. 21 Anm. IV; Hellwig a. a. O. nimmt es auch für die Art. 8, 16, 24 als möglich an). Wenn auch nicht jede Anerkennung eines von diesen Vorschriften abweichenden ausländischen Urteils, so verstößt doch jedenfalls diejenige Anerkennung gegen ihren Zweck, die dazu führen würde, den nach deutschem Rechte unzulässigen Mehranspruch gegen den Deutschen im Inlande zwangsweise zu verwirklichen, also namentlich die Erlassung des Vollstreckungsurteils aus einem solchen Urteil, und die einfache Anerkennung, wenn der in dem ausländischen Urteile zuerkannte Mehranspruch zur Begründung einer Aufrechnung, eines Zurückbehaltungsrechts u. dgl. dienen soll.

VIII. **In zeitlicher Beziehung** gilt der Art. 30 für alle Rechtsverhältnisse, einerlei, ob sie vor oder nach dem Inkrafttreten des EG. entstanden sind. Handelt es sich aber um einen Verstoß des ausländischen Gesetzes gegen den Zweck eines deutschen, so ist selbstverständlich Voraussetzung, daß der deutsche Rechtssatz seinerseits auch auf ältere, vor 1900 entstandene Rechtsverhältnisse angewandt sein will.

Artikel 31.

Unter Zustimmung des Bundesrats kann durch Anordnung des Reichskanzlers bestimmt werden, daß gegen einen ausländischen Staat sowie dessen Angehörige und ihre Rechtsnachfolger ein Vergeltungsrecht zur Anwendung gebracht wird.

Vorentw. A und B: § 39; E. I: § 26; E. IIa: BGB. § 2265; E. IIb: BGB. § 2390; E. III Art. 30. Prot. VI S. 89. Sten.Ber. S. 3024.

Literatur: v. Bar 1² S. 299, Lehrbuch S. 50f., 190; Zitelmann 1 S. 248, 257; Niemeyer S. 109; Barazetti S. 9f.

I. **Vergeltungsrecht im allgemeinen.** Das internationale Privatrecht besteht darin, daß der Richter unter Umständen auf Rechtsverhältnisse ein anderes als sein einheimisches Gesetz anzuwenden genötigt ist. Eine Rechtsordnung, die den Richter anwiese, auf alle von ihm zu beurteilenden Verhältnisse ohne Rücksicht auf alle Anknüpfungsbeziehungen zum Ausland ausschließlich die einheimischen Sachnormen anzuwenden, negierte damit für ihren Bereich den Begriff des internationalen Privatrechts. Die Bestimmung, unter welchen Voraussetzungen auf ein Verhältnis ausländische Gesetze anzuwenden sind, kann, wenn sie sachgemäß erfolgen soll, nur aus Gründen hergeleitet werden, die dem Rechtsverhältnis eigen sind und sich aus dessen Wesen ergeben, also aus Rechtsgründen. Ob ein anderer Staat bei einem gleichartigen Verhältnis dieselben Erwägungen walten läßt und demgemäß dieselben Kollisionsnormen aufstellt, kann rechtlich keinen Unterschied begründen. Bei der Verschiedenheit des internationalen Privatrechts in den einzelnen Staaten ist es jedoch ein vorläufig noch unentbehrliches völkerrechtliches Kampfmittel, einem fremden Staate die Anwendung seiner eigenen Gesetze nicht unbedingt und unter allen Umständen zuzugestehen, sondern die Möglichkeit vorzubehalten, gegen unbillige Kollisionsnormen einer fremden Rechtsordnung eine Vergeltung (Retorsion) auszuüben. Dies kann auf verschiedene Weise geschehen. Einmal kann dem Richter aufgegeben werden, bei Beurteilung eines jeden Rechtsverhältnisses vor Anwendung des nach den regel=

mäßigen Kollisionsnormen anzuwendenden ausländischen Gesetzes zu prüfen, ob auch der Staat, dessen Gesetz danach anzuwenden ist, bei einem gleichartigen Rechtsverhältnisse mit Anknüpfungsbeziehung zum Inlande die Anwendung der inländischen Gesetze zuließe und nur, wenn das der Fall ist, das ausländische Gesetz zur Anwendung zu bringen. Die Feststellung der Voraussetzungen und die Anwendung des Vergeltungsrechts erfolgt hier nur für den Einzelfall durch den mit den gewöhnlichen prozessualen Mitteln anfechtbaren Richterspruch. So verfährt der Art. 25 Satz 2. Oder aber die Ausübung des Vergeltungsrechts kann an eine Anordnung der Zentralinstanz geknüpft sein, der dann regelmäßig eine nicht auf einen Einzelfall beschränkte Bedeutung innewohnen wird und die für die Gerichte bindend ist. So der Art. 31.

II. Die Befugnis, von der Anwendung eines ausländischen Gesetzes abzusehen, die durch die Vorschriften der Art. 7—29 geboten wird, ist (abgesehen von der Sondervorschrift des Art. 25 Abs. 2) **den deutschen Gerichten und Verwaltungsbehörden** nur im Rahmen des Art. 30 zugestanden. Dagegen ist die Prüfung, ob seitens des ausländischen Staates die Gegenseitigkeit verbürgt, also bei einem gleichartigen Tatbestand die Anwendung der deutschen Gesetze gesichert ist, ihnen entzogen, abweichend vom Zivilprozeßrechte, wo diese Prüfung auch jetzt noch in verschiedenen Richtungen dem Richter obliegt (ZPO. § 110 Abs. 2 Nr. 1: Vorschußpflicht von Ausländern; § 114 Abs. 2: Armenrecht an Ausländer; § 328 Nr. 5, § 723: Anerkennung und Vollstreckung ausländischer Urteile), während auf dem Gebiete des materiellen Konkursrechts jetzt, im Gegensatze zu dem Rechtszustande bis 1900 die gleichen Grundsätze gelten, wie sie Art. 31 aufstellt (KO. § 5 Abs. 2, § 237 Abs. 2 verglichen mit § 4 Abs. 2, § 207 Abs. 2 der früheren Fassung; vgl. ferner Patentgesetz vom 7. April 1891 § 12 Abs. 2, Ges. betr. den Schutz der Warenbezeichnungen vom 12. Mai 1894 § 22). Der Richter hat demgemäß das ausländische Gesetz nach Maßgabe der in den Art. 7—30 aufgestellten Vorschriften anzuwenden, ohne überhaupt in eine Prüfung einzutreten, wie es sich mit der Gegenseitigkeit bei dem Staate verhält, dessen Gesetze danach anzuwenden sind. Dies gilt nicht nur für diejenigen Fälle, wo in den Art. 7ff. die Anwendung eines bestimmten ausländischen Gesetzes ausdrücklich vorgeschrieben ist, sondern ebenso in den Fällen, wo aus den einseitigen Normen jener Artikel infolge einer entsprechenden Anknüpfungsbeziehung zu einem Auslandsstaate die Anwendung der Gesetze dieses Staates abzuleiten ist.

III. Eine Änderung dieses Zustandes tritt ein, wenn **der Reichskanzler mit Zustimmung des Bundesrats** anordnet, daß gegen einen ausländischen Staat, dessen Angehörige und ihre Rechtsnachfolger ein Vergeltungsrecht zur Anwendung gebracht werde.

1. Für die Anordnung des Reichskanzlers bedarf es nur der Zustimmung des Bundesrats, die vor wie nach Erlaß der Anordnung erteilt werden kann, aber nur nach Maßgabe dieser Zustimmung wirksam wird. Eine inhaltliche Beschränkung besteht nicht; die Anordnung kann also das Vergeltungsrecht für sämtliche Rechtsverhältnisse des ausländischen Staates, seiner Angehörigen und deren Rechtsnachfolger wie für einzelne bestimmte, für die Zukunft wie auch für die schon bestehenden Verhältnisse, für alle Fälle wie auch gegenüber einem einzelnen konkreten Anspruch einführen (Planck Anm. 3). Auch für die Form der Bekannt-

machung besteht keine Vorschrift, es bedarf also nicht unbedingt der Veröffentlichung im Reichsgesetzblatte. Eine Nachprüfung, ob die Voraussetzungen für ein Vergeltungsrecht vorliegen, steht dem Richter nicht zu und kann auch nicht daraus hergeleitet werden, daß das Gesetz dem Reichskanzler und Bundesrat nur die Ermächtigung erteile, ein Vergeltungsrecht zur Anwendung zu bringen, und daß demgemäß der Richter prüfen müsse, ob jene Reichsorgane innerhalb der gesetzlichen Ermächtigung geblieben sind. Denn das Gesetz will gerade die Prüfung, ob Anlaß zur Vornahme von Vergeltungsmaßregeln vorliege, dem Ermessen der obersten Reichsinstanzen übertragen. Auch die Frage, in welcher Weise das Vergeltungsrecht ausgeübt werden soll, unterliegt der freien Entscheidung des Bundesrats und Reichskanzlers. Als Regelfall ist offenbar der gedacht, daß die Anwendung der Gesetze des betreffenden Auslandstaats ausgeschlossen und dafür die der deutschen Gesetze angeordnet wird. Dafür spricht der Umstand, daß in den Art. 7—30, an die sich der Art. 31 anschließt, nur von der Anwendung deutscher oder ausländischer Gesetze, nicht von einem Rechtserwerbe durch Ausländer die Rede ist und daß im E. IIa und b das sechste Buch, in dem sich damals im wesentlichen gleichlautend die Vorschrift des Art. 31 befand, die Überschrift trug: Anwendung ausländischer Gesetze. Doch ist auch ein Verbot des Erwerbes gewisser Rechte durch die Ausländer nach Art. 31 für zulässig zu erachten (übereinstimmend Niemeyer S. 109; Planck Anm. 3). Zweifelhaft ist das Verhältnis des Art. 31 zum Art. 88, wonach die landesgesetzlichen Vorschriften unberührt bleiben, die den Erwerb von Grundstücken durch Ausländer von staatlicher Genehmigung abhängig machen. Es ist anzunehmen, daß damit der Landesgesetzgebung die Befugnis hat belassen werden sollen, auch ohne reichsrechtliche Grundlage den Erwerb von Grundstücken durch Ausländer zu beschränken, daß aber damit die Befugnis, von Reichs wegen zum Zwecke der Vergeltung in der Form des Art. 31 Einschränkungen anzuordnen, nicht hat eingeengt werden sollen (übereinst. Niemeyer S. 109, 184f.; Planck Art. 88 Anm.; anscheinend auch Niedner Art. 88 Anm. 2). Äußerstenfalls würde selbst die Entziehung bereits von Ausländern erworbener Rechte auf dem Wege des Art. 31 zulässig sein.

2. Das Vergeltungsrecht kann zur Anwendung gebracht werden gegen einen ausländischen Staat, dessen Angehörige und ihre Rechtsnachfolger. Die Worte „gegen einen ausländischen Staat" sind vom Bundesrate hinzugefügt. Gemeint ist darunter der ausländische Staat einmal als privatrechtliches (vermögensrechtliches) Subjekt, als Fiskus, sodann aber auch als völkerrechtliches Subjekt, als völkerrechtlich anerkannter Träger einer Gesetzgebungsgewalt, indem seinen Rechtsnormen die Berücksichtigung in Deutschland versagt wird. Unter den Angehörigen des ausländischen Staates sind regelmäßig nur solche Personen zu verstehen, die ihm zur Zeit der Ausübung des Vergeltungsrechts angehören, nicht solche, die ihm früher einmal angehört haben. Würde der Reichskanzler z. B. anordnen, daß für Angehörige eines bestimmten Staates, weil dieser für die Beerbung von Deutschen nicht die deutschen, sondern seine eigenen Gesetze maßgebend sein läßt, umgekehrt in Deutschland nicht ihre Heimatgesetze, sondern die deutschen Gesetze maßgebend sein sollen, so würde damit doch für einen früheren Angehörigen eines solchen Staates, der inzwischen Deutscher oder Angehöriger eines dritten Staates geworden ist, die Anwendbarkeit des früheren

Heimatgesetzes im Rahmen des Art. 24 Abs. 3 nicht berührt werden. Auch gegen die Rechtsnachfolger des ausländischen Staates (als Fiskus) und seiner Angehörigen kann das Vergeltungsrecht angeordnet werden, sowohl gegen Universal- wie gegen Singularsukzessoren, also auch dann, wenn diese Nachfolger nicht dem ausländischen Staate, gegen den sich das Vergeltungsrecht richtet, sondern einem dritten Staate angehören oder selbst Reichsangehörige sind (vgl. gegen und für diese Ausdehnung DJZ. 1903 S. 79, 151 und Klein in Allg österr. Gerichts-Zeitung 54 S. 313). Damit soll verhindert werden, daß durch Übertragung von Ansprüchen seitens Angehöriger eines Staates, gegen den das Vergeltungsrecht zur Anwendung gebracht ist, an Angehörige eines dritten Staates der Zweck der Anordnung vereitelt wird (ähnlich den Erwägungen, die im Konkursrechte zu den Vorschriften der KO. § 55 Nr. 2 und 3 geführt haben). Regelmäßig wird deshalb die Anordnung des Vergeltungsrechts sich nur gegen solche Deutsche oder einem dritten Staate angehörige Sondernachfolger richten, die erst nach Erlaß der Anordnung oder im Hinblick auf die bevorstehende Anordnung des Vergeltungsrechts den Anspruch von dem Angehörigen des betroffenen ausländischen Staates erworben haben. Eine formelle Schranke besteht indessen für Bundesrat und Reichskanzler auch in dieser Hinsicht nicht (vgl. DJZ. 1903 S. 79).

3. Der Art. 31 gilt an sich nur für die im BGB. geregelten Verhältnisse. In den durch den 3. Abschnitt des EG. der Landesgesetzgebung vorbehaltenen Gebieten steht der Landesgesetzgebung auch die Ausübung des Vergeltungsrechts zu (ebenso Niemeyer S. 184), so z. B. bei der Regelung der religiösen Erziehung der Kinder: Art. 134. Fraglich ist aber, ob nicht auch in diesen Gebieten neben der Landesgesetzgebung dem Bundesrat und dem Reichskanzler ein Vergeltungsrecht gemäß Art. 31 zusteht. Soweit nicht Art. 56 entgegensteht (Fortgeltung der von einem Bundesstaate mit einem ausländischen Staate vor 1900 geschlossenen Staatsverträge) wird dies zu bejahen sein, insofern es sich um eigentliches Fremdenrecht, d. h. um den Erwerb von Rechten im Inlande durch Ausländer handelt (wegen des Art. 88 siehe oben unter III 1), dagegen zu verneinen, was die Anwendung ausländischer Rechtsnormen anlangt, wie z. B. im Bereiche des Art. 134.

Quellenregister.

1. BGB.

2. EG. z. BGB.

11. Andere Quellen nach der Zeitfolge.

Sachregister.

(Die Zahlen bedeuten die Seiten.)

A. W. Hayn's Erben, Potsdam.

Kolibri 360 GmbH
Ferdinand-Jühlke-Straße 7
99095 Erfurt, Deutschland
produktsicherheit@kolibri360.de